本书为芜湖市特色课程——芜湖十二中"儒林新韵"项目成果

# 语文课堂
## 遇见更美的自己

张　晋◎著

安徽师范大学出版社
ANHUI NORMAL UNIVERSITY PRESS

·芜湖·

责任编辑：李克非　责任校对：辛新新
装帧设计：丁奕奕　责任印制：桑国磊

**图书在版编目(CIP)数据**

语文课堂：遇见更美的自己 / 张晋著 .—芜湖：安徽师范大学出版社，2020.9
ISBN 978-7-5676-3508-1

I. ①语… II. ①张… III. ①中学语文课—教学研究 IV. ①G633.302

中国版本图书馆 CIP 数据核字(2020)第 172145 号

# 语文课堂：遇见更美的自己

张　晋◎著

出版发行：安徽师范大学出版社
　　　　　芜湖市九华南路189号安徽师范大学花津校区　邮政编码：241002
网　　　址：http://www.ahnupress.com/
发 行 部：0553-3883578　5910327　5910310(传真)　E-mail：asdcbsfxb@126.com
印　　刷：江苏凤凰数码印务有限公司
版　　次：2020年9月第1版
印　　次：2020年9月第1次印刷
规　　格：700 mm × 1000 mm　1/16
印　　张：24.25
字　　数：383 千字
书　　号：ISBN 978-7-5676-3508-1
定　　价：69.50元

# 最美好的相遇（代序）

郭惠宇

2020年6月30日，受邀参加了芜湖市张晋名师工作室启动仪式，这是我退休后相邀参加的第一个语文活动。不记得与张晋老师这是第几次相遇，但深为她成为芜湖市为数不多的名师工作室的主持人而高兴。我一边分享这些年自己操持工作室的些许体会，一边分明感觉到身边更具活力、更有思想、更为创新的语文专业团队成长的力量，由衷感谢张晋给了我这样的相遇机会，不仅结识了一批更加年轻的语文同仁，也为更好地了解这个语文优秀团队的领军人物——张晋，有了一次很有意义的交流机会。

这次遇见，让我再次惦记起为张晋的书《语文课堂：遇见最美的自己》作序的事了。承蒙不弃，约我为她即将付梓的书写篇序言，行政事务做久了，话语方式都变了，为专业的书作序甚是羞赧，一拖再拖。既然信任，还是很想为张老师的书点个赞，那便说说我在书中遇见的张晋老师吧。

我遇见览胜书山、觅道寻踪的引领者。近两年出台的《普通高中语文课程标准》将"整本书阅读与研讨"作为这次语文课改的重头戏，一时间虽应者云集，却大都手足无措，乱寻医方。让我惊喜的是，早在2016年张晋老师已经带着芜湖十二中的师生一起在尝试摸索、一起在书山览胜了。也就是说，当进入新课程的语文教师们为"整本书阅读与研讨"这样的"新玩意"陷入困境、苦于无助的时候，张晋老师已经突出重围，研究出"互助共建·双向推进""三位一体·一线串珠""双平台·跨年级·导师制""从一篇到整本"等课程模式，并且——落地，生根开花，散枝结果，远远地走在了同行的前列。什么叫专业引领？这便是明证。有时我常想，一个教师的专业精神就体现在那份学术前沿的意识，那种勇于尝试的干劲和那点沉淀思考的梳理。这样的遇见，好生敬佩。

我遇见拈花凝思、行走课堂的践行者。文本细读是语文教师的"童子功"，课堂教学的有效与否，文本解读的新颖与否，教学生成的精彩与否，大都源自这样的功夫。然而在今天的语文教坛上，更多的人习惯于上网检索借用，用别人的思考来代替自己的解读，已经鲜有愿意不依傍他人而独立思考的语文教师了。然而在书中，我分明看到了张晋带着"在汉语中出生入死"的狠劲，喜欢且乐意去咬文嚼字，去发现语言文字的美，从《最后一片叶子》中五处"杰作"含义的寻绎到对别里科夫不同"脸色"的辨析，从体味《寒风吹彻》中"落在"与"落过"时空交错的妙处到咀嚼《项脊轩志》中"篱"与"墙"、"叩"与"拍"的情感细密度……在张晋的语文课堂里常有这样有创见的发现，常会挠到文本解读的痒处。坐在这样的课堂里听课的学生是幸福的，因为他的老师总会给他带来有趣的发现、深刻的凝思和惊奇的妙悟。这样的遇见，叫人欣喜。

我遇见切磋同道、相期津逮的思想者。一个优秀的语文教师，其思考的边界远大于语文教学本身，其实践的范围也不止于课堂、校园。在张晋近20年的教育生涯中，但凡语文触及之处就没有她不关心、不关注的。她不仅关注自己如何教，更关注学生语文学习中的真正的现实困难。为此，张晋和她的团队制定切实可行的学生语文核心素养培育的发展规划，有效诊断和施治学生读写、思辨能力不足的病症。他们研发校本课程，重新整合国家课程和校本课程；他们设计并实施了整本书阅读课程、群文阅读课程、过程写作教学课程；他们编印了适应本校的国学经典诵读读本；他们指导文学社、国学社、话剧社等学生活动社团，组织开展丰富多彩的语文实践活动。无论在教育的云端飞翔，还是在语文的大地奔走，张晋老师都活力四射，坚定沉着，且乐此不疲。教育需要有热情的人去为之付出，需要有情怀的人去为之守望，更需要有担当的人去为之勇敢地前行。这样的遇见，令人期待。

充满睿智、勤勉实践、葆有情怀，这是我在书中遇见的张晋；热情开朗、虚心好学、青春靓丽，这是我在交往中遇见的张晋。我想起与张晋最初的遇见，那是在2013年11月23日的马鞍山二中校园。安徽省教育学会语文教学法专业委员会2013年学术年会由马鞍山二中承办，其间我们策划了一个两地（马鞍山、芜湖）跨段（小学、初中、高中）同课（马鞍山老师同上《古诗二首》、芜湖老师同上《最后一片叶子》）的教学观摩活动，张晋老师作为芜湖市初中课的执教者来到现场。其间，我帮她联系授课的马鞍山外国语学校的初中班级，也坐在台下聆听了她的教学。听说那时的她已经开始高中教学，被芜湖市教研室委以重任，担纲初中课的教学，她欣然接受挑战。讲台上，精彩的朗读、漂亮的板书、亲切的交流、深邃的剖析……完美地展示了她的教学能力，好评如潮。之后，我们在安徽省骨干教师高端培训班、在安徽省高中语文优质课大赛现场、在芜湖十二中礼堂……多次相遇，在她教学成长的几个重要节点上，我是见证者，见证了一个青年教师一步步成长的印迹，见证了她一路走来的风采。

有幸与张晋老师相遇在书里书外，相遇在语文的世界，相遇在教育的园地，相遇在事业的追求，相遇在未来的憧憬，一切，都是最美好的相遇。

2020年7月

# 目 录

## 第一辑 书山览胜

# 第二辑　拈花凝思

# 第三辑 文心觅道

## ◎ 问道杏坛

## ◎ 课堂映像

## ◎ 研精覃思

# 第四辑 相期津逮

## ◎ 师生共话

## ◎ 同道切磋

# 第一辑 书山览胜

清代学者张潮说："文章是案头之山水，山水是地上之文章。"

坐拥书城，师生共读，纵观书山之壮丽，饱览林壑之幽美，是很多语文教师的教育理想。在读图读屏盛行的时代，静下心来，捧读散发着墨香的文化经典，触摸圣贤哲人的心跳，涵泳具有神奇魔力的语言，能够帮助青年学子打好精神文化的底子，形成健全美好的人格，涵养远大深厚的家国情怀。

追逐这个美丽的教育理想，经过艰辛的实践探索，我们编写了《国学经典诵读读本》《开卷》等"儒林新韵"系列校本教材，开发出"中外小说""诗文传记""学术著作"等系列研读课程，逐步构建了融课程设计、资源建设、团队组建、教学模型、评价管理于一体的项目化课程体系，建设了开放、多样、有序的学校特色课程文化，提升了学生的读写能力和语文素养。在这样的课堂中，师生精神生命共同成长，遇见更加美好的自己。

## ◎ 问道杏坛

## 整本书阅读教学实践的困境与探索<sup>*</sup>

### 引　言

2018年元月正式颁行的《普通高中语文课程标准（2017年版）》将"整本书阅读与研讨"设置为18个学习任务群之首，贯串于必修、选择性必修和选修三个阶段，同时明确了课时学分、教学目标和教学要求。这就意味着，整本书阅读与研讨不再是可有可无的"课外"自选阅读活动，而是"课内"必须完成的阅读教学任务；教学对象不仅限于热爱阅读、学有余力的个别或部分学生，而是要面向全体大众；教学形式不只是带有兴趣性、自由性、随意性的阅读活动，而应是具有科学性、专业性、系统性的阅读与研讨课程。

课程标准作如此重大的调整，切中了以往语文教学存在的弊端，有助于改变学生阅读面窄、阅读量少、阅读能力低下的现状。但是，从国家层面的顶层设计到落地为各地学校的教学实践还存在着诸多困难，比如如何选择恰当的阅读内容，如何指导学生建构整本书的阅读经验与阅读方法，如何创设富有弹性的教学机制

---

\* 本文曾获2018年安徽省中小学教育教学论文一等奖。

以确保阅读活动能够持续有效，等等。针对以上问题，笔者与学生组成学习共同体，系统地开展文学作品和学术著作等整本书阅读研讨活动，经过两年多的实践探索，有了一些收获和体会。下面试结合几个具体的案例，谈谈自己的一些粗浅的思考。

## 一、整本书阅读教学实践的困境

### （一）读什么

新课标明确规定了"整本书阅读与研讨"任务群在必修阶段应在指定范围内完成一部长篇小说和一部学术著作的阅读。但是，且不论在当今媒体高度发达的信息时代，面对的是应接不暇、浩如烟海的阅读资源，就是依据课标附录《关于课内外读物的建议》列举的篇目，也有一个究竟如何选择阅读教学内容的问题。这是摆在我们一线教师面前的第一道难题。因为堪称优秀的出版物以及各种阅读资源实在是太多了，也各有其不同的阅读价值，如果只是根据教师或学生的喜好和特长去选择，往往会流于随意和无序。主题宏大内容严肃的经典文本，还常常会遭遇学生习以为常的娱乐化庸俗化阅读品位的消极抵触。而且，整本书阅读的周期一般都比较长，一学期如果仅仅读一两本，也不足以改善学生阅读贫乏的现实困境，单一的文本资源、单调的阅读形式，还常常局限了阅读探究的广度和深度，但是若想加大阅读量，也实在是难以落实的，因为教学时间本来就十分紧张，学生能够用于阅读的课内外时间极其有限。

### （二）怎么读

长期以来的课内阅读教学都是偏重细讲精读，而不注重对学生的自主阅读和泛读浏览能力的培养。部分学生即使有过一些零零碎碎的整本书阅读的体验，也多为非正式的休闲消遣性的阅读经验，难以形成有效的阅读策略。教师教学的缺位可能会导致学生阅读经验的缺失，阅读经验的缺失必然导致阅读方法的缺乏，阅读方法的缺乏自然会导致阅读能力的低下，阅读能力的低下又带来阅读心理的障碍。如此一来，整本书阅读与研讨活动因缺乏经验、方法、能力与自信而丧失了持续进行的动力和必要的激励支持，注定只能陷入低效甚至无效的恶性循环之中难以解脱。

（三）如何推进

整本书阅读的开展主要还得依托学生的课外自读，不可能期望在有限的教学时间里置语文教材于不顾而去阅读整本书。但是各地学校现有的阅读教学主要还是依赖课内时间，教师很难利用课外的时间有效地组织学生开展整本书阅读与研讨，这就导致了学生的阅读时间难以得到保证。再加上学生的惰性心理和长文阅读经验的缺乏，也常常使整本书阅读难以持续深入下去，甚至会流于形式。此外，现有的阅读评价方式主要还是传统的笔试答题、做摘抄作业、写读书笔记等，缺乏有效的评价激励机制，学习的主体没有足够的阅读动力，因此，整本书阅读活动往往都是经过"热血沸腾期"之后，很快就进入了"苦苦挣扎期"，最后不得不偃旗息鼓，不了了之。

## 二、找准症结所在，确立教学基点

笔者认为，整本书阅读教学的第一个基点即"主体"。学生是教育教学的"主体"，整本书阅读教学低效的根本原因，就是教育者忽视了学习主体的心理需求。欲求改变阅读教学低效的现状，我们首先要更新教育教学理念，关注学习"主体"的心理需求及其学习认知规律，切切实实地做到以人为本、心中有生，真正地以适应和满足学生语文核心素养发展的需求为教学改革的旨归。

整本书阅读教学的第二个基点即"整合"。当前，整本书阅读教学最主要的问题是：零碎无序的资源、课内课外的壁垒、阅读方法的偏废、评价方式的单一，因此，有必要以"整合"的眼光，寻求解决问题的对策，对阅读资源、方法指导、评价机制等作系统性整合。

## 三、整本书阅读教学实践探索

（一）精心选择阅读作品，设计组合方案，建设丰富而有序的整本书阅读资源

内容严肃主题宏大的经典文本与功利化娱乐化的阅读品位、浩如烟海的阅读资源和学生薄弱的阅读基础、增加阅读量的迫切需求和有限的课内外阅读时间之间的种种矛盾，要求我们必须精选出文本教学价值丰富、适合学生阅读的

作品，并科学设计、巧妙组合阅读研讨方案，以期在有限的时间内实现阅读的量大质优。在建设阅读资源的过程中，笔者主要从以下三个方面入手：

1.关注学习主体的心理需求，确立能够满足其精神成长需求的阅读主题。

当前，一些浮躁粗糙、一味地追求娱乐化的网络文学和僵化肤浅、片面强调功利化的应试素材，是一般高中生日常阅读的主要内容，而严肃深邃的经典文本却难以进入他们的视野，也不容易唤起他们的阅读热情。因此，开展整本书阅读教学活动中遭遇的最大障碍，往往就是学生对阅读有抵触甚至畏惧的心理。教师要想引导学生亲近整本书阅读，关注学生的心理特点，了解其精神成长的需求，选取适宜的阅读主题就成了关键的一步。

十六七岁的高中生正处于生长发育的青春期，他们拥有强烈的自我意识，崇尚个性；他们向往成熟，追求正义；他们充满幻想，喜爱浪漫。根据学生的心理特点和年龄差异，笔者分别为不同年级的整本书阅读设计了不同的主题，并在此基础上推荐学生阅读相关的作品。

在高一上学期，以"爱情与责任"为阅读主题，推荐阅读《红楼梦》《家》《平凡的世界》《战争与和平》等作品，从青春话题之一——"爱情"入手，激发学生阅读的兴趣，引导学生从爱情与责任的双向视角探究作品的意蕴，丰富审美认知，培养审美感受的能力。在高一下学期，设计了"历史与文学"的阅读主题，推荐阅读《史记》《古文观止》《苏东坡传》《苏轼全集》等作品，以古圣先贤刚健奋发的崇高美，以苏轼率真旷达的性灵美，浸润学生的心灵，为学生的阅读和成长寻得可敬可亲的"精神导师"。在高二学年，以"生命与成长"为主题，推荐阅读《论语》《谈美书简》《瓦尔登湖》《娱乐至死》等作品，在更为理性的阅读研讨中，丰富阅读审美体验，获得思想的源泉和动力，培养理性思辨的能力。

在一个久别了竹杖、芒鞋、烟雨、扁舟的时代，我们在阅读中邂逅了这位超然的文人，细细品赏东坡诗文，真是别有一番滋味在心头。"吾上可陪玉皇大帝，下可以陪卑田院乞儿，眼前见天下无一个不是好人。"自然流露的，是一颗天真烂漫的赤子之心。"蝇头微利，蜗角虚名。"嗤之以鼻的，是庸人汲汲渴求的荣禄富贵。"人生到处知何似，应似飞鸿踏雪泥。"从容吟出的，是忧患来临一笑置之的潇洒旷达。岁月荏苒，借助阅读的神奇引力，穿越时空，倾听生命最纯真的表白……

这是高一（13）班潘世馨同学在《苏东坡传》的整本书阅读过程中的读书笔记，这些发自肺腑的赞叹背后是她不经意间展示出的丰富而美好的内心世界。因此，只要我们能够准确找到通往学生心灵的入口，就能减少整本书阅读的心理障碍，为阅读活动的顺利开展奠定良好的基础。

2.关注学习主体的素养发展，选取统整性与开放性兼具的阅读作品。

新课标强调了对语文学科"核心素养"培育的重要性，阅读活动作为促进学生的必备品格和关键能力形成的重要途径，肩负着语言建构与运用、思维发展与提升、审美鉴赏与创造、文化传承与理解等方面培养的重大任务和使命。因此，作为一种教学活动，在筛选阅读研讨的文本时，既要充分考虑作品是否具备语文学科核心素养培育的统整性，还要兼顾多元阅读能力发展的开放性。

例如，2016级高一上学期，在学生问卷调查和民主推荐的基础上，笔者经过和学生共同商讨和反复斟酌，选择了《红楼梦》《平凡的世界》《老人与海》作为整本书阅读的文本，因为这三部作品篇幅体量不同，内容风格迥异，又涉及古今中外，可以满足学生多元化的阅读需求，也便于他们建构丰富多样的阅读经验。

再如，在众多关于苏轼的传记作品中，笔者之所以选择林语堂的《苏东坡传》作为史传类阅读的文本，首先是因为它语言典雅，譬喻多姿，极富传统文化韵味和个性化的语言特质，而且原文是用英文写作，后经多位学者翻译，形成了风貌各异的多种不同的版本。因此，学生阅读《苏东坡传》的过程，就是一次极好的揣摩学习语言的机会，可以积累精妙的语言和警辟之句，也可以从译本的对比出发，探究译文在词汇、语法以及修辞层面等对原作转译的差异与高下，还可以从林氏语言特有的美质出发，辩证地思考其语言艺术优美与逻辑力量纤弱两者并存的特点。

其次是因为《苏东坡传》属于非典型的传记类文本。作为一名苏轼的"铁忠粉"，林语堂强烈的爱慕崇拜之情使作品打上了鲜明的主观倾向的印记，自然也导致了其中的一些描述和评价失之公允。笔者认为，当前盲从权威、视野局限、思维僵化的现象普遍存在，而且相当严重，这是由于学生的思维品质不高所导致的，这也恰恰暴露了长期以来教育教学的短板。因此，有时不够完美的作品却是最理想的思维训练材料，研讨文本的缺憾之处恰是学生思维发展与提升的最佳契机。于是，笔者借此机会，以"林语堂眼中的苏轼""林语堂眼中的王安石变法"等话题为阅读研讨的切入口，有针对性地补充文学、历史、哲学等多个领域的阅读资源，拓展学生的阅读视野，引导学生在足够丰富的认知中学会思辨、学会批判。在阅读活动中，跨学科的丰富的信息补给，为思维训练提供了足够广阔的空间和强有力的支持。此外，传主苏轼是举世公认的文学大家，他人生富有传奇性，诗词文赋兼工，著述丰富，风格多元；而林语堂先生亦以其中西文化兼通、古今历史融贯的深厚学养著称。林氏的《苏东坡传》以独特的文人视角和文人笔触摹写的文人生活和风物意象，成功地展现了古今文人丰富的人生美学和深厚的家国情怀。阅读类似这样的文本，能够促进学生对中华优秀传统文化进行深入领悟和理性思考，有助于他们形成正确的人生观、价值观，提升自身的审美鉴赏和文化理解能力，进而自觉地传承中华优秀传统文化。

3.关注学习主体的阅读现状，设计"三位一体·一线串珠"课程资源组合模式。

改变当前学生阅读面窄、量小的现状，是大力开展整本书阅读活动的初衷。然而，高中生学业任务重，又面临高考升学的巨大压力，课内外学习的时间已经被利用到了接近极限，这是摆在我们面前的不争的事实。开展整本书阅读活动既不能简单随意地压缩课内教学的内容和时间，以免影响教学的秩序和质量，也不能不近情理地布置大量的阅读任务，再加重学生的课业负担。那么，如何解决增加阅读量而阅读时间少之间的矛盾呢？笔者采取的做法是以语文素养发展为轴心，找准课内外阅读教学的契合点和生长点，以课标教材为主线，灵活地持续性补充整本书作品（面）和相关的专题群文（点），开发立体网状的"三位一体"的阅读资源（见图1），从而实现课内外相结合、点线面全覆盖。

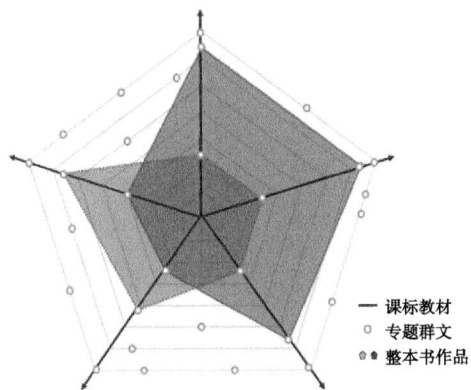

图1　"三位一体"的阅读资源

　　笔者基于对教材中单篇短章的课文的深入研究，找准它们与整本书阅读教学的契合点和生长点，精心设计了"一线串珠"的组合方案。所谓"一线串珠"，即以一个研讨主题统领，以一条整本书阅读主线贯穿，有计划地持续补充各种相关的阅读素材，使学生的阅读面不断扩大，在实现阅读量的累积、丰富认知的同时，尝试跨领域、跨学科地统整信息，为学生能够形成高品质的批判思维、创造思维提供必要的条件。

　　例如：以课标教材——人教版必修4中的《苏轼词两首》为起点，以整本书作品——林语堂的《苏东坡传》为阅读主线，以专题群文——苏轼诗文为散珠，我们开展了"'走进黄州，相遇东坡'苏轼专题阅读与研讨活动"（见图2）。

　　此外，笔者还设计了"中外'硬汉'小说专题阅读与研讨"，以人教版必修3《老人与海》为起点，以海明威的《老人与海》整本书阅读为主线，以杰克·伦敦的《热爱生命》、余华的《活着》等硬汉题材小说为散珠，开展为期一个月的阅读研讨活动；"每日，与《论语》相约——《论语》阅读与研讨"，则以人教版选修教材《先秦诸子选读》中的《论语》专题为起点，以《论语》整本书阅读为主线，以《史记·孔子世家》《史记·仲尼弟子列传》《孔子是个好老师》等相关群文为散珠，开展了为期半年的《论语》阅读与研讨活动。

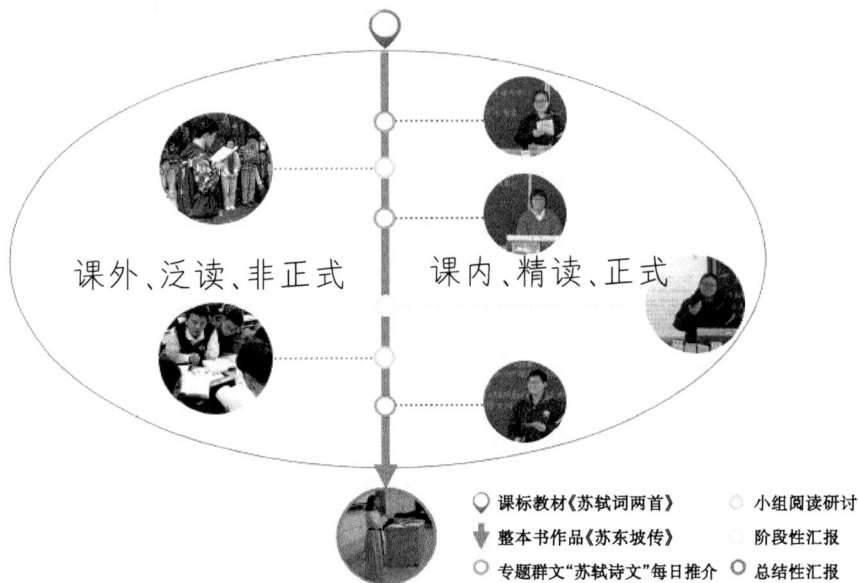

课外、泛读、非正式　　课内、精读、正式

○ 课标教材《苏轼词两首》　　○ 小组阅读研讨
➡ 整本书作品《苏东坡传》　　○ 阶段性汇报
◎ 专题群文"苏轼诗文"每日推介 ○ 总结性汇报

**图2　"一线串珠"的组合方案之"走进黄州，相遇东坡"苏轼专题阅读与研讨活动**

如上，笔者精心设计阅读主题，审慎地筛选阅读文本，科学地组合阅读方案，从而有效地克服了阅读内容散漫无序的弊端，突破了传统阅读教学课内时间有限、课外无法延展的局限，革除了学生课内单篇短章阅读能力与课外长篇、综合资源阅读无法迁移转换的痼疾，统筹整合了阅读时空和阅读方法，为学生的自主性阅读和深度化阅读留有充足的空间，构建了丰富而有序的整本书阅读课程资源。

（二）整合课内外阅读的方法，建构整本书阅读经验，努力实现专业化的研读

教育活动的目的在于促进学生的成长与发展，整本书阅读与研讨活动应帮助学生探索阅读整本书的路径，积累阅读整本书的经验，形成适合自己的阅读方法，并能够受用终生。

1.上好导读课，巧搭桥梁：由"一篇"到"一本"。

整本书阅读的周期一般都比较长，面对习惯了碎片化、肤浅化阅读方式的学生，面对个性、思维、认知、情感各不相同的群体，如何有效地进行多元化的阅

读指导，才能唤起学生的阅读热情，让他们带着探究的好奇和强烈的期待，顺利地走进广阔的整本书阅读世界呢？上好导读课无疑是一个重要的环节。

不少教师认为，导读课就是简单地介绍作者、背景和粗略地梳理内容梗概，一些教师甚至在导读伊始就出示各种评论，对主题进行过度的挖掘；有些教师则将导读课等同于整体阅读进度的安排、阅读小组的组建、阅读任务的布置等。这些做法虽然也有一定的作用，但是却都忽视了学生的阅读心理特点和阅读能力的起点，并不能真正激发学生的阅读兴趣，让他们在走出课堂之后自觉地走进文本，做到很好地阅读。

在反复的教学实践中，我们发现真正能够激励学生阅读的导读课应该是趣味性、层递性、完整性兼具，从内容、语言、思维、情感等多个角度巧妙地设置关联，自然地实现阅读导引的功能。笔者为某地"国培计划"初中骨干教师培训时，就以统编本七年级上册教材中的课文《动物笑谈》教学作为示例，展现了从内容、语言和主题三个角度搭建桥梁引导学生从一篇走向整本的阅读教学指导理念。

2.化用课内短文阅读的方法，实现课内外阅读经验的成功转化。

作为课程教学活动的整本书阅读，和休闲消遣性的阅读不同，不能止于浮光掠影地浏览或只是为了满足好奇心而知道故事情节的结局，还需要泛读与精读相结合，不仅要从宏观上把握整本书的内容梗概，还要从微观上具体地去体察和发现文本细节的价值。然而，在实践中，学生的阅读大都还是囫囵吞枣、走马观花式地泛泛而读，很少会注意文中精彩的细节之处；教师给出的诸如要求"做摘抄""写批注""做笔记"等阅读策略也往往难以奏效。如何引导学生在整本书宏大的构架下发现其中的细微之美呢？在实践操作中，笔者发现，所谓"整本书"与"单篇短章"只是篇幅长短的差异，课内短文与课外长文的阅读经验是可以相互参照、相互借鉴的，因此，与其机械地将课内阅读与课外阅读割裂对立，不如发现其间的有机联系，积极地加以改造和转化。下面结合实例，简单介绍一下笔者的一些尝试。

（1）信息统计法和文本细读法。

信息统计法是一种运用统计的方法来处理数据，从而得出事物变化、发展的特点与规律的方法。文本细读法作为一种作品的研究方法，是课内短篇阅读教学常用的方法，指的是运用语义学的方法对作品的言语、结构和细节进行真切、细腻、深入地感知、阐释和分析，从字、词、句等言语材料入手，通过细节的解读和结构的分析，经过反复细致地阅读，从而对文本所蕴含的深厚意蕴做出丰沛的阐释。教师把这两种方法稍加改造，就可以指导学生迁移运用于整本书阅读。

在阅读《平凡的世界》这部作品时，笔者建议学生首先运用"信息统计"的方法，自行设计表格，按照阅读计划的进度，分次统计相关的信息，借助数据统计，在体量硕大的长篇小说中筛选出"重点信息"；然后采用提问的方法，对"重点信息"出现的章节位置和具体细节进行对比鉴赏。例如，围绕某个人物，统计他出场的次数及所在的章节位置，概括人物出场的背景，记录他每次出场时的言行举动等。统计项目虽然只有五六项，但在一部110万字的小说中，则如大海捞针，需要足够的耐心和细心，学生如果跳着读只看故事情节，自然是行不通的，唯有细细地阅读方能不至于遗漏"重点信息"。同时，因为要完成统计任务，一个人的力量就显得实在微弱，于是，分工合作的愿望空前高涨。通过信息统计，研究"田二"的小组关注到那句"世事要变了"的口头禅，他们觉得有一定的丰富含义，于是深究下去，撰写出题为《一半癫狂一半泪，道尽世事与沧桑》的小论文；研究"孙玉亭"的小组盯上了孙玉亭脚上的那双"烂布鞋"，于是他们从道具的暗示性入手，展开对人物塑造、结构布局和主题意义的探究，撰写出题为《激情飞扬的布鞋》的阅读报告；研究"润叶"的小组，以田润叶的爱情故事里反复出现的"马兰花"为抓手，他们解读花语含义，揣摩人物心理，探究小说主旨，最后写出《马兰花开》一文。

借用信息统计的方法，以线性的思维，梳理出人物或事件发展演变的过程，既能够使繁多芜杂的讯息条理清楚，帮助学生在头脑中形成了清晰的文本讯息图，又有利于创设机会让他们深入地体验文字，进而形成细腻丰富的感受，激发出有价值的创造性思维的火花。通过对信息统计的结果进行进一步的思考，学生就很容易发现文本语言的精妙之处，这样就容易找到文本解读和深入研究的切入口了。

（2）辩证法和还原法。

辩证法和还原法都是课堂教学细读文本时常用的方法，笔者借鉴辩证与还原的阅读方法，指导学生针对整本书中某个关键处开展阅读研讨：第一步，展开自我或同伴之间的辩论，列出正反双方的观点，在文中找到证据反驳对方的观点，由立到破，到再立、再破……在这样的循环往复中，不断地触摸文本的细节，探究文本语言背后的深意；第二步，"知人论世"，将作品中的人物和事件还原到一定的背景下再做研读，这里的"背景"既指作品中的具体环境，也指作品中整体的社会历史背景和作者所处的创作背景。

在研读《平凡的世界》时，笔者指导学生对作品中的孙玉亭这个角色展开了抽丝剥茧般的分析研讨。阅读小组经过几轮辩论，列出了孙玉亭身上的种种特点：他立场坚定，却又心存幻想、不切实际；他热衷革命，却又盲目、蛮干；他有眼光、有能力，却又怕吃苦；为集体他自我牺牲、舍小为大，对家庭、对家人却缺乏责任担当；愿意为革命理想献身，却又爱慕虚荣、贪图小便宜……

接着借助三次还原——还原人物的身份、还原人物生活的小环境、还原人物所处的大环境，同学们更新了对这个人物的认识。研究小组的王玉伟同学写道：

就孙玉亭的身份来说，他就是一个小农民，虽然读过书，但文化终归不多；就小环境来说，双水村是个落后偏僻的小山村，他也只是个穷人的后代；再放眼大背景，那是"文化大革命"的年代，社会经济和文化双重落后，无论城市还是农村都是动荡不安的。

阅读初期，我曾批判孙玉亭的盲目和蛮干，现在仔细想想，倒觉得自己没了道理：那个年代里，"大跃进"的热潮尚存余温，农村公社的革命活动也正如火如荼，当时的人其实都处在一个盲目蛮干的状态，我又怎么能去指责他一人呢？我不能奢望他像田福军、乔伯年这些受过教育、经历丰富的改革家一样，对时代的弊病能够洞察分明；我甚至不能指望他像他的老上级田福堂一样，能够快速地从对集体的留恋中清醒过来，因为他不过是个穷人的后代，虽然根正苗红，但那三分因贫穷而生的自卑是不可避免的，所以他更留恋着、幻想着自己永远是双水村的二把手，是集体中能够呼风唤雨的人物。同样，正是他思想的局限，导致了这个虽然牺牲小我、热爱集体的孙玉亭，不但不能像同样舍己为公的田福军一样被赞美，反而被嘲弄。

至于他怕吃苦、爱虚荣的小心思，还原到他的真实身份，他不过是一个普通人。我想，无论你我、无论历史远近，每个人总归是有这样或那样的缺点的。从这个角度说，孙玉亭倒像一面镜子，照出了我们自己的影子。我们从来都不是完美的，我们只是平凡的世界里平凡的一分子。这或许正是这个小人物最打动我的地方吧！

就这样，融合信息统计法和文本细读法，能够帮助学生建构起长篇文本的阅读经验；采用辩证法和还原法，促使学生学会了多角度思辨，初步实现了专业化的研读。这些方法相辅相成，帮助学生将课内已有的短文阅读经验迁移到课外整本书的阅读研讨中，既实现了单篇短章与整本书的阅读教学的有机整合，使整本书的阅读研讨不至于无助地独立于课堂教学之外，更有利于学生自主建构阅读经验，获得探究问题、评析问题的自信和能力。

（三）采用项目管理和成果倒逼双重保障机制，持续深入推进阅读进程

整本书阅读需要很长的时间才能完成，然而学生碎片化的阅读习惯使他们很难持续地进行周期较长的阅读活动。如果缺乏有效的激励机制，学习主体就没有足够的阅读动力，整本书阅读活动往往就难以有效开展下去。因此，如何确保阅读活动得以持续有效地进行下去一直是我们实践探索的重点。

1.引进项目管理机制，以项目任务驱动阅读进程，促进阅读活动持续深入开展。

针对阅读活动推进乏术、难以持续的顽疾，笔者从管理学中引进"项目管理"机制，创设任务情境，组建学习共同体，以问题引领、小组合作、教师导引的方式开展多种形式的专题阅读活动，制定项目活动量化考核方案，落实精细化的阶段性评价，及时固化阅读成果，形成了可调控、能持续、有实效的阅读推进机制（见图3）。

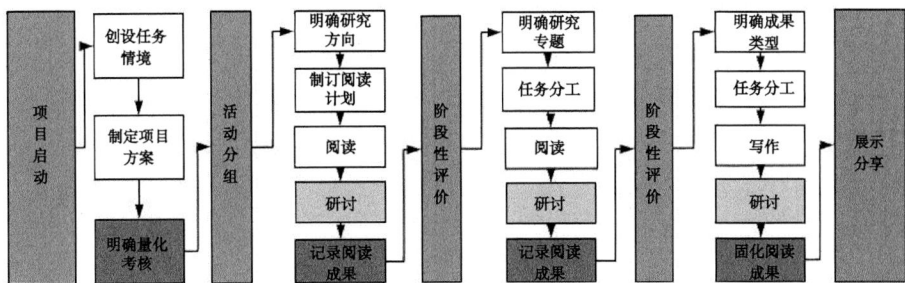

**图3 "项目管理"示意图**

教师重新定位教与学的主体角色，以学生自主阅读、小组合作探究为主要活动载体，以项目任务驱动学生自主阅读、深度学习，开展多种形式的专题阅读研究。教师推荐相关书目和研究资料，有针对性地指导，并有效调控阅读进程。对项目任务的阅读进程进行量化考核、实时调控，确保阅读目标明确化、阅读过程精细化、阅读探究深入化、阅读成果固态化。

（1）依据动态学情，设置合宜的项目任务。

整本书阅读要想真实有效地开展下去，需要充分激发学生内心的阅读需求，引导他们用自己的方式解决自己的困惑。因此，要尊重每个学生独特的阅读方式和个性鲜明的感受经验，认真了解学生思维的过程，根据学情变化的动态设置明确具体的活动项目，开展一些能够激发学生阅读兴趣、能够切实解决学生阅读困难的"小问题"探究活动。例如《平凡的世界》整本书阅读活动伊始，笔者就预先拟定了研究孙少安、孙少平等主要人物形象、小说的情节结构、小说的主题思想和艺术手法等专题研究目标。可是，阅读活动开始两周后，在与学生的对话中，笔者了解到他们阅读的兴奋点与预设的专题研究目标相去甚远，学生更感兴趣的却是"小配角田二是不是真疯""田润叶和郝红梅的爱情""荒唐的穷革命家孙玉亭"等这些出人意料的小问题。震惊之后，笔者没有简单粗暴地逼迫学生按照预设的目标去研究，也没有轻易否定这些似乎颇为天真幼稚的问题的研究价值，而是赞扬他们的视角新颖，有独到的发现。笔者果断地放弃之前研究宏大目标的构想，建议他们就选择自己感兴趣的这些小小的视角开展专题研究。令人惊喜的是，对这些"小问题"的探究活动竟然打破了原先读不下去的僵局，突破了难以逾越的阅读惰性的心理障碍，几个小组的组员们争先恐后地阅读、统计、交流、研讨，最后他们把自己的阅读体会成功地汇集成一篇篇饱含热情又见解独特的研究论文。

任何有效的教学活动都必须要让学习能够真实地发生，一旦学习真实地发生，学生就会觉得苦中有乐，而且乐此不疲。因此，在整本书阅读研讨活动中，仅仅依靠预设的宏大的主旨问题来驱动阅读是远远不够的，教师一厢情愿自以为是地善意导读，其实是越俎代庖，并不能真正触及学生的内心世界，也无法帮助他们克服畏难的情绪。相反，学生自己的一些阅读感触，虽然也许看似幼稚可笑，尤其在这样的宏大的经典作品面前，甚至显得微不足道，但那确实是他们自己真切的阅读感受，包含着他们自己真实的困惑和思考。教师要敏于发现并小心呵护这些真实的想法，让学生内心的矛盾和困惑在研讨交流的过程中充分地展示出来，鼓励每个学生用自己的方式方法去解决疑难问题和建构阅读经验。

（2）组建学习共同体，实施量化和质性考核。

美国教育家布朗（A. Brown）提出"学习共同体"学习原理：学生是学习的主体，是自我学习的设计者，是积极参与自我学习的学习者；学生自身能够积极地尝试方略、保障学习，设置反思自己的理解过程的机会，为了求得更好地合作理解，也能够进行相互监督。日本教育家佐藤学（Manabu Sato）更是不遗余力地倡导创建"学习共同体"，并将之定位为学校课程改革的美好愿景。因此，在整本书阅读与研讨中，组建各种类型的学习共同体，制定研究细则，组织成员分工，明确研究任务，制定量化和质性的考核方案，是阅读活动顺利开展的重要前提。

学生根据自愿组合成阅读小组，自制阅读进度计划，合力搜集信息，共同交流研讨，小组自制《阅读活动记录册》，记录阅读进程及阶段性成果，组员根据《阅读活动评价表》，开展自评互评，评价内容包括参与态度、研讨贡献和阅读成果等多方面。其中尤其要注意的是，阅读小组并非一贯不变，而是可以根据每个阶段项目活动的具体内容，灵活地重组，实现学习共同体的优化组合。在《论语》整本书阅读与研讨过程中，我们共设置了制作《〈论语〉研读主题索引》、合作创作《论语》小剧本、制作"孔门十哲之一"专题阅读资料卡、班级间小组辩论会"孔门弟子孰最优"以及制作《论语》字帖和《论语》词典五个项目合作任务，学习共同体项目小组也因成员的兴趣、特长等因素，相应地进行了多次组合。

2.采用成果倒逼机制，以预设成果反促阅读进程，积累、固化阅读成果。

针对阅读活动往往由于学生主体动力不足而骤热骤冷、阅读进程难以有效推进的难题，笔者采用成果倒逼机制，即预先设定阅读成果的内容及呈现形式，分解阅读目标，细化为阶段性的子目标，明确各自的任务和完成时限。通过预设创作、演讲、汇报、表演等形式的阅读成果，促进学生主动探究，合作分工，互相督促，保障阅读研讨活动得以有效开展（见图4）。

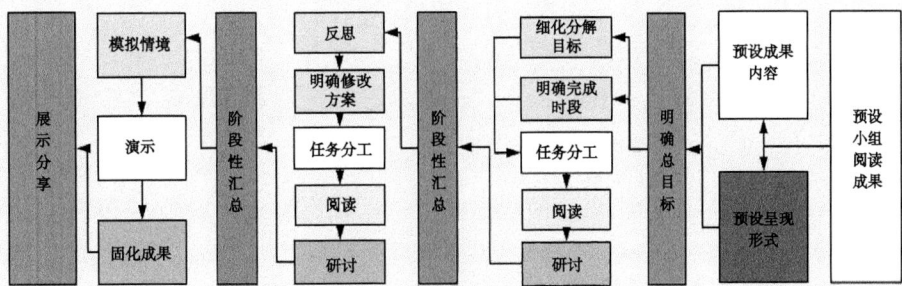

图4 "成果倒逼"示意图

（1）变革阅读评价机制，以学业成就表现作为整本书阅读的评价指标。

评价的最大作用即激励。新的课程标准增加了学业质量标准，明确学生在完成学科学习任务后学科核心素养应该达到的水平。这里需要明确学业质量标准的内涵，学业质量是学生在完成本学科课程学习后的学业成就表现。整本书阅读的学业成就表现即是学生阅读研讨后形成的学习成果。因此，要最大限度地发挥评价的激励效应，关注学生能力发展的需要，借助诵读、演讲、吟唱、表演、作文大赛、书画比赛、诗词创作等丰富多彩的阅读汇报展示形式，分享阅读体验，展示阅读成果。这样既有利于科学评价学生真实的阅读状况，培养语文核心素养，形成必备品格和关键能力，又能够让学生在拥有阅读的获得感和成就感中进一步激发自己的读写兴趣，推动阅读活动持续地深入开展。

（2）搭建多元化的展示平台，实现实体与虚拟、线上与线下相结合的跨媒介学习。

充分利用现代信息技术和周边资源，搭建多元化的交流展示平台，既有读书分享会、专题讲座、话剧表演等实体的课堂、会议展示形式，也有利用"班班通"设备、校园网平台、研究小组QQ群和微信公众号等虚拟的线上展示形式，开展多样态的交流研讨展示。

笔者在《论语》整本书阅读与研讨活动中，采用了全新的阅读研讨交流方式，创立并运营"儒林新韵"微信公众号，创造性地设计了"双平台"（实体课堂与虚拟课堂相结合，线上与线下相结合）的教学形式，以多种形式的读写活动和多样化的展示平台，来推进整本书阅读活动。借助"儒林新韵"公众号，师生间开展持续性的交流互动，动态地分享学生阅读中的点滴收获，能够最大化地展示每位阅读成员的阅读成果。这一举措极大地激发了学生的阅读兴趣，激励他们持久深入地读写，有效地培养了学生良好的阅读习惯和写作能力，促进了学生语文核心素养的全面提升。

# ◎在阅读中邂逅美好

## ——"互助共建·双向推进"课程模式探索

引导学生爱上阅读、学会阅读，是语文教学永恒的主题。从教以来，我曾多次尝试播下读书的种子，小心地呵护，辛劳地耕耘，满怀憧憬，静待花开。然而，没有科学的理念指引，缺少系统的合力支持，小苑里的花却不常开，甚至常常不开。观察很多同行，他们的尝试也大都经过"热血沸腾期""苦苦挣扎期"后，半途而废，偃旗息鼓，只留下"不是不想读，而是没时间读、没办法读"的遗憾与不甘。

2016年的初秋，《普通高中语文课程标准（征求意见稿）》出台，其中专门设置了"整本书阅读与研讨"学习任务群，并提出了具体的教学目标和实施建议。这一变革犹如明灯，为在语文教育理想国中苦苦追寻的我照亮了前行的道路。于是，在丹桂飘香的九月，我和高一的孩子们开始了一场在阅读中的远行。

说是"远行"，因为整个旅程历时半年，面对人物繁多、情节绵延、思想深邃的鸿篇巨制，我们从兴奋激动，到倦怠迷惘，曾经停滞，也曾经跌倒，但同伴的互助和美丽的约定激励我们不畏艰难、勇敢向前。一次阅读，就是一场探险，虽然遭遇了诸多的艰难曲折，但也邂逅了美好旖旎的风景。我们在行走中发现，在发现中反思，用自己的方式完成了值得记忆终生的探险，也体验到了令人鼓舞的阅读乐趣和成长的感动。

在一个春光融融的日子里，我们如约抵达，孩子们热烈地分享沿途的见闻，激动地和我约定下一场旅行……那一刻，我听到了花开的声音。

# 中外小说阅读与研讨活动纪要

◆ **学生研习目标**

1.从师生共商确定的阅读书单中自主选择一部小说阅读。通读全书，整体把握其思想内容和艺术特点。从最令自己感动的人物、情节、场景、语言等方面入手，圈点勾画，细致鉴赏，欣赏语言表达的精彩之处，梳理作品的艺术架构，探究人物的精神世界，研究小说的艺术价值。

2.探索阅读整本书的门径，形成和积累阅读中长篇小说的经验。学习检索文本信息、作品背景、相关评价等资料，发现问题，深入研读；学习综合运用精读、略读与浏览的方法阅读小说，读懂文本，把握文本丰富的内涵和精髓。

3.撰写文学评论，提高审美鉴赏能力、语言表达水平和交流分享的能力。养成记录阅读感受和思想见解的习惯，用自己的语言撰写内容提要、读书笔记与作品评介，通过口头、书面形式或其他媒介与他人分享。

◆ **教师研究目标**

1.研究整本书阅读的教学形式，调配阅读时间，组建阅读小组，建设有效的评价方式和激励机制以监控阅读质量、推动阅读进程。

2.研究整本书阅读的教学策略和指导方法，设计专题学习任务，引导学生读写结合，深入思考、讨论与交流，帮助学生建构整本书的阅读经验与方法。

◆ **教学对象**

高一年级学生。

◆ **实施过程**

## 一、问卷调查与项目启动

本环节的主要任务是开展阅读动员，确定阅读内容，明确阅读任务，组建阅读小组。

学生填写《"我的阅读书单"调查问卷》（见表1），梳理自己读过的书、想读的书和认为必须要读的书，并作出理性的分析。填表的过程是一次对自身阅读现状的反思，也是一种自我鞭策和激励。

表1　"我的阅读书单"调查问卷

| 近两年内我读过的书 | | 我的评价 | |
|---|---|---|---|
| 现在我特别想读的书 | | 我的理由 | |
| 我们这个年龄应该读的书 | | 我的建议 | |

当前，中学生阅读的主要问题还是因兴趣不高和习惯不佳而导致的阅读能力欠缺。通过自我反思和自我激励，能打开学生心灵的入口，消除抵触、畏难的情绪，减少整本书阅读的心理障碍，为阅读活动的开展提供可能。而教师借助调查问卷，也可以了解学生的阅读起点、兴趣爱好和阅读需求，以便从学习主体的角度，寻找满足学生精神成长需求的阅读主题，更加科学地确定教学内容。

统计分析调查问卷，师生共商研讨，确定本次阅读活动的书目为中国古典长篇小说《红楼梦》、中国当代长篇小说《平凡的世界》、外国中篇小说《老人与海》等三部古今中外不同内容风格、不同篇幅体量的作品。

从三部作品中，学生自主选择一部阅读，并根据阅读内容自由结成阅读小组。小组成员共商，结合书本内容和阅读愿景，给阅读小组命名，并撰写阅读宣言。学生是学习的主体，是自我学习的设计者。通过阅读小组的组建、命名、宣言等活动，激励学生相互协助，以积极的心态迎接阅读活动，保障阅读学习的有效进行。

## 二、初读研讨与评价激励

本环节的主要任务是学生自读，通览全书，记录阅读感受；小组研讨，交流分享，明确研究专题；教师指导调控，出台评价方案。以问题引领、小组合作、教师导引的方式正向驱动阅读进程，制定阶段性量化考评方案，有效调控，促进阅读活动持续深入。

三部作品中，《红楼梦》《平凡的世界》篇幅较长，只需要完成单本阅读；而《老人与海》篇幅较短，因此采取"1+N"的阅读方式，根据主题，后续补充海明威的《乞力马扎罗的雪》、杰克·伦敦的《杰克·伦敦作品选》、余华的《活着》等阅读材料。

本环节用时八周。由小组共商确定小组共读计划（见表2），规划阅读进程。每位同学利用课余时间按计划完成初读，并从最使自己感动的人物、情节、场景、语言等方面入手，圈点勾画，鉴赏探究，每周完成一份四百字左右的《读书报告单》（见表3）。同时，每周四下午，安排一节课小组内集体研读；每周五早读，小组代表在班内汇报。为激励阅读热情，保证每位同学都能够最大化地参与阅读活动，采用了责任制，分工到人，组员轮流承担主持研讨、朗读分享、读书报告、研讨记录（见表4）和班内汇报等任务。

表2　小组共读计划

| 序号 | 时间 | 章节 | 主持研讨 | 朗读分享 | 读书报告 | 研讨记录 | 班内汇报 |
|---|---|---|---|---|---|---|---|
| 1 | | | | | | | |
| 2 | | | | | | | |
| 3 | | | | | | | |
| 4 | | | | | | | |
| 5 | | | | | | | |
| 6 | | | | | | | |
| 7 | | | | | | | |
| 8 | | | | | | | |

表3 读书报告单

| 日期 | | 报告人 | |
|---|---|---|---|
| 题目 | | | |
| | | | |
| 评价 | | | |
| 评分 | | | |

表4 小组阅读研讨记录

| 时间 | | 地点 | |
|---|---|---|---|
| 主持人 | | 记录人 | |
| 参加者 | | | |
| 研讨过程 | | | |
| 形成意见 | | | |

为监控阅读过程、保障阅读效果，制定《阅读活动评价表》（见表5），量化考核方案，评价内容包括参与态度、研讨贡献和阅读成果等多方面，分为A、B、C、D四个等级，由组员自评互评，记录阅读进程及阶段性成果，整个阅读活动结束时完成总体评价，并据此评选出班级的"阅读之星"。

表5　阅读活动评价表

| 时间 | 参与态度 | 研讨贡献 | 读书笔记 | 读书报告 | 其他研读成果 |
|---|---|---|---|---|---|
|  |  |  |  |  |  |
|  |  |  |  |  |  |
|  |  |  |  |  |  |
|  |  |  |  |  |  |
|  |  |  |  |  |  |
|  |  |  |  |  |  |
|  |  |  |  |  |  |
|  |  |  |  |  |  |
| 单项积分 |  |  |  |  |  |
| 总评 |  |  |  |  |  |

阅读研讨中，教师全程跟进，指导调控：组织每周五早读的阅读分享会，面向全体同学进行整本书阅读方法指导；参与每周四小组研讨，和学生对话交流，进行个性化的阅读指导，答疑解惑，帮助他们明确研究方向和思路。

每个阅读小组根据集体研讨成果，逐步确定本组共同的研究方向，选择研究专题，为下一步的深入研读和写作做好准备。

## 三、细读精研与表达分享

本环节通过创设"举办读书报告会"的任务情境，搭建班内交流和市级展示两个平台，要求每个小组围绕上一阶段选择的研究专题，以主旨演讲的方式展示研读成果，完成阅读分享。采用成果倒逼机制，以预设成果反促阅读进程，激励学生主动探究，分工合作，细致阅读，深入研究，并尝试写作和表达。

班内交流的准备时间为两周。各小组积极细致地规划分解任务，查阅搜集资料，进行研讨交流，合作撰写讲稿，制作PPT，模拟演练，挑选出代表完成演讲。阅读《红楼梦》小组的报告题目有"梦回金陵"和"衣袂红楼"；阅读《平凡的世界》小组的报告题目为："踏雪寻梅——我眼中的郝红梅"，"书缘"，"激情飞扬的布鞋"，"信天游——黄土沟壑里唱响的天籁"，"歌声中的喜怒哀乐"，"马兰花开"，"七十年代的平凡"，"一半癫狂一半泪，道尽世事与沧桑"；阅读《老人与海》的小组报告题目是："硬汉是一种人生态度"，"棒球精神"，"梦中雄狮"，"一个人的战斗"。筹备工作完成后，利用周四下午的两节语文课举办读书报告会，读书报告会由语文课代表主持，学生自主点评，教师进行总结。

班内交流后，教师开设专题讲座，从"如何开展专业研究""如何写好读书报告""怎样让演讲更精彩"三个方面进行指导。小组根据评价意见，合作修改读书报告，整理过程性的记录材料，包括《小组共读计划》《读书报告单》《小组阅读研讨记录》《阅读活动评价表》和修订后的《小组研读报告》，将之装订成册，相互交流。

整个过程历时两周。最终全班同学投票，评选出《激情飞扬的布鞋》和《马兰花开》作为市级报告会的展示作品，同时评选出一等奖两个，二等奖四个，三等奖八个，以及五位班级"阅读之星"。

在芜湖市教科所的支持下，市级读书报告会定于第二学期开学后举行。寒假期间，同学们继续阅读相关的补充资料，如《红楼梦新证》《红楼探源》《人生》《路遥传》《永别了，武器》《迷惘者的一生——海明威传》等，撰写个人研读报告，开学后提交，教师评选出优秀作品在市级报告会上展示。学生自主合作撰写研读报告，学会用专业的方法开展阅读，有利于促进他们深入思考，形成有效的阅读经验，固化阅读成果。韦俊杰同学撰写的《激情飞扬的布鞋》，记录了自己所在的"时间成灰"阅读小组在阅读《平凡的世界》过程中的心得体会，王怡雯、朱幸娟、宋海艳撰写的《马兰花开》，道出了她们阅读《平凡的世界》的心路历程和成长的喜悦，两文分别获得了安徽省首届校园读书创作活动一等奖和优秀奖。

2017年2月28日，"在阅读中邂逅美好"整本书阅读市级报告会如期举行，来自全市的初高中语文教师、安师大文学院学科教育专业研究生一百多人观摩并研讨交流。中国文明网等多家媒体对此次活动进行了报道。

报告会分三个板块。第一板块为"开讲啦"。王怡雯同学以"马兰花开"为题，用"初遇""花语"和"成长"三个关键词，深情地讲述了小组成员在阅读过程中与"美好"不期而遇的欣喜，并生动地诠释了如何采用跨学科研读和拓展阅读来提升思维认识、促进研究不断深入的阅读策略。韦俊杰等8位男生一齐走上讲台，以"飞扬的布鞋"为题，合作汇报了他们小组从遇到读不下去、无法合作等多种困难，到自主确定研究专题突破阅读瓶颈，以及在科学阅读策略指导下攻坚收官、取得喜人成果的曲折过程。8位同学真诚率直而又妙趣横生的话语，将汇报活动推上高潮，赢得全场师生的高度赞誉。

第二板块是"大家谈"。同学们踊跃发言，回顾反思，畅谈自己在读书过程中认识的飞跃和情感的升华，热情的话语、深入的思考碰撞出一串串美丽的火花。邢思洁同学感慨地说："感谢阅读与研讨带给我们的智慧和美好，感谢读书汇报让我们在锻炼中增添自信！"

第三板块叫"我们的足迹"。通过大屏幕展示大量的纪实图片，重温半年来师生们共同走过的阅读之路，还有那些独具个性的阅读小组宣言、学生亲手绘制的阅读活动记录册、小组汇编成册的阅读研究报告、学生独立制作的阅读汇报课件……如此丰富多彩的学习成果，还原了我们这次阅读探险的主要历程，也让全体同学在感动和自豪中体验到语文学习的乐趣和满满的成就感。

通过演讲报告、交流展示等活动，学生锻炼并提升了听说读写的综合素养和实践能力，从而进一步实现自我激励、自我教育，更加积极地投入到阅读探索中，不断地获得成长的喜悦。

# 教学手记：第一次阅读分享

按照小组提交的阅读计划，昨天指定了三位同学，让他们做好准备，利用早读时间和大家分享一周来的阅读体会。布置任务时，他们问我要他们谈什么，我说，就谈谈你们真实的阅读状态，你们读到哪儿了，读的过程中有什么困难，书中有哪些触动你的地方，等等。我希望第一次讨论，完全是"原生态"的，没有老师的干预，能够真实地呈现出学生课外阅读的情况，这样，据此制订的下一步的阅读计划，才能是科学的、适宜的。

第一个发言的是位女生，叫王郑，是《红楼梦》阅读小组的组长。因为选择《红楼梦》的人太少，所以我很谨慎地挑选了组长来谈，希望她能带个好头，吸引更多的同伴参与阅读。

王郑的发言让我很感动。她说这是她第二次读《红楼梦》，惭愧的是第一次没有读完，只读了前面几十回，而且读的还是删节本，因为我实施的读书计划才重拾勇气再启阅读。她说，这一次，她买了全本，不读不知道，原来全本和删节本差异如此之大，从第一章的奇幻故事，到每一章里大量的诗词，还有很多景物描写、人物心理或对话，都是原来的删节本所没有的。接过她的话，我问道，那么，阅读这些新内容时有什么感觉呢？王郑认真想了想，真诚地说："这些内容无疑增加了阅读的难度，尤其是诗词，有很多看不懂。但奇怪的是，虽然读不懂读得累，我却分明地感受到似乎正是这些内容，才比删节本多了一种说不清的韵味，这才更像我想象中的'红楼一梦'。"

多么真实的表达啊！说实话，组织今天的读书体验交流前，我的心里一直有些担忧：这些孩子的阅读起点不高，尤其缺少良好的阅读习惯，而我又是第一次系统地开展整本书阅读的教学尝试，没有经验，也没有现成的范本可供模仿。虽然经过上周的盘点动员、书目推荐，各个小组都选好了书，也开始读上了，但是下一步该怎么做，尤其是如何开展读书交流和阅读指导，我自己的心里还没有清晰的规划。

王郑的发言引起了我的深思，我必须尽快开始进行阅读教学指导的尝试与探索。我向全班同学推荐了《脂砚斋评点红楼梦》，介绍了"评点式阅读法"这种传统的读书方法，鼓励读者和作者对话、和文中的人物抵掌而谈，把自己的阅读感悟随手写在书边的空白处，用自己的真情实感和睿智哲思参与到对经典的再创作中。我建议王郑和她的同伴们，不妨就从自己的真实感受出发，针对全本与删节本的差异之处，一边阅读一边作评点记录，在交流研讨中不断提升认知。

第二个发言的是语文课代表潘世馨。她说《老人与海》这本小说她在暑假里就买了，但是只读了三分之一就停下来不想读了。她坦诚地回忆了自己放弃的原因，就是感觉小说没什么情节，只有大量的内心独白，她觉得很枯燥，急着往下翻，找有故事的地方看，又老是找不着就厌烦了。旁边的刘慧听了这话，直点头，她说她粗略地读了一遍，读的时候也是这种感觉，太多的自言自语让她不耐烦，很着急，很想知道结果，后来实在忍不住，直接跳到了结尾，知道了老人带着一副巨大的马林鱼骨架饿着肚子回来了。可是知道了结果，又觉得很遗憾，觉得这么读没什么意思。

两个孩子的对话引起了不少同学的共鸣。的确，这不仅是阅读《老人与海》这本书的障碍，这种只追求情节，忽略细节和语言，囫囵吞枣式的阅读方式早已成为课内外阅读中最突出的共有问题。

怎么才能很好地解决上述问题呢？孩子们的困惑就在眼前，他们的心声，他们的共鸣，他们的困惑，就是最好的教学契机。于是，我和孩子们分享了自己中学时代第一次阅读《巴黎圣母院》的经历，我坦率地告诉他们，十几岁的我曾被开篇二十多页的环境描写所吓倒，读了一点就放弃了，直至读大学时回忆起这个疑惑和困难重新研读，才发现雨果如此铺张描写的匠心所在……

五十多双眼睛热切地追随着我，我感觉到一种无须言说的亲近，我知道我们之间的距离因真诚的分享而拉近。于是我鼓励他们，高中的阅读应当朝着更远更深更有价值的方向奋力挺进，不妨就从自己的苦恼和发现入手，以研究

"《老人与海》为什么会有这么多的人物独白"为任务，带着真实的疑问去阅读，这样既能磨炼自己阅读的意志，又能将阅读推向更深处。

可能是受了前面几位同学的鼓舞，昨天接受分享任务时还有点畏难情绪的胡栋梁，出乎意料地举手示意我他要发言。他所在的小组研读的是《平凡的世界》这本书。胡栋梁说，老师，我才读了五章，我有个疑惑，感觉书里描述的生活和时代距离我们好远，贫瘠的农村，匮乏的物质，扭曲的人性，和今天的生活早已大不相同了，那么为什么我们还要读这些呢？不少同学频频点头，看来这是一个共性问题，很有必要讲一讲。于是，我坦诚地和同学们分享了自己的以下想法。

的确，和新闻报道不同，经典名著反映的时代常常与我们当下的现实生活有一定的距离，有的甚至还很远很远。《老人与海》写的是上个世纪外国渔夫的故事，《红楼梦》反映的还是封建社会的贵族大家庭生活。但是，文学即人学，虽然几千年来人类社会生活发生了巨大的变化，到了现代更是呈加速度发展，可谓日新月异，可是在人的本性诸多方面，喜怒哀乐，爱恨情仇，古今中外概莫能外，并无二致。读书，就是间接地认识人，认识人情和人性，同时也在自我观照的过程中认识自我。

在《平凡的世界》里，路遥对20世纪70年代中国农村青年的生活和学习的状态写得很真实，反映了那个特殊时代的政治、经济、文化和民生状况。那里有太多的饥饿、贫穷和痛苦，以及人物内心世界的自卑、屈辱和挣扎。我们阅读《平凡的世界》，就能够间接地了解极具中国特色的农村社会。农村和农民是中国社会的主体，一个不了解农村和农民的人，就不能说自己了解中国，更不能说自己了解世界，因为中国人口约占世界人口的五分之一啊。著名的社会学家费孝通先生从1936年到2002年，先后26次考察了江苏省吴江县的江村，写出了从最早的博士论文《江村经济》，到后来的一系列文章，集结成《乡土中国》《乡土重建》等多种社会学著作。我们生活在这个以农耕文化为传统的国家，了解她的文化根基，对认识社会和认识自我都是很有必要的，这也是我们将来能够更好地服务于国家和奉献于社会的重要前提。也许正是基于这一点考虑吧，最近中国人民大学的王莎莎博士才撰写了新作《江村八十年——

费孝通与一个江南村落的民族志追溯》……

异常安静的教室里，气氛少有的庄重。孩子们目光灼灼，眼神中饱含着兴奋和期待。

下课铃响起，我们结束了第一次阅读分享会。

2016年9月22日　星期四

# 在"平凡的世界"中真实地阅读*

时下，整本书阅读的重要性已经得到学界的广泛认同，不少一线教师积极尝试，推荐书目，制订计划，开展阅读活动。这种渴望革除语文教学痼疾的愿望和热情固然是美好的，然而严峻的现实也不容忽视：宏大严肃的经典文本难敌功利化娱乐化的诱惑，难以唤起学生的阅读热情；教学的缺位导致学生阅读经验和阅读方法的缺失；碎片化的阅读习惯难以适应漫长的阅读周期……种种阻碍不断地蚕食着阅读的热情，整本书阅读活动或随意无序，或有始无终，或沦为虚假的形式，或流于消遣式阅读。那么，整本书的阅读，作为一项正式的语文教学活动，面对个性、思维、认知、情感各不相同的全班学生，如何进行有针对性的阅读指导，才能帮助他们克服阅读心理障碍，养成良好的阅读习惯，掌握有效的阅读方法，成为专业的阅读者呢？

2016级高一上学期，我组织学生开展小说类文本整本书阅读活动，我们从路遥的《平凡的世界》出发，一路跌跌撞撞，连连碰壁，又峰回路转，柳暗花明，令人感慨唏嘘，惊喜不断。

## 实在读不下去了，怎么办？

整本书阅读需要很长的时间，如何才能确保阅读得以持续有效地进行下去，是首先要解决的问题。

开启《平凡的世界》阅读活动前，我参考各种资料，做了比较详细的规划：采用问题驱动的方法引导阅读，围绕少安、少平等主要人物，预设了几个关于情节结构、主题思想和艺术手法的主问题，拟制了"专题阅读目标"；学生自愿组合成阅读小组，自选专题，自制阅读进度计划。为了追踪了解学生的阅读情况，保障阅读的实效，拟每周四下午抽出一节语文课供小组交流研讨，

---

* 本文原载于《语文月刊》2017年第6期，收入本书时有修改。

并且制定了《阅读活动评价表》，要求组员自评，评价内容包括参与态度、研讨贡献和阅读成果等多方面。

一切准备就绪，一番鼓励动员后，我们的阅读之旅正式开始了。这样的尝试于我于学生都是第一次，很新鲜，因而激情满满，再加上有规章制度的保障，两个星期下来，阅读活动开展得红红火火。

第三周周四下午，天气很好，我们把阅读课堂移到了学校池塘边的长廊下。同学们三五成群，坐在秋日的阳光里，或读或议，丹桂邂逅书香，颇具诗情画意。我穿行于各个小组之间，适时针对性地做一些指导，满心欢喜。

"哈哈哈……"，一阵怪异的笑声刺破了和谐，带来了隐约的不安。我循声走近，笑声骤停，组长杨俊红着脸委屈地说："我让他们汇报本周的阅读进度和对主人公孙少平的感受，他们都不肯说，郑圣龙还捣乱学田二，说'世事要变了'。"

我知道他的难处，第四组是一个男生组合，活泼好动，很难静下心来细细阅读这个大部头。两周的新鲜劲儿已过，倦怠的情绪慢慢占据了上风，他们可能已经实在读不下去了。

我转向郑圣龙，问他读到哪里了。果然，他支支吾吾，答不上来，其他男生也都低着头。怎么办？我知道只是指责他们没有什么用，正是因为长期的教学缺失，才让他们缺少长文本阅读的经验和良好的阅读习惯，学生阅读的真实状态实在令人忧心，网上不也流传着所谓"死活读不下去的名著排行榜"吗？现在，他们的阅读兴趣已经降到了谷底，仅仅依靠制度规范和批评都难以真正解决问题，反而会使阅读流于虚假和形式。

"嗯——"我试着提问，"圣龙，你觉得田二是真疯还是假疯？""肯定是真疯了！"他脱口而出，可一看同伴没出声，又有点犹豫，"也不一定……"杨俊接过来说："我看未必，'世人笑我太疯癫，我笑他人看不穿！'"组长的话立刻得到几个同伴的赞同。"不对！书里明明写被充数拉去批斗，他还觉得很光荣呢！"有人质疑，几位同学忙着翻书查证。

田二在小说中只是一个微不足道的配角，他不在我预设的"专题阅读目标"里，但是此刻，学生的热烈讨论却让我真切地认识到：仅仅依靠预设的宏大问题来驱动阅读是远远不够的，越俎代庖，教师一厢情愿地善意导读，未必能真正触及学生的内心世界，也无法帮助他们克服畏难情绪。相反，学生的一些阅读感触，虽然看似幼稚，尤其在这样宏大的经典作品面前，甚至显得微不足道，但确实是他们真实的阅读感受，包含着他们真实的困惑和思考。

整本书阅读要想真实有效地开展下去，只有充分激发学生的内心需求，引导他们用自己的方式解决自己的困惑。本着自主发现、自主选择的原则，我们可以开展一些能够切实解决学生困难的"小问题"探究，即使学生的选题不够"高大上"，也不要轻易地予以否定，更不能简单粗暴地讥讽，而是要尊重每个学生独特的阅读方式和个性鲜明的感受经验，认真了解学生思维的过程，让学生在质疑、反思、碰撞中拓宽思考的空间，帮助学生完善其立论的合理性。

于是，我果断地放弃之前研究宏大目标的构想，建议他们就选择田二这个自己感兴趣的小视角，以"田二是不是真疯"为题开展专题研究。令人惊喜的是，这一改变竟然打破了读不下去的僵局，突破了难以逾越的惰性心理障碍，组员们争先恐后地阅读，情节往前推进一点，他们对田二这个人物的理解也就加深一点。最后第四组把自己的阅读体会汇集成一篇报告《一半癫狂一半泪，道尽世事与沧桑》。

在第四组的启发下，我同时对其他小组的阅读情况重新进行评估，发现也有类似的障碍和困惑。通过对话，我发现了各组阅读兴趣点的不同，例如有两个女生组分别对田润叶和郝红梅的爱情颇为留意，还有一个组觉得孙玉亭这个穷革命家实在荒唐。于是我们围绕这些非主要人物，重新设计各组的"小问题"探究计划。

美国课程专家威廉·F.派纳说过，学习需要的是"跳动的火焰"，而不是"实实在在得到建筑物"。教学就是不停的历险事件。一番调整后，我们朝着新的目标重新起航。此刻，我真切地感受到只有在教学实践中不断"历险"，找准学生的兴奋点，解决学生学习中真实的问题，才有可能与美好的风景不期而遇。

## 文学阅读也可以这么做吗？

为了让学生的阅读能够落实到语言学习的层面，在阅读活动开始前，我曾专门介绍了摘录法、评点法等阅读方法，并展示自己的读书笔记，鼓励他们通过写批注、心得的方式深入阅读。然而，一段时间下来，效果却很难令人满意。学生的评点批注大都是"此句运用什么手法，起到了什么样的作用，表现出什么情感"，属于标准的考试答卷风格，多了几分刻板僵化，少了一些真情实感。还有个别学生只在检查前，随便画上几个符号，敷衍了事。而小组交流中提交的读书报告，也大多是"情节概括＋贴标签式分析"的模式，缺乏性灵和生气。

对此，同学们也很苦恼：这么厚的大部头，他们实在不知道从哪里入手。的确，从宏观上把握整本书的梗概容易，可要想具体微观地去体察和发现其中情感的真和语言的美却很难，更何况已经习惯了阅读教材单篇短章的他们，本来就缺少长文本阅读的训练。可是不用心去真切地感受小说中的语句，又怎么能够写出细腻真挚的点评呢？

怎么才能帮助学生感受宏大构架下细腻生动的言语呢？我想到了指导学生"细读文本"时用过的方法，对文中的重点语段，让他们对每句话逐一提问；对关键的词句，先找出出现的位置和次数，再对比每处的异同。这些方法稍加改造，就可以迁移转用于整本书阅读。

于是我提出暂时不要求做批注和写心得，而是先制作《信息统计表》。各小组根据自己的阅读专题，绘制表格，按照阅读计划，分次统计相关信息，例如，"田二"研究组可以统计田二出场的次数、章节位置，概括出场背景，记录田二每次出场时的言行，包括关注他那句口头禅"世事要变了"是否完全相同。

此言一出，同学们惊愕不已：统计不是理科学习的方法吗？难道文学阅读也可以这么做吗？"为什么不行？"我神情笃定，"这叫用实证的方法研究文学，你们试试看，一定会有意想不到的收获！"

于是，同学们在将信将疑中商讨着如何绘制表格。很快，他们参考示例，各小组自行设计表格样式。统计项目虽然只有五六项，但在一部110万字的小说中，则如大海捞针，需要足够的耐心和细心，跳着读只看故事情节，自然是行不通的了，唯有细细阅读方能不遗漏。几个小组在统计中，随时都有新的发现和增补。同时，分工合作的意识空前高涨，因为要完成统计，个人的力量实在不够。

随着阅读的推进，统计表上的信息不断扩充。两周后，"玉亭"研究组负责统计孙玉亭"肖像描写"的韦俊杰、王兴晖兴冲冲地跑到办公室，激动地指着统计表说："老师，我们读到44章时，发现一个秘密，路遥写孙玉亭时有个神器！""是什么？""布鞋！"他俩异口同声，一边把统计表给我看，表格上用红色的笔圈出了8处"拖拉着烂布鞋"。

他们的发现让我惊喜，因为我的记忆里似乎只有田福堂送过孙玉亭一双自己穿旧的布鞋。他们也为自己的发现而备受鼓舞，接下来的研读就更清晰而有趣了，盯着这一双"缀麻绳的烂布鞋"，他俩写下了很多阅读评注，关于布鞋的暗示性，关于人物的心理，关于结构线索，还有关于那个物资匮乏的年代……丰富细腻的感受取代了先前刻板生硬的"答案"，也形成了一份有趣而又带着泪点的阅读报告——《激情飞扬的布鞋》。

与此同时，负责整理"孙玉亭的语言行为"的同学也关注到了一些细节，如第9章中为了完成公社批斗的任务，孙玉亭拉了疯疯癫癫的田二充当"阶级敌人"；批斗结束后，看着田二父子"老小憨汉面对面站着，一个对一个傻笑"，瑟瑟寒风中，孙玉亭和他们一样索索发抖，对父子俩说"快走吧"；"大锅饭"的局面打破后，孙玉亭多次失魂落魄地回到大队部惆怅发呆；等等。透过这些细节，同学们对孙玉亭的认识，从起初可笑可鄙的"穷革命"到理解其人性的真实和复杂，形成了一篇内容丰富的读书报告《二爸啊，二爸》。

其他小组在统计中，陆续也有了奇妙的发现，"润叶"研究组发现田润叶的爱情故事里反复出现"马兰花"和信天游，由此他们展开研究，分别写出了解读花语的《马兰花开》和关注全书中穿插引用陕北民歌作用的《信天游——黄土沟壑里唱响的天籁》。

整本书提供的信息量大，信息链条丰富复杂，学生在阅读过程中需要不断地体验建构、解构、再建构、再解构的循环。PISA（国际学生评估计划）的阅读分析框架，就很重视信息的获取，把阅读过程分为"讯息检索与撷取—统整与解释—省思与评鉴"三个阶段。借用信息统计的方法，以线性的思维，梳理出人物或事件发展演变的过程，既使繁杂的讯息秩序清楚，帮助学生在头脑中形成清晰的文本讯息图，又创设了机会让他们深入体验文字，形成细腻丰富的感受。通过对信息统计的结果进行回顾总结，学生很容易发现文本语言的精妙之处，这样就容易找到文本解读的切入口。

信息统计法和文本细读法相辅相成，帮助学生将课内已有的短文阅读经验迁移到课外整本书的阅读中，既实现单篇短章与整本书的阅读教学有机整合，使整本书的阅读学习不会独立在课堂教学之外，更有助于学生完善阅读经验，获得探究问题、评析问题的自信和能力。

## 我们也能做研究！

《平凡的世界》阅读历时十周，前面三四周最为艰难，遭遇到了读不下去和阅读目标大而无当的障碍。但适时地调整，小组有了个性鲜明的小目标；再经过细致的信息统计、讯息检索，在统整中进一步细化了研读目标。最后的两三周，各个小组都完成了阅读，进入了研讨总结阶段。我鼓励他们在"省思与评鉴"的收官阶段，要努力从"一般的读者"转型为"专业的研究者"。

转型，无疑是充满挑战的。他们通过对统计数据进行细致的比对，提出了一些有价值的问题，但如何回答这些问题，将决定阅读探究的维度和层次。

"润叶"研究组围绕"马兰花"的总结就历经了多次的调整。最初，她们认为"马兰花"是润叶爱情的象征，反复出现，在结构上构成了呼应，也为润叶的爱情增添了悲剧的色彩。这是在文本内部寻求线索和答案的解读方法，结论是合理的，但单一纵向的思维方式难免显得有些逼仄。

我鼓励她们试一试从横向的角度发散思维，对文本进行提问，借此发现隐含的讯息。这一次，组员王怡雯从"花"本身出发，提出了一个横向比较的问题——"为什么选择马兰花来象征爱情，而不是玫瑰或者别的花？"这个问题看似简单，实则很有价值，回答它需要对作品进行更多的思考。

同学们首先查阅资料，寻求外部信息支撑，了解到"马兰花"其实就是众所周知的山丹丹花，是黄土高原上常见的植物，花大叶细，花色绚丽；马兰花又叫"祝英台花"，有着"宿世的情人""爱的使者"等唯美的花语。

跨学科的信息补给，视觉感受的丰富，让她们获得了细腻而丰富的认知和联想，再次研读文本，寻找与文本的相互关联点，她们产生了新的认知和感受：

> 马兰花又叫祝英台花，润叶与少安相爱却不能相守的故事，就恰如祝英台和梁山伯一样，有情人不能终成眷属，马兰花或许就是一种爱情悲剧的暗示吧。

> 马兰花只是路旁的一种野花，可它却拥有绚丽的色彩，正如路遥所热爱的勤劳朴实的陕北人民，为那贫瘠的黄土高原添了一抹亮色；它生命力极强，在恶劣的环境下也能顽强生长，如同润叶对爱情的那种执着、那种倔强。

> 马兰花不似玫瑰那样浓艳，也不像丁香那样哀怨，它是清新而又温和的，就如润叶一般。她一个介于城市与农村、传统与现代之间的普通姑娘，她没有晓霞的聪明博学，但勇敢刚毅，能为了爱情而奋力抗争，也能为了责任而勇敢担当。她从出场到结尾都是淡淡的、温婉的，正如路边一朵蓝格盈盈的马兰花，悄然地绽放，却让人心动。

这样，通过跨学科地学习，利用不同领域的知识来丰富对文本的理解，促成语文课程内部学习领域与外部相关学科领域的知识整合，形成了学生的反思性认知。在总结汇报中，王怡雯代表小组以"马兰花开"为题，深情地讲述了她们阅读作品的思考和体会。另一个女生组则以"踏雪寻梅"为题，分享了她们对郝红梅这个人物由鄙夷到理解、到同情、再到尊重的阅读心路历程。两个小组的精彩陈述赢得了全班同学的赞赏。

阅读之初，我曾计划推荐程翔老师提过的"从改革开放大背景下看孙家变迁的大视角梳理情节，分析人物，感受当代中国改革的步伐与人物命运之间的关系"和"将孙少平、孙少安这两个既有共同命运，又有各自不同性格特点的兄弟俩进行比较分析"的选题。但是，学生的阅读现实，让我对如此宏大的命题望而却步。

然而此刻，两个小组，不同的研读专题，深入的阅读体会，美妙的思想碰撞，却让我有了再深入一步的信心。我不失时机地追问：同是路遥笔下的女性，她们的爱情经历、人生轨迹有什么异同？

问题指向更深层次的思维和研读，我建议同学们利用寒假，研读《人生》

《路遥传》等作品，以更广阔的视角审视、整合与作家和作品相关的知识信息，辨析评论，深度学习。开学前，我收到王怡雯的邮件：

> 阅读之初，我为这场殉道般的爱情而动容，又因润叶最终勇敢地担负照顾向前的责任而生出敬意。假期里，我读了《路遥传》，了解了路遥的生平和创作后，再读《平凡的世界》，我似乎在润叶、晓霞和秀莲这一群女性身上读到了某些相似：美丽而又坚韧，为爱执着，又深明大义。反观润叶的人生，尤其是后来的选择，是否因理想化的设计而显得苍白？或许她们不过是路遥对爱情的某种期许吧。

我十分欣喜，因为学生能够通过阅读大量的资料，并且加以融合梳理分析，提升了思维的层次和思维的品质，能够以比较全面的视角和批判思维来看待和研究问题了。"马兰花！看，蓝格莹莹的！"田润叶的一声轻唤，道出了少女心中无限的爱恋，也唤醒了学生心底沉睡的思维花苞。轻嗅花香，细听花语，广泛的涉猎、无限的遐思浇灌出一朵朵美丽的思维之花。

一次阅读，就是一次行走。我们在行走中发现，在发现中反思，在困惑和喜悦中，窥见前路点点星光，一次次鼓起继续前行的勇气。在"平凡的世界"中我们发现阅读的真实，在阅读的困境中寻找突破的出口，由多元发散到线性梳理再到辩证地批判，同学们用自己的方式完成了独具个性的阅读探险，也体验到了阅读的乐趣和成就感，更期待着下一次整本书阅读的探险。

**参考文献：**

[1] 威廉·F.派纳：《课程：走向新的身份》，陈时见等译，教育科学出版社2008年版。

[2] 郑圆玲：《有效阅读 阅读理解，如何学？怎么教？》，天下杂志股份有限公司2013年版。

# ◎走进黄州，相遇东坡
## ——"三位一体·一线串珠"课程模式探索

中外小说阅读研讨的成果，给我们带来丰盈的体悟和极大的激励，旖旎的书山风光，让人流连忘返。然而，我也认识到，要对学生有效地进行专业的阅读指导，就需要教师花大气力深研文本，还要根据不同的文本和学情制定出有针对性的指导策略，显然，仅凭一人之力同时开展多部作品的阅读教学，实在是太困难了。

如何建设既相对集中而又兼容开放的阅读课程资源呢？带着对这个问题的思考，2017年的春天，我和学生再度启程，继续令人兴奋的阅读研讨之旅。

这一次，我们选择了对话苏东坡。

有人说：每个中国人心中，都有一个苏东坡。为了寻觅那个永不褪色的多彩生命，我们从教材中的《念奴娇·赤壁怀古》《定风波（莫听穿林打叶声）》两首黄州词出发，围绕"东坡的突围"的研讨主题，开展了一次"阅人+读文"的专题研读活动：我们循着林语堂先生的《苏东坡传》，抚摸他跌宕起伏的生命轨迹，在对东坡诗文的品味研读中，感受他那温润亲切的气息，倾听一个高贵而鲜活的灵魂的高唱低吟和喃喃自语。

这场寻访，始于杨柳拂堤、草长莺飞的早春，终于丹桂飘香、硕果满枝的金秋。在两百多个日子里，朗读、思考、讨论、表达，形成了丰富多彩的研读成果，令人惊喜连连；走进文本深处，那个原本邈远的背影，日渐清晰，日渐温暖，令人感动不已。

# 苏轼专题阅读与研讨教学尝试

◆ **学生研习目标**

1.阅读《苏东坡传》和苏轼诗文，梳理苏轼的人生经历，多角度、多层面地了解苏轼的精神世界。汲取文学精华，增加文化积淀和文学素养，培养民族审美趣味，增强对中华传统文化的认同感、自豪感。

2.把握林语堂的观点、态度和语言特点，理解作者阐述观点的方法和逻辑。学习运用评点方法，记录自己的阅读感受和见解，学会分析质疑、多元解读和理性表达，增强思维的逻辑性和深刻性，提升思维品质，培养思辨性阅读和表达的能力。

◆ **教师研究目标**

1.研究教材、群文和整本书等阅读资源的组合形式，探索学科内部多种类型文本阅读、多种语文能力培养的教学组合模型，在有限的阅读时空中，尽可能多地利用优质阅读资源，以改善学生阅读量少、阅读能力低的现状，实现共读与个性化阅读多元发展，促进读写作能力和思维的发展。

2.借助整本书研读，开展思辨性阅读和表达训练，研究思维过程优化和思维方法培养的策略，探寻辩证思维和批判性思维的培养路径。

◆ **教学对象**

高一年级学生。

◆ **实施过程**

## 一、整装启程：黄州词专题学习

人教版高中语文教材必修4中有《苏轼词两首》一课，选录了苏轼贬居黄州时创作的《念奴娇·赤壁怀古》和《定风波（莫听穿林打叶声）》。苏轼在

《自题金山画像》中写道："心似已灰之木，身如不系之舟。问汝平生功业？黄州惠州儋州。"黄州，是苏轼生命的转折点，也是他精神的突围地。在这里，苏轼留下了大量经典的诗词作品。

学生在解读诗歌时，常常忽略对文字的体验，甚至直接越过文本，过度依赖知人论世的方法，依靠诗人的生平经历和时代背景来臆测作品的内涵，这样做极易导致思维固化、认知概念化等错误倾向。鉴于此，笔者在教学中以黄州为切入点，以"东坡的突围"作为研讨主题，重整阅读教学资源，在教材的基础上补充《西江月（世事一场大梦）》《临江仙·夜归临皋》《满庭芳（归去来兮）》等作品，设计黄州词专题项目学习活动，共两课时。指导学生通过诵读词作来体验苏轼的内心情绪，生成真实而新鲜的见解；聚焦"梦""归"等高频词，借助探究性问题走进东坡复杂而矛盾的精神世界；在多元的思考中，突破狭隘的思维定式，建构起"读文—阅人"的审美鉴赏经验。

黄州词专题研读补充资料：

### 西江月

世事一场大梦，人生几度新凉？夜来风叶已鸣廊，看取眉头鬓上。　酒贱常愁客少，月明多被云妨。中秋谁与共孤光？把盏凄然北望。

### 定风波

三月七日，沙湖道中遇雨。雨具先去，同行皆狼狈，余独不觉，已而遂晴，故作此词。

莫听穿林打叶声，何妨吟啸且徐行。竹杖芒鞋轻胜马，谁怕？一蓑烟雨任平生。　料峭春风吹酒醒，微冷，山头斜照却相迎。回首向来萧瑟处，归去，也无风雨也无晴。

### 临江仙·夜归临皋

夜饮东坡醒复醉，归来仿佛三更。家童鼻息已雷鸣。敲门都不应，倚杖听江声。　长恨此身非我有，何时忘却营营。夜阑风静縠纹平。小舟从此逝，江海寄余生。

### 满庭芳

元丰七年四月一日，余将去黄移汝，留别雪堂邻里二三君子，会仲览自江东来别，遂书以遗之。

归去来兮，吾归何处？万里家在岷峨。百年强半，来日苦无多。坐见黄州再闰，儿童尽楚语吴歌。山中友，鸡豚社酒，相劝老东坡。　云何？当此去，人生底事，来往如梭。待闲看秋风，洛水清波。好在堂前细柳，应念我，莫剪柔柯。仍传语，江南父老，时与晒渔蓑。

## 二、相伴同行："人物传记+传主诗文"
## "共读+自读"组合式阅读

受黄州词专题教学的启发，我们趁热打铁，乘胜追击，将关注的范围由"黄州"扩展至苏轼的整个人生，开展为期两个月的"人物传记+传主诗文"的组合式研读，采取双线并行的方式：全体共读林语堂《苏东坡传》的同时，学生自主选读苏轼诗文。

研读活动分为三轮。第一轮通读《苏东坡传》，时间为三周，每周每人完成一份阅读记录（见表6），包括摘抄精妙词句、陈述欣赏理由和记录阅读困惑。第二轮为交流研讨，时间为两周，学生四人一组，结成研讨小组，利用周三、周五早读课时间，朗读分享摘抄的词句，研讨互答阅读疑惑，四人轮流完成《苏东坡传》小组阅读研讨记录（见表7）。第三轮为综合研读，时间为三周，教师指导学生从"以文阅人"或"以人解文"两个不同的角度，将研读传记的感受和自读诗文（某一则或某一类）的体验综合起来，撰写阅读心得。

例如，项宇同学纵观苏轼人生的起伏，从东坡词中反复出现的"多情"一词入手，撰写了《小"情"看东坡》，试图读懂苏轼的自嘲之下微妙的内心世界；吴可同学聚焦黄州词，用"一个人，一座城，一生温暖——人生驿站，遗忘便是幸福——脉脉温情，于我释然宁静"梳理概括苏轼在黄州的心路历程，撰写了《此心安处是吾乡》等。由阅人到读诗，由诗文到诗人，客观的作品、史料和感性的阅读体验结合在一起，互相印证，彼此融通，帮助学生逐渐深入苏轼的内心世界和文学世界。

表6 《苏东坡传》阅读记录

| 姓名 | | 班级 | |
|---|---|---|---|
| 章节 | | 时间 | |
| 欣赏推荐 | | | |
| 疑点难点 | | | |

表7 《苏东坡传》小组阅读研讨记录

| 时间 | | 地点 | |
|---|---|---|---|
| 主持人 | | 记录人 | |
| 参加者 | | | |
| 研讨过程 | | | |
| 形成意见 | | | |

为有效地推进研读活动，不断激发学生的研读热情，研读期间，每天安排一位同学自主选择并推荐一首（篇）苏轼的诗文，课前板书诗文，课上进行五分钟的鉴赏演讲，包括朗读作品并阐述推荐理由（见表8）。演讲后，根据现场同学们的反馈意见和教师的点评，再修改演讲稿，并提交纸质文稿存档。整个研读活动结束后，将全班的演讲稿装订成册，合编为《"相遇东坡"学生演讲集》。

表 8 "相遇东坡"每日推介演讲稿

| 标题 | | 演讲时间 | |
|---|---|---|---|
| 演讲人 | | 班级 | |
| 诗文 | | | |
| 推介词 | | | |

## 三、分兵出击：个性化、思辨性研读和表达

教师评改学生的阅读心得，了解每个学生的阅读兴趣点、已获得的认知和存在的思维瓶颈；与学生个别谈话，帮助其调整、修正并明确研究方向，定制个性化的研读方案，推荐自读书目和文章，鼓励学生广泛深入地研读作品和有关资料，学会辩证地思考，能够独立地撰写研究性论文。

《苏东坡传》属于非典型的传记类文本，林语堂用极其热烈的语言盛赞了苏轼这位"旷古奇才"，向西方人介绍自己心中的"偶像"，强烈的爱慕崇拜之情使作品明显具有浓郁的主观倾向。例如，王子骄同学就对其中的《拗相公》一章存有疑义，她认为林语堂对北宋社会历史环境的分析、对王安石其人及其变法的评价等失之偏颇。但苦于所掌握的信息有限，难以和文本进行理性深入的辩论。鉴于此，我向她推荐余英时、黄仁宇、近藤一成等学者对北宋历史的研究论文，为她补充文学、历史、哲学等多个领域的阅读资源，引导她开展跨学科阅读，在丰富的认知中学会思辨、学会批判。跨学科的信息补给，为思辨研究提供了足够广阔的空间和支持，史海钩沉，疑义相析，最终她完成了题为

《最爱"拗相公"》的研究论文，并在后来的班级读书汇报会上进行了长达四十分钟的激情演讲。读、写、听、说的言语实践，帮助学生绽放出思维的光辉，也培养了学生不盲从权威、敢于批判质疑的思维品质。

由于补充了大量的阅读材料，师生间需要进行多次个别谈话、切磋交流，本阶段耗时较长，读写活动一直持续到学期结束。

暑假里，每位同学完成自己论文的定稿工作，同时整理自读的内容，独立编辑、设计、制作一本个性鲜明的属于自己的《苏轼诗文集》，内容包括书名、封面、序言、目录、诗文和评价等。

## 四、会师抵达："走进黄州，相遇东坡"读书报告会

2017年10月18日，应安徽师范大学承办的教育部"国培计划（2017）"——中小学一线教师和教研员研修项目培训班邀请，我和同学们成功举办了"走进黄州，相遇东坡"读书报告会，来自全国30多个省市的一百多位高中语文骨干教师到场观摩交流。

报告会分为两个板块：一是研读成果展示。首先是主题演讲，马哲远、吴可、项宇等同学通过演讲的形式，分享自己对苏轼其人其文的认识。例如，马哲远同学以"人格成就文化，文化彰显人格"为题，汇报了他在研读苏轼其人其作的基础上，阅读余秋雨的《山居笔记》、李泽厚的《美的历程》等相关作品，感悟到真实的苏轼是一个以豪迈为外壳、以悲切为内核的复杂个体，意识到苏轼并不是一个被神圣化的抽象的文化符号，而是一个有血有肉的鲜活生命体，诗文作品成就了苏轼的人格魅力，而其人格又为其作品注入了强大的美学力量。接着是个性化诗文集展示。潘世馨、刘慧同学展示了自己亲手制作的颇具个性特色的《苏轼诗文集》，分享了她们把对苏轼的认识融入富有创意的目录编排、序言撰写和注释评价的编辑制作过程；沈文静、沈琪同学的"图说东坡"，则是借助为诗文配画的方式传达了她们对苏轼诗词的理解；李桑瑜同学现场诵读了自己创作的《满庭芳（烟笼大荒）》《卜算子（书曾记凤凰）》《定风波（史册常记英雄泪）》等作品，将阅读的感受寄寓在这本自己的独抒性灵的《桑瑜词》之中。

报告会的第二板块是阅读研讨经验总结。高欢同学以"我是一个笨小孩"为题，总结交流组合式研读的方法和辩证思考的经验体会。最后，我为参加此次研修项目培训班的同行们作了题为"基于学习主体的阅读课程设计与实施"的专题报告，介绍阅读课程开发与实施的经验，受到与会人员的一致好评。

# 读其文，知其人

## ——苏轼黄州词专题教学手记

上周五和学生们一起研读了《念奴娇·赤壁怀古》，周末布置了任务，让他们自读《定风波（莫听穿林打叶声）》，撰写阅读感悟。

周一上午，一摞作业本就在我桌上。逐一批阅，内容颇为丰富，从写作背景到诗文释义，还有不少同学甚至补充了东坡在黄州的逸闻趣事。但仔细读来，对诗歌本身的解读实在太少，对诗人的理解几乎是千篇一律的"乐观旷达"，认知都停留在粗线条、扁平化的层面上。

这是学生在解读诗歌或者其他体裁的文本时常见的一种现象，我称之为"传记主义倾向"，即过度地依赖诗人的生平经历和时代背景来诠释其作品，却对文本本身着眼不多。事实上，很多教师在指导学生阅读鉴赏时，尤其是在指导高考阅读备考时，最为注重的方法就是知人论世。教学《小狗包弟》，放着巴金先生淡而有味的语言不去咀嚼，而是补充一大堆史料和作者经历；教学《桃花源记》，忽视作品鲜明的"志怪"小说特色，浮光掠影地介绍情节梗概后，就领着学生开始一本正经地批判东晋"黑暗的社会现实"……我们往往习惯于直接越过文本，简单草率地贴上时代和人物性格的标签，便得出了所谓的"正确答案"。如此这般，"传记主义倾向"的解读方法似乎是最为便捷高效的应试宝典。

"知人论世"作为文本解读的视角之一，我并不否认其重要作用，但如果仅仅盯着诗人的经历而冲淡了对诗歌本身的关注度，对诗歌的解读评价就难免会有失精准，也难以真正深入进去。因为，所谓传记主义解读仅仅基于一种最基本的假设，即作者在其人生的一段时期甚至终其一生，其思想感情是恒定不变或大致相同的。其实，人之所以为人，其复杂多变恰恰是常态，朝晖夕阴，花开云起，向之所欣，转瞬即逝，任何些微的内外因素的变化都会引发敏感的文人产生内心情感的剧变。如此一来，仅仅依据作者大致的生平经历来解读其于一时一地的偶然之作，岂不难哉！荷兰汉学家柯雷教授认为："归根结底，一位诗人留下的诗歌就可以作为理解这位诗人的终极材料。"

阅人不能代替读诗，读诗才是细致阅人。怎样引导学生从文本本身出发，合理地应用背景资料，解读诗歌，对话作者呢？

"问汝平生功业？黄州惠州儋州。"的确，黄州是苏轼贬谪历程的开始，是他整个人生的转折点，并且促成他的文学创作达到最高峰，那段岁月也是他内心中矛盾冲突最激烈的时期。一个设想在我脑海中闪过：何不安排一个"黄州词"学习专题，借着学生对作者人生经历的兴趣和好奇，以专题式研读的方法来引导他们学会从文本出发，向诗人的内心和诗歌的更深处漫溯？

一番斟酌之后，我决定重整教材资源，扩充学生的阅读量，在《定风波（莫听穿林打叶声）》之外，又选择了三首黄州词（《西江月（世事一场大梦）》《临江仙·夜归临皋》《满庭芳（归去来兮）》），开展一次"黄州词"专题研读活动。我希望通过群文组合，设计真实有效的阅读活动，帮助学生打开阅读视野，改变学生概念化、狭隘片面的认知模式，以提高学生的思维品质。

## 在诵读中获得真切的体验

我简单介绍了苏轼贬谪黄州的有关背景资料，但没有过多地展开介绍黄州的具体生活。这样做的目的是为了避免学生习惯性地从诗人的经历出发，先入为主，而忽略诗文本身表情达意的功能，公式化地简单得出结论。

遥想苏公当年，才华横溢，年仅19岁便名震京师，官场得意，文名日盛。然而鲲鹏振翅待高飞时，却遭遇了乌台诗案，群小奸佞从其诗词中断章取义，深文周纳，于是，他被扣上了以"文字毁谤君相"的罪名，锒铛下狱。何至如此？其弟苏辙一语道破："东坡何罪？独以名太高。"在巨大的精神压力下，狱中他给苏辙写下了"与君世世为兄弟，再结来生未了因"的绝命诗句。所幸他没死，但这次濒临死亡的体验，让苏轼深深体味了仕途的艰险和人生的忧患。

900多年前的大年初一，他从死牢中被押了出来，带着官场和文坛泼给他的浑身脏水，来到一个荒凉的小镇——黄州。

苏轼在《与言上人》中说："此间但有荒山大江，修竹古木。"陆游的《入蜀记》也道："（黄）州最僻陋少事。"面对这样的人生厄运，置身于黄州这个世代流放文臣的蛮荒之地、贬谪之地，正处壮年、期待建功立业却被闲置，"不得签署公事，不得擅自离安置之所"的苏轼，内心中产生了怎样的变化呢？

借着这个问题，我将四首黄州词投影出来，请同学们四人为单位结成研读小组，自由诵读四首词，体会词中东坡的情感。

四首东坡词，是苏轼黄州生活心路历程的写照。一番自读后，我邀请同学当堂诵读。

邢思洁同学代表小组用低沉怨愤的语调朗读《西江月》，她解释说："面对黄州这个'此间但有荒山大江，修竹古木'的蛮荒之地，面对不得签署公事，不得擅自离安置之所的束缚，苏轼心中滋味可想而知。"显然，以"阅人"的方式来"读诗"仍然是学生们习惯性的做法。

"哪些字词让你感受到了这种'可想而知'的滋味呢？"我展开追问，将她的关注点引向诗文本身。

她想了想，又读了读，回答："'新凉''孤光''凄然'，直接道出了孤独苦闷之情。而'中秋''夜来风叶已鸣廊''月明多被云妨'，萧条的景物描写也表现出他落寞沉痛、怀才不遇的凄凉心境。"

"还有没有其他情绪藏于词中呢？例如一些暗示性的表达……"，我边问边启发。诗歌语言的暗示性需要学生展开联想，对那些凝练的字句的推敲，感知其丰富的情感内蕴。

"我觉得'梦'字很关键吧，"昂静怡同学回答，"'世事一场大梦'，道出了一种沧桑和疑惑。"她回忆起预习时搜集的故事，深情地说："年幼的小苏轼曾问母亲'我长大之后若做范滂这样的人，你愿不愿意？'，而此时，'看取眉头鬓上'已见人生之秋，42岁的东坡，却遭遇了乌台诗案、黄州之贬，理想被现实击得粉碎，惊魂未定中顿觉人生如梦，虚幻缥缈。"没有用"标准答案"

的格式，少了公式化的刻板，她的回答却格外能够打动人。

"唯分数至上"的功利主义侵蚀着语文教学，原本生动感性的阅读活动被削去了敏感细腻的触角，丰富多元的心灵体验被急功近利的"标准答案"所取代。诗歌教学中尤其如此。面对凝练含蓄的诗歌语言，不待学生自读体验，教师就迫不及待地补充大量的背景和解读资料，唯恐因缺漏而无法导向那所谓的唯一的"标准答案"。然而，诗歌恰是用艺术的语言来传达心灵的声音、内在的情绪，仅仅用所谓条分缕析的解析根本无法触及它的内核。因此，教学中要充分唤起学生的前理解，不妨少一些"填充"，多一些"留白"。去掉背景资料和名家解析这些拐杖（其实也是枷锁），适时地清空，适度地留白，既为学生自由思考提供了机会，也迫使他们敢于直面诗歌，素读文字。

当他们丢弃机械生硬的套板，真实地阅读时，就会因某个字、某个词而触动心弦，触发联想，生成自己真实而新鲜的见解。而诗句一旦触及了心灵的隐秘之处，共鸣的愿望和解读的灵感就会自然而然地喷涌而出。

"我读《定风波》发现，尽管条件那么艰苦，但他的心情已然不同。途中遇雨，他不但不避，却说'何妨吟啸且徐行'，且吟且啸，多么潇洒！"李嘉同学兴奋得手舞足蹈。

"何止是'吟啸'？"汪银同学接过来说，"'竹杖芒鞋轻胜马，谁怕？'才更显豪情万丈！简陋的竹杖，粗糙的草鞋，支撑起一个顶天立地的身躯，冒着雨，迎着风，健步前行，无所畏惧。两年的沉静，现在哪里还有半点的消沉和抱怨呀！"

"谁说没有？《临江仙·夜归临皋》里'小舟从此逝，江海寄余生'，明明是想要归隐江海，从此避世，了无牵挂嘛！"

"是啊！《满庭芳》里不也是感叹着'归去来兮，吾归何处？万里家在岷峨。百年强半，来日苦无多。'这正是年岁虚度的伤感和无处可归的苦闷啊！"

……　……

不再是"豪放""乐观""旷达"这类枯燥单一的论调，他们在自己的朗读和思考中体验着词中复杂而多变的情绪，文本本身的丰富性得到了充分的关注，学生的阅读感受得到了充分的尊重和释放。且吟且行，真实地阅读，让我们在诗词中，在情感的交汇中，遇见一位情感丰富而真实的东坡先生。

## 在探究性问题驱动下真实地思考

教研活动中，时常听到这样的抱怨："现在的学生不会思考，不会质疑。"的确，如果没有自主阅读的真切体验，又怎么能够让他们产生心灵的触动、打开思维的闸门呢？现在，素读文本唤起了学生的感性体验，也由此对东坡的抉择产生了疑惑和争议，下面应如何开展进一步的研读呢？

仅仅在文字层面和文本内部琢磨，已经无法满足深入探究的需要，此时，不妨设计一个有生成力的命题，适当地补充史实资料和研究经验，以此拓宽视野，打开思路。

于是，围绕学生争议分歧的焦点——"归"，我提出一个问题：有人统计，在苏轼现存的三百多首词作中，"归"字反复出现了110多次，这应该不是偶然的，我们今天研读的几首词中也都出现了"归"的身影。那么，面对黄州之贬，东坡究竟想"归"向何处呢？

于是，我们进入了下一个环节——探东坡之"归"。

在研讨这个问题前，我先请葛文靖同学将她搜集的东坡黄州生活经历重新整合，梳理其游麻城岐亭，寓居破庙定慧院，游安国寺，斋居天庆观，频游武昌，迁居临皋、南堂等经历；介绍了其任职团练副使，俸禄微薄，请得东坡荒地，躬耕东坡、营筑雪堂的故事；以及叶梦得《避暑录话》中关于夜归临皋的一段趣闻轶事："翌日，喧传子瞻夜作此词，挂冠服江边，挐舟长啸去矣。郡守徐君猷闻之，惊且惧，以为州失罪人，急命驾往谒，则子瞻鼻鼾如雷，犹未兴也。"

翌日"鼻鼾如雷"的东坡和昨夜"鼻息已雷鸣"的家童，引得大家开怀大笑，也拉近了同学们与文本之间的距离，之前陷入解读困境而带来的畏难情绪一扫而空，同学们四人一组开始了进一步的合作探究。

很快，有人就从叶梦得所记故事中获得启发，江福洋同学说："'小舟从此逝，江海寄余生'，看似好像要抛却对功名利禄的汲汲追求，但最终在家呼呼大睡；'万里家在岷峨'，想归家，但终是认可了黄州，就连孩子都'尽楚语吴歌'，交'山中友'，融入当地的生活。可见，东坡就是一个随遇而安的人啊。"

同组的高静同学补充道："面对人生的风雨，我还是我；面对雨后天晴，我也还是我。诗人在乌台诗案中差一点失去性命，对一个从死亡边缘走过来的人来说，还有什么可以使他惊慌失措的呢？归去，他的'归'就是归于一种淡然超脱，听任自然，归向自然，安时处顺，不以物喜，不以己悲。"

张羽佳同学却有自己的见解："明明下过雨又天晴，但苏子却说，'也无风雨也无晴'。《水调歌头》里他劝慰自己和子由，'人有悲欢离合，月有阴晴圆缺，此事古难全'，《赤壁赋》中他说'自其不变者而观之，则物与我皆无尽也'，深受庄子思想影响而形成的万端皆不足介怀的处世哲学，帮助东坡淡化了人生的苦难，甚至超越了不悲不喜的境界，达到了无悲无喜的平静和从容。无论是人间天上，抑或是廊庙江湖，外部世界，对于苏轼来说本无区别，归向何处？当是归于自己的心灵吧，由此我们可以感受到诗人对生命自由的强烈渴望。"

她的精彩发言赢得了大家热烈的掌声，而她那种在联系中多元思维的方式也启发了其他同学思考的方向，激发了他们深入探究的愿望。但一节课的时间实在有限，我想，最好的教学，是带着问题开始，解决了疑惑后又带着新的问题出发。于是，我为大家朗读了李泽厚先生在《美的历程》中的一段话：

苏轼一生并未退隐，也从未真正"归田"，但他通过诗文所表达出来的那种人生空漠之感，却比前人任何口头上或事实上的"退隐""归田""遁世"要更深刻更沉重。因为，苏轼诗文中所表达出来的这种"退隐"心绪，已不只是对政治的退避，而是一种对社会的退避；它不是对政治杀戮的恐惧哀伤，也不是"一为黄雀哀，涕下谁能禁"（阮籍）、"荣华诚足贵，亦复可怜伤"（陶潜）那种具体的政治哀伤（尽管苏也有这种哀伤），而是对整个人生、世上的纷纷扰扰究竟有何目的和意义这个根本问题的怀疑、厌倦和企求解脱与舍弃。

于一个"归"字，读出百般滋味。我鼓励同学们，继续研读东坡的作品，慢慢读懂东坡之"归"的内隐情绪。

这一节课，我们并没有得出所谓统一的标准答案，孩子们的理解也还不够深入、不够全面，但他们的思考是多元而丰富的，是他们自己从阅读中获得的真实的感受。林语堂在《苏东坡传》中写道："要了解一个已经死去一千年的人，并不困难"，读他的作品，对他有同情的了解，便是最好的办法。想到这里，一个大胆而美好的计划，突然闯入脑海：为什么不带着孩子们一边读关于苏东坡的传记，一边研读东坡的诗词呢？由诗文到诗人，由读诗到阅人，感性的体验和客观的史料结合在一起，也许能够将一个人的精神世界完整地呈现在阅读者的面前吧。

下课铃响了。走出教室，我满心快乐和充实，因为我知道，一个更加值得期待的美好的明天在等着我们呢。

**参考文献：**

［1］柯雷：《精神与金钱时代的中国诗歌：从1980年代到21世纪初》，张晓红译，北京大学出版社2016年版。

［2］李泽厚：《美的历程》，生活·读书·新知三联书店2009年版。

［3］林语堂：《苏东坡传》，张振玉译，湖南文艺出版社2016年版。

# 整本书阅读教学应重视学生的需求[*]

新课标颁行以来，整本书阅读教学空前火热，一线教师纷纷以极大的热情开展了大量的实践，涌现出许多精品案例，或是选择丰富多彩的阅读文本，或是设计系统周密的活动方案，或是倡导专业精深的研究策略。然而，冷静地观察之后，我们不能不反思：这些阅读活动究竟能产生多大的学习效果？在当前急于事功的教育生态下，整本书阅读教学很有必要厘清宗旨，将目标定位于学生的终生发展，设计合乎学生需求的课程方案，方可避免陷入隔靴搔痒和虚假繁荣的误区。

## 一、根据学生的发展需要确定阅读内容

从教学实践来看，整本书阅读内容的选择呈自由随意的状态：经典名著、流行图书并存，小说、诗歌、散文、戏剧、学术论著种类繁多；有的出自新课标附录2"关于课内外读物的建议"，有的是缘于专家推荐或名师示范，还有一些则是出于教师个人偏爱。的确，阅读资源浩如烟海，任何一部传世之作都有其一定的阅读价值。但是，高中生学业任务重，教学时间有限，究竟选择哪几本，还需要审慎地权衡。

1.关注学生的阅读心理，确定引导学生精神成长的阅读主题。

整本书阅读需要较长的时间周期，这就需要相对持久的阅读动力和参与热情。而现实情况却是多数学生除教材教辅外，或不阅读，或只阅读碎片化的网络信息和思想肤浅质量粗糙的动漫、武侠、言情类小说，极少涉猎严肃厚重的文学文化经典，不少学生对教学意义下的整本书阅读怀有畏惧、抵触情绪。因此，整本书阅读教学首先就要关注学生的阅读心理，从其年龄和心理特质出

---

[*] 本文原载于《语文教学与研究》2020年第8期，收入本书时有修改。

发，找准契机，适时推荐优秀的经典作品。

高中生正处在偶像崇拜的心理阶段，同时又有强烈的自我意识。因此，笔者精选苏轼的诗文和相关传记，设计了苏东坡专题阅读活动。因为苏轼是一个丰富有趣、充满传奇色彩的人，他的身上集合了多重文化因素，既有真实旷达的性灵美，能够满足学生向往正义和崇尚个性的心理需求；同时，苏轼是中华传统文化的代表人物，他的诗词文赋多是艺术精品，关于他的传记和研究资料也非常丰富。全面深入地了解苏轼其人其作，可以帮助学生打下传统文化的精神底子，促进美好人格的发育。

不少教师认为流行文化粗俗鄙陋，欲拒之于校门之外，但高中生却是流行文化最大的受众群体。堵不如疏，因此教师就不能不直面现实加以研究，并从中获取有益的抓手来牵引整本书阅读。这样既能化解学生消极抵触的情绪，真实有效地开展阅读活动，又能潜移默化地改变学生娱乐化庸俗化的审美品位。例如，有一款名为"三国杀"的卡牌游戏广为学生追捧，它融历史、文学和美术等元素于一身，以三国时期的历史人物和事件为游戏背景。教师不妨以此为契机，组织学生阅读《三国演义》《三国志》；还可以借鉴这种游戏形式，设计自主定制"战国"或"春秋"卡牌的项目学习任务，组织学生阅读《战国策》《左传》等经典著作。

2.关注学生的知识结构，补充单篇教学体系难以呈现的内容。

长期以来，我们的语文教材都是由单篇文本组成的，这虽然有利于学生广泛地获取信息，但也影响了学生认知的深度和获得信息的完整性、丰富性。从这个意义上看，整本书阅读正是作为对单篇文选式教材的有效补充而被纳入课程体系的。因此，教师在选择阅读内容时，必须先考察学生的阅读史和已有的知识结构，针对其缺漏有目的性地选择，以求通过整本书阅读的补给，帮助学生建构完整的知识体系。此外，以现行教材为纲，选择与教材内容相契合的整本书和相关群文开展阅读活动，也能避免教学的盲目性、随意性和无序性，有利于建构教材、群文和整本书的序列化阅读体系，符合学生的认知发展规律，便于开展全面系统的学习。

例如，中小学教材中虽然多次选入苏轼的诗文，但毕竟数量有限，学生对这位文化巨人的了解还是零零碎碎、不够系统的，对其作品的解读也往往是粗疏的、概念化的。鉴于此，可以借助必修教材中《苏轼词两首》的教学契机，引导学生大量地阅读东坡的诗词作品，以促进学生对苏轼作品深入理解。此外，由于篇幅的限制，教材只能选入体量短小的传记作品或者从中长篇传记中节选局部的文字。但是，作为记述人物的生活经历、精神风貌及其历史背景的一种叙事性文体，长篇的或者完整的传记作品，往往更能全面清晰地展现其心路历程和精神全貌。因此，在阅读苏轼诗文的同时，再选择《苏东坡传》作为整本书阅读材料，可以帮助学生完整地了解苏轼的人生经历，了解北宋的社会背景和历史沿革，更好地理解其人其作。同时，阅读长篇传记也可以帮助学生丰富对传记文体的认知。

3.关注学生素养发展，精选发展空间广、开放性强的内容。

新课标明确了语文学科核心素养的具体内涵——语言建构与运用、思维发展与提升、审美鉴赏与创造、文化传承与理解。因此，整本书阅读教学也应精心挑选发展空间广、开放性强的内容，以便于实现培育学生语文核心素养的目标。

笔者在为"苏东坡专题阅读"选择传记类阅读材料时，反复比较林语堂、王水照、刘小川、李一冰等人关于苏轼的传记作品，之所以选择林语堂的《苏东坡传》，就是看中了这部作品在语言、思维、文化和审美方面四美兼具，并且具有极为开放的思辨空间。首先，它语言典雅，譬喻多姿，极富文化韵味和个性化的语言特质，原文是用英文写作，后经多位学者翻译，形成风貌各异的版本。因此，阅读林氏《苏东坡传》的过程，就是一次极好的学习语言的机会。其次，林氏《苏东坡传》属于非典型的传记类文本。林语堂用极其热烈的语言盛赞苏轼这位"旷古奇才"，以带有夸饰性的笔墨向西方人描绘自己心中的"偶像"。强烈的爱慕之情使作品具有浓郁的主观倾向，自然难免导致一些描述和评价失之偏颇，如对北宋社会历史环境的分析、对王安石其人及其变法的评价等。而视野局限、盲从权威，是当前中学生普遍存在的认知弱点，文本的缺憾之处恰好有助于打开其阅读思维局限，促进其思维的发展。此外，林语堂先生以中西文化兼通、古今文化融贯的学养撰写传记，而传主苏轼更是诗词文赋兼工，著述丰富，风格多元；林语堂以文人视角和文人笔触摹写的文人生活和风物意象，饱含着古今文人丰富的美学趣味和可贵的家国情怀。阅读这样的文本，能够促进学生对中华优秀传统文化的深入学习和思考，有利于形成正确的人生观、价值观，提升其自身的文化品位和审美鉴赏能力。

## 二、根据学生的现实水平确定教学目标和阅读方案

整本书体量宏大，教学价值丰富，但若把握不好，也会劳而无功收效甚微。很多教师在设定教学目标时，感到茫然无措难以取舍。研读目标设定得过高或过低，都会与学生实际阅读能力不匹配，导致教学效果不佳。有的甚至定位失当，导致方案设计混乱，活动高耗低效。每一个优秀的文本都有丰富而独特的教学价值，同时也难免其自身的局限，单篇文本如此，整本书亦然。单从文本本身看，的确很难做出合适的选择，但当一本书作为课程，成为项目化学习的素材时，就有了衡量的标准。

新课标将整本书阅读教学定位为："引导学生通过阅读整本书，拓展阅读视野，建构阅读整本书的经验，形成适合自己的读书方法，提升阅读鉴赏能力，养成良好的阅读习惯"。因此，面对阅读价值丰富多元的一本书，我们应根据学生阅读的现实水平，尤其是学生阅读中可能普遍存在的困难，从帮助学生理解和掌握阅读的具体方法、建构某种阅读经验的角度，合理选择研读方向，确定教学目标，设计阅读方案。下面结合两个案例加以阐述。

1.《苏东坡传》研读。

2018年是苏轼诞生980周年，各地掀起了一股东坡热，不少教师也相机组织学生阅读林氏《苏东坡传》。有的教师将教学目标定为"传记文学研究"。但该书属于非典型的传记类文本，林语堂打破惯常的传记笔法，整部作品具有浓郁的主观倾向和文人传记的语言特点。但由于教材的局限，学生此前对长篇传记类文本的阅读经验几乎为零，以如此个性化强烈的作品作为学习长篇传记的范本阅读，显然是不妥的。若想帮助学生了解传记的特点，积累阅读经验，可以选择王水照、刘小川、李一冰等其他版本的苏轼传记，与林氏苏传比较阅读，让学生在对比中认识到典型传记与非典型传记的写作差异，然后总结出相

关的读写经验。当然，这样的组合设计，也可以定位于对林氏语言特质的研究、文学艺术的优美与逻辑论证的严谨规范思辨研究等。

还有教师将这本书的阅读目标设定为"研究苏轼其人"，并为学生补充了不少有关苏轼研究的论文，进行组合阅读。但笔者认为不妥。学生平时的阅读中，本就存在严重的"传记主义"倾向，即过度依赖所谓的"知人论世"，仅从作家大致的生平经历和粗略的时代背景来臆测其作品，对文本本身却不细读。孟子倡导"知人论世"，其前提还是要"颂其诗，读其书"的。作为人物传记的《苏东坡传》，充其量只能勾勒出苏轼的人生轮廓，难以展现苏轼细腻真实的内心；更何况这部作品呈现的仅仅是林语堂眼中的苏轼，并不是客观意义上苏轼人生的再现。阅读传记和研究论文从某种意义上说，都是咀嚼他人的二手材料，难免有隔膜之感，甚至会有谬误之处。要想真正理解苏轼，获得对他真切而完整的认识，去研读他的诗文作品，才是唯一正途。归根结底，一位作家留下的作品就是理解这位作家的终极材料。基于此，笔者设计了"一线串珠"组合方案——以阅读林氏《苏东坡传》为主线，借助这条阅读主线，学生勾勒出苏轼的人生轮廓，获得完整的认识，补足以往学习中因信息零散而造成的对苏轼或单一片面或错误解读的缺憾；以苏轼丰富的诗文为散珠，在阅读《苏东坡传》的两个多月里，每日由学生轮流演讲，自主推介东坡诗文。这样，在阅读《苏东坡传》主线的统摄下，将持续60多天推介的散点资源，归整到东坡曲折而多彩的人生轨迹上。丰富的资源不断地持续输入，既保持了阅读进程的新鲜感，又避免了浅表化的"贴标签"式阅读的弊端。在两个多月的阅读进程中，学生逐步掌握了将读诗与阅人相结合的阅读方法，品尝到将感性体验和客观史料互证互鉴带来的乐趣。

2.《三国演义》研读。

笔者曾观摩一节《三国演义》整本书阅读教学展示课，发现其将阅读目标设定为"道义与权谋之辨"，并推荐一些专业性很强的学术著作进行组合式阅读。这样的目标定位并不科学。高中生的生活阅历和知识储备都明显不足以对此问题展开深入探究，所谓的研讨不过是肤浅的议论，学生辩论起来也只能翻来覆去地说说车轱辘话而已。《三国演义》语言通俗易懂，初中生甚至年龄更小的孩子都可以自主阅读，用宝贵的课内时间花大气力组织高中生共读，却指向难以企及的高度，收效不够理想，殊为可惜。

笔者认为作为中国古典小说的代表，《三国演义》中的人物、情节、诗歌等皆有动人的魅力，教师可针对学生阅读小说时往往只关注情节而忽略写作艺术的弊端设计教学目标。比如紧扣"演义"的特点，将《三国演义》与其写作蓝本《三国志》进行比较阅读：一来可以扩大阅读面，培养学生阅读规范的文言史传的能力；二来可以指导学生针对某个人物或历史事件自主开展专题研究，在比较阅读中充分体会史传与小说表现艺术的差异，从而学会比较阅读的方法，有效地提升其文学鉴赏和思辨的能力。

## 三、根据学生的个性化需求确定教学形式

温儒敏教授主张：若要学生喜欢上整本书阅读，就不能太多干预，应当导向自由阅读，个性化阅读。的确，整本书阅读教学效果好不好，就看学生能否真正爱上读书，能否自己主动地去找更多的书来读。

目前，班级和年级集体共读是整本书阅读教学的基本形式，那么，如何在统一的阅读进程中鼓励学生自由阅读和个性化阅读呢？这就要求教师要巧妙地设计教学形式和环节，充分关注并尊重学生独特的阅读感受，给每个学生提供最大的自读空间，量身定制个性化的阅读方案。

1.于共读过程中融入个性化选择。

新课标关于整本书阅读与研讨学习任务群的教学提示为："指定阅读的作品可以从教材课文节选的长篇作品中选择，也可由师生共同商定3~5部作品，学生从中选择一部阅读；选择相同作品的学生可以自由结合，进行交流讨论。"这就为共读活动的个性化阅读提供了第一种方案。

笔者曾在"中外小说阅读与研讨"项目学习中做过这样的尝试：通过问卷调查学生的阅读现状和兴趣，师生共商确定《红楼梦》《平凡的世界》《老人与海》三部不同国别时段、不同内容风格、不同篇幅体量的小说作为选择对象，学生自主选择其一，并根据阅读内容自由结成阅读小组。这种做法的确尊重学生的兴趣，因为凭一人之力同时开展三部作品的阅读教学实在是太难了。要对

学生有效地进行深入的专业指导，就需要教师花大气力深研文本，还要根据不同的文本和学情制定出有针对性的指导策略。因此，如果是多样化自选的阅读篇目，就需要重新设计与之相应的导师制教学模型，可以由多位教师组成导师团队共同指导，优势互补，合作研读。

鉴于此，笔者在"苏轼专题研读"活动中设计了"三位一体·一线串珠"课程资源组合模式，为共读活动中的个性化阅读提供了第二种方案。以语文素养为轴心，以教材《苏轼词两首》为起点，以林氏《苏东坡传》阅读为主线，以自选苏轼诗文为散点阅读资源，将教材、经典名著、专题群文整合，构建了多元化立体网状结构的课程资源，使阅读资源具有丰富性和开放性，在共读一本书的基础上，通过学生自主推介苏轼诗文拓展阅读范围，为下一阶段学生个性化阅读和深度研读创设充足的空间。

2.于共读之后导向个性化的自由研读。

不同于纯粹的消遣式阅读，课程视域下的整本书阅读需要帮助学生从"一般读者"转型为"专业读者"，而专业的研读正是基于学生个性化的阅读感受和独特的研究兴趣的。因此，在学生通览全书后，教师教学的重点应当从全体转移到个人，通过师生对话等形式，开展一对一的指导，去发现学生的阅读兴奋点，了解学生的阅读困惑，帮助其量身定制个性化的研读方案，推荐自读资料，鼓励学生广泛深入地进行阅读和思考。

例如，有的学生对语言很敏感，对《苏东坡传》的翻译感兴趣，可以推荐宋碧云和张振玉的译本，指导他在对比阅读中探究译文在词汇、语法以及修辞等层面对原作的转译特点；有的喜爱林氏语言特有的美质，可以推荐阅读林语堂散文小品集，指导他撰写《从〈苏东坡传〉看林语堂的语言特色》之类的论文；有的则表现为更具理性思辨特点，质疑林语堂作传的客观性，于是推荐阅读万平近、唐弢的《林语堂论》，引导学生辩证地思考其语言艺术的优美与逻辑论证的缺憾共存的特点。在这个过程中，学生的阅读面不断扩大，而大量的阅读和跨领域、跨学科的信息统整，也为学生形成高品质的批判思维、创造思维创造了必要的条件。

今天，把整本书阅读与研讨摆到语文学习的突出地位，主要是针对当下学生阅读兴趣不高、阅读数量过少、阅读内容随意、阅读方法不当、阅读品质偏低的严峻现实。利用有限的课时阅读一两本书并不能够解决全部问题，作为课程的整本书阅读教学，其真正意义在于，我们指导学生阅读的一两本书，不是学习的终点，而是一个起点，就是要借助这一两本来激发学生的阅读兴趣，促使学生学会阅读，爱上阅读，进而形成一种理想的生活方式，逐步构筑起自己的"语文生活"。因此，整本书阅读教学不能总是想着如何设计新奇的阅读任务、如何研读得更加深刻、如何写出专业的研究论文等，如此急功近利反而会败坏学生的阅读兴味，还是应该从多读书、读好书的角度去理解语文学习的本质。

**参考文献：**

[1]中华人民共和国教育部:《普通高中语文课程标准(2017年版)》,人民教育出版社2018年版。

[2]温儒敏的博客 http://blog.sina.com.cn/wenrumin.

# ◎每天，与《论语》相约
## ——"双平台·跨年级·导师制"课程模式探索

经过一年半的探索实践，我们逐步建构起整本书阅读"互助共建·双向推进""三位一体·一线串珠"课程模式，开发出"儒林新韵"系列校本课程，打造了丰富的校园读书创作活动。学校获得了首届"安徽省优秀读书品牌"称号，课程建设经验在省市范围内推广。为了鼓励更多的学生和教师加入阅读的行列，共同学习，共享收获，2018年春，我开始了新一轮的整本书阅读教学的挑战——打造"双平台·跨年级·导师制"课程模式。

我联合教研组的同伴，组建阅读导师团队，将《普通高中语文课程标准（2017年版）》中"整本书阅读与研讨"和"中华传统文化经典研习"等学习任务群整合，组织高一、高二两个年级同步开展对中华传统文化经典《论语》的研习，打造现实课堂与虚拟课堂、线上与线下双平台，开展全方位实时化的阅读指导。

一百多个日子，每天我们与《论语》相约。晦涩深奥的文本令学生畏缩不前，如何激励？没有任何可供参考的经验，导师团队如何磨合协调？自己有限的技术，如何建设线上平台？……太多太多的困难接踵而至，记不清有多少次因为失望苦恼而暗自流泪，因为迷惘无助而几乎想要放弃。但我们知道，现实的困难越多，这场挑战的意义就越重大。让更多的孩子开始阅读、爱上语文，让更多的老师开始研究、懂得教育，语文教育理想国的美好图景激励着我们执着追求，古圣先贤的智慧之光照耀着我们不懈前行。

子曰："知者不惑，仁者不忧，勇者不惧。"不断地求索，让我们在困惑中找到方向，真诚地相待，让我们为共同的目标倾力合作，勇敢地践行，让我们突破困境成长收获。

# 《论语》阅读与研讨活动综述

◆ **学生研习目标**

1.借助注释和工具书，独立研读《论语》，养成勤查资料、圈点批注、勤做笔记的习惯，归纳整理书中的文言知识；借助诵读培养文言语感；梳理大纲小目及其关联，做出全书内容提要，把握重要观点和价值取向；通过细读品鉴，探究《论语》的语言特点和论述逻辑。

2.借助图书馆和互联网，阅读《史记·孔子世家》《史记·仲尼弟子列传》《非常师生——孔子和他的弟子们》《孔子是个好老师》等相关资料，多角度、多层面地研习中华传统文化经典，了解《论语》的学术思想及学术价值，培养民族审美趣味，增强对中国传统文化的认同感、自豪感和辨识力，培养正确解读和批判继承传统文化的能力。

3.以个性多元的方式记录自己的阅读感受和见解，尝试诗歌、话剧、文学评论、新闻报道等多种文体的写作，培养利用多种媒介和网络平台进行交流与分享的能力。

◆ **教师研究目标**

1.研究跨年级阅读团队的组建形式，根据不同年级学生的学情特点和学习需求，探索分工合作的策略，指导学生在合作中解决问题。

2.研究导师制教学模式，结合教师专业特长，发挥团队力量，组建阅读导师团队，实现优势互补、互助共进。

3.研究线上线下双平台教学形式，利用网络信息技术，设计多元学习成果及动态呈现方式，建设及时有效的评价激励机制。

◆ **教学对象**

高一、高二年级学生。

## ◆ 实施过程

## 一、阅读资源

采用"三位一体·一线串珠"的课程资源组合模式，以人教版选修教材《先秦诸子选读》中的"《论语》选读"单元为研读起点，教师推荐阅读资源，学生自主选择杨伯峻《论语译注》、李泽厚《论语今读》、李零《丧家狗》中的一本作为阅读主线，教师分阶段补充《史记·孔子世家》《史记·仲尼弟子列传》、石毓智《非常师生——孔子和他的弟子们》、钟国兴和陈有勇《孔子是个好老师》等相关资料。

## 二、研读过程

1.读人，激趣。

本阶段的设计宗旨是"激趣"，主要学习形式是趣味阅读。

《论语》是语录体作品，学生初读时，往往会因其深奥复杂的语义和零散的信息呈现方式而如坠云雾中。因此，在开始阅读整本书前，先印发《史记·孔子世家》和《史记·仲尼弟子列传》，通过阅读人物传记，帮助学生了解孔子及其弟子的基本信息，在脑海中建构起鲜活具体的人物形象。阅读过程中，布置学生绘制《孔子年表》和《孔子学院花名册》等任务，借助信息统计的方式还原孔子的人生轨迹，梳理孔门弟子结构，从纵向和横向两个角度，建构清晰的人物关系网，为下一步的整本书阅读研讨做好充分的准备。

采用"自读＋共读"的方式。学生利用课余时间初读《论语》整本书，鼓励他们根据个人爱好或特长，以制作《〈论语〉成语手册》《〈论语〉文化常识》《〈论语〉字帖》等生动有趣的方式整理读书笔记。同时，开展"领读者计划"，利用早读课和语文课前五分钟，每日安排一名学生领读三则《论语》，用课堂朗读营造良好的阅读氛围，唤起学生的阅读感动和阅读热情。

本阶段共计用时六周。最后两周，学生根据兴趣和特长自由组合，以小组合作的方式创作"《论语》故事"剧本、撰写《×××——我最欣赏的孔门弟子》演讲稿、设计集体朗诵脚本，并进行展演排练。利用早读课时间在班内展演，评选出优秀代表队。利用周五下午活动课时间进行年级展演，完成阶段性阅读成果汇报。

2.读美，悟言。

本阶段的设计宗旨是"悟言"，主要学习形式是文本细读。

以人教版选修教材《先秦诸子选读》中的"《论语》选读"单元为细读材料，师生共读共品，引导学生深入文本的内部肌理，细致品咂其语言，从而获得形象的真切感知，感受其精妙的剪裁艺术、对话及场景描写技巧等，进而深入理解作品的意旨。同时，指导学生学习撰写文学评论，在选修教材内容外任选《论语》一则，或组合若干则，赏析其语言表达的艺术特点和效果。

本阶段共计用时三周。细读的同时，开始筹备以校本语文课程命名的"儒林新韵"微信公众号，打造线上学习平台。教师注册微信公众号，面向两个年级的学生征稿，鼓励学生为公众号撰写"功能说明"，设计公众号LOGO，激发学生参与学习的热情，开展说明性实用文体写作训练。完成公众号基础创建后，通过学校官方微信平台推介，邀请学生、家长关注公众号。导师团队轮值编辑推送，陆续发布学生自制的《〈论语〉成语手册》《〈论语〉文化常识》《〈论语〉字帖》等阅读笔记、自创的"《论语》故事"剧本、撰写的阅读心得和文学评论，上传学生个人或集体的朗诵视频。网络媒介的便捷性和视频音频的丰富性，让更多数量更多类型的学生作品得以及时展示；线上平台受众群体的广大性，也激励了学生以更大的热情进一步投入到阅读和创作活动中。

3.读道，哲思。

本阶段的设计宗旨是"哲思"，主要学习形式是主题研读。

在每个班级组建七个阅读小组，以小组合作的方式再读《论语》整本书。依据教材中"《论语》选读"单元的七个主题——"志：天下有道，丘不与易也""仁：当仁，不让于师""信：知之为知之，不知为不知""德：己所不欲，勿施于人""义：不义而富且贵，于我如浮云""师：有教无类""学：好仁而不好学，其蔽也愚"，每个小组任选其一，小组成员合作分工，在《论语》整本书中搜集与本组主题相关的语录，制作《〈论语〉研读主题索引》。借助索引整理工作，促使学生再次通读、细读《论语》，并建构更加理性的认知结构；

按照主题建设索引库，也为下一步深入研读提供了更加具体的信息资源。

推荐阅读《非常师生——孔子和他的弟子们》《孔子是个好老师》等相关资料，鼓励每个学生独立思考，以"为×××推荐座右铭"为任务，自行设定推荐对象，根据对象的特点，为之推荐一则或若干则《论语》，并撰文阐述理由。创设为他人推荐座右铭的任务情境，赋予学生一种高尚的使命感，这样"接地气"的新鲜"花式作业"有助于促使他们摆脱阅读的倦怠，以饱满的热情深度体悟《论语》中蕴含的智慧哲理；自选具体的写作对象，让学生的阅读写作有的放矢，从实用性角度思考《论语》的价值，为接下来的主题辩论做好思想准备。

为帮助学生理解《论语》背后的文化智慧，教给学生研读此类作品的方法，利用周五下午，导师团队轮流开设《我眼中的〈论语〉》《如何研读文化专著》等跨年级专题讲座。讲座结束后，布置学生撰写新闻稿，指导学生学习实用类文体的写作，并在微信公众号平台发布优秀作品。

本阶段共计用时四周，最后两周组织以"今天，学习《论语》是否还有意义？"为题的辩论赛。要求学生自主结成正反辩论小组，合作搜集资料，制作论据资料卡，教师对正反方分别进行辩论指导。先举行班内辩论，获胜方代表班级参加年级辩论。2018年6月5日，举办"每天，与《论语》相约"整本书阅读市级报告会，邀请部分同学分享阅读经验，并举办跨年级的辩论决赛。

"为×××推荐《论语》座右铭"和辩论赛的相关资料同步在"儒林新韵"微信公众号上发布。

表9是对这次研读过程的记录。

表9 "每天，与《论语》相约"阅读研讨大事记

| 阶段 | 时间 | 形式 | 内容 | 人员 |
|------|------|------|------|------|
| 一 | 3月5日 | 启动会 | 确定阅读方案,结成阅读团队、指导团队,推荐、购置图书 | 高一(6)班 高一(12)班 高二(3)班 高二(13)班 |
| | 3月7日 | 导读 | 名著导读:《论语》(分班进行) | 指导教师 |

| 阶段 | 时间 | 形式 | 内容 | 人员 |
|---|---|---|---|---|
| 一 | 3月7日~9日 | 阅读辅助资料 | 阅读《史记·孔子世家》《史记·仲尼弟子列传》 | 全体 |
| | | 梳理信息、建设资源库 | 绘制《孔子年表》《孔子学院花名册》 | 第一轮分组 |
| | 3月10日~4月12日 | 阅读 | 初读通览《论语》 | 全体 |
| | | 诵读 | "领读者"计划——每日《论语》推介 | 全体 |
| | | 读书笔记 | 制作《〈论语〉成语手册》《〈论语〉文化常识》《〈论语〉字帖》 | 全体 |
| | | 创意写作、综合实践 | 创作"《论语》故事"剧本,撰写《×××——我最欣赏的孔门弟子》演讲稿,设计集体朗诵脚本,排练,班内展演 | 第二轮分组 |
| | 4月13日 | 阶段性成果展示 | 年级展演(话剧表演、主题演讲、集体朗诵等) | 全体 |
| 二 | 4月14日~5月5日 | 细读品鉴 | 研读《先秦诸子选读》《〈论语〉选读》单元 | 全体 |
| | | 写作 | 撰写文学评论 | |
| | | 筹备公众号 | 注册"儒林新韵"微信公众号 | 指导教师 |
| | | 创意写作、展示成果 | 征稿(公众号功能说明、设计公众号LOGO),发布阅读成果 | 全体 |
| 三 | 5月6日~6月5日 | 阅读、梳理、建设资源库 | 制作《〈论语〉研读主题索引》 | 第三轮分组 |
| | | 阅读辅助资料 | 阅读《论语》《非常师生——孔子和他的弟子们》《孔子是个好老师》 | 全体 |

| 阶段 | 时间 | 形式 | 内容 | 人员 |
|---|---|---|---|---|
| 三 | 5月6日~6月5日 | 研究性写作 | 撰写"为×××推荐《论语》座右铭" | 全体 |
| | | 阅读指导 | 《我眼中的〈论语〉》《如何研读文化专著》专题讲座 | 指导教师 |
| | | 创意写作、展示成果 | 撰写讲座活动新闻稿,发布优秀作品 | 全体 |
| | 5月21日~6月4日 | 研究性写作、搜集资料 | 制作"今天,学习《论语》是否还有意义"辩论资料卡片 | 第四轮分组 |
| | | 研究性学、综合实践 | 班内辩论 | |
| | | | 年级辩论 | 第五轮分组 |
| | | | 组建跨年级辩论方阵 | 第六轮分组 |
| | 6月5日 | 总结性成果展示 | "每天,与《论语》相约"整本书阅读市级报告会 | 全体 |
| | 6月6日至暑假 | 拓展阅读创意写作展示成果 | 自读相关群文创作相关文章运营公众号 | 全体 |

## 三、研读成果

1.按计划完成阅读任务,学生能较为熟练地记诵《论语》部分篇目,整理制作了《孔子年表》《孔子学院花名册》《〈论语〉成语手册》《〈论语〉文化常识》《〈论语〉字帖》《〈论语〉研读主题索引》,撰写文学评论,设计朗诵脚本,创作剧本、诗词、书法、绘画等多种形式的阅读成果。阅读研讨活动激发了学生的阅读兴趣,培育了学生的民族文化情感,建构起一定的整本书阅读研讨的经验与方法,有效地培养了学生阅读习惯和写作能力,全面提升了学生的语文素养。

2.开发运营学校的阅读写作教学自媒体平台"儒林新韵"微信公众号,完成推文撰写、编辑工作。在学习活动中,不断吸收学生、教师成员,扩大团队，持续运营，使之成为服务于全校师生的语文学习专业化平台，实现线上、线下多空间教学交流展示。

3.开展校级专题讲座两场，校级读书分享活动三场，市级展示交流活动一场，完成主题演讲、集体诵读、话剧表演、主题辩论等多种形式的成果展示。其中，2018年6月5日，举办"每天，与《论语》相约"整本书阅读与研讨市级展示交流活动，两位指导教师盛丽、张晋和高一、高二四个班级的学生一起，利用"双平台"共同学习，向一百多位来自芜湖市的高中语文教师以及安徽师范大学语文学科教育专业的教授、研究生展示了阅读研讨的学习成果。与会专家同行对此次活动给予高度评价，认为是富有实效性和前瞻性的阅读教学新课型，很好地落实了新课标的教学理念和要求。

4.培育开发出富有特色的校本课程，建设了"儒林新韵"阅读资源库，设计实施了基于新课标"整本书阅读与研讨""中国传统文化经典研习"等学习任务群的校本课程，探索出项目化学习设计实施的有效策略，建构了传统经典阅读教学的新模型。

5.2018年7月3日，在安徽省教育厅组织的新修订普通高中课程方案和课程标准省级骨干教师学科培训活动中，笔者应邀作了题为"语文核心素养指导下的整本书阅读与研讨教学实践思考"专题报告，和全省的数百位专家同行分享了自己探索整本书阅读教学的经验。

6."每天，与《论语》相约"教学课例，在中国图书馆学会中小学图书馆分会主办的2018年中小学阅读指导课优秀课件评比活动中，荣获芜湖市一等奖、安徽省一等奖、全国一等奖。7月29日，获奖教师、学校领导和芜湖市教育局相关负责人应邀参加了在内蒙古呼和浩特市第二中学举办的2018年中小学图书馆工作者研修班暨中小学阅读指导课优秀课件颁奖活动，会上专家对该案例的创新性给予了充分的肯定和高度的赞扬。

7.2018年7月，课程开发研究成果《三位一体，双向推进——整合视域下基于主体的阅读课程开发与实施研究》获得安徽省教育厅2018安徽省基础教育教学成果奖二等奖。

# 《论语》阅读教学中的几个关键问题

## 一、学习任务的设计

《论语》整本书阅读活动最大的障碍来自学生的畏难情绪和不良的阅读习惯。本次活动伊始，仅采用"领读者"计划——每日《论语》推介，驱动整本书阅读，但收效很不理想。《论语》宏大严肃的主题、复杂深奥的语义令学生望而却步，阅读经验的缺乏加剧了惰性心理，领读者的演讲内容或从网络抄袭，或是草草敷衍，阅读活动流于形式，难以有效地深入推进。

通过对话、座谈等方式，我们了解到学生阅读《论语》最大的困难是因其语录体的信息零散化，读了上句忘下句，读了上则忘下则，难以形成整体连贯的理解认知，于是根据学习建构的特点，重新规划学习任务和研读进程：

1.根据 PISA（国际学生评估计划）的"讯息检索与撷取—统整与解释—省思与评鉴"阅读框架分析，将阅读进程规划为"激趣—悟言—哲思"三个阶段，设计"读人—读美—读道"三个层级，由感性到理性，由浅入深，循序渐进地开展研读活动。

2.分阶段补充相关群文资源，如第一阶段补充《史记·孔子世家》《史记·仲尼弟子列传》，帮助学生对孔子及其弟子形成具体形象的认识；第三阶段补充《非常师生——孔子和他的弟子们》《孔子是个好老师》等，借鉴研究文化专著的方法去研读。

3.设计情境化的项目学习任务，如要求学生利用信息统计法，绘制《孔子年表》《孔子学院花名册》；以人教版选修教材《先秦诸子选读》中的"《论语》选读"单元的七个专题的主题为依据，鼓励学生合作整理《〈论语〉研读主题索引》；等等。有趣的情境化项目学习活动减少了阅读的枯燥感，点燃了学生研读的热情；自行设计表格，分次分组统计相关信息，以线性的思维，梳理出人物或事件发展演变的过程，使繁杂孤立的语录秩序清楚，帮助学生在头脑中形成了清晰的文本讯息图，形成细腻丰富的感受，为深入研读做好准备；《论语》共计二十篇，一万多字，统计项目分散其间，需要足够的耐心和细心，有助于学生养成细致研读的习惯和形成分工合作的意识。

在整个学习活动中，尊重每个学生独特的阅读方式和个性鲜明的感受经验，以解决学生阅读中真实的问题为旨归，及时调整研读项目方案，以具体而有趣的任务激发他们的阅读需求，促成真实的学习发生，让学生在质疑、反思、碰撞中拓宽思维的空间，引导他们用自己的方式解决自己的困惑。

## 二、成果呈现方式的设计

《普通高中语文课程标准（2017年版）》明确了学业质量标准的内涵——学生在完成本学科课程学习后的学业成就表现。因此，学习成果呈现方式的设计，影响着整个阅读活动的进程和效度。

1.呈现方式多样化。

传统的阅读成果评价方式大多是学生做批注和摘抄、撰写读书笔记及阅读心得，教师定期检查。这些做法确实也能够指向阅读的价值和效果，但实践中往往因学生的消极敷衍而丧失其真实有效性。究其原因，主要是单调枯燥的评价方式消解了学生阅读的热情。

因此，本着尊重个体差异的多元开放原则，我们创造性地设计成果呈现方案，鼓励学生以自己特有的方式表达阅读体验。如胡颖同学感性、细腻，喜爱绘画，采用图说《论语》来记录阅读心得；高欢、刘晨晨同学擅长书法，则带领团队，负责手录《论语》字帖；徐天乐同学热爱写作，则创作诗词，书写情怀；陶艺、伍雅萍同学文采与表现力俱佳，则撰写论文，激情演说；张哲同学是话剧社社长，喜爱编导，则负责创作导演话剧……多样化的成果呈现形式，激发了学生主动参与阅读研讨和言语实践的兴趣和动力。学生自发组织朗诵、谱曲、剧本编排、辩论会等活动，品尝到了阅读《论语》的获得感和成就感，打通了学科内阅读与写作以及不同学科间的壁垒，实现了综合素养和实践能力的快速发展。

2.呈现平台多元化。

研究学生的学习心理可以发现：学习成果呈现的形式越丰富，受众人数越多，学生获得的激励就越强，阅读研究的动力也越大。

在本次学习中，最初仅仅是通过建立微信读书群、举办阅读成果展示会等形式来激励学生研读。但是，由于高中生学业任务繁重，很难约定统一的时间在群内线上交流；同时，受时间和空间的限制，阅读成果展示会只能以两周一次的班内小组展示和每月一次的年级交流分享来进行，反馈不够及时，每次有机会分享展示的同学也只有少数的几个人，根本无法全面地反映每个个体在阅读学习中的状态和成果。这种传统的展示交流方式，其激励的时效和范围受到了很大的限制，效果也不够理想。

因此，从阅读的第二阶段开始，我就全力设计打造全新的展示平台——"儒林新韵"微信公众号。该公众号面向学校全体师生和家长，也受到其他学校的一些感兴趣的朋友们的关注。广阔的交流空间，庞大的受众群体，激发了师生间开展持续性交流互动的积极性；独立灵活的自媒体运营方式，能够动态化地分享学生阅读中的点滴收获，最大化地展示每位阅读成员的阅读成果。

于是，我们运用现实课堂与虚拟课堂相结合、线上与线下研讨交流相结合的"双平台"教学形式，借助多种形式的读写活动和多样化的展示平台，得以有效地推进《论语》整本书阅读活动顺利开展。这一举措极大地激发了学生的阅读兴趣，有效地培养了学生良好的阅读习惯和写作能力，激励他们持久深入地开展读写活动，切实促进学生语文核心素养的全面提升。

我们设计了以下学习成果的呈现形式及评价方案：

（1）按照《阅读计划表》完成阅读任务，记诵《论语》部分篇目，小组内分工填写并整理《阅读活动记录册》，互评完成《阅读活动评价表》；

（2）小组合作整理制作《孔子年表》《孔子学院花名册》《〈论语〉成语手册》《〈论语〉文化常识》《〈论语〉字帖》《〈论语〉研读主题索引》等多种形式的阅读笔记；

（3）独立或合作撰写文学评论、设计朗诵脚本，创作剧本、诗词、书法、绘画等多种形式的艺术作品；

（4）独立或合作参加评论、演讲、诵读、话剧表演、主题辩论等活动；

（5）合作设计并运营"儒林新韵"微信公众号，完成推文撰写、配图配乐、编辑美工、宣传推广等工作。

成果（1）通过小组内互评、填写《阅读活动评价表》，进行评价；成果（2）—（5）借助阶段性、总结性展示活动以及"儒林新韵"公众号等平台完成展示评价。

## 三、教师的角色与支持

在整本书阅读教学活动中，教师要充分发挥自己的主导作用，帮助学生科学合理地规划阅读内容，设计阅读进程，制定阅读评价激励机制，并在具体组织学生阅读的过程中提供有效的策略支持和方法指导。

1.创建导师团队。根据教师各自的专业特长和研究能力，采用若干位语文教师共同合作担任专业导师的模式，资源共享，优势互补，实现教师资源最优化组合，共同研讨设计，分工协作执行，既打破了教师专业能力或学科功底的局限，又突破了个人时间和精力的局限，为开展项目化学习活动提供专业的、充分的支持。

2.规划学习内容。在学生自主推荐的基础上，根据课程标准的要求和现行教材的特点，整合"三位一体"的阅读资源，设计"一线串珠"的组合方案。

3.设计项目活动。设定项目学习目标，根据学生阅读心理、阅读能力细化阶段性阅读资料和学习任务。

4.提供学习支架。开设导读课、专题讲座，激发阅读兴趣，启发研究方向，介绍阅读方法；帮助学生组建阅读小组，指导分工合作；指导学生修改文稿、课件和完善其他学习成果。

5.设计评价方案。制定《阅读评价量表》和评价细则，设计多元开放的学习成果呈现形式，诸如：主题索引、人物资料卡、成语手册等多种读书笔记，剧本、脚本、诗词创作等多种创意写作，辩论、诵读、演讲等多种读写实践活动。

6.搭建呈现平台。开展汇报交流活动，创建读书QQ群、微信群等信息交流媒介，开发运营"儒林新韵"公众号，及时并且最大化地呈现学生学习成果，让学生拥有阅读的获得感和成就感，激励学生持续性地深入阅读。

# 四、学生的分组与合作

在整本书阅读教学活动中，学生的有效合作学习很重要。教师需要根据学情和学习内容的特点，科学地设计阅读小组的组合方式和任务分工，指导学生建立健全阅读小组成员监控激励机制，促使每一位成员都能在阅读进程中有位、有为、有成就感。

1.采用跨年级合作学习模式。根据学生阅读需求和心理特点，将高一、高二两个年级的四个班级组合为一个阅读团队，扩大阅读活动受众范围，以团队力量激发学生的阅读兴趣、化解学生的阅读惰性；改善阅读团队结构，以高一学生的热情、积极和高二学生的责任、担当互相激励，形成优势叠加效应。

2.设计多轮次小组组合方案。根据每个阶段项目学习的具体内容、学生兴趣特长等，灵活多变地组建各种类型的阅读小组，实现团队资源优化和成果展示个性化。在整个学习活动中，共设计了六次分组，有针对性地设置了若干明确具体的学习任务（详见表10）。

表10 "每天，与《论语》相约"阅读研讨分组及活动任务

| 轮次 | 任务 |
| --- | --- |
| 第一轮 | 绘制《孔子年表》《孔子学院花名册》 |
| 第二轮 | 创作"《论语》故事"剧本、撰写《×××——我最欣赏的孔门弟子》演讲稿、设计集体朗诵脚本，编排演练 |
| 第三轮 | 制作《〈论语〉研读主题索引》 |
| 第四轮 | 制作"今天，学习《论语》是否还有意义？"辩论资料卡片组建辩论方阵，完成班内辩论赛 |
| 第五轮 | 重组辩论方阵，完成年级辩论 |
| 第六轮 | 重组辩论方阵，辩论赛决赛"每日，与《论语》相约"总结性汇报展示 |

3.制定明确的分工评价制度。组建阅读小组后，确定研究任务，明确责任

分工，量化考核方案。小组制订阅读计划，合力搜集信息，共同交流研讨；根据《小组阅读活动评价表》（评价内容包括参与态度、研讨贡献和阅读成果等多方面），开展自评互评，记录阅读进程及阶段性成果。

4.确保个体学习实践充分化。整个学习过程中，既有基于小组合作的研讨交流，也有个体独立的阅读思考；小组合作过程中，组内成员轮流承担并完成主持研讨、朗读分享、研究讨论、活动记录等任务，交流后每人独立撰写心得，确保每个成员充分地均享实践、训练、展示的机会；在阶段性和总结性成果展示筹备中，组内成员合作搜集信息，根据各自特长各司其职，各显神通，完成撰稿、演讲、表演、辩论、制作PPT等各具特点的任务。

## 五、学习评价工具的运用

为有效地推动整本书阅读教学活动持续深入开展，还需要教师帮助学生选择适用于阅读对象的学习和评价工具，提供经过精心选择的课程资源，搭建多元化的阅读成果展示平台。

1.利用网络平台，搜集建设《论语》阅读资料库。提供了杨伯峻、李零、李泽厚等专家译注的多个《论语》版本，《史记·孔子世家》《史记·仲尼弟子列传》等史料，钟国兴、陈有勇、石毓智、鲍鹏山、刘强等专家撰写的相关专著，如《非常师生——孔子和他的弟子们》《孔子是个好老师》等。

2.利用网络大数据和信息统计法，制作《孔子年表》《孔子学院花名册》《孔门弟子排行榜》《〈论语〉主题索引》，为研究性阅读提供必要的资源。

3.设计阅读评价量表，组建阅读共同体，有目的、有计划、有策略地推进阅读活动深入开展。

4.搭建多元化展示平台，注册运营"儒林新韵"微信公众号、读书QQ群、微信群等，及时展示学生的学业表现成果，让学生获得阅读的成就感，召唤更多的受众参与，以此激励学生更加热情地投入阅读创作活动，提升学生的语文核心素养、培养其必备品格和关键能力。

本次整本书阅读教学的成功尝试，进一步验证了"三位一体·一线串珠"

课程模式的有效性，实现了现行教材与新课标之间的顺利对接；打破了传统阅读教学的狭小格局，创新了学习团队结构和组合方案，建构了"跨年级·导师制"课程模式，优化了教学资源，为师生个性化语文实践活动提供了保障；克服了阅读活动推进乏术、难以持续的顽疾，丰富了学习成果的呈现形式，改革整本书阅读的评价机制，打造线上线下"双平台"，让学生在丰富多彩的阅读活动中及时分享阅读体验，充分展示阅读成果，培养语文关键能力，形成了可调控、能持续、有实效的激励推进机制，在一定程度上有效地解决了学生主体阅读动力不足而骤热骤冷、阅读进程难以有效调控推进的难题。

作为一项校本课程研究活动，本次学习活动的设计符合本校学情，设计方案具有可操作性、可推广性，可以借鉴复制，灵活地运用到其他语文学习任务群的课程中去。本次活动中打造的"儒林新韵"自媒体微信公众号平台，可持续性发挥普及传播优秀传统文化的效能，不仅可以服务于全校师生的语文学习，还能够在全市乃至更大范围内发挥教育教学之功能。

成果的取得更加坚定了我们探索的信心，也不断地催生出新的优化设计构想。2018年7月，我们联合芜湖市教育科学研究所申报的省级课题"基于语文学习任务群的项目课程开发与实施研究"，经审核批准立项。在课题研究的过程中，我们在全市范围征召有志于项目化学习研究的同仁们一起参加课题研究，加强学习研究的合作交流，积极宣传课程开发的先进理念。同时，面向全市中小学语文教师以及往届校友征集优质的教育教学资源，进一步打造好"儒林新韵"微信公众号，扩大"儒林新韵"微信公众号的效能和影响力。

# 中学生研读《论语》的定位及教学策略

《论语》对中华文化的影响重大而深远，在高度重视优秀传统文化的当下，师生共读《论语》，或诵读激辩，或静思顿悟，让圣贤的智慧之光照亮灵魂深处，实现角色体认和生命体验，是很多语文教师的共同愿望。然而，这样的探索热情在实践中却一再遇冷，不少学生对阅读《论语》望而生畏，甚至反感抵触。如此一"热"一"冷"的现实，令人不能不对《论语》教学进行冷静的观察和深刻的反思。

## 一、现实观察：偏重意义探求，高耗低效

观察当下研读《论语》的教学样态，一般具有"一个中心、四种路径"的特点。

"一个中心"指的是教学研讨的重点大多集中在"意义价值"层面。课堂上，或解析微言大义、提炼观点思想，或讲解儒家经义、建构哲学体系，或讨论历史与现实意义、弘扬中华传统文化等。如此教学定位，缘于教师对《论语》文本性质的认知。《论语》是儒家思想的原典，集中体现了孔子的思想主张，是中华传统文化的思想圭臬。尤其是自东汉被尊奉为"经"后，研究者多从经学角度加以注解与阐释的学术倾向，使教师亦步亦趋，始终把眼光放在意义价值的追寻上。

然而，《论语》语言凝练精警、义理深奥幽微，中学生研读的难度较大；语录体式的零散和历史时代的久远更加剧了学生的阅读障碍。为了达成上述教学目标，抵达微言深处之大义，教师往往铺设了以下四种路径：

一是增补历史或人物资料。有的教师为学生补充《史记·孔子世家》《史记·仲尼弟子列传》等人物传记，借助史料还原孔子的人生轨迹，勾勒历史轮廓，梳理孔门弟子的结构，从纵横两个向度厘清复杂的历史背景；有的推荐

《非常师生——孔子和他的弟子们》《孔子是个好老师》之类的通俗读本，透过现代视角讲述孔子及其弟子的趣闻轶事，通过"去圣化"的幽默诠释来揭开《论语》的神秘面纱。这些做法的确有助于学生了解、亲近孔子，但需要注意的是，亲其人并不等于亲其文，阅读史传材料、名家解读获得的乐趣也与对《论语》本身的研读体验相去甚远。无可讳言，不少学生在满足了对人物和历史的好奇后，探求的兴趣也随之止步于文本之外。

二是创设趣味性任务情境。从"趣味"入手克服阅读的畏难心理，也是一种常见举措。比如让学生设计绘制《孔子学院花名册》，制作《论语》成语、文化常识手册，为自己或同伴挑选语录座右铭，编演《论语》话剧，等等。饶有趣味的活动能够增强学生之间的互动，吸引学生参与文本体验和言语实践；明确的任务引导他们通读《论语》，搜索整理相关信息，为深入研究做准备。但娱乐化或功利化的目的往往只能激起短暂的兴奋，不足以克服文字和语义理解的重重阻力，文本研读往往还是或半途而废或流于形式。《论语》是雅正的文化经典，仅仅依靠趣味引领，无法真正登堂入室；唯有唤起学生庄重而热烈的情感体验，形成高尚而真切的审美愿景，方能觅得其中的真意。

三是强化与现实生活的联系。为了减少时代差异造成的巨大隔膜，很多教师从日常生活入手，通过探讨《论语》中的交友观、师生观等"接地气、聚人气"的研讨话题，开展关于《论语》现实价值的辩论赛等活动，建立《论语》学习与学生生活之间的联系。这些尝试顾及学生的自我感受，避免了枯燥的道德说教和哲学图解，在一定程度上能够纾解阅读的抵触情绪，促进深层次的研读探索。但是稍有不慎，此类研读就会疏离文本，仅从逻辑事理的层面或展开宏阔空洞的说理，或发表侃大山式的高谈阔论，同样也背离了语文教学的初衷。

四是设计学术性研读专题。很多教师将《论语》研读的有效性等同于研读方法的专业性，于是有的借助信息统计的方法，依据《论语》中的高频词或重要人物，重新组合学习内容，开展专题研读；有的借鉴传统训诂学经验，从《论语》中文字的形体与声音入手，绎解儒家经义；有的从文化源流发展的角度，深研"仁""义""礼"的思想嬗变……这样的教学，固然专业深刻，但观察其教学效果，仅有极少数禀赋优异的学生能够如鱼于水得其所哉，大多数学生还是如坠云雾、不明就里，所谓的研究成果也只是对网络资料的拼凑或直接搬用。

通过以上观察分析，可以发现中学《论语》教学呈现出重道轻文、重意轻言的特点。文道分离，一味强调圣人之道、经世致用，却忽略了对经义的载体——文本的言语形式的研究。由于认知的片面而导致教学策略的失当，致使研读活动长期陷入低迷的状态。

## 二、研读定位：关注文学特性和言语形式

教学定位的准确与否，直接决定了教学的实际效果。那么，中学《论语》教学的重点究竟应该落在何处呢？笔者认为，可从以下三方面入手，找准研读定位。

一是《论语》的文本特质。

《论语》的思想性和文化意义早已得到共识，但其文学特性却隐而不彰。谭家健先生认为："《论语》不能算纯文学作品，只是一部以说理为主的语录，然而无可否认，它同时具有一定的文学价值，并对后世文坛产生过广泛的影响。"

作为一本言行录，《论语》很少有艺术性的想象与虚构，多为基于"实录"的对话（或独白）和场面描写。然而，虽不致力于人物形象的刻画，但对人物交往活动的记述以及语言、动作、神态等外在特征的描写，却清晰地展现出人物丰富的内心世界及情感波动，无意间成功地塑造了一批性格鲜明、个性迥异的人物形象。同时，活动场景的精到描摹和背景环境的简单交代也构成了具体生动的画面，丰富了文本的形象性，增添了作品的感染力。从这两个角度看，《论语》的文学特性突出地表现为客观实录呈现出的"形象性"。

因此，教学中应摒弃重道轻文的偏狭态度，在认知层面确认《论语》所具备的文学属性，不仅仅将之视作历史的镜子，从思想、民俗、历史等外部因素展开研究，更要道文一体、言意兼重，引导学生关注其内部的言语形式，从感知形象入手，获得最直接的审美感受和文化认同。

二是学生的阅读能力。

《论语》被誉为"中国人的圣经"，在我国从幼儿启蒙教育到高等学府专业研修，均能见到它的身影。众所周知，不同年龄的学习主体，应当有不同的研读定位。但奇怪的是，目前中学的《论语》研读却呈现出与大学趋同的特点。实现深度学习，必须让学习真实地发生，而学习发生的前提是必须充分关注学生的需求和实际的困难。《论语》内涵博大精深，而中学教学面对的是一群十五六岁的孩子，他们的人生阅历尚不丰富，阅读基础还很薄弱，如果漠视学情，不切实际地盲目地开展复杂的专业化的研究活动，一味地深挖深奥幽微的哲学义理，揠苗助长，势必导致教学活动流于形式。

笔者以为，教学活动不是封闭的专业研究，而是师生间围绕文本展开的真实而开放的对话。十五六岁，正是形象思维活跃，情感细腻丰富的特殊阶段。在这样的年龄和思维状态下，与其故作深沉、空谈哲理，不如因势利导，将学习注意力转投到具体可感的文学性上，用细腻的情思触摸文本的肌理，用大胆的想象还原鲜活的人物，用自由的思绪驰骋历史的时空。如此，既亲密地接触了先哲其人其学，于悄然之间又播下了文学和文化的种子。

三是学科的认知规律。

每个学科都有自己独立的价值属性，也因此形成了各自独特的认知规律。叶圣陶先生说："语就是口头语言，文就是书面语言。把口头语言和书面语言连在一起说，就叫语文。"这句话道出了语言是语文的核心，语言性是语文学科的根本属性。语言是思维的外壳，是文学的工具，是文化的载体，语文学习应以语言为主要内容，从由语言建构到思维发展，进而上升为文化传承和审美创造。

《论语》的品读更是如此。《论语》，顾名思义，整理记录语言。夫子等人的语言中留存着他们的声音和情绪，记录了他们认识世界的思维方式和思维结果；记录者的语言在再现前者的同时，也流露出他们的认知和评价。因此，玩味人物的语言及记述语言的表达方式是解读《论语》的重要入口。

基于以上的认识，笔者认为，中学研读《论语》教学应着眼于其文学特性，引导学生从品鉴文本内部的言语形式入手，感受作品中的文学形象，在真切的言语体验中消除古之圣人与今之众人、传统经典和现代读者间的隔膜，在品味语言的过程中感知其人、理解其学，在文学审美自觉的过程中实现对优秀文化的理解和传承。

## 三、教学策略：品味语言，感知文学形象

那么，如何引导学生深入文本内部肌理，细致品咂语言，获得形象的真切感知，逐步加深对《论语》的理解呢？笔者尝试了几种教学策略，收效很好。下面略举几例。

1.关注对话与篇章的重复、铺张。

《论语》中实录了孔子及弟子间的对话，通过问答来展现孔子立身处世的哲学。因此，很多教师往往采用提取关键信息的方法，摘出其中的名言警句，阐释其中的义理。但，笔者认为，这些文字不仅是简单的对话，同时也记录了生活的片段，应引导学生细致品读这些具有一些波澜和丰富情趣的小故事中的人物对白，揣摩故事的叙述方式，以形象的感受取代冰冷的"悟道"。例如《论语·季氏》里记录的陈亢和伯鱼的这段对话，一问一答，生动地展现了对话双方以及并未登场的夫子的性格、形象，实在是趣味横生，妙不可言。

> 陈亢问于伯鱼曰："子亦有异闻乎？"
>
> 对曰："未也。尝独立，鲤趋而过庭。曰：'学诗乎？'对曰：'未也。''不学《诗》，无以言。'鲤退而学《诗》。他日，又独立，鲤趋而过庭。曰：'学《礼》乎？'对曰：'未也。''不学《礼》，无以立。'鲤退而学《礼》。闻斯二者。"
>
> 陈亢退而喜曰："问一得三：闻《诗》，闻《礼》，又闻君子之远其子也。"

研读这则语录时，很多教师都习惯性地把注意力集中在"不学《诗》，无以言""不学《礼》，无以立"这十二字真言上，进而空谈《诗》《礼》的重要性和孔子的礼乐教化之道。这种化学提纯实验式的解读，剥离了语录中浸润着鲜活生命的语言，使之沦为枯燥乏味的教条。

教学中，笔者没有直接讨论《诗》和《礼》的价值，而是引导学生思考：

面对陈亢的提问，孔鲤为什么不直接给出十二字的答案？你从孔鲤冗长甚至重复的语言中读到了什么？

这个问题将学生置身于对话的情境之中。有的说："伯鱼先是肯定地答复'未也'，但随后还是努力地搜索记忆，终于忆起了父亲对自己的两次'特别'的教诲。虽然面对的是后辈陈亢，但伯鱼也丝毫没有怠慢，如此认真地答复可见其友善。"有的却说："何止是友善？其实是单纯憨直。你看，父亲站在院中，儿子却快步走过。一个'又'字，两个'趋'字，满满的求生欲和畏惧感啊！"生动活泼的话语一下子就点燃了课堂的热情，显然，对言语形式的揣摩有效地拉近了学生与文本的距离。仔细玩味孔鲤的答复，在重复的场景描摹、不厌其烦地复述中，孔子与儿子之间真实的生活场景浮现在学生眼前。于是，有学生感叹："这真是一对典型的中国式父子啊！父亲威严，不苟言笑，谆谆教诲，要言不烦，仅仅十二字却蕴藏立身处世之道；儿子敬畏，退而践行、勤勉恭顺，这不正是诗教温柔敦厚、礼教孝敬恭谨的最好体现吗！"

教化的沉重坚冰被温暖真实的人性和生动形象的画面所消融，借助这种充分的情感体验，笔者相机追问：孔鲤给出关于立身处世的答案后，为什么文末还要记述陈亢"退而喜"的得意呢？这个问题让学生开始留意到被他们忽略的陈亢，在此之前，他们一直认为他仅仅是为引出答案而设置的一个无关紧要的小配角。

研讨中，学生首先感受到的是陈亢的形象。陈亢私问老师之子，想探得些许"异闻"；"问一得三"，"喜"不自禁的情态，都可见其玩弄小聪明的自得，其实诗礼之教正是孔门课徒的日常啊。至此，问者狡黠，答者忠厚，对比鲜明，两个人物形象跃然纸上矣。《论语》中，关于陈亢的记述仅有三处，着墨不多，但对于仅有一万多字的《论语》来说，用心品读每一字，真切感知每一个人物，有利于学生建构零散篇章间的联系，进而获得更深层次的领悟。此外，"又闻君子之远其子也"，更是绝妙之笔。陈亢之所以要问，无非是认为老师有什么绝不外传的秘籍，然而孔鲤的一番坦诚交代，不但让偏狭的陈亢领悟了君子不偏私的道理，而且随着他的一句由衷感叹，读者心中油然升起对夫子立身行事的感佩之情。

如此，用心品读人物间的对话描写，玩味字词的丰富内涵和重复铺张的叙述方式，学生读出了人物生动丰富的内心世界，也感受到了《论语》中的生命温度。笔者鼓励学生，反复品读《论语·微子》中长沮、桀溺与子路间的重复问答，体会"执舆者为谁？""滔滔者天下皆是也，而谁以易之？""鸟兽不可与同群，吾非斯人之徒与而谁与？天下有道，丘不与易也"之类表述方式的艺术效果。

2.感受独白的特殊魅力。

《论语》中还有大量言志抒怀的独白式语录，读起来类似单纯抽象的格言。教学中，如果仅从文字释义和文化探究的层面解读，会更加枯燥乏味。

语言是表情达意的工具，人的喜怒哀乐、忧戚怵惕，都会经由他的措辞、句式生动地表现出来。《论语》中的这些独白式语录，虽只是客观记述说话人的言语，没有具体的故事情节和人物间的互动，但都是真情的抒发，暗藏着说话者的声气和神态。教学中，如能紧扣人物言语的文字细节，推敲揣摩，想象还原其情态，有助于学生在对鲜明形象的感受中读懂字里行间厚重的历史文化和人生哲学。

> 子曰："视其所以，观其所由，察其所安。人焉廋哉？人焉廋哉？"（《论语·为政》）

此章讲如何才能深入地了解一个人。很多教师往往只关注前面三个分句，总结出察人之术——先看行为方式，再看动机目的，最后省察心志。然而，于学生来说，这不过是得到了一条大而无当的结论，乏味的释义、空洞的说理，既不能借此窥见圣人的内心，也无法因之照亮自己的灵魂。笔者以为，唯有消除学生与文本间的情感隔膜，走进孔子的内心世界，才能真正实现研读《论语》的价值，而突破的入口就在末两句"人焉廋哉？人焉廋哉？"。

"廋"意为藏匿，前缀"焉"字，是反问，也是喟叹；同语反复、回环咏叹构成了抒情化的语调，既是孔子内在情绪激荡的外化，也是探查其精神世界的窗口。因此，笔者提问学生：为什么孔子传授察人之术后，会发出如此强烈的感叹呢？这个问题把学生的思维由简单地分析言论，引到体察说话者的内心活动。

经过一番热烈地讨论，有学生认为：人是复杂的多面体，洞察一个人的内心是件困难的事，颜渊篇中樊迟问"知"时，孔子答复"知人"二字，可见孔子将"知人"视为智的最高境界。此章中夫子亲授知人之法，并发出强烈的反问，这是对自己学说的笃定和自信。而孔子之学重知人，更重修己，因此，反复感叹也是对学生的谆谆告诫：为人、为学之道在于动机纯良、途径正当和心态安适。

也有学生不赞同，认为此二句更多的是对时代乱离和个人失意的感慨。他慷慨陈词："孔子周游列国，备尝艰难险阻，希望力挽颓世之狂澜，拯救斯民于水火，却四处碰壁，道不得行，颠沛流离，困厄万端，然而更令夫子忡然惆怅的却是世人的不解和讥讽。'人焉廋哉？人焉廋哉？''知人'果真如此艰难吗？若能'视其所以，观其所由，察其所安'，又怎会不解他'天下有道，丘不易也'的初心？连声追问'人焉廋哉？人焉廋哉？'，道出的是内心深处的孤独和怀抱理想却无法实现的酸楚！"

饱含激情的话语回荡在课堂，唤起同伴的情感共鸣。有同学补充道："寂寞如斯，却说'不患人之不己知，患不知人也'，语重心长地教诲弟子们'知人'之道，这正是夫子推己及人的博大胸怀和以仁为己任的勇毅担当，让人肃然起敬！"

看似平平常常的两句感叹，却引发了同学们对孔子内心世界的体验和认同，这个曾被他们拒之千里之外的远古圣人，此刻变得如此真实亲切，而夫子于礼崩乐坏之际的人格修为和知其不可为而为之的坚贞追求，也得以更好地被理解和传承。如此细读，《论语》每一章的字里行间都有款款深情在，这些文字如实地记录了孔子及门人的言语，也把他们的神情气息和鲜明的形象呈现在我们面前。

3.品味场景描写与叙述方式的转换。

儒家思想对中国文化影响深远，尤其是其社会伦理思想，比如仁义礼智信等，早已融入华夏民族的基因之中，成为普世的价值观和行为规范。但是，教学中这种熟悉感有时恰是《论语》研读的障碍，因为熟悉往往意味着情感的钝化和认知冲突、探究热情的缺失，常言道熟悉的地方没有风景。为了解决这样的难题，很多教师或是横向关联，罗列《论语》中相关篇章，形而上地归结于"道"；或是联系现实生活，强调其实用价值。这些策略虽在一定程度上能够拓宽文本的广度，延展阅读的深度，但是哲学图解往往因其深奥晦涩而令学生如坠云雾中，联系生活一不小心就容易演变为套话式的道德说教。其实，真理往往都是简单而朴素的，不必去刻意地粉饰，关键在于要能够真实地感悟、真切地领会，方能潜移默化、润德修身，而这恰恰是语文学习的优势，也是语文教育的价值所在。比如下面两例。

厩焚。子退朝，曰："伤人乎？"不问马。（《论语·乡党》）

师冕见。及阶，子曰："阶也。"及席，子曰："席也。"皆坐，子告之曰："某在斯，某在斯。"师冕出，子张问曰："与师言之道与？"子曰："然！固相师之道也。"（《论语·卫灵公》）

这两则语录内容简单，说的是孔子重人不重财和帮助弱势群体，历来被视为儒家仁爱精神的明证。"仁者爱人"这句话，学生早已耳熟能详；人道主义价值观的话题，高中生讨论起来也能够说得头头是道。但是，面对这样一群衣食无忧的花季少年，如何让他们真正领会"仁爱"的真意和知行合一的道理，如何让他们懂得"仁爱"不是轻飘飘的话语而是沉甸甸的责任和担当？

汉语是我们的母语，每一个汉字都包孕着生生不息的民族情感，每一个符号都饱含着有温度的文化表情。为此，笔者设计了两组改写比较题：一是去掉"伤人乎？"的问号和引号，改写为："厩焚。子退朝，问人不问马。"二是将师冕章压缩为："师冕见。子告之阶、席、座上客。"新鲜的题目，打破了往常的"熟悉"，激活了学生慵懒的思维；改写的方式引导他们从符号和文字入手，深入文本细致研读。通过对比，学生发现"问人不问马"仅是客观的记述，而原文中"伤人乎？"，一个引号，实录了语言，还原了真实的场景；一个问号，表达了夫子的关切情态，让我们看到了道德的最高境界在于"行"。更重要的是，引号的加入，使"不问马"成为录述者的评价，三个字简短有力，坚定地传达出儒家"人学"的理念。

师冕章亦是如此。凝练趋简是《论语》语言风格的一大特色，孔门弟子是试图通过记录孔子的"微言"来阐发圣人"大义"的，因此《论语》体制相对短小，但师冕章却不厌其烦地详细记录了从"及阶"到"及席"，再到"皆坐"过程中夫子的话语，夫子贴心体己地一次次热诚地提醒师冕，这样的身教胜于言传，就是最成功的师道之教啊。而记述者如此不惜笔墨地实录话语和场景，也正是在用实际行动来诠释夫子的相师之道和爱人之心。

细读文字，体味其中的场景描写和叙述方式的巧妙转换，主体言语与客体评价的交错使用，学生真切地获得了对"爱人"这个抽象道理的体验，而对孔子其人的敬意也就油然而生。

**参考文献：**

谭家健：《先秦散文艺术新探》，齐鲁书社2007年版。

# ◎寻找栖息心灵的绿洲

## ——"从一篇到整本"课程模式探索

经过几年一系列的艰苦探索，整本书阅读教学的课程开发得以稳步推进。与此同时，我也深感依托教师指导下的专业化研读还是存在很大的局限性，仅仅精读精研有限的几本经典著作，还是不足以改变学生阅读面窄、阅读量少的严峻现实。走出课堂之后，孩子们的自读状况依然堪忧。

这样的现实警策我，整本书阅读与研讨的研究范围不能狭窄化，必须打通课堂内外的壁垒，将阅读的种子播撒在更加广阔的生活空间之中，引导孩子们由统一步调的师生共读转向独立状态的自主阅读，形成良好的自读习惯，使阅读真正成为一种人生态度，成为一种生活方式。

秉承这样的理念，我尝试以课内单篇阅读教学为契机，激发孩子们阅读探究原著的兴趣。我与同伴合作，依据教材的内容和编排结构，以文本类型为经，以作家和时间为纬，编写校本阅读教材《开卷》，构建丰富立体的阅读世界；积极讲学推广，指导教师在教学中巧妙迁移拓展，融通单篇短章与整本长文的阅读方法，帮助学生建构起丰富完整的阅读经验。

"从一篇到整本"，由此及彼，打开了孩子们的视野，激励他们主动开辟自己的阅读疆域。我相信，走出课堂之后的他们将以持续阅读的优美姿态，去寻找那片能够让心灵栖息的绿洲，"苟日新，日日新，又日新"，不断地塑造一个更加美好的自己。

# 《所罗门王的指环》导读方案*

◆ **导读目标**

1.读懂"一篇"。了解科普文章的文体基本特征和主要表现手法，探讨文本反映的科学价值和研究精神。引导学生筛选并整合《动物笑谈》中的信息，归纳概括相关的动物行为学知识；对比品鉴语言，感受文章幽默风趣的艺术风格和作者美好深沉的情怀。

2.会读"整本"。探索阅读整本书的门径和方法，从不同角度和层面发掘文本反映的价值精神。从内容探索、语言品鉴和主题探究三个角度建构单篇与整本的关联，引导学生阅读《所罗门王的指环》，形成和积累整本书的阅读经验。

◆ **导读过程**

## 一、预习检查

以抢答竞赛的方式，检查学生对"怪诞不经""小凫""匍匐""蹒跚""神采奕奕"等词语的掌握情况，激活课堂气氛。

## 二、交流阅读感受，分享阅读快乐

1.内容维度——"文中哪些内容令你开怀捧腹？"

（1）学生自由交流阅读感受，朗读分享相关语段，梳理概括主要事件，分析归纳其中的动物行为学知识。

主要事件：

边学水鸭叫，边在地上爬，吓坏观光客；用杀猪般的嚎叫呼唤大鹦鹉可

---

＊本文为2017年安徽省"国培计划"初中语文骨干教师培训示范课例。

可；可可咬掉了老父亲衣服上的所有扣子；可可把整棵柠檬树都缠上鲜艳的毛线。

动物行为学知识：

水鸭子生性胆小，新出生的雏凫依靠声音来识别妈妈，并且非常依赖。黄冠大鹦鹉体型较大，介于秃鹰与鹳之间，与人类很亲密，叫声尖利，顽皮而聪明，能辨别物体的形状，动作敏捷，有模仿的能力。

（2）介绍作家作品信息，总结科普作品的文体特征和阅读方法。

《动物笑谈》节选自奥地利动物行为学家康拉德·劳伦兹的科普著作《所罗门王的指环》。科普作品以宣传普及科学知识为宗旨，常具有趣味性、通俗性等特点。阅读中应注意准确解读文本，筛选整合信息，归纳文中介绍的科学知识及作者对相关科学领域的认知态度，体会科普作品的语言特色等。

（3）借助内容关联点，激发学生对整本书的阅读兴趣。

示例：文中说"小鸭子和雁鹅不同"，小雁鹅"总是把第一个碰到的生物认作是自己的母亲，并且一心一意地跟随她"。大家想知道小雁鹅碰到的第一个生物是什么吗？

教师朗读《所罗门王的指环》第十二章《小雁鹅》中小雁鹅玛蒂娜的相关片段。

请学生总结概括水鸭子和小雁鹅的习性差异，激发学生阅读整本书的好奇心。

2.语言维度——"文中哪些语句令你忍俊不禁？"

学生朗读分享自己喜爱的语句，教师点拨指导，并从原著中摘录相关语句，引导学生对比鉴赏，品味幽默风趣的语言艺术，进一步激发学生阅读整本书的兴趣，明确阅读方法。

示例：

（课文）"猛一抬头，却看见园子的栏杆边排着一排人，他们全都脸色煞白。"

（原著）"猛一抬头，却看见园子的栏杆上排了一排死白的脸。"

学生讨论比较：哪一句的表达效果更好？为什么？

学生朗读对比，研讨交流，教师点拨。指导学生建构阅读经验——留心语言细节，可采用圈点勾画、朗读分享和不同译本比较等阅读方法。

3.主题维度——"文中哪种情感叩响了你的心扉？"

组织学生讨论作品的主题，教师提醒学生不能坐井观天，囿于一隅，只是孤立地阅读一章一节，只有全面深入地阅读整本书，才能准确理解整个作品的主题。师生共读《所罗门王的指环》第十一章《老家人》片段，体会作者寄寓其中的深厚情感。

投影全书目录，以对书名"所罗门王的指环"和每个篇章的标题内涵的探究为任务，驱动学生阅读整本书，引导学生从一篇走向一本，思考语言文字背后深厚丰富的文化内涵。

## 三、布置阅读任务，开启新的学习之旅

1.阅读《所罗门王的指环》（可以采用不同的译本），圈点勾画出自己喜爱的文字，与朋友和家人一起交流阅读感受。

2.给朋友写一封信，向他（她）推荐《所罗门王的指环》这本书。

# 如何用好教材这个例子
## ——《动物笑谈》教学观察与思考*

"教材无非是个例子",叶圣陶先生的这句话一直影响着我们对语文教材的性质和作用的认识。2016年启用的统编本教材,精选了一篇篇文质兼美、符合时代特点、具有语文教育功能的典范性作品,以期更好地发挥教材在培养学生的语文能力和核心素养等方面的功能。但观察教学实践,如何用好这些"例子",切实发挥教材的功用,却普遍存在一些问题,甚至有曲解教材编写意图的现象,令人担忧。现以《动物笑谈》为例,谈谈自己的观察和思考。

### 这是一篇散文或故事吗?

《动物笑谈》被收录在统编本教材七年级上册第五单元中,本单元以"生命之趣"为主题,同时收录的还有郑振铎的散文名篇《鸟》和蒲松龄的文言小说《狼》。教材的"单元说明"明确了"进一步培养学生默读和把握文章中心的能力"的学习要求。很多教师在教学时都从标题中的"笑谈"入手,设计如下教学环节:

1."笑谈"是指谈论有趣的好笑的事情,那么文章记叙了作者与动物之间的哪些趣事呢?(小水鸭、黄冠大鹦鹉可可)

2.课文讲述了哪几件可笑的事呢?(边学水鸭叫边在地上爬,吓坏观光客;发出杀猪般的嚎叫,呼唤大鹦鹉可可;可可咬掉了"我"父亲衣服上的所有扣子;可可把毛线缠绕在柠檬树上。)

3.从"笑谈"的事件中,你读出作者怎样的情感?(专注忘我的精神和对动物的热爱)

---

* 本文原载于《语文建设》2019年第9期,收入本书时有修改。

由概括文章内容到把握文章中心，由"可笑"到"可敬"，这样的设计看似紧扣单元目标，一气呵成，环环相扣，却暴露出一个根本性的认知错误——《动物笑谈》的文体特征被误读了。

《动物笑谈》节选自奥地利动物行为学家康拉德·劳伦兹的科普著作《所罗门王的指环》。众所周知，科普作品是一种以向大众普及科学知识、展现科学魅力为主要目的的读物。为引起普通读者的兴趣，科普作品往往呈现趣味性、通俗性的特点，但其主要功能还是宣传普及科学知识。因此，学科专业性和严谨性是其不可违背的基本法则，这就使它与一般的文学作品区分开来。带着这一基本认知，再来阅读《动物笑谈》，会发现劳伦兹是从一个动物行为学家的角度，通过记述自己观察动物习性和进行科学实验的有趣的过程，向大众科普了水鸭子和黄冠大鹦鹉的行为特点和生活习性：水鸭子生性胆小，与雁鹅根据视觉形象来分辨母亲不同的是，新出生的雏凫依靠声音来识别母凫，并且非常依赖；黄冠大鹦鹉体型较大，介于秃鹰与鹳之间，与人类很亲近，叫声尖厉，顽皮而聪明，能辨别物体的形状，动作敏捷，有模仿的能力。

然而实际教学中，这个明确、清晰的写作意图却普遍被忽视了，对文章基本内容的概括停留在"记叙了哪几件趣事"的感性层级，根本不曾涉及对动物行为和生活性的总结归纳。教师普遍采用"讲述了哪几件趣事""你觉得××的故事有趣吗"等散文或小说中的专业术语来引导学生梳理作品，更是严重模糊了作品的文体特质，使教学陷入盲目的境地。

的确，统编本教材在编写时采用了"人文主题"与"语文素养"双线组织单元的结构，七年级以培养学生一般的语文能力为主，所以不集中性地开展文体阅读，但这并不意味着可以忽视作品的文体特质，更不能成为搪塞教学失误的借口。就《动物笑谈》所在的第五单元为例，三篇文章虽然都是以动物为写作对象，都以训练学生的默读能力为目标，但其文体迥异，阅读方法和教学策略也应有所不同。郑振铎的《鸟》是散文，当以梳理作品内容和作者的情感脉络为主要任务；康拉德·劳伦兹的《动物笑谈》是科普文，当以归纳作品的科学知识和感知科学研究的魅力为主要方向；蒲松龄的《狼》是文言小说，则应以把握小说的情节结构和内隐意旨为重点。

叶圣陶先生曾说："知识不能凭空得到，习惯不能凭空养成，必须有所凭借，那凭借就是国文教本。"教材是教师教学的依据，是学生学习的材料，通过对教材篇章的学习，让学生拥有阅读同类文章的能力，是语文教学的重要任务。因此，教师必须吃透教材，明确文本的特质，科学设定教学目标，把文本的特色作为教学的重要内容，通过阅读研讨，使学生获取相应的知识和阅读策略。

教材无非是个例子。学生通过对这个例子的学习，发现某一类型文体的特质，从而形成对该类型文本的阅读经验。

## 面对这么有趣的文本，为什么学生不笑？

《动物笑谈》标题中的"笑"字，点出了这篇科普作品的叙述基调——趣味化、生活化。然而，观察许多课堂，一个突出的现象是，面对如此可爱有趣的文本，学生却很难发出会心的笑声。是学生真的不喜欢这个作品吗？笔者曾多次课下调查，当被问及"你认为这篇文章有趣吗"时，几乎每个学生都笑容满面地点头。但为什么一到课堂上，他们就失去了欢笑，变得异常严肃了呢？是学生善变吗？不，是错误的教学使文本变了味！让我们来看一下这些课堂教学中普遍存在的问题。

1.无趣的碎碎问，消解阅读的愉悦感。

梳理内容时："默读课文，找出本文的中心句。""文章讲述了哪几件有趣的事呢？每件趣事请用一句话概括。"品味语言时："默读课文，圈点勾画出文中有趣的句子。""朗读某某句，谈谈这句话采用了哪些方法来写得风趣幽默。"琐碎的提问，唯恐不能面面俱到；条分缕析，唯恐不够科学专业。一篇文质兼美的文章，就这样被解剖得支离破碎。呆板的教学策略、琐碎的提问方式，消解了真实朴素的阅读愉悦感，消磨了投入的激情，限定了探究的深度。

2.过度拔高，让文本面目可憎。

很多教师将主题意义的探讨作为教学重点。如"某某句采用了某某手法，表达了作者严谨求实的科学态度"，"某某句采用了某某手法，表现了为科学献身的科学精神"，"某某句采用某某手法，呼吁人们热爱自然、尊重生命"……

"技巧+主题"的模式化分析让原本丰富美妙的语言品读变得枯燥乏味，掘地三尺深挖立意让原本生动有趣的文本变得面目可憎。于是，学生们敛起笑容，正襟危坐，怀着敬畏的心，虔诚地颂扬作者的高尚品质，声泪俱下地沉痛反思自身的道德缺失。诚然，主题探究是文学鉴赏的重要内容，但是将对精神价值的感悟凌驾于对文本本身的探究之上，言必及主旨，于微言之中非得探究出大义来不可，把作品推上了圣坛加以顶礼膜拜，致使中学生越来越敬畏语文，越来越不喜爱阅读。

3.变味的演绎，缺乏基本的尊重。

一些教师尝试用朗读或表演来还原文本的生动，但往往剑走偏锋。笔者曾多次观察到，有教师让学生模拟劳伦兹的姿态"蹲在地上爬行"；有教师让学生模仿作者呼唤黄冠大鹦鹉的声音，用"杀猪时猪的嚎声"发出"哦——啊"的叫声……表演的学生满脸尴尬、无奈应付，围观的学生嬉笑嘲弄、大呼小叫。这样的课堂看似热闹，但无聊的模仿表演非但不能建立学生与文本的联系，反而有损学生的自尊和人格，怪异无聊的笑声更是远离了教育的初衷。

应接不暇的碎碎问，模式化的分析，低俗无趣的表演，如此课堂教学，语文学习的乐趣从何谈起？

鉴于此，笔者抛开琐碎的问题，删繁就简，以"你喜欢这个作品吗？哪些地方让你忍俊不禁？"作为主问题推进教学；抛开机械的解析套路和刻板的专业术语，以平易的"喜欢""忍俊不禁"来唤起学生的真实感受，让他们敞开心扉，自由地分享。轻松的任务，亲切的语境，唤起了学生阅读的愉悦感受，在此基础上，再通过巧妙的点拨，将思维导向深处。例如，教材中选录的《动物笑谈》是游复熙、季光容的译本，笔者通过仔细对比，发现编者对原著的部分文字进行了删改，比如文中写道："猛一抬头，却看见园子的栏杆边排着一排人，他们全都脸色煞白。"而原著中则是："猛一抬头，却看见园子的栏杆上排了一排死白的脸。"笔者以为，这种微妙的修改之处恰是引导学生揣摩语言、体味情感的契机。教学中，当学生为作者边学水鸭叫边在地上爬，吓坏了观光客而乐不可支时，笔者相机出示这组句子，提问学生哪一句的表达效果更好。学生反复朗读、咀嚼这两个情趣各异的语句，展开了一场针锋相对的激烈讨论，他们的阅读情绪被生动有趣的语言和咀嚼文字的快感点燃了。笔者进一步提示：阅读中要关注语言细节，采用圈点勾画、朗读分享等方式体会鉴赏语言之美，并鼓励他们自主选购不同的译本，以便比较阅读、相互交流。

语文教材不同于其他学科的教材，学生学习语文主要是通过学习范文、评价范文来提高语文综合素养。语文教材的例子不同于数理化教材的例子，它是思想性、艺术性、语言规范性的杰出典范，是数千年文化宝库的精品，教学中不能忽视它们本身所独有的鉴赏价值。语文姓语，作为教材的文本价值应当通过语言得以实现。真实对话，让学生和语言亲密地接触，让学生置身于作品情境之中，释放真实的阅读感受；细读文本，借助语言的揣摩，咀嚼出文本的味道，引发深层次的思考。在这样的语言活动中，学生深入地领会文本的音韵、形象和情感之美，也培养出高尚的审美趣味。

## 拓展引导的方向在哪里？

叶圣陶先生的"教材无非是个例子"这一论断，是在当时"逐句讲解"教材之风盛行，拘泥于教材而忽视学生能力培养的背景下提出的。他认为从语文教材入手，目的在于阅读种种的书，选本的阅读是"举一"，推到其他东西的阅读是"反三"，一贯的目的在于养成阅读的好习惯。语文学科的特殊性决定了教材不是目的，而是"举一反三"的例子，教会学生举一反三，达到"不需要教"的目的，善于启发引导学生触类旁通，这样便可使学生一辈子受用。

较之于叶老所说的那个时代，今天的孩子们的阅读能力其实更令人揪心，阅读面窄、量少，阅读品位不高，阅读习惯欠佳，阅读能力低下，我们的阅读教学也深陷高耗低效的"刷题"泥潭。因此，语文教师应当肩负起引导学生通过课内教材的阅读学习，拓展阅读视野，积累阅读经验，养成良好的阅读习惯，进一步提升学生的阅读品位与鉴赏能力的重要使命。

从这个角度来观察《动物笑谈》的教学实践，会发现拓展漫无边际、引导方向盲目的情况普遍存在：或是让学生讲述自己与动物之间的故事，或是播放动物图片或视频，让学生讨论如何对待动物。这样的拓展看似温情脉脉，在某种程度上也确实起到了情感价值观的教育作用，却令学生的思维游离于语文学习之外，难以形成更高的审美和文化追求。

《动物笑谈》节选自《所罗门王的指环》，这是一部优秀的科普著作，作者以博大的胸怀、深厚的情感、生花的妙笔为我们描述了一个趣味盎然而又神奇美妙的动物世界。如果把教材当作一个引子，通过课内学习，激发起学生课外自主阅读整本书的愿望，那么就能最大化地实现教材在语文素养培育上的价值。因此，笔者从内容、语言和主题三个角度入手，利用课文与原著的关联（水鸭子与小雁鹅的习性对比、课文与原著的语言差异、课文与原著标题探究等），多角度多层次地搭建阅读桥梁，激发学生的阅读兴趣和探究欲望，鼓励他们怀着更高的阅读期待走出课堂，走进广阔的整本书阅读世界。

"法乎其上，得乎其中。法乎其中，仅得其下。"教材绝不是语文学习的终点，教师应充分发挥自己的教育教学智慧，以更高远的教学目标来设计教学，发挥教材举一反三的作用，根据具体情况增删补移，引导学生从一篇篇走向一本本。

**参考文献：**

叶圣陶：《叶圣陶语文教育论集》，教育科学出版社2015年版。

# 巧设津梁：从"单篇"走向"整本"

## ——以《动物笑谈》教学为例谈课外自主阅读引导策略*

## 一、问题聚焦

1.课内师生共读与课外自主阅读。

整本书阅读是新一轮课程改革中最热门的话题，梳理近年来的研究成果发现，研究的重点主要集中在课内师生共读上，而对学生课外自主阅读则缺少应有的关注。

的确，专业化的师生共读可以促进学生深度学习，培养其高品质思维和审美能力。但是，阅读"质"的提升离不开"量"的积累。当前中学生阅读的主要问题还是因兴趣不高和习惯不佳而导致的阅读能力欠缺。在这种情况下，仅仅精研有限的几本经典著作，一味追求高大上的专业化研读，既不能改变学生阅读面窄、阅读量少的严峻现实，也难以有效地提高其阅读能力，发展语文核心素养。

有教师认为，有了课内师生共读的体验后，课外自读能力也就自然形成了。其实不然。首先，阅读是一种个性化的学习活动，而现有的专业化研读案例大多由教师精心筹划、师生共读共研完成。这种由教师设定好阅读内容和阅读程式、"一二一齐步走"的群体性阅读活动并非一般自主阅读的常态，所形成的阅读体验也难以有效地转化为课外自主阅读的动力和经验。同时，课内师生共读的对象多为文学或学术类著作，其文本类型的单一性以及针对某一本书归纳出来的研读方法的局限性，都会导致课内共读经验在向课外阅读其他类型文本迁移运用时力不从心。

---

* 本文原载于《语文教学通讯》2019年第10期，收入本书时有修改。

语文教学高耗低效的现实警策我们，"整本书阅读"的研究范围不能狭窄化，在做好整本书课内师生共读的同时，还应将课外自主阅读纳入研究的视野中，积极探寻课外自主阅读的教学策略，以激发学生的阅读热情，扩大阅读量，培养热爱阅读、自主阅读的良好习惯，建构丰富完整的阅读经验，毕竟自主阅读才是社会公民的阅读常态。

2."单篇"与"整本"。

开展课外自主阅读，最简便易行而又科学有效的途径是：依托教材节选的类型丰富的课文，以课内单篇教学为契机推介原著，引导学生在课外自主阅读整本书。如此一来，既能很好地整合课内外的学习资源，打通课内外阅读的壁垒，迅速增加阅读积累，由"单篇"走向"整本"；同时，对"整本"的阅读又能反促"单篇"教学，学生阅读完整的原著，获得更广的视野，更多的思维角度，有利于加深对单篇的理解，以突破知识碎片化、思维平面化、体悟浅表化的局限。

但是，由"单篇"走向"整本"并非易事。不良的阅读习惯让学生自主阅读或无从下手或半途而废，阅读经验的匮乏更容易使他们在自读中迷失方向。而教师在由课内单篇教学向课外整本书自主阅读拓展的过程中引导不当，甚至无所作为，也难辞其咎。观察目前的拓展阅读引导教学，往往存在以下三种弊端：

一是空泛随意，虚有其表。不少教师在完成单篇课文教学任务后，只是程式化地随便说一句："有兴趣的同学课后可以读一读原著。"这种"我说了，你随意"的课后作业，学生当然是不会认真对待的。因为其教学过程中没有任何关联设计，布置任务时也没有具体的指导和要求，就指望学生依靠"兴趣"和自觉性去自主阅读整本书，根本不切实际。

二是静态呈现，消解阅读期待。一些教学案例中虽有导读，但往往只是静态地呈现整本书的相关信息，或介绍写作背景，或梳理内容梗概，或列举专家评论等。一些学校开展的"跟着教材读原著"等阅读推介活动，虽然编制了导读手册，但也仅限于概要地介绍作者、书的内容和社会影响，止步于摘抄书中的精彩片段等。如此机械刻板地提供一些零碎孤立的信息，实在难以"走心"，非但不能激发学生的阅读兴趣，反而会消解其原本的阅读期待，助长不读原著、只看概要的伪阅读风气，并不能促使课外自读真正落到实处。

三是过度拔高，降低阅读热情。一些教师借鉴课内师生共读的方法，采用专题研究的方式，从单篇的主旨、情感和艺术手法等着眼，设计一系列研究论题，开启整本书课外自主阅读之旅。专题研读是一种常用的正规的阅读方法，但在自主阅读还没起步时就设定带有学术研究性的任务，显然为时过早，也殊为不当。对于本就缺少阅读兴趣的学生而言，这些"高大上"的研究任务往往会让他们对整本书阅读望而却步敬而远之。而由教师根据自己的阅读理解一厢情愿地预设的宏大的研究论题，未必就能引起学生的思维和情感的共振，甚至会干扰学生真实的阅读感受和个性化解读的自然生成。

以上做法，忽视了学生的阅读心理特点和阅读能力的现状，割裂了课内教学与课外自读的关系。笔者认为，课外自主阅读需要教师利用单篇课文与整本书的关联，巧妙地激发导引，科学地设计规划，引导学生通过真实有效的阅读，真正实现课内外阅读的衔接贯通，才能帮助其建构整本书的阅读经验，发展语文核心素养。

## 二、案例呈现

统编教材七年级上册中的《动物笑谈》，节选自奥地利动物行为学家康拉德·劳伦兹的《所罗门王的指环》。《所罗门王的指环》是一部优秀的科普著作，作者以博大的胸怀、深厚的情感、生花的妙笔为我们描述了一个趣味盎然而又神奇美妙的动物世界，是学生课外自主阅读的上佳之选。鉴于此，笔者在教学中利用课文与原著的三处关联，从内容、语言和主题三个维度精心设计问题，多层次地激发学生的阅读兴趣，促使学生课后迫不及待地自主阅读《所罗门王的指环》整本书。

1.内容维度——文中哪些内容令你开怀捧腹？

生：我认为劳伦兹因为模仿母水鸭的叫声，被小鸭子认作母亲这一情节最好玩儿，比如：小鸭子紧紧地黏着他，"好像只要我不出声，它们就以为我死了，或者以为我不再爱它们了。这真是值得大哭特哭的理由呢！"

师：文中说"小鸭子和小雁鹅不同"，小雁鹅"总是把第一个碰到的生物认作是自己的母亲，并且一心一意地跟随她"。大家想知道小雁鹅碰到的第一个生物是什么吗？

生：（好奇地点头）想！

师：《动物笑谈》节选自《所罗门王的指环》第五章，这本书第十二章《小雁鹅》专门描写了一只名叫玛蒂娜的小雁鹅。我为大家朗读其中的几段：

只见小家伙歪着一颗小脑袋瓜，用它那漆黑的大眼睛仰头望着我……就这么久久、久久地凝视我……直到这时，我仍未意识到，经过小黑眼珠这么一番打量，我已经把一件沉重的任务揽到自己身上了。

我本来打算把这只小雁鹅托付给大白鹅来照料……只见这可怜的孩子伸长了脖子，一路哀哀悲泣着，走到大白鹅和我之间。这时我稍微动了一下，没想到这孩子便立刻停止哭泣，且拉长了脖子向我这边冲过来，热烈地跟我打招呼："vee-vee-vee-vee。"那场面实在令人感动，不过我还是无意扮演鹅妈妈的角色。因此我一把抓过这孩子，把它塞回大白鹅腹下，撒腿便跑。我跑了不到十步远，就已经听到身后又是一阵："普嘘普—普嘘普—普嘘普。"那可怜的小家伙竟然不顾一切地奔了过来。这时它根本还不会站，身体只能撑在脚后跟上，就算是慢慢走也还不是很稳，脚步摇摇晃晃的。可是因为情况紧急，它便使尽吃奶的力气拼命跑，简直就像子弹发射般的迅捷……

听见这可怜的小家伙嘶哑的稚嫩哭声，而且跌跌撞撞、连滚带爬地，以惊人的速度和决心向我这边冲过来，就算是铁石心肠也会变软……

生：（专注地聆听，乐不可支）……

师：现在大家知道了，水鸭子和小雁鹅的习性有什么差异？

生：水鸭子是根据叫声识别母亲，而小雁鹅则是依靠视觉锁定母亲。

师：大家总结得很好。可怜的小玛蒂娜通过自己的努力终于找到了"妈妈"，那么，是否真如劳伦兹所说的，娇小的玛蒂娜不像水鸭子那样对母亲需索不休，带它就是一件轻松的美差呢？

生：（七嘴八舌地猜测）……

师：（投影展示《所罗门王的指环》的目录）原著第一章《动物的麻烦》、第十二章《小雁鹅》等篇章中，有描述小玛蒂娜的精彩内容，当然，还有很多其他动物的有趣的故事哦，仔细阅读这本书，一定能够满足大家的好奇心。

2.语言维度——文中哪些语句令你忍俊不禁？

生："所以，那个星期天，当我带着那群小鸭子在我们园里青青的草上又蹲又爬又叫地走着，而心中正为它们的服从而暗自得意的时候，猛一抬头，却看见园子的栏杆边排着一排人，他们全都脸色煞白。"栏杆边上一排人，"全都脸色煞白"，真是太有现场的画面感了！

师：如果把这个句子改写成下面这句，你认为哪一句的表达效果更好？（投影展示）

"……猛一抬头，却看见园子的栏杆上排了一排死白的脸。"

生：我认为还是课文里的句子好，用语雅致，也突出了观光客惊讶的程度。

生：我反对！作者是在草地上"又蹲又爬又叫"时猛地抬头看，"栏杆上排了一排脸"是从特殊的视角所看到的结果，更符合真实的情境。

生：我觉得"排了一排脸"比"排着一排人"，更具有惊悚的效果。

生："死白"虽不如"煞白"文雅，但能更夸张地展现旁观者惊讶的程度，生活化的语言也更显得风趣。

师：大家的看法都是有理有据的。其实，刚才我们讨论的第二个句子，是中国和平出版社1998年7月出版的《所罗门王的指环》中的原句，文章选入教材的过程中，编者对它进行了修改。你们看，"栏杆边"与"栏杆上"，"排着一排人"与"排了一排脸"，"煞白"与"死白"，只是在位置描述、句式和修饰语上稍做改动，就形成了截然不同的表达效果。所以，同学们要认识到，我们阅读的乐趣不仅是在于了解故事情节，更在于对语言的揣摩品味中。大家在课后阅读时，要多留心语言细节，可以把生动有趣的文字圈画下来，读一读，或和同学、家人一起分享讨论。另外，不同译本的比较阅读也是一件有趣的事，同学们不妨再读一读中信出版社刘志良的译本，在对比中体会语言鉴赏的乐趣。

3.主题维度——文中哪种情感叩响了你的心扉？

生：劳伦兹热爱科学研究，他严谨的科研态度让我敬佩！

生：劳伦兹与动物间亲密的感情令人羡慕，他对动物真挚的关爱也令我动容。

师：同学们的感触都很真切，在《动物笑谈》这一章里，我们读到了作者与水鸭子和黄冠大鹦鹉的种种趣事，作者细致地观察它们，将每一个细节都记录在册，得出科学结论的同时，也以最大的热情和真挚的爱意描述每一种动物，展现了它们鲜明而独特的行为习性和性格特点。但是，仅仅孤立地阅读一个篇章难以读懂整本书的宏大丰富的主题。

师：（投影文段）让我们来读一读第十一章《老家人》中的一节，体会作者在一群穴乌身上又寄寓了哪些深厚的情感？（师生共同朗读）

上次大战之前，我的父亲在他的自传里曾经提到艾顿堡的穴乌："尤其在傍晚，这群鸟总是绕着我们的墙垛飞来飞去，高声叫喊，彼此招呼。有时我相信自己能够了解它们在说什么：'我们就像老家人一样热爱自己的家，只要有石头、有墙垛可以保护我们，我们就在这里筑巢，在这里飞翔。'"

…… ……

现在娇客已经走了好久，下落不明。红金在老年时，被一个好心的邻居用气枪误杀在花园里。但是艾顿堡的穴乌还是很多，它们在我们的房子的四周飞来飞去，转的方向都是从前娇客转过的，用的上旋流也是从前娇客用来升高过的。凡是第一批穴乌所熟悉的传统，都由红金传给我们现在的穴乌了，它们忠实地奉行着，和旧时的那一批没有区别。

假使我能找出一条路，这条路在我以后的世世代代都有人走，我就太幸运了呀！假使在我的一生的工作里，能找到一个小小的"上旋流"，这个上旋流可以将其他的科学家推得更高，看得更远，那么我对命运就更是感激不尽了。

师：《所罗门王的指环》完成于1949年，经历了第二次世界大战的作者，将自己对家园的热爱和坚守凝聚在"老家人"这个亲密的称呼中。而作者对穴乌代代传承的描述和赞美，还让我们倾听到了一位对科研充满热忱、胸怀博大宽广的科学家的心音。

师：（投影目录）综观整本书，《鱼缸里的暴行》《如何选购动物》《驯悍记》《盟约》《道德和武器》，这些引人注目的标题下隐藏着作者怎样的情感？劳伦兹将这本书命名为"所罗门王的指环"，究竟有何用意？同学们可以带着这些问题细致地阅读，静静地品味，深入地交流。

## 三、关于阅读引导策略的思考

由课内的单篇教学向课外的整本书自主阅读拓展，关键在于教师的科学引导。教师采取有效的策略有针对性地加以引导，是推动整本书课外自主阅读得以顺利实施的前提。

1.引导的落点——关注主体，内容激趣，打通单篇与整本的阅读壁垒。

整本书自主阅读首先要解决的是学生的阅读心理问题。对于习惯了单篇短章的碎片化阅读、粗糙肤浅的娱乐化阅读的中学生来说，阅读周期漫长而内容又丰富深邃的鸿篇巨制往往令他们望而生畏。因此，如何消除学生畏惧甚至抵触的心理，以恰当的引导策略激发学生的阅读兴趣，是课外自主阅读顺利开展的第一步。

研究阅读心理不难发现，学生在阅读时最关注的往往是故事情节——文本内容；而从阅读能力发展规律的角度看，把握文本内容也是最为基础的层级。因此，要想真正激发学生的阅读兴趣，打通单篇与整本之间的壁垒，不妨以文本内容的关联点为抓手设计教学活动，引导学生在单篇与整本之间来回穿梭，借助学生对故事情节了解的渴望，架设起由单篇通往整本的桥梁，让学生在对具体内容的好奇期待中，不知不觉就抛开畏难情绪，轻松愉悦地开展整本书的阅读。

阅读《动物笑谈》，学生很容易被文中记述的水鸭子和黄冠大鹦鹉可可一桩桩一件件的趣事吸引，但如何将这种好奇心转化为阅读动力，促使他们课后主动阅读20万字的原著呢？仔细研读《动物笑谈》，笔者发现，为了介绍水鸭子的生活习性和行为模式，作者两次将其与雁鹅进行对比，虽只寥寥数笔，但这种"内容"的关联点却为由单篇导向整本书阅读带来了很好的契机。

因此，教学中，当学生们聚焦写水鸭子的片段，为作者被水鸭子认作母亲紧紧粘住而乐不可支时，笔者相机提问："作者说'小鸭子和雁鹅不同'，'小雁鹅，总是把第一个碰到的生物认作是自己的母亲，并且一心一意得跟随她'，大家想知道小雁鹅碰到的第一个生物是什么吗？"学生的好奇心一下子就被激发起来了，迫切地想知道答案。于是笔者打开《所罗门王的指环》，选取第十二章《小雁鹅》中的几个片段，为学生朗读了"我"和小玛蒂娜的认亲过程。此部分内容的补充，使学生加深了对课文中介绍的水鸭子习性的认识。更重要的是，听着朗读，学生被书中小玛蒂娜楚楚可怜的模样和惟妙惟肖的语言深深打动了，露出快乐和怜惜的神情。于是，笔者通过追问可爱的小玛蒂娜与"妈妈"之间的故事，投影展示《所罗门王的指环》的目录，顺水推舟，激起了学生课后主动地阅读原著的强烈兴趣。

在多次的教学实践中，笔者发现从节选的单篇短章的精彩片段出发，找出其与原著相关联的片段，以内容为媒介搭建阅读桥梁，激发学生进一步阅读探索的欲望，让他们在走出课堂后能够主动走进整本书的世界之中。同时，有关原著中相关信息的补给，也进一步促进了学生对课文的深入理解，可谓一箭双雕。

2.引导的方向——细读文本，品鉴语言，融通单篇与整本的阅读经验。

课外自读活动面临的另一个重要问题是探究的深度不够。不同于课内阅读，在没有教师全程指导和同伴互助激励的情况下，很多学生的阅读往往浅尝辄止，仅仅满足于知晓情节内容，流于一般消遣意义的休闲阅读。而作为语文教学意义的整本书阅读，唯有关注语言的文本细读才能达成培养学生阅读能力、培育语文素养的目标。

这里首先要纠正一种错误的观念。在整本书阅读研究过程中，很多教师简单地将"整本书阅读"等同于从宏观视野提纲挈领地阅读，武断地将"整本书阅读"与"单篇短章阅读"区别开来，主张以泛读、跳读、略读、浏览等方法开展整本书阅读，排斥单篇阅读中常用的从微观角度着眼的细读和精读。

笔者认为，"整本书"，与教材的"单篇短章"只是相对而言的一个概念而已。究其实质，整本与单篇两者都是语文学习的材料，不同的只是体量上的差异。新课程改革倡导阅读整本书，是要革除长期以来教材选文单一化、容量小的弊端，让学生增加阅读量，扩大阅读视野，形成更为丰富的阅读经验。而人为地割裂两者的有机联系，过度地强调整本与单篇的差异，矫枉过正，必将陷入新的误区而不能自拔。

有深度的阅读是必须建立在对文本细致体验的基础上的，只有引导学生细读文本，才能点燃其深度探究的思维火炬，照亮深入研读的路径。囫囵吞枣，浮光掠影，放弃对文本语言的细读品鉴，很容易将整本书阅读活动导向语文学习之外；泛泛而读，走马观花，缺少了对细节的研读和对语言的感悟，所谓的专题研讨不过是凌空蹈虚、脱离文本的无根空谈罢了。因此，课外自主阅读不仅要从宏观上把握整本书的内容，还要具体微观地去体察和发现其细部的文本价值，不如此，何以促进学生的语言积累建构？不如此，何以促进学生的思维发展提升？遑论什么审美鉴赏创造和文化传承理解？

鉴于此，笔者主张在整本书自主阅读活动开始前，教师应当深入细致地阅读整本书，体味揣摩语言细节，寻找巧妙的切入点，利用单篇教学的契机，引导学生在自读整本书时用心感受，细细品味，发现文本的细微之美。

教材节选的《动物笑谈》，采用的是游复熙、季光容翻译的版本。仔细阅读同一译本的原著，笔者发现，编者对其中部分文字进行了删改。于是，教学中，笔者选取了"猛一抬头，却看见园子的栏杆边排着一排人，他们全都脸色煞白"和"猛一抬头，却看见园子的栏杆上排了一排死白的脸"这组句子，组织学生对比讨论：你认为哪一句的表达效果更好？学生反复朗读、咀嚼这两个情趣各异的语句，展开一场针锋相对的激烈讨论，他们的阅读情绪被生动有趣的语言和品鉴文字的快感点燃了。笔者借机提示：阅读中要关注语言细节，采用圈点勾画、朗读分享等方式体会鉴赏语言之美，并鼓励他们自主选购不同的译本，以便比较阅读、相互交流。

从原著中精心挑选语句，巧妙设计情境任务，引导学生明确自读的方向——细读文本、品鉴语言。通过对文字的推敲揣摩，使自主阅读由粗疏走向了细致，既融通了单篇与整本的阅读经验，又鼓励学生独立思考，不盲从教材，培养其批判思维和思辨能力。而对文本细致的体验和敢于质疑批评的精神，也为进一步深入的专题研读提供了可能。

3.引导的方式——多维度关联，层递式引导，实现单篇与整本的双向互鉴。

整本书阅读的一个重要的价值就是：阅读主题宏大、内容丰富、结构复杂的整本书，能够帮助学生突破狭隘有限的认知范围，开阔视野，通过信息的占有和整合，重构认知，获得思维的提升。因此，除了内容和语言外，还要引导学生树立更高的阅读期待，在自读中关注主题，进行深层次的探究。

在《动物笑谈》案例中，笔者在完成了内容激趣和细品语言两个层次的引导后，通过"目录推介"，挑选第十一章《老家人》中的一段话，在师生共同朗读中聆听作者的心音，在情感的交融中初步感知作品中关于战争、关于人性、关于科学、关于未来的思考。之所以将主题探究放在最后，是因为这个话题较为复杂深奥，如果选择的时机不恰当，过早地或生硬地植入，不但不能引导学生深度阅读，反而会影响学生的阅读情绪。因此在教学中，当内容的吸引和细读的快乐已经构建起了坚实的情感基础时，笔者适时地补充关于原著主题的资料，就能够水到渠成地激起小读者内心的冲动，从而产生一种强烈的愿望——读懂文字背后静默思考的那个人。这才是整本书阅读最美好的状态，由陌生而熟悉，由浅显而深刻，由单一而丰富，在内容中了解，在语言中细味，在情感中升华，最终走进整本书的广阔世界。因此，教师在引导中应当尊重学生的阅读心理特点和阅读能力，遵循"内容—语言—主题"层递式思路，从三个维度灵活设计单篇与整本的关联点，建构起阅读整本书的强烈而美好的期待，由浅入深循序渐进地开展阅读指导，帮助学生摸索出整本书自主阅读的基本路径。

此外，在教学中，要避免沿袭机械刻板的阅读引导机制，不要把整本书的自读指导固化在单篇教学之后，而错失单篇教学过程中的引导契机。应利用好三个维度的多个关联点，灵活地将辐射整本书阅读的点拨指导穿插于单篇教学过程之中。不要总是由单篇向整本的单向引导，而要充分利用单篇与整本之间的丰富资源，展开单篇与整本间的双向阅读互动，让学生真正体会到：单篇与整本的阅读资源可以互相鉴照，单篇的阅读方法也可以向整本书阅读辐射、迁移、转化，从而促进阅读理解的深入，帮助学生建立起自主阅读的经验和信心。

　　总之，教师要充分发挥自己的教育教学智慧，切实提高课外自主阅读引导的针对性和有效性，可以从内容到语言，再到情感主旨、艺术特色，多角度多层次地巧妙设置关联，精心搭建立体交叉的阅读桥梁，引导学生从一篇篇走向一本本。

# 第二辑 拈花凝思

打开课本，一篇篇文质兼美的文章映入眼帘，宛如一片片绮丽的风景，而构成这优美风景的每一个字符，便宛如一朵朵动人的小花。它们或盈盈初展，或灼灼盛放；或娇艳妩媚，或清秀可人；或芳香扑鼻，或清气氤氲……细嗅芬芳，聆听花语，穿越时空邂逅一个个有趣的灵魂，与他们抵掌而谈、声气相闻，感受文学意境的生命律动，领略语言艺术的无穷魅力。

能够日日与书册为伍，无疑是最幸福的事儿。师生一道徜徉书山，遨游文海，其乐陶陶，夫复何求？一次次教学尝试，便是沿途邂逅的鲜花朵朵。它们虽形态各异，芬芳不同，却都是爱与美的结晶。拈花凝思，顿悟遐想，总能让我们获得生活的灵感和生命的智慧。

岁月不居，时节如流，愿掬一瓣心香，守护母语这棵参天大树，以文化人，滋养至真、至美、至善的语文教学艺术之花。

# ◎ 问道杏坛

## 关于文本细读的几点思考*

### 引　言

近年来，文本细读作为一种阅读教学理念，在提高阅读教学的有效性，改善文本僵化解读、浅表性解读、功利化解读等方面取得的实效，已经得到了普遍的认可。于是，关于文本细读教学策略的研究蓬勃兴起，各式各样的细读方法也应运而生。但从实际情况来看，当前对于文本细读策略的研究热情似乎高过了对文本本身的研读；课堂上五花八门的"文本细读法"吸引着人们的眼球，激情诵读、热烈讨论、多元解读、个性表达纷纷登场，各显神通，争奇斗艳。然而，热闹过后，我们还会关心：文本的解读是否落到了实处？从这样的课堂中学生究竟得到了什么？笔者试从自己的阅读教学实践出发，结合《陈情表》《庖丁解牛》《最后一片叶子》等课例，谈谈笔者对文本细读的几点粗浅的思考。

* 本文曾获2014年安徽省中小学教育教学论文一等奖。

# 一、对文本细读的几种误解

1.文本细读就是朗读。

三分文章七分读，通过朗读，可以让学生和语言亲密地接触，让学生置身于作品情境之中，初步感受到文本的音韵美、形象美和情感美。可是，在一些阅读课中，朗读的功能被过分地放大，把反复的朗读等同于文本细读。课堂上，朗读声不绝于耳，"读"成了教师手中制胜的法宝，把握情感读一读，细节赏析反复读，难点探究再三读。似乎只要反复吟咏，文本的思想、文章的内涵就能显露出来，文本中所有的问题都能通过"读"迎刃而解。同时，这样的课堂在朗读的形式上也下足了功夫，教师范读、全班齐读、分角色读、男女生赛读、配乐朗读等，接着就是师生们互评朗读技巧，教师进行朗读指导。多次观摩这样的教学，笔者困惑的是，朗读技巧的指导真的可以引导学生读得眉飞色舞或潸然泪下吗？真的可以把学生的真情实感激发出来吗？仅仅通过形式各异的朗读，就能帮助学生进入作者的内心世界，把握文章的深刻寓意，达到文若己出的境界吗？

叶圣陶先生说："吟诵的时候，对于探究所得可以亲切地体会。不知不觉之间，内容与理法化而为读者自己的东西了，这是最可贵的一种境界。"可见，恰当地朗读可以加深对文本的体会，但是朗读毕竟只是辅助手段，切不可以朗读代替文本细读。真正的文本细读还需进入文本之中，"在汉语中出生入死"。

2.文本细读等于"咬文嚼字"。

传统语文教学的"咬文嚼字"，在高度重视体现工具性的同时，视野往往局限于遣词造句、语法修辞的层面，在人文性流失的同时，学生掌握的也仅仅是呆板的工具。今天的课堂上，用这样的方法来处理文本的现象仍然屡见不鲜。更有甚者，把文本细读落实到纯粹文字学的层面上，抓住文本中的个别字词，展示其字形从甲骨文到金文到篆文的演变，似乎这么一路"考据"下来，就算完成了对文本的细读。

文本细读不等同于"咬文嚼字"，尽管都始于文字细读，但决不能够囿于文字层面。文本细读，对语义的分析一般包含两个方面：一是字词的字面义，是字典里的准确、规范的含义；另一方面是字词的语境义，语境义一般包括字词的引申义、比喻义、象征义等，具有丰富的情感信息，需要仔细推敲、琢磨。教学中，应引导学生联系具体语境，仔细分析优秀作品的构词、句式、篇章结构、内容逻辑、意蕴与意味，借助对字、词、句的领会，进而把握文本的整体，揭示作品的内部结构和内在韵味。

语文姓语，文本的任何价值均应通过语言得以实现。文本细读是借助对语言的揣摩，咀嚼出语言的味道，引发深层次的思考和审美。

3.文本细读应当多读多问。

一些语文课堂教学往往只关注课堂表面的热闹好看，文本细读流于形式，或是伪问题、肤浅的问题充斥课堂，老师问题一出，学生不假思索，齐声作答；或是对文本随意开掘，满堂碎碎问，不断地组织讨论，让人眼花缭乱，应接不暇。一些课堂教学一直处于对文本浅层次的空泛的问答和缺少价值意义的合作探究当中，师生间的问答分析只是对文本表层的解读，缺少对文本的深入阅读，常常是略略提一提文本就将其搁置一边，转而去进行漫无边际的拓展延伸，而学生的思维、想象、情感只能在文本的外围游荡。一堂课下来，泛泛而谈、索然无味，并未能让学生真正体会到文本的魅力，如此课堂教学，收效甚微。

4.文本细读意味着个性解读。

令笔者印象深刻的两节研讨课：教《庖丁解牛》，教师组织学生借助此文讨论"庄子的哲学观及其背后折射的中国文化精神"，近二十分钟的讨论中，教师侃侃而谈，学生如坠云雾中。《陈情表》一课，授课教师组织学生从历史背景、李密的心理两个角度讨论"晋武帝为什么非要让李密做官不可？李密为什么不愿出来做官？"于是乎，师生纵论文史知识、公关策略、阴谋权术，课堂讨论热火朝天，最后在教师一句"苏轼来给李密做广告"的笑谈中，同学们乐不可支地完成了对文本的"个性化解读"。

文本解读，提倡个性思考，多元解读。但是课堂上的文本解读，究竟怎样为宜？教师自己对文本的解读可以非常深刻、独到，但不能忘了我们面对的教学对象也有不知情权，不能不考虑文本教学价值的主导倾向。一味追求"深度解读""个性解读"，远离了文本的内涵，超越了学生的认知水平，也是不可取的。

5.文本细读必须比较阅读。

日前，笔者观摩了一次优质课评比，发现在教学《李凭箜篌引》时，几位参赛教师无一例外地都采用了比较阅读法，将文本与白居易的《琵琶行》进行比较，试图通过比较阅读来实现对文本的细部探究。诚然，比较是文学阅读的有效手段，有比较才能有鉴别。教学中采用比较阅读法，于同中求异，于异中求同，在比较中文本的特点易于突显，可以在一定程度上辅助文本细读，了解作者的写作意图，深邃的思想以及谋篇布局、遣词造句的匠心。但是，是不是文本细读都需要进行比较阅读？是不是所有的教学内容都适合进行比较阅读？

作为一首传世佳作，《李凭箜篌引》中奇妙的构思、大胆的想象、音乐的摹写等值得细读之处比比皆是。45分钟的教学时间能够实现真正意义上的比较吗？与其做肤浅的比较，隔靴搔痒，喧宾夺主，在两个文本的表面滑行穿梭，不如专注于教学文本，细细品味，深度挖掘。

上述种种误区和做法，究其原因还是对文本细读的认识存在着一定的偏差。

## 二、文本细读的内涵

文本细读是20世纪40年代英美新批评派理论家克林斯·布鲁斯提出的文学批评术语。在文学批评语境中，文本细读作为一种作品的研究方法，指的是运用语义学方法对作品言语、结构和细节进行"细腻、深入、真切的感知、阐释和分析"。而在语文课堂教学语境下的文本细读与文学批评语境下的文本细读既有关联又有不同。"文本"是书面语言的表现形式，从文学的角度说，通常是具有完整、系统含义的一个句子或多个句子的组合，主要由语音、字形、词义、句式、篇章结构、整体内容、形象、意蕴与意味等构成。"细读"需要仔细地阅读，读出字词背后的意蕴和味道，注重细节的解读和结构的分析，通过细致和反复的阅读，对文本所蕴含的深厚意蕴做出"丰沛的阐释"。语文课堂教学语境下的文本细读就是从字、词、句等言语材料入手，对文本进行细致、精确的语义分析，从而实现对文本意义准确、透辟的解读。

王荣生教授批评当下的语文教学扭曲的现状——"着眼于教学方法，而较少考虑教学内容的正确、合宜。往往从'我要怎么教'入手，习惯于从教法来考虑教学：开始怎么教？是多媒体，是朗读，还是活动导入？等等。而最后，却往往是受困于教学内容"。同样，研究文本细读，关注的重点应该是细读的内容，只有确定了究竟读什么，才能考虑用什么方法和策略来展开教学。

黄孟轲老师在谈自己的文本细读体会时说："文本细读的过程应该是对言语的感悟过程中一种灵魂与灵魂的碰撞，情感与情感的互动过程。"笔者认为这种"情感的互动过程"应该包含以下三方面的内容：

一是教师尊重文本，深入钻研文本，细读文本。从文本出发，通过细致、反复的阅读，注重细节的解读和结构的分析，对文本所蕴含的深厚意蕴作出丰富的阐释。

二是学生细读文本，获得丰富的体验。文本细读的主体是学生，只有学生深入细读文本，读出自己的感悟与理解，甚至富有创意地建构文本的意义，才是文本细读的要旨所在。课堂上，学生与文本的对话是其他对话的前提与基础。

三是教师的阅读体验与学生阅读体验的碰撞。教师的细读是为了指导学生细读文本。阅读教学中的文本细读，是教师细读在先，教师以细读方法指导学生细读文本，教师的细读体验可以唤醒学生的细读体验，但是绝不能替代学生的细读体验。

## 三、实施文本细读的前提

1.回归本真，独立解读文本。

窦桂梅老师曾经打过这样一个生动的比方，她说，教师解读文本能力的现状就如同"医生成了各种高科技医疗器械的附属品，而自身'望、闻、问、切'的本领却退化了"。的确，很多教师已经习惯了依赖教参进行教学设计，选择教学方法，喜欢照搬教参现成的"教材分析"，对教参的熟悉程度甚至超过了文本。此外，先进的现代网络技术条件下，课文解析、教学设计、课堂实录、教学课件，一应俱全。靠着上网查阅，复制粘贴的方式寻找答案，只需点击下载，稍加改动皆可为我所用。如同医生依赖医疗器械一般，今天的教师越来越缺少静静地琢磨文本的耐心和独立面对文本的底气。

文本是教师教学的凭借和依据。对一个专业的语文教师来说，具备独立解读文本的能力的重要性毋庸置疑。没有对文本的触摸，没有对文字的咀嚼，长此以往，解读教材的能力不仅不能提升，还会渐渐丧失殆尽。试想，作为教学的引导者尚且如此，还怎么奢望能够指导学生亲近文本、走进文本。因此，教师要静下心来，勇于"裸读"——把所有的备课参考搁置一边，什么现代手段也不凭借，潜心细读文本，独立解读文本。叶圣陶先生说："字字未宜忽，语语悟其神。"我们在细读时，不要忽视每一个字、每一个词，要读出字词后面的意蕴和味道，将文本的每一个角落都理解透彻，才能精确把握文本的重点、难点，充分挖掘文本的教学价值。

笔者认为，教师在细读文本时要注意两个问题：

一是对文本的定义。文本与课文不同。文本强调"原生价值"，"课文"更强调"教学价值"。课文是被附着了作为教材的教学目标和教学重难点，为了适应教学，或增加或删减或改编，这样一来，文本就被异化、窄化、浅化了。教师在备课时，不能仅仅局限于课文，而是先回到文本本身，做到全面细致，以对文本"原生价值"的充分领悟来充实把握文本基调的底气；以对文本"教学价值"的充分挖掘，实现教学内容选择的最优化。

二是阅读的方式。用夏丏尊先生的话来说就是"文本细读引发一种对语言的敏感"。面对文本，教师要以非功利的态度走进作品，感悟作品的内涵，体悟作品中人物的喜怒哀乐。唯有这样才能获得对文本的最真切的阅读体验和真实的审美享受。面对熟悉的文本，尤其不能先入为主，要以一种"陌生化"的姿态重新解读文本，重新把握文本的内涵和教育价值取向，读出自己的见解，读出自己的心声。

以"裸读"作为细读文本的第一步，不翻看教学参考，不在网络上搜索，抛开教学的视角走进文本，直面文本的本真，寻找重读的感悟。在这样的备课过程中，笔者深深体会到一种甜蜜的痛苦。也正是源于这样的阅读，读《陈情表》，才能抛开所谓理性的教学思维，不是只关注陈情的技巧，而是联系自己的生命体验，读出李密对祖母的拳拳孝心，读出唯恐"子欲养而亲不待"的那份纠结；读《庖丁解牛》，读出了一位生活中的艺术家的从容，读出了生命的意义在于追求一种人生的化境；读《最后一片叶子》，读出了"每一片风景，都是一颗心灵"。如此，有了真切的阅读体验，课堂教学中才能用自己的情感去触碰、唤醒那一颗颗稚嫩纯真的心灵。

2.关注学情，妥当设置教学内容。

教学内容选择取舍的起点是学生的学习状况。在细读文本的过程中，为了恰当地确定有效教学的内容，就必须关注学情，要充分考虑以下两个方面：

一是从学生的阅读感受出发。课堂阅读教学的主体是学生，学生与文本的对话是核心，学生在与文本的对话中会有怎样的阅读体验，有怎样的理解和思考，会遇到怎样的困难，这需要教师在细读文本、精心备课时提前预设，需要教师站在学生的角度换位思考解读文本。由于翻译的缘故，《最后一片叶子》文本比较艰涩。五千两百字的课文，笔者粗略阅读需要八分钟，落实到字句细读则用时更长。教师尚且如此，八年级学生阅读的障碍可想而知。因此，结合八年级学生的年龄特点和阅读经验，我将巩固复述的能力、引导学生学会阅读长文确定为本课教学的重点。

二是从学生的阅读能力出发。教学内容的确定，必须考虑学生的学习心理特点。在学习新知过程中，不断调动学生已有的积累，让学生通过已知来认识未知，在不断反复的过程中巩固旧知，建构新的知识体系。语文教学主要是师生对话的过程，对话的目的是在教师的引导帮助下让学生进入自己之前没有进入的层面，提高理解鉴赏水平，因此选择适宜的解读层面就成了教学成功的关键。首先，根据学生阅读能力的起点，设置教学内容。维果斯基的"最近发展区"理论告诉我们，教学应着眼于学生的"最近发展区"，才能调动学生的积极性，发挥其潜能。教学内容的选择既不要停留在学生已经能够抵达的层面，也不能过分高于学生的"最近发展区"，否则，教学内容的难度太大，学生不能完成学习任务，也是一种无效教学。其次，既要坚持面向全体学生的发展，又要关注学生个体阅读能力的差异，设置有层次性的教学内容。在《庖丁解牛》教学设计中，考虑到学生的阅读能力的差异，笔者提出"你从庖丁回答文惠君'技盍至此'的答案中读到了什么？"引导学生从技术、科学、艺术和哲学四个层面来解读，课堂上，深者得其深，浅者得其浅，不同阅读能力的学生各有所得。

3.筛选重点，巧妙设计教学。

文本细读的实现，首先需要精选教学内容。哲学家苏格拉底说："千鸟在林，不如一鸟在手。"语文教学的因素太多，内容十分繁杂，而课堂教学时间又是非常有限的，因而文本细读切忌主次不分、面面俱到。教师要将文本细读后获得的丰富的信息，删繁就简，去掉非语文的，减去不必要的，突出教学重点。《陈情表》是一篇经典课文，对它的阐释林林总总，有的从文化层面解析，有的从辩说心理角度探究，有的从公文写作的技巧来解构，有的从谈判学视角解读，等等。如果把它作为课外阅读材料，教师在确定教学内容时就有很大的选择余地，因为就一篇经典而言，可教的、值得教的东西的确很多很多。但是当我们在课堂上对它进行探讨时，就需要教师有所甄别地选择合宜的教学内容，做到有所为，有所不为。在多元解读《陈情表》的基础上，笔者的教学设计先后四易其稿，最终根据学生的阅读需求，只取一瓢饮，将教学内容定位为细读文中"至性之言"，体会作品"悲恻动人"的情感。

文本细读的实现，还要依托于巧妙的教学设计。张志公先生说："语文教学的关键在于一个'活'字。"成功的教师之所以成功，是因为他把课教活了。怎样才能教活？这就要求教师在教学设计时，找准切入点，抓住教学的主线，把诸多教学内容巧妙地组织起来，从全局出发，把各个局部加以自然巧妙地组合，实现一线贯穿的教学，达到牵一发而动全身的效果。带着这样的愿景，笔者尝试以"庖丁的'艺术人生'"为主线来统领《庖丁解牛》的教学，以"解读李密的两难处境"为任务来推动对《陈情表》的探究，在教学实践中，确实有效。

## 四、文本细读究竟读什么

目前，关于文本细读在语文教学中的研究，较有影响力的如复旦大学陈思和教授提出的寻找缝隙，体味经典，揣摩结构，寻找原型的观点；福建师大孙绍振先生提出的"还原法"等。学者的研究、专家的鉴赏给了我们一线教师有益的启示。笔者试从操作层面，结合自己的教学尝试，谈谈在具体的教学过程中，在把握整体的基础上，应该如何捕捉文本的关键点进行细读。

1. 读关键词句。

所谓关键词句，指文章中富有表现力的、最能帮助读者理解文章主旨或统帅全文意念的关键性词语或句子，也就是通常所说的文眼。刘熙载在《艺概》中对其有精辟的论述，认为"眼乃神光所聚之处"，既是文章艺术构思的凝聚点，也是作品外景内情的交融点，它在结构上照应前后，能引起全篇的开阖变化。抓住了文中的关键词句进行细致解读，等于抓住了理解和把握文章的钥匙，便能牵一发而动全身，层层推进。

例如《陈情表》，很多教师选择从标题入手，讨论李密向君主陈了什么情？又如何动之以情、晓之以理，实现"表"的功能？标题是文本的核心，固然值得细细品读。但这样的问题未免过于笼统，不易于引导学生深入细读体察文本。笔者认为，《陈情表》之所以成为"悲恻动人"的千古至情之文，使人读之下泪，正是缘于文中发自肺腑的"至性之言"。李密把自己在尽忠君主和尽孝祖母之间的左右为难、难以抉择的情状，真诚地作了描述，文字形象生动，人物呼之欲出，极易触发读者"人生两难"的生命体验，这就是语言的魔力。因此，在执教本文时，笔者大胆地从文本中间切入，提问："李密究竟遇到了什么样的人生难题？他通过哪句话形象地描述自己两难的处境？"引导学生聚焦第二段结尾句——"臣欲奉诏奔驰，则刘病日笃；欲苟顺私情，则告诉不许；臣之进退，实为狼狈"。读《陈情表》不能不读的是其所陈之"情"，而这句话正是解读李密内心世界、理解其真挚情感的关键所在。

2. 读精彩细节。

通过开展自主阅读问卷调查，我们了解到，学生课内外阅读的兴趣点主要集中在文本的情节上，阅读方式大多是囫囵吞枣。宋代学者朱熹认为："读书譬如饮食，从容咀嚼，其味必长；大嚼大咽，终不知味也。"因此，无论是小说，还是其他文体的阅读教学，我们都应当引导学生走进文本关注细节，细细咀嚼文本中精彩的细节描写，读出文本的滋味，领悟文本的内涵，才能够唤起学生的言语意识和审美意识。

《庖丁解牛》是节选自《庄子·养生主》中的一篇短文。选文共三段,第一段是庖丁解牛的场面描写;第二段是文惠君的感慨之问"技盖至此哉?";第三段篇幅最长,是庖丁回答文惠君,谈自己解牛的见解。笔者阅读了很多教学设计和课堂实录,发现大都是跳过庖丁如何解牛,直奔主题讨论第三段中的解牛之道。对庖丁的解牛之道的讨论的确是文本的重点,然而,须知庄子说理的巧妙就在于把深刻的哲理寄寓在生动的故事中,"道"高于"技",却又离不开"技"这个载体,脱离了对解牛画面的感知,空谈解牛经验和哲理如同空中楼阁一般。清代学者沈德潜说:"议论须带情韵而行。"因而,笔者在设计本课教学时,从欣赏庖丁解牛的细节描写入手,抓住第一段中连续使用的四个动词"触""倚""履""踦"和两个拟声词"砉然""騞然",来感知庖丁解牛时流畅自如的动作,高低错落、缓急有致的声音。美妙动听、富于节律感的乐音配合着和谐优美舞蹈般的动作,让学生从视觉和听觉上获得了对庖丁解牛的最直接的感受。就在他们感慨于庖丁解牛与他们想象的解牛场面相去甚远之际,探究文本的欲望被调动起来。而这种颇具艺术美的场面感受,更是直接引导学生自觉地从技术、艺术甚至哲理的层面去思考庖丁解牛的奥妙所在。

唐代诗人卢延让《苦吟》诗云:"吟安一个字,拈断数茎须。"创作者们为之苦心炼句,带给了读者美妙的艺术体验和享受。文本细读就是要倾听文本深处发出的细微声音,与文本、与作者进行一场亲密的对话。

3.读看似已懂其实不懂之处。

笔者在2013年安徽省语文教学法学术年会上,为八年级学生执教《最后一片叶子》,按照会议的要求,教学内容定位为把握小说的主题。备课过程中,偶然的机会,笔者和邻家孩子分享了这篇经典作品。令人吃惊的是,这个七年级的男孩粗略地读完后脱口而出的是"这种故事不就是写人与人之间的关爱,舍己为人的品质吗"。一个五千多字的文本,一个七年级的孩子,在如此仓促的阅读后就能给出如此"标准"的答案,令笔者惊异;这一句轻描淡写的回答,也令笔者不禁深思:是孩子真的读懂了,还是我们"教会"了他们所谓的"阅读"?

长期的教学实践中,我们似乎太热衷于给原本复杂微妙的事物作出简单清晰的定论。品赏人物,你就得用一个词概括人物性格;解读道理,你就必须用一句话准确表达。而学生说出的这个词或者这句话，是不是他们自己的阅读体验呢？教辅书上的"标准"答案、贴标签式的阅读教学，消解了语文本身的丰富与独特，封杀了文本多元解读的可能，劫持了孩子们的心灵，也剥夺了他们与文本的亲密接触的机会。

有如登山览景，很多人总是一心渴望着那奇峰险峻之处的美景，却错过了沿途中那一处处看似平常却值得玩味的景致。文本细读也是如此。很多时候，当教师费尽心力地去寻找挖掘文本中所谓的难点、亮点时，殊不知，真正需要细读的内容就在眼前，就在那些看似一望即知、看似轻易就能弄懂的问题上。对空洞分析、贴标签式阅读的破解之道，唯有文本细读。细细品读，于简单平常之中也能发现令人惊艳的风景；"文火慢炖"，语文味才会更浓。

于是，在《最后一片叶子》的研讨课上，当孩子们异口同声地回答，是老贝尔门舍己为人无私的爱感动了他们时，我们没有停下探究的脚步，而是细读文中五次出现的"杰作"一词，读出了一种平凡中的伟大，真正走进了老贝尔门的心灵。再引导孩子们朗读描写琼西数飘零的落叶的那段文字："因为我想看那最后一片叶子掉下来，我等得不耐烦了，也想得不耐烦了。我想摆脱一切，飘下去，飘下去，像一片可怜的疲倦了的叶子那样。"课堂上，一个女孩动情地说："琼西是那么年轻，对艺术还有执着的追求。在她一片一片数落叶的过程中，我读出了她心里对生命的眷恋。可是肺炎带给她的折磨使她逐渐泯灭了生的希望，把自己的生死维系在了最后一片叶子身上。读琼西，让我想起《红楼梦》里那个善感、细腻的黛玉，想起了她噙着泪水轻吟着'侬今葬花人笑痴，他年葬侬知是谁？'"女孩的回答博得了全场师生的掌声，更让笔者深感：于平易之处细读文本，恰是课堂最美丽的风景。

于漪老师说："每一节课都会影响到学生生命的质量。"我们只有参透文本细读的真谛，不断提高自身的语文素养，关注学生的发展，设计合宜的教学方式，回归语文教学的本真，才能让学生在细读文本中，收获精神的喜悦和生命的成长。

**参考文献：**

[1] 夏丏尊,叶圣陶:《文心》,开明书店1934年版。

［2］王荣生:《新课标与"语文教学内容"》,广西教育出版社2004年版。

［3］《上海市中小学语文课程标准(试行稿)》,上海教育出版社2004年版。

［4］孙绍振:《名作细读:微观分析个案研究》,上海教育出版社2009年版。

［5］黄孟轲:《文本细读:切入言语的心灵世界》,《中学语文教学》2006年第7期。

［6］窦桂梅:《我这样细读文本》,《小学语文教师》2009年第3期。

## ◎ 课堂映像

## 在彻骨的寒风中守护一点炉火
——《寒风吹彻》教学设计*

　　《寒风吹彻》是一篇思想深邃、表达灵动的典型的"散"文。阅读中，学生容易因其语言形象的暗示性、意识流动的隐蔽性、时空交错的跳跃性、生命意识的思辨性等特点陷入阅读的困境，从而导致浅表化、模糊化、片面化等认知倾向。本课教学拟从学生阅读的实际困难出发，以"梳理作者意识流动的脉络"这一任务，驱动学生深入文本，通过诵读、思辨、研讨等言语活动，与作者对话，循序渐进地实现认知层级的发展与提升：从关注零散语句和叙述性故事片段的感性认知层级，到关注散点间、故事间的内在联系和言语形式内在特征的理性认知层级。

### ◆　教学目标

　　引导学生揣摩结构形式，品味语言内涵，发现文本时空交错、"我"与他人交叠的曲折回环的笔法，体味冷暖交织中渗透的厚重的生命哲学意识。

---

　　* 本文原载于《语文学习》2019年第2期，为2018年长三角语文教育论坛展示课例。

　　1.触动我的语句有哪些?

　　2.我的阅读困难是什么?

◆　教学过程

# 一、分享初读的体验

1.在声音中感知——诵读触动自己的语句,用声音触摸文字的灵魂。

2.在困惑中发现——交流初读存在的困惑,明确研读的重点和方向。

点拨:不要被文本中一些零散的语义复杂的句子所羁绊,而应根据文本特质,从整体上观照作品。

# 二、蹚过心灵的河流

研讨梳理:作者的思绪是怎样展开的?

1.寻找思绪的起点和终点,发现篇章布局的时空交错。

作品以雪天"我"围抱火炉烤火这一场景作为叙述的起点和终点,"30岁的'我'"穿梭于过去和现在两个时空,组织衔接了关于14岁的"我"、路人、姑妈以及母亲的记忆。

2.追踪思绪的进程,发现句与句间的时空交错。

借鉴马尔克斯《百年孤独》中"许多年以后,面对行刑队的时候,奥雷良诺·布恩迪亚上校一定会想起父亲带他去看冰块的那个遥远的下午"的回溯性叙事的笔法,从未来的角度追忆、审视过去,理解句间的时空关系。

**例:**许久以后我还记起我在这样的一个雪天,围抱火炉,吃咸菜啃馍馍想着一些人和事情,想得深远而入神。

3.放大思绪的细节,发现句子内部的时空交错。

**例:**雪<u>落</u>在那些年雪<u>落过</u>的地方,我已经不注意它们了。

　　　　现在　　　　过去

小结："我"游走于过去、现在、未来三重时空中，将分散在时间缝隙里的记忆聚拢到一起，前呼后应、彼此交织，让文章呈现出一种时光交错的虚幻感和丰厚深长的意味。用现在的"我"评价过去，用未来的"我"来思考此刻，在对时间、对生命反复地审视和不断地追问中呈现思考的力量。

## 三、抚摸记忆的伤痕

思辨研讨：30岁的"我"对生命的认识究竟是什么？

点拨：不要陷入琐碎的细节中不能自拔，应聚焦于记忆片段连接处那些表达感悟的语句。

**例**：许多年后有一股寒风，从我自以为火热温暖的从未被寒冷浸入的内心深处阵阵袭来时，我才发现穿再厚的棉衣也没用了。生命本身有一个冬天，它已经来临。

生命有严酷的一面，冬天象征贫穷、疾病、死亡等人生的苦难，以及因苦难带来的孤独、恐惧、无助和绝望……这是生命中无法避免的真实，无论如何，它们终将到来。

**例**：落在一个人一生中的雪，我们不能全部看见。每个人都在自己的生命中，孤独地过冬。我们帮不了谁。我的一小炉火，对这个贫寒一生的人来说，显然杯水车薪。他的寒冷太巨大。

每个人都是孤独的个体，生命的本质是独立，生命的困厄、艰难的遭遇，我们只能独自面对。

小结：三十岁的"我""用自己那只冰手，从头到尾地抚摸自己的一生"，抚摸记忆的伤痕，思考人生的规律，触及生命的真相：生命的苦难无法逃避，"寒风吹彻"，它终会吹遍每个人，吹彻人的一生。

## 四、倾听作者的心音

思辨研讨：在如此寒冷的文字背后，作者的心也是冰冷的吗？

1.由"思"到"行",揣摩描写"我"行动的语句的含义。

14岁的"我"——寒夜独自拉柴,"没向家里说腿冻坏的事","我"对家庭困境的理解和努力承担家庭重任的责任感是一种温暖;

30岁的"我"——围抱火炉,努力烤热自己,表现出"我"始终追求温暖;

对姑妈和母亲——明知生命真相的残酷,明知结局无法改变,依然想温暖她们,救助亲人们的行动是一种温暖。

2.由"我"到"亲人",并推及"路人"。

探究插叙"路人"的用意,以及为什么连续使用了"路人""老人""上了年纪的人"等三个不同的称呼。点拨,朗读第17段:

> 但在我周围,肯定有个别人不能像我一样度过冬天。他们被留住了。冬天总是一年一年地弄冷一个人,先是一条腿、一块骨头、一副表情、一种心情……尔后整个人生。

揣摩加点处的断句,应为"有个/别人"。

从哲学的角度看,每个个体都是独立的,在"我"以外皆是"别人"。然而作者却从"我"对自己的思考转入了对路人、对亲人的关注,由"我"到"别人"的结构变化表现出作者对他人和世界的悲悯情怀。

"路人"——"老人"——"上了年纪的人",称呼的变化中逐渐拉近距离,语气的渐趋轻柔恰是情感的逐步加深。鲁迅先生说:"无尽的远方,无数的人,都与我有关。"关注语言细节,读出对现实冷静理智的思考背后,作者细腻敏感而又博大悲悯的心灵,感受到作品悲凉底色上的温暖和亮色。

3.补充刘亮程访谈录片段,印证对文本的理解。

> 我那时最重要的使命就是拉回过冬取暖的烧柴。路非常远,晚上十二点的时候就要启程,在厚雪中一步一步往前挪。从黑暗中穿过村庄,穿过荒野,把天走亮,就到有柴火的地方了!

> 等我回头重新在回忆中看那个八岁的我的时候,我看懂了他的眼神,看懂

了他的眼睛中除了有丧失父亲的悲哀和绝望，还有那么明亮的充满向往和憧憬的那个眼光，我觉得我应该写那个眼光，这也是我自己需要的！

## 五、眺望文学的彼岸

"读文即阅人。"课后阅读刘亮程的散文集《一个人的村庄》，与作者对话，在文字中发现生活的诗意，在感动中获得思考的力量。

**附：板书设计**

### 寒风吹彻

刘亮程

思　行

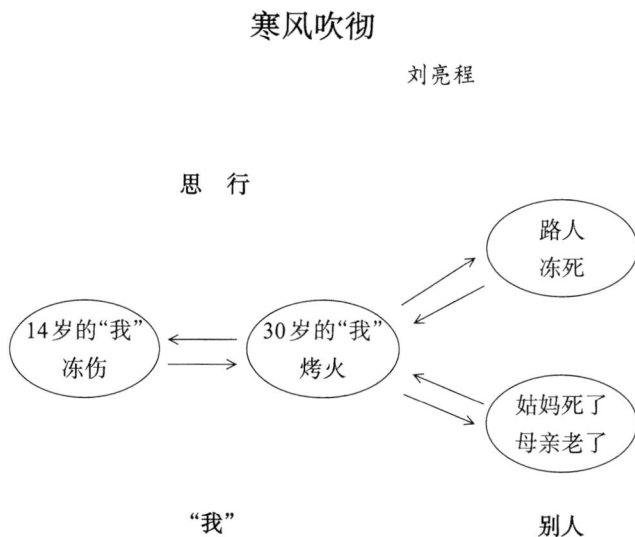

# 《寒风吹彻》教学实录

时间：2018 年 11 月 24 日

地点：江苏省苏州第一中学

班级：高二（2）班

（课前交流）

师：昨天见面时，很多同学告诉我很喜欢这篇文章，并且摘录了不少触动自己的语句。我一直认为文字是有韵律的，阅读是在倾诉作者的心音，那么在正式地研读之前，让我们朗读分享自己喜欢的语句，用声音去触摸作者的心扉。

（师播放音乐视频营造气氛，生依次朗读自己喜爱的语句）

生："雪落在那些年雪落过的地方，我已经不注意它们了。比落雪更重要的事情开始降临到生活中。三十岁的我，似乎对这个冬天的来临漠不关心，却又好像一直在倾听落雪的声音，期待着又一场雪悄无声息地覆盖村庄和田野。"

生："落在一个人一生中的雪，我们不能全部看见。每个人都在自己的生命中，孤独地过冬。我们帮不了谁。"

生："但在我周围，肯定有个别人不能像我一样度过冬天。他们被留住了。冬天总是一年一年地弄冷一个人，先是一条腿、一块骨头、一副表情、一种心情……尔后整个人生。"

生："当一个人的岁月像荒野一样敞开时，他便再无法照管好自己。"

生："冬天，有多少人放下一年的事情，像我一样用自己那只冰手，从头到尾地抚摸自己的一生。"

师：感谢大家的分享，同学们用声音传达出内心的感动，这就是朗读的魅力。

师：那么，同学们在初读的过程中，究竟有怎样的感受呢？

生：我感觉这篇文章既好读，又不好读。好读是因为它能使人的内心受到触动，情绪受到感染；不好读是因为一些文字非常晦涩，我从头到尾都没读明白"冬天""寒冷"到底代表什么。

生：读后百感交集，有一种无孔不入的寒冷直渗入灵魂。作者似乎在告诉我们有些事无法抗拒，也难以逾越，但又不得不去经历。整篇文章的情绪似乎都非常低落消沉，但有些语句的含义我不太确定。

师：谢谢两位同学真诚的分享，你们读得很用心，能敏锐地意识到"冬天""寒冷"具有丰富的象征义，能主动去探寻文字背后的真实情感。其实，不只是你俩有困惑，全班同学都有不少困惑。

（投影"学生阅读反馈单"）

师：这是全班同学提交的阅读反馈单。可以看出，同学们的困难基本上都集中在一些晦涩难懂的语句上。的确，阅读散文时，我们很容易被一些零散的语意复杂的句子所羁绊，从而陷入琐碎的细节之中。但是，要知道：当你过于专注于一片叶、一朵花时，常常会错过了满园的景致。

师：值得一提的是宋思晴和苏贺阳同学提出的问题，他们意识到"文章很长，理不清脉络和前后关系"。两位同学的困惑恰恰为我们提示了散文阅读的路径——根据文本的特质，从整体上观照作品，理清作者的思绪。

（板书"思"）

师：我们先来理一理，作者的思绪是怎样展开的？

（生沉默）

师：或者，我们先来看看这篇散文究竟写了哪些内容？

生：写了14岁时"我"独自出门拉柴火，结果冻伤了腿。

（板书"14岁的'我'冻伤"）

生："我"请一个路人进屋烤火，想给他温暖，但这个老人后来还是冻死了。

师：究竟是"路人"还是"老人"？

生：是"个上了年纪的人"。

（生笑）

师：对同一个对象，作者竟然连续用了三个不同的称呼！我们先记录下这个疑点，稍后再来探究这个问题。

［板书"路人（老人、上了年纪的人）冻死"］

生：还写了"我"的姑妈想让母亲天热了过去暄暄，"我们"去了之后，她还是死在了一个冬天。

师："我们"去看望姑妈了吗？

（生小声讨论）

生：好像没有，"……天热了，母亲会带着我们，蹚过河，到对岸的村子里看望姑妈……"前后都用了省略号，应该是想象。

师：是的，你读得很细致。在优秀的作品中，标点符号也很好地起到了表情达意的作用。

生：还写了"我"的母亲也在逐渐变老。

（板书"姑妈死了""母亲老了"）

师：文中回忆了这么多内容，请同学们朗读最后两段，思考作者思绪的起点和终点在哪里？

（生齐读）

生：30岁的"我"在一个雪天的下午到晚上，围抱火炉，一边烤火，一边回忆，"用一只冰手，从头到尾地抚摸一生"。

师：30岁的"我"是不是只在思绪的首尾出现？

生（齐）：不是。第5、6、12、26段中都有。

师：据此，你们有怎样的认识？

生：作者始终是在过去和现在两个时间里来回穿梭。

师：是的，作品以雪天"我"围抱火炉烤火这一场景作为叙述的起点和终点，"30岁的'我'"穿梭于过去和现在两个时空，组织衔接了关于14岁的"我"、路人、姑妈以及母亲的记忆。

投影：

过去——现在

篇章——段落

师：其实，就连一个句子内部，都有这样的时空交错。很多同学在阅读反馈单中提到了文章的第一句话就很难理解，现在请大家用刚刚获得的认识重新审视这个句子，你能发现这个句子的玄机在哪里吗？

生：我明白了！"雪落在那些年雪落过的地方"，这一句中有两个时间词——"落在"和"落过"，分别是现在和过去两个时间点，难怪当时读不懂。

投影：

雪<u>落在</u>那些年雪<u>落过</u>的地方，我已经不注意它们了。

　现在　　　　　过去

篇章——段落——句内

师：巧妙的时空交错还体现在另一个角度，让我们先来看一个例子。

投影：

许多年以后，面对行刑队的时候，奥雷良诺·布恩迪亚上校一定会想起父亲带他去看冰块的那个遥远的下午。

——【哥伦比亚】加夫列尔·加西亚·马尔克斯《百年孤独》

师：马尔克斯《百年孤独》中的这句话历来备受称道，他采用了回溯性叙事的笔法——从未来的角度追忆、审视过去。刘亮程的散文创作也受到魔幻现实主义文学的影响，你们在文中能找到类似的表达吗？

（生快速浏览）

生："许久以后我还记起我在这样的一个雪天，围抱火炉，吃咸菜啃馍馍想着一些人和事情，想得深远而入神。"这一句也是从未来的角度追忆过去。

投影：

过去——现在——未来

篇章——段落——句内

师：通过刚才的探究，我们理清了作者的思绪。"我"的思绪游走于过去、现在、未来三重时空中，将那些分散在时间缝隙里的记忆聚拢到一起，前呼后应、彼此交织，让文章呈现出一种时光交错的虚幻感和丰厚深长的意味；用现在的"我"评价过去，用未来的"我"来思考此刻，在对时间、对生命反复地审视和不断地追问中，我们感受到一种厚重的思考的力量。

师：回溯记忆，30岁的"我"对生命的认识究竟是什么？

师：阅读散文，理清了作者的思绪后，我们不要陷入琐碎回忆的细节中不能自拔，而应聚焦于记忆片段连接处那些表达感悟的语句。下面我们以同学们普遍感到困惑的两个语句为例，来探究作者思考的实质。

投影：

"许多年后有一股寒风，从我自以为火热温暖的从未被寒冷浸入的内心深处阵阵袭来时，我才发现穿再厚的棉衣也没用了。生命本身有一个冬天，它已经来临。"

生：我觉得这里的"冬天"已经超出自然的意味了，它象征着贫穷、疾病、死亡等人生的苦难以及因苦难带来的孤独、恐惧、无助和绝望。就像四季的轮转一样，无论如何，它们终将到来。

生：我读这句时联想到了"日方中方睨，物方生方死"这句话。太阳刚升到正中，同时就开始西斜了；人刚生下来，同时已经走向死亡。作者从自己和姑妈、母亲的经历中，认识到生命的本质和规律。

师：你引用了惠施的观点。的确，物极必反，有生就有死，生命有其严酷的一面，这是无法回避的真实。

投影：

"落在一个人一生中的雪，我们不能全部看见。每个人都在自己的生命中，孤独地过冬。我们帮不了谁。我的一小炉火，对这个贫寒一生的人来说，显然杯水车薪。他的寒冷太巨大。"

生："落在一个人一生中的雪，我们不能全部看见。"通过回忆那个冻死的老人，作者认识到我们不可能完全了解到他人的苦难，人与人之间是存在隔膜的。

生：作者说每个人都在孤独地过冬，道出了每个人都是孤独的个体的生命本质。生命的困厄、艰难的遭遇，我们只能独自面对，谁也不能帮得上你。

师："寒风吹彻"，寒风吹遍每个人，吹彻每个人的一生。

师：在如此寒冷的文字背后，作者的心是否是冰冷的？

（生思考）

师：让我们先看看面对如此苦难的生命，他做了什么。请找出文中描写"我"行动的语句，并体会其中的含义。

（板书"行"）

生：14岁的"我"寒夜独自出门拉柴火、"没向家里说腿冻坏的事"，可以见出"我"对家庭困境的理解和努力承担家庭重任的责任感，令人感到苦难生活中的坚韧和温暖。

生：30岁的"我"围抱火炉，努力烤热自己，虽然"我"再不能把曾经的自己唤回到这个温暖的火炉旁，但"我"准备了许多柴火，"我"相信自己才三十岁，"肯定能走过冬天"，表现出"我"始终追求温暖，并且怀抱美好的希望。

生：面对步入暮年的姑妈和母亲，"我"明知生命真相的残酷，明知结局终究无法改变，却依然想温暖她们。尽自己的力量去救助亲人们的行动就是一种温暖。

师：之前的研讨中，我们曾留下一个疑点——作者在回忆自己的亲人前，插叙了一个"路人"的故事，而且连续使用了"路人""老人""上了年纪的人"等三个不同的称呼。大家讨论一下，究竟有何用意？

（生讨论，没有答案）

师：这个问题有一定的难度，同学们不妨朗读文章回忆路人前的第17段，也许会有启发。

投影：

"但在我周围，肯定有个别人不能像我一样度过冬天。他们被留住了。冬天总是一年一年地弄冷一个人，先是一条腿、一块骨头、一副表情、一种心情

"……尔后整个人生。"

（生齐读，"有个别人"断句处理有分歧）

师："有个别人"该如何断句？

生：有/个别人。

生：不对！如果是"个别人"，那相对的就是"其他大多数人"都能度过冬天，这与文章意思不相符。应该是"有个/别人"，指相对于自己的"别人"。

生：我也赞成这种断句，这句话应该是提示我们，作者从"我"对自己的思考转入了对路人、对亲人等"我"生命以外的"别人"的关注。

师：你们的推断和理解非常精彩！刘亮程被人们誉为乡村哲学家，他的文字中处处流淌着哲理的智慧。从哲学的角度看，每个个体都是独立的，在"我"以外皆是"别人"。由"我"到"别人"的视角变化表现出作者对他人和世界的悲悯情怀。

（板书"我"和"别人"）

师：那么，遵循这个思路，大家能试着理解一下称呼变化的内涵吗？

生："路人"——"老人"——"上了年纪的人"，让人感觉到逐渐拉近了距离，语气也渐趋轻柔了。

生：从称呼的变化中我能感受到，作者对这个"别人"的情感在逐步加深。一个陌生的路人，因为"我"尝试救助，让"我"和他的生命建立起了联系。

师：是的，鲁迅先生说过"无尽的远方，无数的人，都与我有关"。

生：我感觉作者虽然对生命的真相有了冷静理智的判断，但他仍旧努力地去救助这个老人。即使自己的努力无法改变残酷的现实，但他仍旧不愿意放弃这种努力，在这个老人之后，他试图帮助自己的姑妈，"我一直没有忘记姑妈这句话，也不止一次地把它转告给母亲"；他想尽力帮助自己的母亲，"我们长高长大的七个儿女，或许能为母亲挡住一丝的寒冷"。我感受到冷峻的笔调中，作者的内心却是火热的，是充满善意和温暖的！

师：说得真好！通过关注语言细节，借助前后文字的联系，大家读出了作品悲凉底色上的温暖和亮色。

师：在阅读反馈单上，不少同学都提出了想了解刘亮程的生平。

投影：

刘亮程故乡照片。

"我那时最重要的使命就是拉回过冬取暖的烧柴。路非常远，晚上十二点的时候就要启程，在厚雪中一步一步往前挪。从黑暗中穿过村庄，穿过荒野，把天走亮，就到有柴火的地方了！"

"等我回头重新在回忆中看那个八岁的我的时候，我看懂了他的眼神，看懂了他的眼睛中除了有丧失父亲的悲哀和绝望，还有那么明亮的充满向往和憧憬的那个眼光，我觉得我应该写那个眼光，把那个寒冷的冬天的温暖都重新找到，这也是我自己需要的！"

师：刘亮程是一位新疆土生土长的作家。20世纪60年代三年自然灾害时期，他的父母从甘肃一路逃荒，辗转一千多公里，在北疆大漠的一个小村庄里落下了脚。父亲在村头路边挖了一个两米多深的土坑，盖了个顶，刘亮程就在这个地窝子里出生长大。八岁时，父亲去世，母亲艰难地拉扯着几个孩子度日。刘亮程曾回忆说，自己那时最重要的使命就是拉回全家过冬取暖的烧柴。

师（深情地朗读）："路非常远，晚上十二点的时候就要启程，在厚雪中一步一步往前挪。从黑暗中穿过村庄，穿过荒野，把天走亮，就到有柴火的地方了！"当记者提问"我读您的作品，曾经的那些贫困、那些恐惧、那些孤独、那些苦难去哪儿了？"他是这样回答的——"等我回头重新在回忆中看那个八岁的我的时候，我看懂了他的眼神，看懂了他的眼睛中除了有丧失父亲的悲哀和绝望，还有那么明亮的充满向往和憧憬的那个眼光，我觉得我应该写那个眼光，把那个寒冷的冬天的温暖都重新找到，这也是我自己需要的！"

（生专注而动情）

师：虽然生命是如此的寒冷，但"我"依然不屈地努力寻找温暖。这就是刘亮程，一个在理智冷静外表下深藏着一颗敏感细腻的心的人，一个对他人和世界满怀善意，始终以悲悯的情怀思考人生、以坚韧的努力面对苦难的人。让我们带着感动，一起再次朗读文章的最后一段。

（师生饱含深情，齐读）

师：同学们，读文即阅人。今天，我们被刘亮程的《寒风吹彻》打动了，希望大家能继续阅读他的散文集《一个人的村庄》，继续与作者进行心灵的对话，在文字中发现生活的诗意，在感动中获得思考的力量。

# 每一片风景都是一颗心灵

## ——《最后一片叶子》教学设计*

◆ **教学目标**

1.复述故事情节，训练学生筛选信息、概括表达的基本技能。

2.指导学生通过细致的文本解读，理解作品的主题思想。

◆ **预习任务单**

1.阅读小说，把自己觉得生僻或特殊的字词、句子做上标记，可通过查阅工具书来尝试解决一些疑惑。同时，标记出自己很有感触的字词、句子，适当做旁批。

2.找出文中关键信息，尝试复述。

◆ **教学过程**

### 一、情境导入

瑞士哲人亚弥尔说："每一片风景都是一颗心灵。"最后一片叶子的背后，有着怎样的故事？这片风景之中，蕴藏着什么样的心灵？

### 二、预习反馈，梳理情节

通过抓住记叙的关键信息，比如时间、地点、人物、叙事的线索等，梳理出小说的故事情节，尝试复述这个故事。

### 三、细读课文，探究主题

思考交流：文中哪一个情节最能触动你的心弦？

---

\* 本文为2013年安徽省教育学会语文教学法专业委员会年会暨学术研讨会展示课例。

例如：

1.贝尔门为救助琼西而牺牲了自己的情节。

从老贝尔门身上读到了为救护他人而牺牲自己的崇高品质。

思考：你从哪些语句中读出了作者对老贝尔门的态度？——聚焦重复出现的五个"杰作"，在对比中理解其含义。

贝尔门是个失败的画家。他操了40年的画笔，还远没有摸着艺术女神的衣裙。他老是说就要画他的那幅杰作了，可是直到现在他还没有动笔。

他喝酒毫无节制，还时常提起他要画的那幅杰作。

苏在楼下他那间光线黯淡的斗室里找到了嘴里酒气扑鼻的贝尔门。一幅空白的画布绷在个画架上，摆在屋角里，等待那幅杰作已经25年了，可是连一根线条还没等着。

"老天爷，琼西小姐这么好的姑娘真不应该躺在这种地方生病。总有一天我要画一幅杰作，我们就可以都搬出去了。一定的！"

"亲爱的，瞧瞧窗子外面，瞧瞧墙上那最后一片藤叶。难道你没有想过，为什么风刮得那样厉害，它却从来不摇一摇，动一动呢？唉，亲爱的，这片叶子才是贝尔门的杰作——就是在最后一片叶子掉下来的晚上，他把它画在那里的。"

讨论明确"杰作"的含义：

（1）赞美老贝尔门高妙的绘画技巧。这片叶子画得极其逼真，甚至以假乱真，"它是长春藤上最后的一片叶子了，靠近茎部仍然是深绿色，可是锯齿形的叶子边缘已经枯萎发黄"，它是贝尔门追求了40年、等待了25年的艺术结晶。

（2）赞颂老贝尔门崇高的精神品质。老贝尔门画了最后一片叶子，给了琼西生的希望和信念，挽救了琼西的生命。这幅杰作融进了他的善良、爱心和无私，闪烁着人性的光辉。

（3）讴歌平凡而又伟大的人性之美。小说中的老贝尔门是个相貌丑、脾气怪、爱酗酒、穷愁潦倒、一事无成的人，满身都是缺点。他不是叱咤风云的领袖，不是英俊潇洒的超级英雄，而是生活中最寻常、最平凡的小人物。但就是这样一个小人物，却在卑微中书写了伟大，在寒冷中温暖了他人。生活的"凄风苦雨"摧残了多少像老贝尔门这样平凡的生命，但他们用朴素而真诚的爱绘成的"常春藤叶"却永不凋谢。

2.琼西由绝望的边缘到树立生命信心的情节。

思考：一片叶子有什么神奇的魔力，能够改变琼西的命运？琼西与叶子之间究竟是什么关系？

明确：

"因为我想看那最后一片叶子掉下来，我等得不耐烦了，也想得不耐烦了。我想摆脱一切，飘下去，飘下去，像一片可怜的疲倦了的叶子那样。"

类似的句子：

"叶子。长春藤上的。等到最后一片叶子掉下来，我也就该去了。这件事我3天前就知道了。难道医生没有告诉你？"

"又落了一片。不，我不想喝汤。只剩下四片了。我想在天黑以前等着看那最后一片叶子掉下去。然后我也要去了。"

"这是最后一片叶子。"琼西说道，"我以为它昨晚一定会落掉的。我听见风声的。今天它一定会落掉，我也会死的。"

病重的琼西看到外面这根即将枯萎的长春藤，感觉和自己的生命状态极为相似。她把藤叶的凋零作为自己生命的征兆，认为当最后一片长春藤叶掉落时，自己也就要死了。

作者采用了反复的手法，在琼西的反复念叨中，读者可以感受到此刻的她已经放弃了主观上求生的努力。

然而"最后一片叶子"竟能战胜"秋风扫落叶"的命运，历经了几天几夜秋风秋雨的侵袭依然是深绿的、傲然地挂在枝头！顽强的生命力给琼西带来生命的启示、活下去的希望。

作者正是借琼西这个柔弱而又平凡的姑娘的心路历程，向读者传递这样一个信念——人最可贵的是拥有信念，坚强的信念是生命得以延续的重要精神支柱，他能够帮助我们战胜自我。这是对信念的巨大力量的最热情的讴歌！

## 四、教学总结

请同学谈谈这篇小说的现实价值，感受文学创作的每一片风景都是一颗跃动的心灵。

**附：板书设计**

### 最后一片叶子

【美】欧·亨利

人性的光辉

贝尔门
无私的关爱

琼西
坚强的信念

苏
真挚的友情

# 《最后一片叶子》教学实录

时间：2013年11月24日
地点：安徽省马鞍山二中
班级：马鞍山外国语学校初二（8）班

课前播放根据小说改编的动画视频，唯美的画面、舒缓的音乐，创设了良好的氛围，使学生沉静下来，为阅读课文做好情绪准备。

师：同学们，请看屏幕（投影：茂盛的绿叶），这样的风景，让你感受到什么？

生：春天、生命的活力、生意盎然……

师：同学们的联想非常丰富。如果是这样的风景（投影：凋零的枯叶），你又会有什么样的感受呢？

生：生命的凋零、颓废、死亡……

师：大家的感受都很细腻。瑞士哲人亚弥尔说（投影）："每一片风景都是一颗心灵。"刚才的画面中，树叶不同的生命姿态，触发了同学们不同的心灵体验。下面，就让我们带着这样一份细腻的感受，走进美国小说家欧·亨利的短篇小说《最后一片叶子》，去探寻那片叶子背后的故事，去解读文中人物的内心世界。

（投影课题）

师：这篇小说篇幅较长，有五千两百多字，对我们八年级同学来说是个不小的挑战。而且由于翻译的原因，有些地方比较晦涩。但是老师相信咱们同学一定有能力抓住小说中的关键信息，比如，记叙的——

生：时间、地点、人物、起因、经过、结果。

师：对。下面，就请同学们在文中找出这些关键信息。

（学生快速阅读，用笔勾画关键信息）

师：好，我看到不少同学已经停下了笔，信心满满。很遗憾我不知道同学们的名字，但是我相信今天同学们的勇气和精彩的表现一定会让在场所有的老师记住我们马鞍山外国语学校初二（8）班的同学们，对吗？

生：对！

师：哪位同学来尝试一下？

生：小说发生在华盛顿广场西面的一个胡同区，主要人物有琼西、苏和贝尔门。时间——

师：能找到小说中表示时间的词吗？

生：第四段里五月份；接着是十一月份，琼西病重；第二天早晨琼西病危，贝尔门生病；第三天天刚蒙蒙亮，琼西的病情好转，贝尔门被送到医院；最后是第四天下午。

师：很好！请坐。这位同学已经把小说中的时间、地点和人物这些重要信息找出来了。根据这些信息，同学们能判断小说的记叙顺序是——

生：时间！

师：对，同学们能不能借助这些基本信息，按照时间顺序，尝试着复述这个故事呢？同桌之间可以交流讨论。

（学生讨论）

师：成功总是眷顾勇于尝试的人。哪位同学来尝试一下？

生：五月份的时候，苏和琼西因为兴趣爱好相同，在华盛顿广场西面的一个胡同区合租了一间画室。但不幸的是，到了十一月份的时候，琼西得了肺炎，连医生都说她生存的希望不大了。于是她望着窗外的枯老的长春藤，数叶子，认为叶子掉完的时候自己也就会死去的。苏安慰她，但是不起任何作用。于是，苏找到了楼下的老画家贝尔门，告诉他琼西是如何的绝望。第二天早晨，琼西本以为会落的叶子，竟然还在，她于是重新燃起了对生的希望，奇迹般地脱离了危险。结尾出人意料的是，那片叶子竟然是老贝尔门画的。

师：琼西脱险了，老贝尔门呢？

生：老贝尔门因为在那个夜晚画叶子，得了肺炎去世了。

师：非常好！这位同学复述得很细致，可以看出他阅读得很用心，连细节都注意到了，甚至还使用了原文中的词语。我们在复述时要学会删繁就简，抓住关系人物命运的最关键的情节。老师也做了尝试，和同学们分享。

投影：

五月的时候，琼西和苏在胡同区合租了一间画室。到了十一月，琼西得了肺炎，生命垂危。病重的她对生命失去了信心，把自己的生命维系在一棵即将枯萎的长春藤上，数着叶子等待死亡的降临。苏为琼西担忧，并把情况告诉了老画家贝尔门。然而，最后一片始终不落的藤叶使琼西重新燃起生的欲望。几天后，琼西脱险，贝尔门病逝，苏告诉琼西叶子不落的谜底：在风雨交加的夜晚，老贝尔门画了一片叶子在墙上。

师：刚才，我们一起合作，把这篇五千多字的小说作了简要概括，了解了故事的概貌。宋代学者朱熹认为："读书譬如饮食，从容咀嚼，其味必长；大嚼大咀，终不知味也。"我们读小说，不能只满足于把握故事情节，还要走进语言中去，细细咀嚼，方才能够读出小说的真正意义和滋味。同学们愿意和我一起走进小说中，细致品读吗？

生：愿意！

师：老师想问问大家，在阅读的过程中，哪些情节深深地触动了你？

（学生小声交流）

生：贝尔门一生清苦，一生都没有画出过一幅杰作。但是为了与他非亲非故的琼西，他在风雨交加的夜晚画了一片树叶，让琼西燃起了生的希望，而他却因此得了肺炎，不幸去世。我觉得这段非常感人。

师：贝尔门为了挽救琼西而舍弃了自己的生命，你从中读到了什么呢？

生：舍己为人，对他人无私的关爱。

（板书"贝尔门　无私的关爱"）

师：很好！这是同学们初读小说印象最深之处。那么作者对贝尔门这一行为的评价是什么？作者刻画贝尔门救琼西的情节，用意是什么？我们一起来看作品相关情节的描述。

（教师朗读小说最后一段，学生鼓掌）

师：谢谢！请问刚才这段文字中哪个词能暗示出作者对贝尔门的评价？

生："杰作"！

师：是的，"杰作"一词蕴含着作者的态度。在讨论"杰作"的含义之前，老师想提醒同学们关注有关"杰作"的另一个情节：小说中，作者反复提到，贝尔门一直念念不忘，在等待一幅"杰作"，分别在第30、31和35段。我把这五处有关"杰作"的句子挑选出来（投影），请同学们自由朗读，在对比中理解最后一个"杰作"的含义。

（学生自由朗读）

师：哪位同学来给大家示范一下？朗读时可以通过不同的语气来表达你对"杰作"一词的理解。

（学生深情朗读）

师：声情并茂！能说说你为什么要用这样的语气朗读吗？

生：前面的句子表现了贝尔门的自信。

师："他老是说他就要画他的那幅杰作了"，这是从谁的角度在说？

生：苏。

师：是贝尔门的自信吗？

生：不是，是苏不相信，用的是轻蔑的语气。

师：是的，不过说轻蔑是不是太重了？不妨说是有些调侃的味道。那么自信是在哪一句中读出来的呢？

生：第四句。"总有一天，我会画出一幅杰作。"

师：最后一处"杰作"呢？该怎么朗读？

生：最后一处，是真正地觉得贝尔门画出了一幅杰作，是发自内心的真诚的赞美。

师：同学们通过朗读，可以发现这些"杰作"的含义各不相同。请同学们在对比中体会最后一处"杰作"的含义。

生：贝尔门一直在等待一幅杰作，却始终没有画出来。最后一片叶子画得极其逼真，甚至能够以假乱真，可以说是贝尔门追求了40年、等待了25年的艺术结晶，是艺术的杰作。

生：这幅画给了琼西生的希望和信念，挽救了琼西的生命，可是贝尔门牺牲了自己的生命，所以这幅画融进了贝尔门的善良、爱心和无私，是生命的杰作。

师：说得好！一个"杰作"包含了丰富的含义。贝尔门完成了这样的杰作，成了我们心目中的英雄，那作者在刻画他时，为什么还连用调侃讽刺呢？

生：欲扬先抑。

生：我们理想中的英雄往往都是高大完美的，而小说中的贝尔门却是有缺点的，这样就让他显得更平凡，也更真实。

师：的确，作者正是采用欲扬先抑的笔法，通过刻画一个有缺点的、平凡而又真实的贝尔门来赞美这种平凡中的伟大，赞美平凡人身上闪现的人性的光辉。

（板书"人性的光辉"）

师：刚才，同学们通过细细地品读，慢慢地咀嚼，深情地朗读，借助这片叶子，走进了贝尔门的心灵，也走进了作者的心灵。除了贝尔门救助他人的情节，还有什么触动了你的心弦？一千个读者就有一千个哈姆雷特，每位同学的阅读体会也未必都会相同。

生：我觉得，苏在琼西生病时一直在照顾她，虽然是贝尔门给了琼西生的希望，但是如果没有苏的细心照顾，琼西也无法康复。苏的身上表现出来的关怀和友爱让我感动。

师：真挚的友情，患难之中的不离不弃，在贫穷冰冷的物质世界中，这束人性的光辉温暖了琼西和读者的心灵。

（板书"苏　真挚的友情"）

师：同学们的解读非常精彩！你们拥有一双慧眼，贝尔门是小说中着墨最少的人物，但同学们却发现了正是他和苏形成的合力，帮助了琼西走出生命的绝境。还有什么触动你的情节吗？

生：琼西的对生命的绝望，她的多愁善感给我的印象很深刻。

（其他同学频频点头）

师：同学们似乎都有这样的感受，哪位同学为我们朗读一下能表现琼西多愁善感的情节？

（学生朗读琼西数落叶的情节，声情并茂。掌声）

师：你的朗读如此动情，你的阅读体会是？

生：琼西是那么年轻，对艺术还有执着的追求。在她一片一片数落叶的过程中，我读出了她心里对生命的眷恋。可是肺炎带给她的折磨使她逐渐泯灭了生的希望，她又是多愁善感的，于是把自己的生死维系在了最后一片叶子上。我觉得她有点像古典名著中的林黛玉，那么善感、细腻。

（全场掌声）

师：非常精彩！细细地品读可以触发自己以往的阅读体验，从而促进更深入的理解。正如这位同学所解读的那样，琼西热爱绘画，憧憬着未来。可是随着病情的恶化，这一切都不重要了。作者反复描写她数落叶的过程，是想告诉我们什么？

生：当一个人失去了希望、信念时，她的整个精神世界就会崩塌。

师：是的，就在琼西已经放弃生命的时候，最后一片叶子拯救了她。请同学们思考：一片叶子为什么能够有神奇的疗效，改写了琼西的命运？我们来看文中对最后一片叶子的描写（投影相关句子）。请同学们齐读，在朗读的时候，注意哪些字词需要用重音来强调。

（学生齐读，很有感情）

师：同学们的朗读，带有浓烈的情感，很好！第一句中要重读的是？

生："最后"，强调这片叶子非常重要，维系着琼西的生命。

生："傲然"。

师：我的选择和你一样。怎么解释"傲"字？

生：骄傲。因为它是最后一片。

师：最后一片为什么能骄傲？它骄傲的资本是什么？

生：因为它经历了漫长的风吹雨打。

师：对，它骄傲是有资格的，历经了几天几夜秋风秋雨的侵袭，它依然是深绿的、傲然地挂在枝头！最后一片叶子以倔强的生命姿态傲视那些摧残它蹂躏它的风雨！这是怎样的一种骄傲的生命姿态呀！第二段里要重读的是？

生："紧紧地"。

师：英雄所见略同。为什么？

生：表现叶子的顽强生命力。

师：第三句很短，但我分明听到你们的重音了——

生："仍然"！

师：除了表现了生命的顽强，还能读出什么语气？

生：惊讶。琼西惊讶于那最后一片叶子在风雨中的不凋零，正因为如此才给了琼西一种生的希望、生的信念！

师：是的，正是这种生的信念才把琼西从死亡的边缘拉了回来。在琼西这个柔弱而又平凡的姑娘身上，在琼西经历了由死亡到重生的故事中，作者意在向读者传递这样一个态度——人最可贵的是拥有坚强的信念。

（板书"琼西　坚强的信念"）

师：坚强的信念是生命得以延续的重要精神支柱，他能够帮助我们战胜自我、战胜一切。保有信念，勇敢面对人生的风雨，人性的光辉和生命的力量在苦难面前大放异彩！（投影）正如美国黑人运动领袖马丁·路德·金所说："这个世界上没有人能让你倒下，如果你的信念还站着的话！"

（学生齐读，感情激动）

师：同学们正当年少，成长的过程中也会遇到不可预测的困难和挑战，老师希望你们能够保有坚强的信念，勇敢地面对人生的风雨和挑战！好吗？

生：好！

师：细细咀嚼，读出了小说的真意：小说里，琼西因叶而生，重树生的信念，而这种生的信念是贝尔门通过叶子传递给她的，叶子巧妙地成为人物关系的纽带。

（板书：勾勒一片长春藤叶，将三个人物连接起来，叶片中间是"人性的光辉"）

师：一片叶子牵系着三个人物，作者借助他们的故事告诉我们：人要保有坚强的信念，方能从容面对人生的风雨，岿然不动；而人与人之间真挚的友情、无私的关爱，才让这个人间充满脉脉的温情。一片叶子，传递出平凡中的伟大，彰显着人性的光辉。这不得不说是作者的精妙的构思。

师：请同学们课外读一读欧·亨利的其他作品（投影"推荐作品"），在体会其精妙构思的同时，更要感受作者笔下一个个小人物身上那真实、平凡而又伟大的人性光辉！

师：今天，我们共同研读了这篇创作于1905年的小说。一百多年过去了，作者对生命的思考，穿越了时空，一直温暖着人们的心灵。古人说"天地之大德曰生"，说的是对生命的尊重呵护。小说中，人物对生命的坚持让我们为之动容；牺牲自己去拯救他人的生命，更让我们为之震撼。重温经典，让我们对生命有了更深的理解，也让我们更加懂得了爱的内涵。同学们，静下心来，走进文中，一字一句地品读，我们会发现文学向我们敞开了大门，当我们寻觅到每一片风景背后的心灵时，我们的心灵也会因此处处有风景。

（投影"每一片风景都是一颗心灵"）

今天的课就上到这里，感谢初二（8）班的同学们和我一起品读经典，下课！

# 自在飞花轻似梦，无边丝雨细如愁

## ——《边城》教学设计*

 

 

《边城》是人教版高中语文必修5第一单元第3课，课文节选了长篇小说《边城》的三至六节。通过课内学习和课外阅读，高中学生已积累了较为丰富的小说阅读经验，并掌握了一定的阅读方法。作为一篇自读课文，本课重在引导学生自主阅读，培养独立解读文本的能力，构建个性化阅读经验。因此拟采用课前自读，课上合作探究、交流讨论等方式开展阅读活动。教师通过创设阅读情境、点拨解读思路、组织对话研讨，在学生与作品、作家之间架设一座沟通的桥梁，引导学生将鉴赏的重点放在品味如水一般纯粹、柔美、灵动的语言描写和质朴的人物形象塑造上，由此品味至真至美至善的自然之美、风俗之美和人情之美；鼓励学生在细读中发现，在发现中思考，由语言到思维，引领学生走进作家理想的精神家园，感受文学表现出的"优美、健康而又不悖乎人性的人生形式"。

◆ **教学目标**

1.通过细读文本，感受人物微妙的心理活动，赏析翠翠等人物形象；

2.感受作品表现出的风景美、风俗美、人情美，探究小说的文化内涵；

3.感受作品的艺术风格，领略散文化的叙事笔法、生活化的人物语言所营造的古朴而典雅、流畅而清新的艺术情调。

◆ **教学过程**

## 一、一曲清歌到湘西

（播放湘西风情视频）同学们，"由四川过湖南去，靠东有一条官路，这官

---

* 本文原载于《学语文》2017年第4期，为2015年安徽省中小学青年教师教学竞赛一等奖课例，收入本书时有修改。

路将近湘西边境，到了一个地方，名叫茶峒的小山城。离城一里左右，有一小溪，溪边有座白色小塔，塔下住了一户单独的人家。这人家只一个老人，一个女孩子，一只黄狗……"

沈从文笔下《边城》的故事就是从这里开始的。今天，我们也一起搭乘这溪边的渡船，依傍着这茶峒的山水，听一听他为我们讲述这个女孩、这座小城的故事。

## 二、一线串珠巧布局

沈从文先生把故事放在了一个特殊日子里——端午节。课文写了几个端午节？请同学们顺着这一条线索，梳理出这几个端午节里发生了哪些故事。

两年前的端午节，翠翠在河边看龙舟，巧遇二佬傩送。

去年的端午节，翠翠和爷爷看竞渡时躲雨，遇到了大佬天保。

今年的端午节，边城的人们又在紧锣密鼓地筹备着龙舟竞渡。渡口，迎婚送亲的花轿撩拨着翠翠内心深处朦胧的情思。

三个端午节，三段故事，一线串珠，在边城热闹的龙舟竞渡声中，翠翠、爷爷、傩送之间的故事就这样展开了。

## 三、一言一语总关情

阅读时，小说中的哪些地方打动了你，让你怦然心动、注目良久、品味再三？请同学们勾画出自己的钟情之处，细细品读这些文字。

1.清丽明秀——风景美。

引导学生合作探究，分析文中句子，如："河中水皆泛着豆绿色，天气又是那么明朗，落日向上游翠翠家那一方落去，黄昏把河面装饰了一层银色薄雾"等句，体会例如"豆绿色"一词的含义——不单纯是河中水的色彩，更是原始、纯净和淳朴自然的象征。

小结：课文节选的部分对自然风景没有进行浓墨重彩的描绘，但清澈的小溪、美丽的白塔、崎岖的山路，这些富有地方色彩的风景，柔美而宁静，有一种超出尘世的清丽与明秀，给人以美的享受。

2.古朴和乐——风俗美。

引导学生关注文中关于节日风俗的描写。端午和新年的描写，重点是端午节，官员士兵和百姓一同参加或观赏赛龙舟捉鸭子，一同在吊脚楼下听唱曲划拳行酒，其乐融融；而新年的茶峒也沉浸在一片欢乐之中，舞龙耍狮放烟花，军民官民同乐。

小说中，作者为什么不惜笔墨地细致描画这些风俗呢？节日风俗的画面，具有浓郁的民族特色和地方情调，呈现了独特的湘西文化特色，散发出古朴和乐的生活气息。

3.淳朴真挚——人情美。

（1）祖孙情。

引导学生合作探究，分析文中关于翠翠和爷爷的对话描写以及翠翠的心理描写，体会翠翠对爷爷的体贴，爷爷对翠翠的疼爱，祖孙相依为命的深挚情感。

例如："翠翠看到这个景致，忽然想起了一个怕人的念头，她想：假如爷爷死了？"两次"假如爷爷死了"的忧虑，一旦离开爷爷，翠翠便不知如何生存，表现出了翠翠对爷爷的无比依赖。守着渡船，祖孙二人深深的依恋，令人动容。

（2）少女情。

翠翠朦胧的爱情在何时发芽？又是怎样地在心底暗暗生长？

引导学生关注细节描写，如：翠翠和傩送初见时的对话，翠翠和爷爷关于"大鱼"和"鸭子"的对话，翠翠留心傩送所在的"青浪滩"，翠翠开始喜欢看扑粉满脸的新嫁娘、喜欢听关于新嫁娘的故事，等等。

指导学生通过朗读，揣摩翠翠的心理。一句"大鱼咬你"，像一颗小石子一样打破了翠翠心湖的平静，泛起阵阵涟漪，这是爱情的萌芽。这一句话珍藏在翠翠的心底，爷爷不知道，翠翠也是欲说还休。正像李清照《点绛唇》中的那个"倚门回首，却把青梅嗅"的小女儿家，情窦初开，又满是矜持和娇羞。纯真的情感、朦胧的悸动，动人心旌。

（3）乡邻情。

阅读小说中"顺顺因为两个儿子能下水捉鸭子而不再下水捉鸭子了，但下水救人呢，当作别论。凡帮助人远离患难，便是入火，人到八十岁，也还是成为这个人一种不可逃避的责任""顺顺知道祖孙二人所过的日子十分拮据，节日里又不能自己包粽子，又送了许多尖角粽子"以及爷爷和过渡商人为多给的渡钱而争执时的对话，引导学生感受边城淳朴的社会风俗和美好的乡邻情谊。

透过这些美好的心灵和动人的故事，我们可以感受到，边城充满了淳朴真挚的人情美。

小结：朱光潜说："第一流小说家，不仅是会讲故事，第一流小说中的故事大半只像枯树搭成的花架，用处只在撑持住，一园锦绣灿烂、生气勃勃的葛藤花，这些故事以外的东西就是小说中的诗。"古老的湘西，古老的茶峒，悠悠的边城，悠悠的渡口，那份如美酒般醇、如泉水般清的湘西风物美、乡土人情美，孕育在如诗如画的青山绿水里，浓酽酽得化不开，撩拨着迷醉者的思绪。

## 四、一字千金探意旨

沈从文先生为什么要把小城取名为"边城"？他把对这座小城的感情浓缩在一个字眼里——"边"，才把小城写得这么纯美。请同学们结合相关资料，分组讨论"边"字中蕴藏的情感。

投影：

沈从文："我要表现的本是一种'人生的形式'，一种'优美、健康而又不悖乎人性的人生形式'。"

1934年春，沈从文因母病第一次回乡。他在《长河题记》中写道："一九三四年的冬天，我因事从北平回湘西，一入辰河流域，什么都不同了。农村社会所保有的那点正直朴素人情美，几乎快要消失无余，代替而来的却是近二十年实际社会培养成功的一种唯实唯利庸俗人生观……"

讨论明确：

1."边"是一个地理概念。边地茶峒是一个荒凉小镇，远离城市的喧嚣，保留着自然原始的生活气息，是一个在现代文明冲击下被边缘化了的、未被污染的明丽、淳朴的乡村小城。

2.边城还是一个遥远的时间概念。湘西是沈从文的故乡，20世纪20年代就已到北京生活的他，对故乡有着难以割舍的怀念，边城表达了作者对自己逝去的梦的追忆，也是他追寻的精神家园。

边城，是沈从文的生命诞生地，他正是用湘西的青山绿水，古朴淳厚的世俗人情，来表现一种质朴的爱和人性的美。作者痛心于现实生活中现代文明物欲泛滥，古老美德、价值观失落，用纯美的文字守护着自己心灵深处那一座唯美的遥远的"边城"。

## 五、一抹剪影觅边城

今天，我们走进了《边城》，读到了沈从文先生笔端饱蘸的爱与美。在这个古老的边城，白塔、溪头、渡船，还有那等待中的一抹剪影。正像小说结尾写的那样："这个人也许永远不会来了，也许明天就回来。"湘西边地的那座小城也许永远不会再有，也许明天还会重现。

翠翠在等待，沈先生在等待。翠翠守望了一份无法圆满的爱情，沈从文也守望了一个最终没有达到的精神家园，也许，残缺也是一种美。

美国文学评论家马尔科姆·考利斯说过："文学鉴赏是开着许多窗户的一幢房子。"不同的阅读体验，会让我们透过一扇扇不同的窗，看见小城里更深更美的景致。请同学们课外阅读《边城》全文，相信完整的《边城》会给你更多的审美感受和思考。

**附：板书设计**

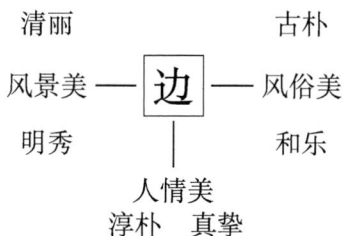

边　城

沈从文

清丽　　　　　　古朴

风景美 ——　边　—— 风俗美

明秀　　　　　　和乐

人情美

淳朴　真挚

# 合于桑林之舞，乃中经首之会
## ——《庖丁解牛》教学设计*

　　《庖丁解牛》是先秦道家学派代表人物庄子创作的一则寓言故事。文章篇幅短小，先讲述故事，再点明寓意。可能是受"文以载道"思想的影响，本课教学的重心常被放在抽象寓意的探求上，课堂上快速疏通文字后，往往就直奔主题立意，甚至跳脱文本，盲目拓展道家文化。笔者认为教学当遵循文本特质。庄周以寓言说理，这既是其行文的艺术特色，也是其思考顿悟的方式。因此，要想帮助学生"悟道"，首先是引导他们"感言"。本文开篇是一段惟妙惟肖的"解牛"描写，作者以浓重的笔墨，文采斐然地表现出庖丁解牛时神情之悠闲、动作之和谐。手、肩、足、膝并用，触、倚、踩、抵配合，"砉然响然，奏刀騞然""合于桑林之舞，乃中经首之会"，动作协调潇洒，乐音起伏有致。教学中应当引导学生通过朗读，细致地感受简练生动语言中的丰满逼真的人物形象，由赏技到析因，到探旨，再到悟理，层层铺垫，循序渐进。此外，教学还要尊重智力多元化发展的规律。庄周其文，义理深奥，学生的阅读能力和思维特点决定了其阅读感受的差异。因此，课堂研讨不必统一标准，而应根据学生的学情差异，允许并鼓励学生进行个性化地解读，或科学归纳，或艺术审美，或哲学思辨，浅者得其趣，深者悟其道，各美其美。

## ◆ 教学目标

　　1.朗读文本，鉴赏生动简练的语言，感知鲜活的人物形象和奇特的故事；

　　2.引导学生自主研读、讨论交流，从不同角度探究经典文本的多元价值。

---

　　* 本文为2014年芜湖市高中语文优质课评选一等奖课例。

◆ 教学过程

## 一、导入

由"艺术人生"引出课题"庖丁解牛"。（板书"庖"字）同学们知道这个字是什么意思吗？厨师，是的，我们学过"越俎代庖"这个成语。两千多年前，庄子曾经讲过一则关于厨师的故事。（板书"庖丁解牛"）"解"是分割，也就是一个名字叫"丁"的厨师宰牛的故事。

一个厨师宰牛，能有什么特别之处呢？一则小小的故事为什么能穿越时空，影响了两千多年？让我们走进经典，体悟其中蕴含的人生智慧。

## 二、赏技

说到宰牛，立即让我们联想起血流之景、挣扎之状、惨叫之声。那么故事中的庖丁解牛时又是怎样的一番场景呢？带着这样的疑问，请同学们朗读第一段。

同学们读后的感受是？

是的，没有蛮力，没有血腥，相反，更像是一场——，对，艺术表演。同学们是从哪些语句中得到了这样的感受呢？

1.视觉上的和谐优美。

连用了四个动词"触""倚""履""踦"。"踦"，支撑接触的意思。宰牛时，庖丁手、肩、足、膝配合，用手按着牛，用肩靠着牛，用脚踩着牛，用膝盖抵着牛，动作流畅自如，"合于《桑林》之舞"。

2.听觉上的美妙动听。

两个拟声词"砉然""騞然"。进刀时，发出轻快的皮骨相离的砉声、騞声，错落有致，缓急有节，"乃中《经首》之会"。

美妙、富于节奏感的声音，配合着如同舞蹈般的优美动作。在庖丁的演绎之下，原本充满血腥气息的力气活，变成了一场美妙神奇的艺术表演，使得文惠君情不自禁地感慨赞叹："善哉，技盖至此乎？"

文惠君的好奇，也是我们的好奇，庖丁是如何达到这种出神入化的境界的呢？大家来听听他的回答。

# 三、析因

1.教师范读第三段。

2.文惠君问"技盍至此乎？"，庖丁给出的答案是什么？

（1）从技术层面解读。

引导学生合作探究，分析文中句子，如：

"始臣之解牛之时，所见无非牛者。三年之后，未尝见全牛也。"

"良庖岁更刀，割也；族庖月更刀，折也。""今臣之刀十九年矣，所解数千牛矣，而刀刃若新发于硎。"

小结："始臣解牛之时""三年之后""今"三个时间词，为我们还原了一代神庖的成长历程。从"所见无非牛者"，到"目无全牛"，再到"以神遇而不以目视"。几十年苦练技术，解牛数千头，不断地实践积累，熟能生巧。

（2）从科学层面解读。

引导学生合作探究，分析文段：

"依乎天理，批大郤，导大窾，因其固然，技经肯綮之未尝，而况大軱乎！良庖岁更刀，割也；族庖月更刀，折也。今臣之刀十九年矣，所解数千牛矣，而刀刃若新发于硎。彼节者有间，而刀刃者无厚；以无厚入有间，恢恢乎其于游刃必有余地矣，是以十九年而刀刃若新发于硎。"

小结：族庖、良庖不懂规律，只会斫牛、割牛，因而月更刀、岁更刀。这是宰牛的低等境界。庖丁用自己的经历和族庖、良庖进行了对比，"十九年而刀刃若新发于硎"。从巨大的差别中，他告诉我们，只有认清牛的生理结构，掌握了解剖的规律，"依乎天理，因其固然"，避开"技经肯綮"，"以无厚入有间"，才能做到游刃有余、得心应手。

（3）从艺术层面解读。

引导学生合作探究，分析文段：

"彼节者有间，而刀刃者无厚；以无厚入有间，恢恢乎其于游刃必有余地矣，是以十九年而刀刃若新发于硎。虽然，每至于族，吾见其难为，怵然为戒，视为止，行为迟。动刀甚微，謋然已解，如土委地。提刀而立，为之四顾，为之踌躇满志，善刀而藏之。"

师小结：解牛时的音乐舞蹈之美；解牛后的满足、自豪的成就感。著名学者徐复观先生认为，庖丁解牛"是由技术进乎艺术创造的过程……他的解牛，正是艺术精神在人生中呈现的情境"。可见，解牛对于庖丁来说，已成为无所系缚的艺术创造的精神舞蹈。

（4）从哲学层面解读。

引导学生探究：

"臣之所好者，道也，进乎技矣。"

小结：庖丁的回答，初读似乎觉得答非所问，实际上却一语中的。文惠君问"技"，庖丁却说不是"技"，是"道"。一下子就展示了庖丁境界的高度，出乎文惠君的意料。宰牛有三个层次：族庖的斫牛、良庖的割牛和庖丁的解牛。族庖既无"技"，也无"道"，只会用蛮力砍牛。良庖有"技"，还未达到"道"的水平，只能使劲割牛。只有庖丁，既有"技"，又上升到了"道"的高度；既做到了熟能生巧，又做到了出神入化，所以才达到了解牛的化境。这个"道"字，其实就是"依乎天理""因其固然"，是解牛的规律，即老子所说的"道法自然"，也就是一种自然规律。

至此，我们发现，庖丁之所以能将解牛这种力气活、技术活升华到一种极富美感、出神入化的境界，是因为他的追求不是停留在掌握具体的"技"上，而是矢志不渝地探求解牛的规律，运用规律，不断实践，尊重规律，小心谨慎。

## 四、探旨

一则小故事，对它的解读却是仁者见仁、智者见智。那么庄子讲述这个故事的用意是什么呢？

"吾闻庖丁之言，得养生焉。"

解牛和养生有什么关联？文惠君得到的养生之道是什么？

《庖丁解牛》选自《庄子·养生主》。这里的"养生"，不是现代医学所说的"保健养生"。庄子说："为善无近名，为恶无近刑。缘督以为经，可以保身，可以全生，可以养亲，可以尽年。"（《庄子·养生主》）这里"养生"的意义应该是"保身""全生""养亲""尽年"。

教师引导学生讨论时，要注意从解牛和养生的关联入手。用牛体的复杂结构来比喻社会，用游走于其中的刀来比喻人。两者本质上的共同点是做任何事都必须探求规律，顺应自然，遵循"道法"。

庄子生活的时代，社会矛盾错综复杂，因而他借这个寓言故事，让崇尚武功霸业的文惠君能够警醒，并借文惠君之悟，传达给我们一种"养生之道"：人要顺应自然，不能盲动蛮干，要掌握规律，顺天应人，像庖丁那样巧妙地避开肯綮，避开矛盾，游刃有余地在各种矛盾的缝隙中生存，才能无为而治，养生尽年。

## 五、悟理

对于"庖丁解牛"，各人有各人的理解。管子用它说明用兵攻敌，要乘虚而入；吕不韦在《吕氏春秋》里用其论证神情专一的作用；明代憨山大师说它谈的是"治国之道"。今天，我们读了这个寓言又会得到怎样的启示呢？请同学们联系自己的生活，感悟体验，畅所欲言。

庄子所生活的时代虽然早已远去，但是学问从根本上说是相通的，真理有自己的统一的品格。一则故事带给我们丰富的启迪，多读读经典吧，它能够给予我们宝贵的人生智慧。

最后，借作家王蒙的话和同学们共勉："生命的意义在于追求一种人生的化境。这也许会很难，但只要我们肯琢磨、敢实践，就一定能入境。"怀着高远的追求，只要坚持不懈，相信，我们的人生也能够不断地增加其宽度和厚度！

## 六、作业

请课后阅读《庄子》，从中选出三五个有趣的寓言故事，和同学们交流、分享、探讨。

**附：板书设计**

### 庖丁解牛

《庄子》

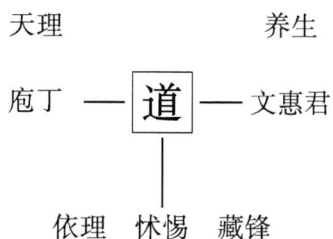

天理　　　　养生

庖丁 —— 道 —— 文惠君

依理　怵惕　藏锋

# 至性之言，自尔悲恻动人
## ——《陈情表》教学实录*

时间：2014年5月13日
地点：芜湖县二中

师：两千多年前，孟子和他的弟子曾经讨论过一个故事。
投影：

桃应问曰："舜为天子，皋陶为士，瞽瞍杀人，则如之何？"

孟子曰："执之而已矣。"

"然则舜不禁与？"

曰："夫舜恶得而禁之？夫有所受之也。"

"然则舜如之何？"

师：桃应问老师："舜做了天子，皋陶担任法官，假如舜的父亲瞽瞍杀了人，那该怎么办？"孟子回答："把他抓起来就是了。"桃应又问："难道舜不阻止吗？"孟子反问："舜怎么能够阻止呢？皋陶是按自己的职责办事的呀。"可是桃应却继续追问："那么，舜该怎么办呢？"同学们，你们读懂桃应的疑惑、看出舜的难处了吗？

生：桃应的疑惑和舜的难处都是如何在法律和亲情之间抉择。

师：是的，一边是自己的父亲，一边是国家的法制。"然则舜如之何？"这一问，问出了"忠孝如何两全"的千古难题。西晋的李密也遇到了这样的困扰，让我们一起来看看，他是如何来化解这个人生难题的。

---

*本文为2014年许纪友名师工作室"同课异构"教学研讨课例。

师：请同学们带着这个问题，听老师朗读课文，看看能否在文中找到答案。

（教师范读，断句，正音）

师：李密究竟遇到了什么样的困扰呢？

生：晋武帝要他出来做官，但是他家中有96岁的老祖母需要奉养。

生：李密的困扰，其实就是在对朝廷尽忠和对祖母尽孝之间难以抉择。

师：两位同学概括得很准确，而且阅读得也很仔细，把祖母的年龄这个细节都把握住了，很好！那么，李密在文中也形象地描述自己两难的处境，同学们注意到了吗？是哪一句？

（生速读，抢答）

师：不少同学都发现了，请一位同学为我们朗读一下这个句子。

生："臣欲奉诏奔驰，则刘病日笃；欲苟顺私情，则告诉不许：臣之进退，实为狼狈。"

师：老师还想问问你，这句话中，李密把自己两难的状态用哪个词来形容的？

生：应该是"狼狈"。

师：你怎么理解"狼狈"一词？

生：进退两难的情状，处境艰难。

师：很好，你发现得既快又准。不过朗读这句话时似乎还缺少了一些情味。没关系，我们先理解这种"狼狈"的内部含义，声音自然就能发之于外，读出情味来了。

师：那么，怎样才能读懂语言的内部含义呢？请同学们一起来看这个词——"奔驰"。"奔驰"是个什么词？

生（齐）：动词！

师：是什么意思呢？

生（齐）：快速奔跑。

师：好，那你能读出这个词语背后李密什么样的心情吗？

生：急切的心情，着急地赶赴朝廷，为皇帝效命！

师：那你再读读"奔驰"这个词，读出了什么情态？

生：嗯，不但写出行动上快跑着去赴任，更写出了李密内心积极为晋武帝奔走效劳，向君主尽忠的急迫之情。

师：那么，李密为什么要这么急切地向皇帝尽忠呢？请同学在课文中找一找原因，看哪位同学能快速地发现信息。

生：因为皇帝对他不断地提拔。

师：你是从哪些句子中看出来的？请朗读一下。

（生默读思考）

生："前太守臣逵，察臣孝廉；后刺史臣荣，举臣秀才。臣以供养无主，辞不赴命。诏书特下，拜臣郎中。寻蒙国恩，除臣洗马。猥以微贱，当侍东宫，非臣陨首所能上报。"

师：这种不断的提拔表现在哪几个词上？

生："察""举""拜""除"，这四个词都是授予官职之意。连用四个动词，写出朝廷对李密的连连提拔与征召重用。

师：透过这些词，我们读出李密怎样的心情？

生：我想李密的心情都在这句"非臣陨首所能上报"中体现出来了。朝廷如此重用，蒙受国恩，李密感激不尽。

师：还能找到其他的原因吗？

（学生沉默，教师点拨）

师：同学们知道"洗马"是什么职务吗？

生：太子洗马，太子的侍从官，负责掌管图籍。

师：嗯，你的文化常识积累得很丰富！不过，洗马一职虽属于东宫，却只是一个三品的职务，比不得一品的太子太傅、从一品的太子少傅职务那么显要。可是刚刚同学们也读到了，李密对这样的任职却说是"非臣陨首所能上报"。你们认为是有什么特殊的原因吗？同学们，读文章时，可别忘了读出其中暗藏的写作背景哦。

生：我知道了！文中写道："且臣少事伪朝，历职郎署，本图宦达，不矜名节。今臣亡国贱俘，至微至陋。过蒙拔擢，宠命优渥，岂敢盘桓，有所希冀。"因为李密身为蜀汉旧臣，晋武帝不但没有惩处，反而能赏识重用，对他来说这当然是一种莫大的恩遇。

生："盘桓"是犹豫徘徊的意思，"岂敢盘桓"是说我怎会犹豫徘徊，不向您尽忠呢？从这句话中，我读出了李密在感激之外，又有一种因为蒙受恩宠而惴惴不安的惶恐心情。

师：你们的体会非常准确，请大家带着这些理解，再朗读一下这个句子。

（生齐读）

师：同学们结合背景，读出了李密想要"奉诏奔驰"、急于尽忠的第二个原因。让我们再读读看，还有其他的原因吗？面对接连提拔，他是怎么做的？

生："辞不赴命"，"辞不就职"。

师：不接受任命，那李密眼下的处境是怎样的呢？请大家看看文中有没有相关的交代。

生：有的！"诏书切峻，责臣逋慢。郡县逼迫，催臣上道。州司临门，急于星火。臣欲奉诏奔驰，则刘病日笃；欲苟顺私情，则告诉不许。"

师：从"责臣"到"逼迫""催臣"，再到"不许"，几个词语的变化中，我们能读出李密当时的处境如何？

生：十分被动，甚至有性命之忧。"普天之下，莫非王土；率土之滨，莫非王臣。"封建时代的"三纲五常"第一条就是"君为臣纲"，要求做臣子的必须无条件地绝对服从于君主，所谓"君要臣死，臣不得不死"。顺我者昌，逆我者亡。李密身为前朝旧臣，蒙受新朝恩遇，却接连辞不赴命。李密若再不奉诏奔驰，事君尽忠，恐怕就要有杀身之祸了。

师：说得非常好！一个"奔驰"，初读，我们只觉得它是个普普通通的动词，然而再读、细读，却读出了李密面对武帝知遇之恩的感激涕零、诚惶诚恐以及对自己境遇的担惊受怕、忧心忡忡。这真是"俱从天真写出，无一字虚言驾饰"啊！

师：读"奉诏奔驰"，我们读出了李密愿为武帝效劳尽忠的真诚的心意。既然有这么多的因素要"奉诏奔驰"，那么李密为什么不去上任呢？

生：因为祖母病了，而且"刘病日笃"，病情还在不断加重。

师：哦，祖母生病就能不去赴任吗？我们今天说家里有一个亲人生病了，我就不按时上班工作了，可以吗？

生：我觉得这是因为李密与祖母的感情非比一般！

师：你是从哪一句话中读出这种"非比一般"的？

生（齐）："臣无祖母，无以至今日；祖母无臣，无以终余年。母、孙二人，更相为命，是以区区不能废远。"

师："更相"是交互的意思，也就是相依为命。那么李密是如何来叙述他与祖母之间这种相依为命的、无法片刻分离的祖孙深情的呢？请同学们读一读，找一找，画一画，品一品。

（生默读，圈画）

生：李密追忆自己童年生活经历时，曾反复强调"孤"字，"孤弱""孤苦"。"孤"指年幼而丧失父母，"弱"对应"九岁不行"，"苦"对应"既无叔伯，终鲜兄弟，门衰祚薄，晚有儿息"。"茕茕孑立"孤孤单单、无所依靠；"形影相吊"只有影子和自己互相安慰。生活给了幼年的李密太多的不幸，剥夺了他童年生活所有的幸福和快乐。如此绝望的时候，全靠祖母的躬亲抚养给了他新的生机。

生：读到这里我仿佛看到了一位五十多岁的老人，在艰难岁月之中，用自己羸弱的肩膀给了这个苦命的孩子一个依靠，一个温暖的世界。一双满是皱纹的大手，牵着一双稚嫩的小手，人生路上，四十年，风雨相伴，相依为命。

师：通过文字，我们读出了生动的形象和鲜明的画面，这就是文字的力量、文学的魅力！让我们沿着李密的回忆，继续研读。李密人到中年，而祖母已是"日薄西山，气息奄奄，人命危浅，朝不虑夕"，面对着"夙婴疾病，常在床蓐"的老祖母，他是怎么做的呢？

生："臣侍汤药，未曾废离。"他日夜守在床边伺候，不离左右。老人真情的付出，换得了晚辈真心的回馈。

师：《晋书·李密传》中也有记述："密奉事以孝谨闻，刘氏有疾，则涕泣侧息，未尝解衣，饮膳汤药必先尝后进。""祖慈"自然"孙孝"，朗读这些文字，我们读出了如此真切的亲情，怎能不让人为之动容呢！

师：至此，我们读出了，一边是报答君主的至诚感念之情，一边是无法割舍的至真奉养亲情。"进"与"退"之间，去与不去之难，我们听到了李密内心怎样的挣扎？不去吧，圣旨催得急；可去了，祖母靠谁侍奉？去吧，为了光宗耀祖、为了优渥的俸禄，前途要紧啊；可去了，祖母已经96岁，怎能弃之不顾？到底应该如何取舍，李密处于两难的境地。带着这份理解，我请一位同学再次朗读李密写自己"狼狈"的两难之境的那句话。

（生动情地朗读）

师：感谢你的朗读，因为你的朗读，帮助我们更深入地体会到李密那种至真至诚的孝情忠情和难以抉择的内心痛苦。

师：忠与孝，是中国文化中两种至善的美德，最理想的境界是"忠孝两全"；如若不能两全时，按照中国人的传统，大多是选择国家大义，先忠后孝。那么，面对两难的困境，李密的选择是什么？

生：先尽孝，后尽忠。

师：是什么促使他做出这样有悖于常理的选择？你能在文中找到原因吗？

生："臣密今年四十有四，祖母刘今年九十有六；是以臣尽节于陛下之日长，报养刘之日短也。"事有缓急，先尽孝后尽忠，奉养祖母之日短，尽忠陛下之日长。从时间的对比中，读出了李密愿意用自己的余生尽忠于武帝，来换取一次向祖母报恩的机会。

生："伏惟圣朝以孝治天下"，晋武帝以"孝"治理天下，对晋武帝最好的忠心就是对祖母尽孝，用自己的实际行动践行武帝的治国之道，成为天下"孝"的典范。从这个意义上说，尽孝就是尽忠。

师：为了报答祖母的养育之恩，李密宁可放弃做官显达的机会，冒着忤逆君主，甚至是丧失生命的威胁，"愿乞终养"；又为了回报朝廷的知遇之恩，许下了"生当陨首，死当结草"的诺言。忠君之情与一片孝心，令人感动涕零。

投影：

"武帝嘉其诚，赐奴婢二人，使郡县供其祖母奉膳。"——《华阳国志》

"后刘终，复以洗马征至洛。"——《晋书·李密传》

师：史书记载，武帝览表后感慨道：士之有名，不虚然哉！不仅不再勉强他出仕，还嘉其诚款，赐奴婢二人，使郡县供其祖母奉膳。而李密在祖母去世后，服丧期满，也兑现自己的承诺，出任太子洗马，官至汉中太守。李密用他的"诚"打动了晋武帝，也用他的"诚"兑现了自己的诺言。

师：面对忠孝难以两全的人生难题，李密上陈情一表，用至真的孝情、至诚的忠心，化解了忠孝的矛盾。"夫孝，始于事亲，终于事君。"在李密的选择中，我们对孝的理解更加深刻。"至性之言，自尔悲恻动人。"带着这份感动，让我们一起再次朗读《陈情表》。

# 情到深处归平淡，平淡之中见至情
## ——《项脊轩志》教学设计*

  《项脊轩志》是明代文学家归有光所作的一篇回忆性散文。作者借一轩记三代之往事，睹物怀人，悼亡念存。文章叙事娓娓而谈，用笔清淡简洁，语言自然本色，却朴而有致，淡而有味，在平淡琐碎的叙述中寄寓了深厚复杂的情感。这样的文章容易读，因为没有多少文字理解上的障碍；却又很难读得深入，往往因其事细而语淡导致浮光掠影、一带而过。因此，本课教学将重点放在引导学生诵读感悟，从文字细节入手，体会作品"极炼如不炼，出色而本色"的创作特点和艺术魅力，培养学生细读品鉴的意识和清正雅洁的阅读品位。

◆  **教学目标：**

  1.诵读品味，欣赏文章笔墨清淡而情意缠绵的语言，培养学生阅读鉴赏的能力；

  2.感受作品的独特风格，学习从日常琐事中选取典型细节来抒写感情的写作技巧。

◆  **教学过程：**

## 一、情境创设，设疑导入

  同学们好！很高兴来到美丽的威海，和大家一起踏上美妙的语文学习之旅。课前短暂的休息时间，大家还在争分夺秒地阅读《项脊轩志》这篇课文，让我格外地感动。那么，大家初读之后有什么感受呢？

  这篇看似平淡的写家常琐屑之事的文章，却被尊为"明文第一"，历代的文人为之倾倒，给予了它极高的评价。为什么平淡琐屑也能拥有如此强烈的感

---

* 本文为2016年全国第五届"教育艺术杯"课堂教学大赛高中组一等奖课例。

染力呢？下面，让我们一同细细地品读，或许，我们会获得新的认识。

## 二、读准字音，学会断句

首先，让我们通过朗读来初步感受作品，用声音来触摸文本。请男同学朗读第一段，女同学朗读第二、三两段，其余的部分我们一起读。同学们请拿出笔，边读边画，标出字音和词语理解方面存有疑惑的地方。

预设：

1.字音。

"以当南日"的"当"读"dāng"，表示阻挡、挡住，比如"螳臂当车"。"呱呱而泣"的"呱"读"gū"，小儿的哭声。"或凭几学书"的"几"读"jī"，表示小或矮的桌子，比如茶几。

2.文化常识。

"先妣"，指先母，有"如丧考妣"一词。

"束发"，指系结头发。古代男子15岁时束发为髻，表示成童。《大戴礼记·保傅》中记载"束发而就大学，学大艺焉，履大节焉"。

"象笏"，指象牙手板。古代大臣上朝皆持手板，用玉、象牙或竹片制成，用以指画或记事。

古汉语中的这些词汇，往往承载着丰富的民族文化和历史信息，我们学习时要留心积累，并及时加以整理。

## 三、披文入情，因枝振叶

读文先读题，题目是文章的眼睛，哪位同学能说说课文题目的含义？

"项脊轩"是作者的书斋名，"项脊"这个斋号通常有两种理解，一说言其窄小，如颈背之间；一说因其远祖归道隆曾居住在太仓项脊泾，作者以此命名书斋，有怀宗追远的意思。"志"是一种记事抒情的文体，相当于"记"，是通过记述事物抒发感情见解的一种文体。这篇文章就是通过记述与项脊轩有关的人和事，来抒发自己的情感的。那么，围绕这间书斋，作者记述了哪些人和事呢？

讨论明确：修葺书斋、诸父异爨、怀想母亲、感念大母、追忆妻子。

# 四、循声得情，以心会心

明人王锡爵在《归公墓志铭》中评价："震川文，无意于感人，而欢愉惨恻之思，溢于言语之外。"王锡爵读此文，读出了看似平淡的文字下，深藏的欢乐愉快和忧戚悲痛的情感。下面，请同学们自由朗读课文，也可以相互讨论，看看有哪些语句让你感受到了这种"欢愉惨恻之思"？请边读边勾画圈点，在学案的"评点栏"中写下你的感受。

学生自读，分享交流。

（一）诸父异爨

研读："内外多置小门墙，往往而是。"

墙与门，象征一种亲情被隔断；用"往往"这个叠词，渲染了多和乱，墙越多，门越多，亲情越少。

讨论：为什么要强调由"篱"改为"墙"？

"篱"是临时的、通透的，隔而不绝；而"墙"则不同，永久而坚固，表明了筑墙者决绝的态度——不只是简单地加固，而是长久地隔离。

家族文化的传承，于中国人来说，近乎宗教式的神圣。据记载，归家祖上曾有过五世同堂的盛况。作为归氏后裔中的长房长子，面对大家族的分崩离析，可以想象归有光多么痛苦。但是我们发现在表现刻骨铭心的伤痛时，作者的语气不是痛彻心扉的哀号，而是采用轻淡的语气，好似冷眼旁观，观什么呢？

不写分家时的争吵，而将镜头对准分家后"鸡""犬""篱""墙"等看似不连贯、琐碎的，但极其富有特征性的细节。"东犬西吠""鸡栖于厅"，原本都是亲密和睦的自家人，"犬"本不该乱"吠"，而今在一声声的犬"吠"中，"骨肉为行路"；鸡鸭之类的家禽，本不该出现在大户人家的庭院中，现在却栖息于厅堂之上，表现了家道之衰落、体面之不存和心情之伤痛。

此外，不直接写家人，反而从客人（外人）的角度来写，客观地再现分家后的景象。如"逾庖而宴"，本该"远庖厨"的"君子"，也不得不越过厨房，才能去吃饭。运用写实的笔法，不悲而自悲，在冷峻中流露出了无尽的酸苦和复杂的人生况味。

（二）怀想母亲

研读：母亲听到姐姐"呱呱而泣"时，用手指轻叩南阁子的门扉，"儿寒乎？欲食乎？"一句问话，慈母的关切疼爱之情自然流露。

思考：为什么用"叩"字？能不能换成"拍"呢？

"叩"动作较轻，表示敲门时很小心。一个极普通的动作描写，却道出了母亲关心孩子又怕惊吓着孩子的复杂的心情，传神地摹画了慈母的鲜明形象。读来如见其人，如闻其声，使人真切感受到那份浓浓的母爱。

思考：结合归有光《先妣事略》，分析为什么在叙述母亲时需要借助于老妪之口？

投影：

孺人死十二年，有光补学官弟子，十六年而有妇，孺子所聘者也。期而抱女，抚爱之，益念孺人。中夜与其妇泣，追惟一二，仿佛如昨，馀则茫然矣。世乃有无母之人！天乎？痛哉！

一是，从结构角度来看，"尝居于此""某所，而母立于兹"，可见老妪和项脊轩的关系，紧扣项脊轩展开回忆，更集中；二是，从感情表现的力度看，《先妣事略》中"世乃有无母之人！天乎？痛哉！"的悲呼虽然情感激动，但借助老妪之口讲述却表现出幼年丧母，连对母亲的回忆都成了奢望，还要借助他人来弥补记忆，何其痛哉！

林纾说："震川之述老妪语，至琐细，至无关紧要，然自少失母之儿读之，匪不流涕矣。"（《古文辞类纂选本〈项脊轩志〉评语》）可见，选择老妪之口叙述母亲的故事，恰恰能将情感推向高潮。

（三）感念大母

文中俯拾皆是美，祖母的话最动人，特别是"吾家读书久不效，儿之成，则可待乎！"

研读：祖母共说了三句话，这三句话的语气、语调如何？

请一生试读，其他同学认真听，评价并阐述理由。

通过对"以手阖门""自语曰""顷之"等语言细节的朗读品味，感受到这三句看似平淡的文字，写出了深深的亲情。即使是"自语曰"这样的动词，"顷之"这样的时间词，都无一处是闲笔。

（四）追忆妻子

研读："庭有枇杷树，吾妻死之年所手植也，今已亭亭如盖矣。"

树已长成，斯人不在。多少思念、多少辛酸、多少无奈，欲言却止，都化作这一声"今已亭亭如盖矣"的叹息。以景结情，虽无一"泪"字、无一"情"字，却让人潸然泪下。

研读："吾妻来归，时至轩中，从余问古事，或凭几学书。"

寥寥数语，却让我们想象出诗画互酬，西窗共剪，"红袖添香夜读书"的甜蜜温馨的画面。

思考：书斋中，夫妻琴瑟和鸣、缠绵欣喜的对话肯定有很多，为什么作者单只记录了"闻姊家有阁子，且何谓阁子也？"一句？想象一下，这句话背后省略了哪些内容？

小妹们怎么会知道姊家有阁子的？透过小妹们的"问"，我们想象出妻子归宁时曾经幸福地向小妹们讲述婚后的甜蜜生活的情景：小妹们七嘴八舌地探问、好奇又羡慕的眼神，以及妻子自豪又娇羞的神态。此外，小妹们打探的这些话语，是妻子说给丈夫听的，本是女儿家的私房话，却和丈夫分享，可见夫妻无话不谈，亲密无间。

情感体验就像三棱镜，透过琐碎的细节、简单却传神的文字，我们读到了一个多彩的、立体的世界，触摸到了作者丰富的内心世界。

思考：作者写回忆母亲时是"泣"，念及祖母是"长号不自禁"，但面对爱妻的亡故，既不泣，也没有长号，只是冷静地写了一句："吾妻死，室坏不修。"如果改为："庭院深深，吾妻之笑语仍在耳侧，余自伤，泣不能已。"你觉得哪一种更好？为什么？

一种是情真意切，悲恻动人；而另一种是克制下的冷峻，风格迥异。

投影：

全文分两个时期写成，前三段写于作者19岁风华正茂之时，后两段是在妻子死后，作者35岁左右补写的。

十几年间，作者历经沧桑，科举不顺，亲人故去，饱尝生命之痛，也学会了克制坚忍。平淡的语言下其实是哀恸在心，饱含了复杂的人生况味。

## 五、缘经求法，余音袅袅

细读文本，我们读出了其中的欢愉惨恻，《项脊轩志》可谓一曲深沉的人生哀歌。看似平淡琐屑的语言文字，娓娓道来，笔意极淡，实则精巧；而睹物怀人，感情至深。

《项脊轩志》之所以有穿越时空的动人艺术魅力，并非不事雕琢，而是采用平实的文字、轻淡的语气，从巧妙的角度，用丰富的细节刻画出鲜明的形象。《艺概》云："极炼如不炼，出色而本色。"《项脊轩志》就是这样的典范之作，看似寻常平淡，实则至巧；看似笔意极淡，实则是至情之文。

请同学们课后研读归有光的《寒花葬志》，进一步体悟这种"极炼""出色"的手法。由衷地希望我们能够借助这些阅读感悟，突破自己写作上的困境，学会将看似平淡、琐屑的材料融入深厚的情感，达到不修饰而情辞并得，不言情而情意无限的美好境界。

# 老妪琐屑家常语，道出婉转无限情
## ——《项脊轩志》教学镜头一

时间：2016年7月20日
地点：山东威海
班级：威海二中高二理科实验班

师：《项脊轩志》中作者深情追忆了祖母、母亲和妻子，至亲至情，令人动容。但为什么要颇费周折地插入老妪这个配角来转述母亲，而不直接回忆呢？

（课堂静默）

师：这个问题有一定的挑战性，归有光曾写过一篇专门追忆母亲的文章——《先妣事略》，大家可以结合其中的文字思考。

投影：

（孺人死）十六年而有妇，孺人所聘者也。期而抱女，抚爱之，益念孺人。中夜与其妇泣，追惟一二，仿佛如昨，馀则茫然矣。世乃有无母之人！天乎？痛哉！

生：《先妣事略》中说"追惟一二，仿佛如昨，馀则茫然矣"，可见归有光对母亲的记忆非常模糊，因此，借老妪追忆母亲，首先是忠实于生活的本原。

师：能推知母亲去世时，他大约几岁吗？

生：《项脊轩志》前三段写于19岁，"后五年，吾妻来归"，《先妣事略》说"（孺人死）十六年而有妇"，可以推算出母亲去世时，归有光才八岁左右。

师：你能从材料的关联点推断探究，很好。

师：可是，相较于《先妣事略》的结尾，作者呼告悲叹："世乃有无母之人！天乎？痛哉！"转借他人之口，是否削弱了情感表现的力度呢？

生：我不这么认为。直抒胸臆固然悲怆，但哀恸在心，有时却能够更加令人动容。

师：哀恸在心？

生：失去母亲，是人生之痛，但如果连对母亲的记忆都是茫然一片，还要借助他人的叙述来填补，来想象，这才是人生至痛。

生：老妪的讲述让"我"知道了，母亲曾来过这间小屋，曾站在某所，曾以指轻叩门扉……一遍遍反复讲述，一条条零零碎碎的信息，于"我"却是珍宝。依靠它们，"我"才能在脑海中想象、拼接、勾勒出母亲的样子。让老妪来讲述母亲，读来更是心酸！

师：说得真好，当回忆都成了奢望时，何其痛哉！林纾曾在《古文辞类纂选本〈项脊轩志〉评语》中叹道："震川之述老妪语，至琐细，至无关紧要，然自少失母之儿读之，匪不流涕矣。"所以，插入老妪这个一配角来转述母亲，将幼年丧母之痛表现得真实而又婉曲沉重。

师：老妪忆母共计114字，其中55字叙点滴细事，摹慈母音容，这一部分往往是我们关注的焦点，而余下的59字是否为赘笔呢？

生：文章题为《项脊轩志》，即记述与项脊轩有关的人和事。而"家有老妪，尝居于此"这一句话，交代了老妪与项脊轩的关系，也暗藏着围绕题旨选择材料以及结构文章之巧妙。

师：穿针引线，结构文章。

生：文中说"室西连于中闺，先妣尝一至""妪每谓余"，对母亲的这一次到来，老妪念念不忘，每每深情回忆，又说"语未毕，余泣，妪亦泣"，可见老妪对这位逝去的女主人的深挚情意。

生：我觉这句话也侧面表现出母亲的宽厚仁爱。老妪是先大母的婢女，乳二世，而"先妣抚之甚厚"。正是母亲的宽厚善良，才令饱经风霜的老人感念于心难以忘怀。

师：同学们的品读越发细致入微了。"一"与"每"看似寻常，老妪身份的叙述看似闲笔，却在对比中，不着痕迹地揭示了讲述者的内心，也使得母亲的形象更加完整丰满了。

师：刚刚同学们提到了结句"语未毕，余泣，妪亦泣"，为什么不简略为"余与妪皆泣"？

生：我觉得这样写虽然繁复，却更见真诚。年少的"我"因丧母而痛，想克制而不能，故而低声啜泣；老妪为少年的哭泣所动，心头泛起人世酸辛，不禁老泪纵横。

师：一先一后，有着双重的沉重。

生：我觉得未必是先后，而是一老一幼，一主一仆，对泣于室，泪湿沾襟。

师：嗯，很有画面感。虽有年龄、身份的差异，情义却一样动人。

生：我只觉得这一组短句中"泣"字反复出现，满纸泪光，不忍卒读。

师：你的语感很好，的确如此。沉浸回忆时用长句，娓娓道来，款款叙事，一往情深；回到现实则用短句，言简而意丰，语约而情深。

师：刘熙载《艺概》云："极炼如不炼，出色而本色。"老妪这一配角看似寻常，却暗藏了生活真实、作品结构、艺术形象、情感表现等多重至巧的构思；琐碎的家常话语，看似平淡，实则至情。真是不修饰而情辞并得，不言情而情意无限。

# 从有声到静寂：谛听作者内心的声音

## ——《项脊轩志》教学镜头二

时间：2016年7月20日

地点：山东威海

班级：威海二中高二理科实验班

师：《项脊轩志》一文仅有684字，然而字字关情。除了记述旧事之外，作品中一些隐秘的声音也刻录了记忆，诉说着作者的心音。仔细揣摩它们，能够帮助我们走进归有光的内心世界，探得归氏小品文艺术之妙。

师：大家留意到了吗，作者忆及生命中三位至亲之人时，是怎样的情态和声音？

生：念及母亲时，"余泣"；回忆祖母，则"长号不自禁"；但爱妻亡故，没写情态和声音。

师：这些描摹声音的字眼，向我们传递出哪些信息？

生："泣"是低声啜泣，"长号"是不可抑制地哀号，音量的大小意味着"可悲"之情逐渐加深。可能是由于母亲去世得太早，作者对母亲的情感不如对陪伴自己成长的祖母更深。

生：我觉得"长号不自禁"，不仅是思念，还因为想到祖母的殷殷期望，再回忆祖母"他日，汝当用之"的笃定神情。回忆母亲，情动于衷，但尚能节制，有泪无声；回忆祖母，则思念、愧疚种种心痛涌上心来，悲伤之情难以自抑。

师：的确，声音的变化传递出复杂的人生况味。那后来面对爱妻的亡故，为何反而默默无声呢？

生：我想爱妻早逝，作者悲痛至极难以哭诉，无法言语，所以无泪无声。

师：哀恸在心，欲哭无泪，欲语还休。

生：我觉得无声是因为历经沧桑，饱尝了生命之痛后，作者已经学会了克制和坚忍。前后的变化写出了生命成长的历程。

师：你的感受非常细腻，这篇志是分两次写的，前部分是作者19岁时写的，后两段是作者在妻子死后，大约35岁时补写的。

生：难怪读出了一种冷静的成熟和理智呢。

生：我觉得不仅是理性地克制，更多的是生命无法言说之痛。科举不顺，亲人故去，多少无奈，多少伤心，现在就连爱妻也撒手而去，"无处话凄凉"。

师：虽无泪，无痛哭，越是克制，越见出内心凄凉。

生：但我感觉此处虽不言声音，不摹痛状，未必是没流泪没哭泣，只是一种冷静理智的写法吧，不言伤痛而让读者自己去想象感受。

师：借助什么来想象感受呢？

生：你看，曾经不辞辛劳修葺的项脊轩，现在却"室坏不修"，因为它是作者和妻子爱情的见证，斯人已逝，害怕睹物思人。不言自明，修与不修，对比之中内心的悲恸早已流露出来。

师：清人王锡爵在《归公墓志铭》中说："震川文，无意于感人，而欢愉惨怛之思溢于言表。"从有声的哭泣、长号到无声的寂静，作者用声音的变化诉说着身世遭际和生命成长，落笔在无声，读来却倍感凄凉。

师：好，继续探究，除了"人声"之外，文中的"物语"又诉说了哪些欢愉惨怛之思？

生：书斋修葺一新时，"小鸟时来啄食"，"桂影斑驳，风移影动"，"万籁有声"；可到了诸父异爨时，则"东犬西吠""鸡栖于厅"。

师：前者传递出哪些信息？

生：鸟语花香，风拂花木，和谐清雅的氛围，表现了作者高洁的志趣和怡悦的心境。

师：面对诸父异爨，作者不写家人，而将镜头对准"鸡、犬"，描摹其声，有何用意？

生：此起彼伏的犬吠、嘈杂凌乱的鸡鸣不绝于耳，表现出家道之衰落、体面之不存和心情之伤痛。

生：客观再现分家后的场景，展现家族的分崩离析。透过这种写实的笔法，可以感受到作者内心无尽的酸苦。

师：冷峻地描述，不悲自悲。从"万籁有声"到"东犬西吠""鸡栖于厅"有何用意？

生：嘈杂的声音打破了轩中的宁静，也打破了作者内心的宁静，暗示着生命不可承受之痛将接连而至。

生：杂乱的外界声音一如作者痛彻心扉的哀号，是以外物写内心。

师：很好，你们能够从"物语"的变化中读出丰富的内涵。那么结尾，这座承载着作者生命成长记忆的宅院中声音又有什么变化？

生："庭有枇杷树，吾妻死之年所手植也，今已亭亭如盖矣。"

师：这是怎样的声音？

生：树已长成，斯人不在。轩中万籁俱寂，只回荡着这一声"今已亭亭如盖矣"的幽幽叹息。

师："万籁俱寂"？开头是"万籁有声"，这其中是否有着某种寓意？

生：开头虽居陋室，寒窗苦读，却有无穷的乐趣和诗情。外物"万籁有声"衬托了"我"内心的平静和满足；结尾至亲之人一一离去，睹物思人，悲痛不已，外物"万籁俱寂"反衬了"我"内心的哀恸。

生："万籁有声"的欢乐年华一去不返，只留下沉痛的悲凉和无边的死寂。

师：文中的"人声""物语"，都是从有声到静寂。这微妙的变化，诉说着作者命途多舛的遭际和从豪情热烈到黯然冷寂的人生况味。近代文学家林纾曾经感叹此文"琐琐屑屑""家常之语"，却令人百读不厌。我想，其艺术魅力就在这些点滴的细节之中吧。

## ◎ 研精覃思

# 在真切的对话中，让语言和思维生长

## ——《寒风吹彻》执教有感

2018年11月，我有幸受邀为"长三角语文教育论坛"做教学展示，这次会议的研讨主题是"语言运用与思维提升"。根据本届论坛的主旨，我选择了苏教版选修教材中的《寒风吹彻》一文。这是一篇经典美文，也是一篇经典难文，篇幅长，语义深，曲折回环的笔法中时空交错、冷暖交织，渗透着厚重的生命哲学意识。用40分钟的时间执教此文，于我而言，是一场前所未有的挑战，也是一次充满期待的探索。

## 一、深入调研，问题驱动

备课之初，我曾固执地认为如此深刻的文本一定要用高深的理论来解构。于是我寻经求典，查找古今中外有关散文创作的理论，尝试从现代叙事学的角度来解析作品中时空转换的写作方法；我大量阅读有关作者刘亮程的研究著述，尝试从死亡意识的角度理解作品中的生命感悟。

然而，煞费苦心的努力却在一次次的试教中惨遭失败。我发现，自己高举着学理的火炬，却照不亮学生阅读前行的道路，相反，从他们的眼神中，我读到了更多的茫然。一次次的失败让我清醒起来，面对复杂深奥的文本时，学生最需要的真的是那些高大上的理论吗？在那茫然的眼神背后，究竟有怎样的困惑？于是我利用课间，与学生聊天，鼓励他们说出真实的感受；在前辈和同仁的启发下，我制作了阅读反馈单发给学生，用"触动我的语句有哪些？"和"我的阅读困难是什么？"这两个问题，尝试了解不同层次学生阅读的实际困难。一些学生告诉我，这篇文章他们"读得很累，作者一会儿说这，一会儿说那，跟不上他的思绪"；很多学生表示"感觉文字非常寒冷，很多句子令人内心受到了触动，但是又感觉作者对生命的态度似乎模糊而矛盾，难以言说"……一次次真实的对话，让我找到了学生阅读此类散文时共性的问题——容易陷入局部语句，不能从整体上观照理解作品。

基于真实的学情，我果断地放弃了以学理解构文本的执念，确定了以"梳理作者的思绪"这一任务作为研读的起点和教学的重点，引导学生站在整体观照作品的角度，还原作者思绪的起点、经过和终点，梳理作者意识流动的脉络，以此发现篇章布局中时空交错的特点；在此基础上，深入细节，重点品读30岁的"我"对生命发出的议论性语句，从而读懂作者以悲悯的情怀思考人生、以坚忍的努力面对苦难的人生彻悟。

## 二、聚焦文本，提升思维

一提到"思维"，很多人的第一反应就是理性辨析，我也不例外。为了切合"语言运用与思维提升"的研讨主题，起初，我一头扎进对文章写作思维的研究中。按照我的构想，课堂研讨中，我们应当聚焦散文思维的特性，从作品由自然而人生、由形象而抽象的特点中归纳出相似思维；从作品叙事时间的跳跃和言语形式的矛盾的特点中归纳出时间思维。

可现实与构想之间似乎缺少了什么。在试教过程中，我发现关于散文思维特性这个问题，我和学生根本无法有效地对话，尽管我自认为讲得头头是道、清清楚楚，学生却还是不明就里。在研讨中，全国中语会副理事长杨桦老师以当时社会热议的某明星"阴阳合同"话题中为什么不用"真假合同""黑白合同"为例，启发我认识到语言和思维是水乳交融密不可分的，如果忽视了对语言文字的咀嚼去追求思维的发展与提升，就如同空中楼阁，是根本无法实现的。我恍然大悟，重新思考教学的方式，老老实实地回归到文本细读的传统。我挑选出学生非常喜爱却又难以理解的"雪落在那些年雪落过的地方""生命本身有一个冬天，它已经来临"等语句，借助诵读、思辨、研讨等言语活动，通过与马尔克斯《百年孤独》中回溯性的叙事笔法进行类比等方式，引导学生读懂文章从篇章到句内的结构形式，读出过去、现在和未来三重时空转换，循序渐进地实现思维认知的发展与提升：从关注零散语句和叙述性故事片段的感性认知层级，到关注散点之间、故事之间的内在联系和言语形式内在特征的理性认知层级。

### 三、直面意外，顺势而为

作为长三角语文教育论坛这样高规格的展示课，呈现新颖的教学理念和巧妙的教学设计是我为自己设定的要求。因此，我精心设计了让学生为散文绘制思维导图、补写人物心理活动、巧填关联词辨析情感等活动，想以这些教学手段带给同行们一种教学策略的新鲜感和惊艳感。

11月24日下午的展示课上，正当我要把学生往设计好的思维导图的路径上引导的时候，意外发生了：一位男生对他要概括的对象接连三次改换措辞，先说"路人"，又说"老人"，又改为"上了年纪的人"，引起了全班同学的哄笑。这意料之外的回答，改变了我的课堂教学节奏。而他的纠结也令我陷入一时的纠结中——继续按照预定的教学设计走下去，可是学生的这个困惑又那么真实地存在着；如果针对这个问题展开深入研讨，就意味着必须舍弃原本可能赢得听课教师喝彩的漂亮的教学设计。

怎么办？那个男生还站在那里挠着头，口中念念有词，其他的学生已经小声地开始了自发讨论和辩驳。每位同学都在积极地思考，在互助中合作研讨，这不正是我们一直期待的课堂吗？还有什么精彩的设计能带来如此美妙的思维碰撞啊？我当机立断，舍弃之前的教学方案，改为研讨文本中"路人""老人"

"上了年纪的人"三个称呼变换背后的用意。没有运用什么特殊的策略，不再试图运用什么值得炫示的技巧，我们就围绕这个来自学生的真实的困惑，细细地品味，真实地对话。而令人感动的是，正是这个意外地一闪而过的火花，点亮了学生的思维，帮助他们打开了文本最为隐秘的内部结构——"由自己到他人的生命观照"。同学们通过对三个称呼的揣摩，深入地体味文本的语言，走进了作者复杂的内心世界，用理性思辨的哲学之光真切地照亮了彼此的生命。

刘亮程说："文学，就是在为我们的精神创造一种绝处逢生。" 真实地阅读、真切地对话，让我惊喜地感受到了学生语言和思维的悄然生长。一次探索，一份感动，寒风吹彻中，那场关于文学的梦、关于语文的梦始终是温暖的。

# 思维品质培养：从破除思维固化开始

## ——以《装在套子里的人》教学为例

新课标重视思维品质的发展与提升，因为它是语文核心素养培育的关键。然而，检视当下语文教学，教与学双方普遍存在严重的思维固化倾向：学生受阅读习惯和认知经验的影响，思维僵化滞顿；一些教师因偏狭甚至错误的教学认知，往往采用刻板的教学模式，非但无益于学生的思维品质发展，反而助长其思维惰性。

迫切的需要和严峻的现实提醒我们，应洞悉学生的思维现状，破除教学固化的"套子"，设计有效的学习方案，激发学生思维活力，拓宽思维路径，引导他们深入文本沉潜涵泳，以实现思维的持续发展和不断深化，逐步提升其思维品质。下面以经典课文《装在套子里的人》教学为例，谈谈笔者的一些做法和思考。

### 一、创设认知冲突，突破思维惰性，激发思维灵活性

思维惰性是影响思考深入的首要阻力。学生自主阅读往往始于对内容的好奇，一旦好奇心得到满足，思维就容易陷入慵懒的状态。同时，这种仅仅指向内容需求的阅读，常以跳读浏览的方式囫囵吞枣，以致养成笼统粗疏的阅读习惯，由此形成的认知判断也是浅表化的。这种思维现状，就是教学的起点。教师应针对性地设计出既符合学生真实能力，又能唤醒其思维动力、突破思维局限的学习任务，避免采用刻板固化的教学模式，防止课堂研讨始终在思维表面滑行而陷入高耗低效的境地，加剧学生的思维惰性和认知僵化。

教学《装在套子里的人》，很多教师都习惯于从梳理情节入手。诚然，情节作为小说"三要素"之一，又是学生最感兴趣的内容，放在教学伊始并不为过。但是，对于高中生来说，初读后完成情节概括并非难事，不仅如此，他们

对别里科夫的形象和"套子"的隐喻意也能朦胧地感知。此时，教师如果仅仅给出"概括小说情节"的指令，非但不能激起学生思考的意愿，反而还会助长他们观其大概不顾细节的不良阅读习惯。

引发思考的触媒往往是真切的疑问，而真切的疑问源于对文本细致入微地阅读。备课时笔者发现教材删去了原著中这样一段话："如今他躺在棺材里，他的神情温和、愉快，甚至高兴，仿佛他在庆幸他终于放进一个套子里，从此再也不必出来似的。是啊，他实现了他的理想！"从文本前后的连续性看，这段文字恰是文章的点睛之笔：作者在前文中多次写别里科夫"苍白"的脸色、恐惧不安的神情；然而在生命终结时，向来胆小怯懦神经兮兮的别里科夫竟然神色安然，甚至面露喜色。这正是契诃夫讽刺艺术的高妙之处，也是读者透视人物心理、揣摩作品意旨的良机。因此，笔者以"别里科夫的神色"为抓手，设计了筛选概括—想象补写—拓展对比的系列任务，用这个富有感染力的特殊细节巧妙激发学生的认知冲突，引导他们跳出简单粗疏的思维模式，深入阅读文本，还原人物内心真实细腻的情感，进入真正的思考状态。

1.看"脸色"：任务促读，激发思维动力。

课文多处写到别里科夫的脸色，但学生初读时往往不会留意这些细节。这些认知的盲点，恰是激活慵懒思维的巧妙入口，于是笔者要求学生再读课文，找出描写别里科夫脸色的语句，并简要阐述相关的情节。意外的"陌生"破除了先入为主的"熟悉"，促使他们重拾文本，细致阅读。

通过细读筛选，学生整理出了别里科夫的"脸色晴雨表"：①他常凭唉声叹气和他那"苍白"的小脸上的眼镜，降服其他教员；②他胆小多疑，通宵做噩梦，早晨经常是"没精打采，脸色苍白"；③漫画令他"脸色发青，比乌云还要阴沉""嘴唇发抖"；④华连卡姐弟骑自行车令他"脸色从发青变成发白"；⑤被科瓦连科顶撞后，他"脸色苍白""心慌意乱，匆匆忙忙地穿大衣，脸上带着恐怖的神情"。

筛选这些脸色描写，串联起别里科夫的日常生活和典型事件，既完成了对小说情节的梳理；同时，反复出现的"苍白"一词也成功地唤醒了学生的有效注意。于是笔者顺势提问：为什么作者赋予别里科夫一张"苍白"的脸？这个问题切中了他们的疑惑，激起了进一步的思考。有的说"苍白"是别里科夫胆小多疑、神经衰弱的外在表现；有的认为"苍白"恰是他空虚无聊、死水般生活的写照；还有学生从符号意义角度，认为"苍白"是其畸形人格特质的外化标志。一张"苍白"的脸，引发了多元的思考，学生的思维之花绽放了。

2.绘"神情"：想象补写，摒弃固有偏执。

紧承上一环节的关键词"脸色"，要求学生发挥想象，补写别里科夫被安葬时的神情。设计这一活动，强化了学生对人物性格发展应遵循合理的逻辑的认识，又引导他们站在人物命运结局处逆向思考，借助摹写，深入揣摩主人公复杂的内心世界及其形象意义；而读写结合的方式，也为学生展示个性化阅读感悟提供了机会。

果然，如此直面死亡、"重口味"的微写作任务让学生倍感兴奋，有学生坦言："这个任务看起来惊悚刺激，不过确实有趣。"他们纷纷用文字表达自己的理解：有的写"瞪大的双眼、微张的口，对这个世界恐惧害怕又满是不解"；有的写"难以抚平的紧锁的眉头，满脸的深沉忧思"；有的写"从胆战心惊的生活中获得解脱，安详平静的脸色"；有的写"古怪神秘的表情，难以猜测的内心"……千姿百态的想象、迥乎不同的描摹，展现了学生阅读中真实的思考和个性化的思维成果；不同的答案碰撞出思维的火花，点燃思考的热情，使他们得以破除原先的偏见，在思辨中获得新的感知。

充分交流研讨后，教师出示被删的原文，引发学生新一轮的激烈讨论。从跳出"自我"到思辨"异己"，再到探究作者意图，思维之路向前延伸。一份独特的"神情"，驱动他们用全新的眼光重新打量别里科夫：你究竟是一个什么样的人？

3.寻"异样"：比读原著，引发认知冲突。

思考能力往往取决于认知主体的知识结构，而知识结构除了受自身经验的影响外，更多的是取决于获取材料的可靠性和丰富性。受篇幅所限，教材中的文本多是节选，如能适当引入原著参照对比阅读，对提升学生的思维品质大有裨益。

基于这样的认识，笔者沿着上一环节留下的阅读期待，推荐学生阅读原著，找出除了紧张不安、害怕恐惧外，主人公生前还有哪些别样的神情。

原著饱满丰富的内容让学生大呼过瘾，而继续寻觅神情的任务再度激发了他们探究的热情。很快学生发现了三种别样的神情：①别里科夫称赞自己教授的古希腊语时有这样的描写："'啊，希腊语多么响亮，多么美！'他说，露出甜滋滋的表情。"②别里科夫初见华连卡被她活泼热情的歌声吸引，"他挨着她坐下，甜滋滋地微笑着说：'小俄罗斯的语言那么柔和清脆，使人联想到古希腊语言。'"③别里科夫为即将到来的结婚而感到不安，向布尔金诉苦时"淡淡地苦笑一下"。

这些细节的发现，打破了他们对别里科夫简单僵化的认识，引发了认知的冲突与重建。有学生感慨道："虽然在故事叙述者布尔金看来，别里科夫教授古代语言不过是借以逃避现实生活，但这'甜滋滋'的表情和对华连卡真诚赞美时的'甜滋滋的微笑'，还有那'淡淡地苦笑'，却让我们看到了别里科夫的真实情绪，作为'人'的真实情绪！"的确，这些别样的神情真实地展现了这个谨小慎微、顽固保守的"套中人"在"入套"和"出套"间的彷徨挣扎。由此，学生意识到别里科夫并不只是一个脸谱化的符号，而是一个真实的生命个体。

找准思维症结，跳出教学窠臼，一次次微妙的"神色"变化，漾起了学生思维的涟漪，激荡起对文本深处生命律动的回响。

## 二、发现隐性信息，拓宽思维路径，培养思维创造性

观察阅读教学，经验思维通常占据了主导。读《装在套子里的人》，学生往往直接套用初中学习《变色龙》的经验，根据"告密""辖制"等词语，联系契诃夫小说的总体特点，迅速判定别里科夫是无耻的告密者、小说主旨是批判沙皇专制制度。这种单凭以往的学习经验，沿着固定思路分析问题的定式思维导致了概念化的认知和狭隘封闭的思维困境。再从教学的角度看，即便很多学生初读就能分辨"套子"有形与无形的双重含义，很多教师还是紧盯着这个所谓的"关键词"，或圈画描摹"套子"的词句，或征引名家论断，或借用专业理论，进行生硬刻板地解读。这种"定点分析＋经验移用"式教学，枯燥

而沉重，禁锢了开放灵活的思考，扼杀了创造性思维产生的可能。

如何才能剔除思维的沉疴，重振学生的思考力呢？经验思维的特点是判断多而论证少，即便有论证，也是基于逻辑的推论多，基于信息的实证少。鉴于此，笔者认为，教师必须首先自我"解套"，打破文本显性信息的局限，大胆开拓，借助科学深入的分析研究和敏锐独到的价值判断，将文本中有价值的隐性信息发掘出来，引导学生打开视野，在多元的思维路径中开展深层次的探究性学习，培养实证思维和深度思维能力。

1.原点发散：与谁有关？

发散思维是创造性思维的主力军，是提升思考力的基础。笔者鼓励学生细读原著，把思维从别里科夫这一个点上发散开来，多向度辐射，找出影响别里科夫命运发展的重要因素（某个人或某种行为），思考它们对作品主旨的意义。这个任务促使学生跳出了定向思维的局限，沉潜文本细节之中，搜寻到之前被忽略的隐性信息。

有的同学从别里科夫险些"结婚"入手，研究对推波助澜者——校长太太、同事和同事太太们的相关描写。为什么他们要尽力撮合这桩婚事呢？文中借布尔金之口道出了真相："在我们内地，由于闲得慌，什么不必要的蠢事没有做出来过啊！而这是因为必要的事却根本没有人去做！"他们撮合这桩婚事并非出于真心关爱，不过是借此为自己沉闷无聊的生活增添一点谈资而已。

有的同学认为是华连卡给了别里科夫致命一击，正是她的"哈哈哈"大笑结束了一切。但是，为什么作为结婚对象的华连卡对别里科夫滚下楼梯毫无同情反而大笑？再往前推，为何人人都讨厌的别里科夫会得到华连卡的好感？带着这些问题，他们关注到原著中多次出现的华连卡的笑声：华连卡第一次登场就伴随着"一连串响亮的笑声，哈哈哈！"；她为别里科夫唱《风在吹》，"或者用她的黑眼睛沉思地瞧着他，或者忽然发出一连串笑声：'哈哈哈！'"还有她那独特的口头禅：她向别里科夫介绍家乡美食时说："可好吃了，可好吃了，简直好吃得要命！"这种简单直白、重复热烈的言语形式在骑车郊游时曾再次出现。一直以来，热情开朗的华连卡都被视为别里科夫阴暗形象的对比，有评论赞美她如同黑暗中的太阳让人们看到希望。然而，随着这些细节的发现，学生有了进一步的认识：单调的行为模式，反映出思想情感的单调，华连卡是简单纯粹的，但她只活在自己的精神世界中；就连她想结婚的重要原因也不过是为了逃避与弟弟的争吵，有一个"自己的小窝"。看似快乐无羁的华连卡，其实也处在自我封闭的"套子"中，她的那点阳光无法照进别里科夫的世界。

通过这样的阅读和思考，学生发现小说中除了伊凡·伊凡尼奇外，其他人都或多或少地与别里科夫相关，并且合力促成别里科夫和全城人的最终结局。

2.焦点聚合：谁是"anthropos"？

借助发散思维，学生捕捉到文本中许多重要的隐性信息，并对它们进行多角度多层次的分析。接下来，就要将纷繁芜杂的信息进行梳理统整以获取新的认知。

笔者和学生分享自己发现的一个隐蔽的信息，提问大家是否留意到那幅刺伤了别里科夫的漫画的标题——"恋爱中的anthropos"。细心的同学立刻联想起原著中写别里科夫满怀热情地称赞自己教授的希腊语时，"眯细眼睛，举起一根手指头，念道'Anthropos'！""anthropos"这个词重复出现有什么隐喻？作者为什么将这个充满鲜活气息的词交由别里科夫说出？作者写漫画事件仅仅是在讽刺别里科夫吗？聚焦"anthropos"，学生们驰骋千里的发散思维被牵引回来，向作品主旨探究发起攻势。

希腊语"anthropos"的意思是"人"，别里科夫当然不属于作者理想的"人"，那么其他的人呢？他们嘲笑躲在"套中"的别里科夫，但其实他们都处于自我闭塞的世界中，尊奉着自以为是的荒谬逻辑。表面上，他们痛恨别里科夫保守封闭，与之形成对立；但本质上，他们又与别里科夫趋同——皆为困于"套中"不能自拔者。在他们集体围观"套中"的别里科夫时，对自己的状态却一无觉知。也正是他们的促狭行为，把别里科夫一步步推向生命的尽头。别里科夫固然处在"套中"，而他们也戴着无聊狭隘的精神桎梏，重演着别里科夫的悲剧。

一个"anthropos"，将似乎不相干的信息巧妙地联结在一起；关于"谁是anthropos"的思考，引导学生发现了作者抨击时弊、著文立人的深远意义。笔者相机推荐《装在套子里的人》的姊妹篇《醋栗》，鼓励学生进一步研读，思考契诃夫带给我们关于"人"的意义和存在价值的启示。伟大作家的不朽作品，能够让学生在深度阅读中察人观己，引发深刻理性的自省和超越时空的反思。

由发散到聚合，对隐性信息的关注和研讨，引发了丰富多元的阅读体验，开拓了创造性的思维路径。在向外延展和向内深探的过程中，学生的思维之光熠熠生辉。

### 三、关注言语形式，彰显学科特质，增强思维敏感性

高品质思维一般应具有深刻性、创造性、批判性、灵活性和敏捷性。从语文学科的特质看，语言是文化的载体，也是思维的工具，言语性是语文课程独特的价值。因此，高品质语文思维的外在表现是对语言的敏感和直觉。这一认识启示我们：课堂教学须由对言语形式的品读鉴赏入手，咬文嚼字，培养学生对语言的敏锐感受力，方能实现思维品质的发展，切勿凌空蹈虚，略过生动的语言直奔抽象的研讨，把思维从语言中剥离出来空谈主题或意义。

然而，语感的培养并非易事。粗疏的阅读习惯导致多数学生对言语形式感知迟钝；而教师也常苦于缺少有效的引导策略，语言鉴赏多沦为静态的解剖和机械的分析，如此，非但不能完成对语言的审美感知，反而加剧了学生与语言之间的隔膜。那么，如何唤起学生对文字的充沛情感，赋予他们灵敏的审美触角以触摸语言肌理的微妙之处呢？

1.混编盲测：真切地品鉴语言。

课堂教学中的语言赏析通常有两种形式：一是教师指定某词或某句，学生分析其表达效果；二是学生自主赏析文中的美词佳句。前者定向，后者自选，但实质上都是以默认其语言恰当优美为前提的，学生要做的只是从这个结论出发，赏析其修辞句式等特点，再套用概念术语和答题模板完成表述即可。整个过程形式大于意义，既无须批判思维，也不用深度辨析，只是对既定结论的机械印证，自然难以唤起学生对语言文字的真切思考和情感体验。

笔者比较了《装在套子里的人》的多个译本，发现它们在措辞和句式上存在细微的差异，且各具特色，优劣不一。因此，笔者以小说第一自然段为例，

将不同译本的语句混编在一起，要求学生闭卷研读，自主品鉴：

甲，"套上雨靴"与"穿上雨鞋"。

"靴"一般包裹到足踝以上，动词"套"的使用既与"靴"相搭配，也比"穿上雨鞋"更能形象地写出别里科夫把自己包裹得严严实实。

乙，"他的脸也好像蒙着套子，因为他老是把它藏在竖起的衣领里"与"就连他的脸也好像装在套子里，因为他随时把脸藏在竖起的衣领里"。

"老是"表示持续如此，是描述稳定不变的状态；而"随时"则更具动态感，更能体现人物整日战战兢兢，对外界保持高度戒备的心理特点，形象地写出了别里科夫一旦捕捉到一丝风吹草动就立刻躲进套中可怜可笑的样子。

丙，"他总是把雨伞装在套子里，把表放在一个灰色的麂皮套子里；就连削铅笔的小刀也是装在一个小套子里的"与"他的雨伞总是装在套子里，怀表也总是装在灰色麂皮的套子里，等到他取出小折刀来削铅笔，他那把小折刀也是装在一个小小的套子里"。

前者连用两个"把"字句，虽有强调作用，但失于生硬，且与第三个分句"就连削铅笔的小刀"的陈述主体不协调；同时，"把"字句主语为别里科夫，虽然写出了人物的动作，与前文"穿上雨鞋，带上雨伞，而且一定穿着暖和的棉大衣"的主语保持一致，但不够生动。

后者"雨伞""怀表""小折刀"作为陈述主体，一来整句内三个分句陈述主体一气贯通，二来直接凸现物象的状态，跳脱出前文的叙述方式，改变了句群的叙述节奏，使得语流生动富于变化；镜头特写般的描述充满画面感；"雨伞总是装在套子里""怀表也总是装在灰色麂皮的套子里""把小折刀也是装在一个小小的套子里"，更强烈地摹画出因畸形的精神带来的始终不变的、令人压抑的生活实景。

丁，"他一坐上马车，总要叫马车夫支起车篷"与"他一坐上出租马车，就吩咐车夫把车篷支起来"。

"一……总要"与"一……就"两者相比，前者强调频率，每每如此；后者强调速度，不容迟疑；同一个"一"搭配两个副词，两种句型，两种风貌。

闭卷盲测，克服了对教材的盲目尊崇，避免了主观倾向的负效应，有利于学生真实思考、得出独立的价值判断；比较鉴别，于同中见异、异中寻同，引导学生重视语言细节，培养敏锐的语感；多种译文，提供了多元的言语形式范本，便于学生汲取丰富的语言营养，学会个性化的语言表达。

2.变式训练：语言与思维共生。

由于对语言与思维的关联缺少足够的认识，学生对语言的鉴赏多关注修辞效果，而忽略其深层价值。笔者认为，要想纠正这一认知偏差，唯有让学生经历言语及其意义的形成过程，由猜想到验证，由具体到抽象，在分析比较、归纳总结中方能充分感知言语形式丰富的价值。

教学中，笔者曾围绕标题，要求学生通过辨析"套中人"和"装在套子里的人"两种译本，赏析"装"字的妙用，但他们的思考多停留在"'套中人'是静态描述，不及'装'字动态传神"的认识层面。针对学生思维的阻滞，笔者设计变式填空，追问："谁把谁装进套子里？"这个问题放大了言语的内部结构，引导学生探究语言和思维共生发展的历程：

一类以别里科夫为主语。

有的说：别里科夫把自己装进套子里——现实生活让他总是感到心神不安，为了不受外界影响，他从穿着、用具到出行、住处，都给自己制造一个与世隔绝的套子。别里科夫是可怜的，他胆小多疑、性情孤僻；他又是可鄙的，有形的套子下包裹的是因循守旧害怕变革的顽固思想。

有的说：别里科夫把他人装进套子里——别里科夫的人生信条就是千万别出乱子，害怕改变既有的一切，但是他的所作所为却助纣为虐，在客观上起着维护沙皇专制的作用。他辖制着全城十五年，以一种令人窒息的气氛给众人精神上的压抑，让大家"透不出气"。

一类以"我们"为主语。

有的说："我们"把别里科夫装进套子里——别里科夫一生中最不寻常的事就是险些结婚。这桩婚事是由于"我们"尽力撮合，"我们"把"应当结婚"的规则、华连卡的家世背景织成一个婚姻的套子，试图联手将别里科夫装进这个套子里。

有的说："我们"把自己装进套子里——课文结尾："埋葬别里科夫那样的

人，是一件大快人心的事。我们从墓园回去的时候，露出忧郁和谦虚的脸相；谁也不肯露出快活的感情。""我们"用一张假面伪饰自己的内心，更可悲的是别里科夫活着时，"我们"咒骂他的辖制；但当他死后，"我们"并没有任何实质性的行动，"一个礼拜还没有过完，生活又恢复旧样子，跟先前一样郁闷、无聊、乱糟糟了"。笔者投影："在他下葬的时候，天气似乎也在对他致敬，阴霾而有雨，我们大家都穿着套靴，打着雨伞。"教材删掉的原著这段关于葬礼时天气的描写形象地揭示出：与其说是别里科夫把"我们"装进他设定的套子，不如说是"我们"安于现状把自己装进套中，麻木地活着而不自知。

有的说："我们"把社会环境装进套子里——每个人都为自己和他人编织着狭隘保守的"套子"，一个个麻木的个体共同铸就了时代和社会的死寂。

还有的说：社会环境把别里科夫装进套子里——别里科夫的思想痼疾，固然有其自身性格的原因，但是只要了解作者契诃夫所生活的19世纪末俄国的历史，便可知其与社会环境密不可分的关系。沙皇专制毒化了别里科夫的思想，囚禁了他的心灵，使他顽固僵化，惧怕一切变革。他是专制制度的受害者，其灵魂已被时代压制扭曲。只要专制统治没有被推翻，腐朽的思想土壤不铲除，就会不断滋生出别里科夫这样的人。

变式填空犹如一场语言游戏，一次次斟酌，一种种微调，每一个词语的选择和词语关系的阐发，都是对"套子"隐喻义的深度探寻，也是感知言语细微差异、学习驾驭语言的真切体验。一个个崭新的句式，一份份精彩的表达，亲历了言语和思维相生相伴、交互促进的过程后，我们欣喜地发现，学生的语感能力和思维品质有了明显的发展提升。


综上，笔者认为，思维品质培养的意义重大，教师要勇担责任，在深刻的反思中果断破除思维固化的"套子"，努力探索思维品质培养的有效策略，助学生"出套"，引导学生革除思维的顽疾，在真实的语文情境中唤醒思维，在积极的思考中发现问题，在热烈的思辨中解决问题，开展自由的思考互动，充分发挥语文教学在思维品质培养方面的学科优势。

**参考文献：**

［1］温儒敏总主编：《普通高中教科书　语文》（必修下册），人民教育出版社2019年版。

［2］契诃夫：《契诃夫小说选》，汝龙译，人民文学出版社1979年版。

# 还原诗句中的视像，破译音韵里的密码

## ——以《再别康桥》朗读教学为例

诗歌是声音的艺术，是文字和音乐的完美结合。因此，一直以来，朗读都被视为解读诗歌情感内涵的重要途径，堪称诗歌教学的不二法门。但是，观察课堂教学实践发现，多数教师在组织朗读时，存在教学策略失当、朗读指导缺位等严重问题，教师不得法，学生不得趣，朗读活动沦为形式，形同鸡肋。

《再别康桥》兼具古典与现代的诗歌元素，形神兼美。笔者试以之为例，针对课堂教学中的一些常见问题，从朗读的功能机理和诗歌的文体特质出发，探讨科学的朗读指导策略，以进一步明确朗读对于诗歌鉴赏的价值和教学功效。

## 一、在朗读中感知还原诗句中的视像

"声情并茂地朗读"，"读出作者的情感"，这是教师对学生朗读最常见的要求。如学习《再别康桥》，初读要学生读出作品的情感基调，进而要学生读出字句间起伏变化的情绪等。可是，怎么才能做到"声情并茂"呢？如何才能准确地"读出作者的情感"呢？很多教师的指导策略往往就是语速、语气、语调的调整和节奏、重音、停连的处理。

的确，借助朗读体会诗歌内在情感，这是对朗读功能的普遍共识。但是，仔细分析上述教学行为，"读"本身并不能直接获得情感理解；而语速、节奏等只是朗读的外部技巧，只是对诗歌情感理解的外在呈现形式。它们可以作为教师诊断学生学习结果、帮助学生恰当使用声音技巧模拟再现诗歌情感的支架工具，却不是指导学生解读诗歌内涵、获得情感体验的具体路径。笔者认为，从"读"到"读出情感"这一结果的过程中，如果其中关键的环节"读什么"没有解决，"怎么读"就无用武之地，朗读对于诗歌鉴赏的意义也就难以明确。

教师隔靴搔痒的技术指导只会让学生拿腔捏调的朗读更显虚情假意，无论其声音形式怎样变化多端，也不过是缺少内心感受的虚假表演。久而久之，一些教师也会因此对朗读的价值产生怀疑而弃之不用，重新回到一味地理性分析的老路上去，导致诗歌鉴赏又走向僵化机械的一端。

要解决这个关键问题必须从朗读的内在机理入手。朗读，不只是见字读音、见字生情的简单过程，而是精神主体介入作品、产生复杂的审美心理活动，进而有意识地运用声音的过程。那么，朗读者如何介入作品、激发复杂的审美心理活动呢？赫伯特·马尔库塞说："审美的根源在于感受力。"这就提示我们，朗读必须意在声先，情蕴音中，唯有对诗歌中描写的一切——情景、形象、状貌等充分想象感知，使之历历浮现在眼前，才能唤起朗读者充沛的情感；而且这种内心视像越清晰，情感焕发得就越具体贴切。

说到"内心视像"，我们立刻能联想起诗歌创作的基本元素——意象。众所周知，意象是诗歌艺术审美创造的载体，是诗人主观情意的外在表现。意象所具有的形象性，是表达思想感情、给人以感染的外显因素。可惜的是，课堂上教师对"意象"的处理往往只是理性解剖，先逐一罗列，再分析"象"之特点，最后归结所寄之"意"。如此刻板生硬的分析，极大地消解了独属于诗歌的审美体验。

基于以上认识，笔者主张，教师要指导学生聚焦意象，通过想象"看"仔细，借助声音"听"清楚，声色俱备，形成真切鲜活的内心视像。例如《再别康桥》第二节"那河畔的金柳，是夕阳中的新娘；／波光里的艳影，在我的心头荡漾"。透过"金柳""夕阳""新娘""艳影"几个意象，看到夕阳温柔的余晖、灿灿金光的柳枝，获得光影交错耀眼的迷醉；微风轻拂，枝条曼舞，幻化出盛装美艳的新娘，那康河中绝美的倒影，漾起心中层层涟漪。如果朗读者能想象出这番景象，眼中也自然会放射出灿烂的光彩，得之心应之口，那么，作者久别母校，重返校园的激动之情也便在这热烈、热情的朗读中自然得以领会。

因此，笔者指导学生从意象入手，在心中想象，用声音还原，追随一个个内心视像，纵览诗歌的全貌，深刻感受具体而微妙的情境，进而与作者共情，触发浓烈深挚的情感，激发出相应的情感。从第二节的目睹"金柳"到第三节感受生长于康河柔波中舒展的"青荇"，再到第四节中深邃静谧的"一潭"，学生的眼中不再是枯燥的文字，脑海中也不再是一片空白，他们迅速捕捉到诗歌意象，看到、听到、嗅到、尝到、触到文字符号所描摹的种种物象，构筑起鲜活的内心视像，鲜明的色彩、生动的姿态让他们的眼中或热烈似火，或蓄满柔情，或如梦似幻。当一个个视像连接在一起时，学生的思想感情就进入了运动状态，感受到时间的迁移和空间的转换，体验到作者重返母校、游走校园、睹物生情起伏变化的情绪，他们的审美感受于是触及了诗人内心最深处的情感。

## 二、读懂诗节中音韵的情感密码

除了内在情感，教师通常会提醒学生要关注诗歌的结构形式和韵律变化等外在特点。但是，这样的认知活动往往仅是发现诗节、诗行的变化，划分诗句的节奏，找出平仄的对应和圈画诗歌韵脚等，之后便是简单地对应一下诗歌的相关创作理论，再朗读稍作印证。教学止步于总结诗歌文体"形式"的规律，而对这些"形式"与"内容（情感）"间的深层联系，则鲜有涉及。

以押韵为例。教学《再别康桥》，很多教师都会要求学生找出诗歌的韵脚，借以验证徐志摩的"三美"诗歌创作主张，并且通过朗读，再次验证押韵可以使诗歌吟诵顺口、易于记忆、富有音乐美的特点。押韵是诗歌创作中的一种基本的修饰技巧，学生在小学阶段就开始接触这一概念。然而，从小学至高中，对押韵的理解和研究却始终停留在最基本的辨识层级，这不能不说是语文教学的悲哀。

鉴于此，笔者要求学生在圈画出诗歌韵脚后，借助下表，进一步"寻相似—辨异样—找规律"。

表11 《再别康桥》诗节韵字特征（一）

| 诗节 | 韵脚 | 韵母 |
|------|------|------|
| 第一节 | 来、彩 | ai |
| 第二节 | 娘、漾 | iang ang |

| 诗节 | 韵脚 | 韵母 |
|------|------|------|
| 第三节 | 摇、草 | ao |
| 第四节 | 虹、梦 | ong eng |
| 第五节 | | |
| 第六节 | 箫、桥 | ao |
| 第七节 | 来、彩 | ai |

新鲜的任务激发了学生的探究兴趣，他们很快发现：整首诗四句一节，诗行工整；每行两顿或三顿，节奏协调；偶句押韵，韵律和谐；除第五节外，其他六节都押韵，并且逐节换韵。笔者顺势提问：为什么偏偏第五节"特殊"呢？难道是作者的疏忽？这个问题激起了他们强烈的好奇心。笔者提醒他们不妨从押韵的作用以及它与诗歌内容情感的关联角度考虑。

学生循着这个思路，细读诗歌，"寻梦""向青草更青处漫溯"，诗人此时已然沉浸于对往昔康桥生活的热烈回忆中，无拘无束的青春岁月、纯洁无忧的浪漫激情正如那"满载"的"星辉"熠熠生光，让他情难自已，忍不住放声高歌。是的，情难自已，不用韵恰恰是情感达到最高潮的表现，狂放的诗仙李白往往就不受格律的束缚啊。

这种全新的视角，让学生意识到：一向觉得索然无味的格律知识，竟然可以幻化为灵动跳跃的音符，弹奏出作者的心曲。这个发现让他们兴奋不已，于是迫不及待地主动开启了对其他六节换韵的思考。

有学生敏锐地发现，六节虽然换韵，但确有规律：一、七两节都用 ai 韵，三、六节用 ao 韵，如此一来，首尾相接，中有重复，构成了一种回环往复、一唱再叹的音韵效果。但是对于第二节用 iang、ang 韵，第四节用 ong、eng，还有七节间韵母的变化顺序，学生却百思不得其解。

于是，笔者提示他们，可以试着朗读这些韵母，感受它们发音的差异。教室里瞬时响起了咿咿呀呀的朗读声，这些再熟悉不过的字音，此时变得异常美妙动听。他们用心体验每一个音节的微妙变化，在热烈的研讨中，他们终于体察出：ai、ao柔和，iang、ang、ong、eng响亮，而且从ai到ao，再到ang、ong、eng，发音时开口逐渐加大。这些真实细腻的语音体验激发了学生对音韵知识的好奇，笔者于是请同组对吟诵颇有研究的杨丽老师为他们介绍了音韵学中的常用韵表——十三辙的有关知识，让学生知道发音的高低、舒促、抑扬、共鸣强弱的区别，了解韵头和介音影响下形成的开合、等呼，以及主元音的细微差别导致韵存在洪细变化的音响特性。此外，杨老师还告诉学生怀来辙ai、遥条辙ao属于柔和级，江阳辙iang、ang和中东辙ong、eng属于洪亮级，而不同的音响特性也会造成情感表达的种种差异，开口度小、音量柔和的韵部多用于表达含蓄委婉的情感；反之，开口度比较大、音量响亮的韵部，适合用来表现强烈的情感和宏大的境界。（见下表）

表12 《再别康桥》诗节韵字特征（二）

| 节 | 韵脚 | 韵母 | 辙韵 | 音响特点 |
|---|---|---|---|---|
| 第一节 | 来、彩 | ai | 怀来辙 | 柔和级 |
| 第二节 | 娘、漾 | iang ang | 江阳辙 | 洪亮级 |
| 第三节 | 摇、草 | ao | 遥条辙 | 柔和级 |
| 第四节 | 虹、梦 | ong eng | 中东辙 | 洪亮级 |
| 第五节 | | | | |
| 第六节 | 箫、桥 | ao | 遥条辙 | 柔和级 |
| 第七节 | 来、彩 | ai | 怀来辙 | 柔和级 |

有了专业知识的补给，学生思维的阻滞一下就被打通了。他们借由韵律知识和朗读体验，顺利地梳理出诗歌内部情感变化的脉络。第一节，发音轻柔，宁静而又充满柔情，恰是作者重返母校的小心翼翼。第二节，洪亮级的江阳韵，意味着情感在不断加强，"娘""漾"两个字的韵腹，均为元音中开口最大的a，声音响亮。"娘"含有韵头i，拼合速度比"漾"稍慢些，"荡漾"则属于叠韵联绵词，活跃的风格展现了诗人步入校园，河畔的金柳宛若艳丽的新娘撩拨得人心动不已，一个"新"字道出熟悉而又陌生的感受，让他情思颤动、心驰神摇。第三节，重逢的热情过后，诗人的情绪渐趋平静，行走在康河畔，

愿甘心化作一棵水草，在母校柔软自由的土壤上轻轻舒展，此时柔和的遥条韵恰到好处地表现出这种沉醉的喜悦和满足。第四节，榆树阴下的潭水，幽深神秘，波光激滟里沉淀着往昔的记忆，组合成彩虹般的梦境，让人沉迷，也让人热血沸腾，采用了发声雄浑的中东韵，"虹"的字腹o，拼合速度快，"梦"的字腹e，拼合速度稍慢，表现诗人追溯往昔的情绪激烈波动。第五节，诗人沉浸于回忆，情不自禁放声歌唱，情感达到了高潮，突破了辙韵的束缚。第六节，回到柔和的遥条辙，一、三句也是押韵的，e、o押梭波辙，梭波辙适宜表现低落的情绪，双韵并行，表现了诗人由幻想回到了现实，与往昔告别的缠绵缱绻。最后一节，诗人用韵又回到柔和的怀来辙，照应开头，重章叠唱，悄悄地来，悄悄地回忆，再悄悄地离去，不带走一片云彩，只留下深长的回忆。

波兰著名现象学学者罗曼·英加登指出："当我们充分掌握某种语言并在日常生活中使用它时，我们不仅把语词声音理解为纯粹声音模式，而且还应认为它传达或能够传达某种情感性质。"借助用韵这一视角，认识到韵脚的读音特征与诗作的情感之间存在着密切的关系，韵脚字的发音特点与作品所体现出的情感之间是相互协调的。通过梳理韵脚的异同，学生窥见了《再别康桥》整首诗中内容和情感演进的具体过程。

文学是语言的艺术，当作家们将自己的性情付诸文学之时，势必选择语言为载体，作为文学内核的情感，是通过语言表达出来的。由此，语言就成为作家表情达意的一种符号，或者说是一种工具。受"言不尽意""意在言外"美学思想的影响，"声情并茂"一直是中国文人所追求的艺术境界之一。除了押韵外，《再别康桥》双句对称的结构也可以作为诗歌鉴赏的入手，通过朗读，体会其中的语音要素，掌握诗歌外在形式的变化规律，理清诗人抒情脉络，与作者展开"交谈"，进而准确深入地理解诗歌内蕴的情感。

## 三、精心设计朗读脚本，创新朗读形式

课堂教学中，教师在组织学生朗读时，有两种常见的现象：一是人员"贵族化"，少数学生因为个人爱好或者特长成为"麦霸"，他们是永远的朗读者，而众多的同学则成了课堂上的"旁观者"；二是形式单调，多是个人朗读、全

班齐读和分组、分角色朗读。这暴露出一些教师对朗读功能认识的不足。其实，朗读不应是个人的表演或集体的秀场，而是一种重要的语言体验和审美鉴赏能力培养的手段。

本着面向全体、充分发挥朗读对诗歌鉴赏深层作用的原则，笔者主张鼓励学生自主设计朗读脚本来推进朗读活动。朗读脚本的设计包含：一是朗读内容的编排，根据诗歌的结构特点和情感变化，设计朗读形式，改写文本内容、分配角色任务，选配背景音乐；二是根据句内情感的起伏，标注朗读的重音、节奏、语气、语调等具体的朗读要求。

例如教学《再别康桥》，笔者鼓励学生两人为一组，自行设计朗读脚本。

有的学生设计诗歌第一节每人读两句、句间衔接紧密，来表现诗歌两句错行的特点，演绎诗歌情感的自然起落；以男女生对话的方式，模拟诗人叩问内心、喃喃自语，沉醉于自我世界的情感。

男：轻轻的我走了，
　　正如我轻轻的来；
女：我轻轻的招手，
　　作别西天的云彩。

有的学生将诗歌第五节设计为两个声部，通过声音的回响来展现"梦"的神秘迷蒙，表现诗人沉醉往昔旧梦的情态，最后一句"在星辉斑斓里放歌"采用合诵，铿锵有力的声音将情感推向最高潮。

甲：寻梦——
乙：寻梦？
甲：撑一支长篙——
乙：撑一支长篙，
甲：向青草更青处漫溯——
乙：向青草更青处漫溯；
甲：满载一船星辉——

乙：满载一船星辉，

甲：在星辉斑斓里——

乙：在星辉斑斓里——

甲乙：放歌。

　　叶圣陶先生指出："令学生吟诵，要使他们看作一种享受，而不看做一种负担，一遍比一遍读来入调，一遍比一遍体会亲切，并不希望早一点能够背诵，而自然达到纯熟的境界，抱着这种享受的态度是最容易得益的途径。"学生自主创编朗读脚本，其实是对诗歌文本进行二度创作，学生在这样的过程中通力合作，深入诗歌内部结构，深味字里行间的情感，方能设计出贴合作品的朗读脚本。

　　同时，朗读脚本的设计还具有充分的开放性，学生可以把自己对诗歌独特的情感体验和个人独特的审美感受通过不同的设计呈现出来，通过朗读展现自己独立而丰富的精神世界。

**参考文献：**

［1］赫伯特·马尔库塞：《现代美学析疑》，绿原译，文化艺术出版社1987年版。

［2］叶圣陶：《叶圣陶语文教育论集》，教育科学出版社2015年版。

# 诗歌鉴赏：纠正三种偏差，落实三个关注*

众所周知，诗歌鉴赏一直是高考语文备考的重点和难点。近年来高考命题理念更加科学，题目设计更加灵活，着重考查考生解读诗歌的真实能力。对此，很多考生感到难以适应，得分普遍不高。研究考生答卷，还原其阅读过程：或是走马观花，观其大略；或是主观臆断，误读意象；或是困于局部，不及整体。这些表现暴露出考生对诗歌文体特质的认识较为模糊、思维方式简单粗疏，因而无法深入文本，准确把握诗歌内容。下面试举几例，谈谈如何纠正认知偏差和思维定式，引导学生发现细致研读的路径，切实提高诗歌鉴赏的能力。

## 一、关注虚词，见微知著

汉语缺少严格意义的形态变化，这种特性决定了虚词担负着重要的语法任务：协调句子结构、补充情态时态、传达情绪语气等。如果说实词是组成句子的基本构件，虚词就是贯通其间的经络。虚词不虚，其重要性并不亚于实词，在高度凝练的诗歌中，虚词更是表情达意的关键，不容忽视。诗歌鉴赏中，生动、鲜明显著的实词是考生关注的焦点。相比之下，没有完整意义、不具备独立语法功能的虚词，往往容易被忽略。

我们来看2017年全国Ⅲ卷对白居易《编集拙诗，成一十五卷，因题卷末，戏赠元九、李二十》的考查，考题要求从"戏赠"入手，结合全诗分析作者的情感态度。从答卷反馈看，考生普遍能够把握住"戏谑友人，与朋友间亲密无间的情谊"和"夸耀自己，对自己的文学才华的自得"这两种情感。但大多数考生没能解读出诗歌在戏言之中透露的对自己现实境况的无奈与自嘲，一些考生甚至误解了文本，给出"豁达乐观、淡泊名利"之类的答案。

* 本文原载于《中学语文教学》2019年第11期，收入本书时有修改。

导致考生理解偏差的主要原因，就是对颈联"世间富贵应无分，身后文章合有名"的误读。由于此句并没有什么生僻独特的字眼，考生很容易仅是观其大略，提取出"世间富贵""无分"和"身后文章""有名"等信息，由此作出"淡泊"和"自信"的判断。但是他们忽略了句中最不起眼却是至关重要的两个虚词——"应"和"合"。

王安石的名句"春风又绿江南岸"，历来被视为修辞炼字的典范，学生对此也印象深刻。于是，笔者借用此例，在学生津津乐道于那个经过反复推敲、数易其稿的"绿"字的同时，追问"绿"前的虚词"又"的含义。"又"字，可表重复继续，可表语意递进，可表矛盾转折。含英咀华，一个"又"字含蓄而微妙地道出王安石千回百转的内心——罢相之后复职的欣喜激荡、新法得以继续推行的强烈期待、政治险恶屡遭挫败的重重顾虑。

深味虚词，学生体验到诗歌丰富细腻的情思。笔者因势利导，鼓励学生重新审视"世间富贵应无分，身后文章合有名"中的"应"和"合"，指导他们细读比较：为什么用"应无分"，而不是"本无分"呢？若用"本"字，世间的富贵本来就无己之分，道出一种冷静、一种释然，顿时便有了豁达超脱之感。可是"应"字呢？"应该"，像是猜测，又像是断定，可理解为"这世间的富贵恐怕的确无己之分了"，语义的矛盾透露出复杂纠结的情感，猜测是一种心有不甘的辛酸，断定则是对现实不公的激愤。读到此处，有学生联想起鲁迅的名句"孔乙己大约的确已经死了"。虽然文体不同，但能够迁移拓展可以看出学生对虚词是解读作者情绪的入口的认识更加深刻了，而鲁迅句中"大约""的确"两个虚词连用的手法，也给笔者创造了新的教学契机：白诗颈联下句中的"合"可理解为"应该"，为什么作者在一联内连续两次使用表示"应该"的虚词呢？由散文到诗歌，学生在对比中体会到两个虚词并非简单对仗，而是在情绪上有着微妙的关联——面对现实，不甘不平的愤懑只能化为无奈的自嘲；假想将来，在身后赢得千秋万代的名声，自负之中何尝不是一种自我安慰？何尝不是对坎坷人生遭际的心理补偿？

虚词不是可有可无的存在，它是解密诗人幽微心绪的入口；它也并非轻飘无力，有时甚至一字千钧。2019年江苏卷韩愈的《学诸进士作精卫衔石填海》

可谓虚词成功运用的代表，可借助此诗帮助学生加深对虚词力量之美的理解。诗歌后六句六个虚词连用，铿锵有力。"人皆讥造次，我独赏专精"，一"皆"一"独"的鲜明对比中，作者傲然不屈于俗见的独立形象已跃然纸上；"岂计休无日，惟应尽此生"，面对无休止的劳作，"岂""惟"一问一答，给出了毫不妥协、孜孜以求的不二之选；"何惭刺客传，不著报雠名"，"何""不"二字既是对精卫只求实干、无意显名的强烈褒扬，更是作者精诚奋斗、刚烈无畏的内心彰显。六个虚词激荡着强烈的情感，或化为匕首，直刺平庸的俗见；或立为旗帜，高扬刚毅的品格。一句一虚字，或承或转，紧密关联，构成一种强大的内在逻辑力量，气韵生动而又雄浑严整，将诗歌的情感一步步推向最高潮。

清代学者刘淇说："构文之道，不过实字虚字两端，实字其体骨，而虚字其性情也。"引导学生改变粗疏的阅读习惯，细致品味诗句中的虚词，才能打通文本的关节，于细微之处聆听诗人内心深处真实的声音。

## 二、关注主体，以文会人

意象是古典诗歌的重要元素，分析"象"的特点，探究所寄之"意"，是鉴赏诗歌的常用策略。但在阅读过程中，学生往往侧重于对"象"这一客观外在终端的揣测，而忽略了对"意"这一主观情感发端的探究。

2018年全国I卷第15题，要求分析李贺《野歌》一诗中最后两句"寒风又变为春柳，条条看即烟蒙蒙"的含意。从答题情况看，绝大多数考生都武断地将"寒风""烟蒙蒙"两个意象判断为凄寒阴冷、迷茫不清之意，并生硬地"知人论世"，根据李贺因犯父亲名讳而不得进仕的遭遇，将此句解读为"感叹时序更替，对未来感到迷茫"。这是一种简单机械地从"象"逆推、以读者经验代替作者意志而忽视抒情主体存在的典型。

"诗言志"是中国古典诗歌的传统，每首诗歌的背后都伫立着一个深情款款的人。因此，要引导学生以"读人"为旨归，明确先沉浸文字读出抒情主体，再因主体感知"象"的意味的鉴赏思路。以《野歌》为例，读懂尾联的关键在"看即"二字。"看"是抒情主体的动作，"即"为"立刻""就"之意。由第三句"麻衣黑肥冲北风"可知此时正处严冬，可见"看即"是写抒情主人公以己之眼观外物产生的遐思。那么，为什么不是"春柳又变为寒风"？也不是"寒风又变为细柳"？笔者引导学生通过替换比较，从诗人设定的变化顺序（从冬天走向春天）和措辞（"春"比"细"更见生机盎然）中判断出诗歌情感是积极昂扬的。再联系前句，通读诗歌，还原抒情主人公的形象——"鸦翎羽箭山桑弓，仰天射落衔芦鸿"，这是一个手持粗糙的鸦翎羽箭山桑弓，却要仰天射落衔芦鸿的人；"麻衣黑肥冲北风，带酒日晚歌田中"，这是一个无论身处何境，依然肥衣冲风、开怀畅饮、纵情高歌的人；"男儿屈穷心不穷，枯荣不等嗔天公"，这是一个志向高远、敢于斥责天公的人！读出了抒情主体，再回到尾联，"看"条条春柳转瞬抽出新芽，柔软的枝条摇曳多姿，嫩黄的新芽如轻烟笼罩……这哪里是迷茫痛苦啊？这是希望，是期盼，是坚信，其中洋溢着诗人在困境中不甘沉沦的乐观、自勉之情。

笔者以2019年天津卷杜甫的《通泉驿南去通泉县十五里山水作》来帮助学生巩固认知。此诗共十六句，前八句详细描述沿途湿气浓重、阴云层层、蚊蚋麇集、凫鸭惊乱，山路崎岖、崖岸斜出，驿楼衰柳，县郭轻烟等令人倍感压抑迷惘之象，如此铺张当是诗圣内心沉郁难纾的外化；末四句连用孔父、王粲两典，忧时伤己。通观全诗，一个已至暮年、久病漂泊的颓然老者形象分明兀立于眼前。即便诗中有"一川何绮丽，尽目穷壮观"，但学生已然能够判断这样的一个人，独自置身于无限江山之中，哪会有多少欣喜愉悦？壮丽的山川，辉煌的落日，一带远山倒映入江，晚照之下，山光水色同心底的悲苦寂寞一起滋生漫漶，明艳修辞的背后其实是一双蓄满忧伤的眼眸。

意象是情思的载体，是情思的装饰，是刹那间主客观融为一体的形象。因此，解读诗歌时，不仅要眼中有象，更要心中有人。不能倚重主观的先入之见，孤立片面地分析意象，而是要老老实实地细读诗句，以文会人，一晤诗中的那个未曾谋面的抒情主体，再以人观景，方能读懂每一处景致背后潜藏的深情。

### 三、关注整体，互证互鉴

诗歌的语言不同于一般的文章，它高度凝练、灵动跳跃，这既是诗歌的魅力所在，也是阅读的困难之处。

2019年全国II卷考查了杜荀鹤的《投长沙裴侍郎》，阅读的障碍主要在颈联。正如第15题题干所述"颈联描写了两个具体场景，与其他各联直抒胸臆的写法不同"，"垂纶""雨""渔乡思""吹木""风""雁夜魂"等象征性意象的组合朦胧晦涩，与前后句清晰直白的表达迥乎不同，低回怅惘的情绪与前后句激昂坚定的语调也似乎相悖，变化之突兀更是令人费解。考后学生坦言，很难读懂颈联的意思，只能将"垂纶""渔乡""雁"的常见义拼凑在一起，忐忑地写下"表达了作者因现实困境而产生归隐闲居的愿望"充数。

那么，如何解读诗歌中晦涩难懂的语句呢？笔者发现，考生的主要问题是被凝练的词语和跳跃的思维所牵绊，困于诗句局部，陷入纠结的泥淖中不敢作答，有的甚至跳出文本，挪用外部资源，生硬释义，牵强附会，曲解诗意。找准了认知的缺漏，只需对症下药，指导考生切不可囿于一隅，不见全局。一首诗是个有机的整体，词不离句、句不离篇，要把字句放在全诗整体的框架内，理清句与句的联系，在互证互鉴中解开诗歌文字的隐秘。

《投长沙裴侍郎》，标题中的"投"字点明这是一首投赠诗。从"谒孔门""只望至公将卷读"等明显带有干谒特点的语句中，也可以判断本诗是一封"自荐信"。笔者指导学生回忆《望洞庭湖赠张丞相》，明确干谒诗的特点：为了求得进身的机会，向达官贵人或社会名流呈献自己的诗文；为博得对方的青睐，一方面要展示才华，表达心愿；一方面还要措辞得体，不能太露寒乞相。

接着通读全诗。首联语势豪迈，写自己虽出身卑微，但坚持追求道义，不屑献媚于权贵豪门，而欲拜谒饱读诗书的儒学大家，既表白了自己的人格操守，又巧妙称颂了裴侍郎；颔联直言不愿寻找捷径，只希望对方认真审读自己的诗卷，再次强调不媚权贵的本心；尾联"平生不受等闲恩"掷地有声，表现了耿介刚直的气节。这三联表达了渴求引荐的愿望，反复强调自身的人格操守，但学生也发现了疑点——直抒胸臆的笔法和激亢强烈的节奏未免过于刚硬直白，甚至有咄咄逼人之势，似乎与干谒诗委婉含蓄的美学特征不符。这样的思考和疑惑，正是解读颈联的基础。站在全局的角度审视颈联的功能，就能体会到模糊晦涩恰是最好的添加剂，既中和了生硬和鲁莽，舒缓了诗歌的节奏，又形象地展现了诗人的内心，使诗歌有委婉从容之致，为作品增添了亮丽的一笔，再添干渴的筹码。"垂纶""雨""渔乡""吹木""风""雁夜"等几个经典意象，以"结""传"二字灵动地连缀，组合巧妙，表达出丰富的语义：执竿待鱼，是求取功名的姿态，风中夜雁，也渲染了自身的困境；不用"树"和"叶"而用"木"，更显清高劲拔，"木"与栖于其间的夜鸿都是诗人孤高耿介的心性写照。细密的雨丝落在垂钓的丝线上，结出淡淡的乡思；簌簌晚风，吹落树叶，吹送出鸿雁寂寞的哀鸣：这是诗人现实处境和内心矛盾痛苦的形象化表达，也是用世求仕与进身无路矛盾下的无奈叹息。

定点细读是诗歌鉴赏的重要策略，但必须与整体观照相结合。2019年全国I卷15题考查《题许道宁画》的尾联含意。回答此题，自然不能只局限于尾联"此中有佳句，吟断不相关"，更要扣住诗题中"题画"二字，并联系前面诗句的内容来解读。2019年北京卷考查陈与义《和张规臣水墨梅五绝》中的两则，短短的两首绝句采用了"无盐""含章""九方皋"等多个典故，"从教变白能为黑""造化功成秋兔毫""意足不求颜色似"等句理解难度较大，考生必须从组诗的整体情调和艺术特征的角度揣摩，才能将篇章之中这些难解的字句弄个明白；尤其要注意两首诗题咏的是同一幅墨梅图，要抓住赞美墨梅和画者技艺的关联点综合地理解诗歌，并从内容、手法、情感等角度逐一比对，区别其差异。

可见，只有摒弃囿于一隅的执念，站在统摄全局的高度，细致留意诗篇的结构和章法，方能透视诗歌的内部肌理，洞察个中真实而丰富的世界。

关注虚词，关注主体，关注整体，聚焦学生真实的阅读困难，纠正思维认知的偏差，引导学生深入文本，细读多思，从而获得对诗歌整体和谐的感知和准确的解读。这样不仅能够有效地提升学生诗歌鉴赏的能力，更有助于学生的思维发展与提升，促进学生语文核心素养的发展。

**参考文献：**

刘淇：《助字辨略》，中华书局1954年版。

# 朗读：真实学习的触发器
## ——《烛之武退秦师》教学尝试*

　　《烛之武退秦师》是人教版高中语文必修教材中的第一篇文言文，如何上好这第一课？我一直很纠结。

　　我知道很多学生畏惧文言文，因为语言理解有障碍；我知道一些学生讨厌文言文，因为要面对一大堆背诵记忆的任务；我还知道，不少学生甚至质疑学习文言文的意义，因为对他们而言，文言意味着与现实生活相隔遥远的过去。

　　因为了解，所以更加希望。我希望这第一课能为他们打开文言文学习的一扇窗，让他们在轻松愉悦中亲近古老的汉语，走近先贤的心灵；我希望能寻到巧妙的方法，和他们一起，抛开枯燥的翻译和死板的背诵，发现方块汉字中蕴藏的美丽和价值；我希望我的教学能够消解他们的不安和困扰，逐渐消除那横亘在他们与古典文化之间的隔膜……我有太多的希望，可是，如何实现呢？

　　我反复地细致地研读文本，查阅资料，力求精准地掌握每个字词；我构思了好几套教学方案：故事导入、借题发挥、模拟辩说……但是没有一种方案能使我满意，再多的准备也无法令我心安。因为我越来越清楚地认识到，真正有效的教学，必须触及孩子们的心灵，唤起他们探究的欲望，促使真实学习的行为发生。从这个意义上说，了解学情是教学能否有效的关键。了解他们的心理和思维特质，了解他们的困难和需求：他们已经掌握了哪些？他们有哪些困惑？下一秒他们会以什么样的方式思考？……这些信息都是瞬息变化的，五十多个独立的生命，更是会演化出无数种可能。而作为教师，我要做的，不是把学生束缚在我预设好的流程中，得出一些看似漂亮深刻的标准答案，而是及时地捕捉学生反馈的信息，做出准确的判断，提供合理的路径，引导他们去发现

---

　　* 本文原载于《语文月刊》2020 年 2 期，收入本书时有修改。

去思考，去探求解决问题的方法。

这样的认识带来了一个令人难以接受但却真实存在的状态，那就是：从教多年后，在对教材和教学愈发熟悉的时候，每一天，我却怀着忐忑的，或者说是敬畏的心情走进课堂。我们将用什么方式开启高中的第一次文言文学习呢？在《烛之武退秦师》中，我们又将会邂逅什么？

## 开启文本探索之旅

当学生对课文、我对学生的认识都还处在一片茫然中时，最简便易行的办法可能就是朗读了。文字表情达意，声音传递理解。叶圣陶先生在《精读指导举隅》中说："要考查学生对文字理解与否，听他的宣读是最方便的办法。"既然是第一课，不如就从朗读开始吧。

我随机请一位女生朗读第一段。

"晋伯、秦侯围郑……"

"不对！是晋侯、秦伯。"其他同学一齐纠正。

"哦哦，晋侯、秦伯围郑，以其无礼于晋，且贰于……嗯……贰于楚也。晋军……函陵，秦军……氾（fàn）……氾（fán）南。"

也许是第一个朗读的缘故，也许是不习惯文言的表达习惯，女生很紧张，连续读错，其他学生低声笑着纠错。好不容易第一小段读完，全班同学都如释重负地长舒一口气。

显然，这不是一次成功的朗读，更不是一个美好的开场，但它真实——真实的错误、真实的学习状态、真实的课堂情绪。在这可贵的真实中，我们迎来了第一个教学内容。

"嗯，一开篇就出现了几个国名和地名，也难怪会晕头转向，"我宽慰她，尽量化解尴尬的局面，"别着急，咱们先理清它们之间的关系就好了。"女生开始试着翻译："晋侯和秦伯围攻郑国，因为郑曾经对晋国无礼，并曾同时依附于晋楚两个国家……"配合她的回答，我板书了四个诸侯国名——晋、秦、郑、楚。其他同学为了鼓励她，也都安静地专心听。一位"历史通"及时地补充了郑文公对昔日流亡在外的重耳的无礼之举，以及晋楚城濮之战中郑文公暗中派兵助楚的史实，鲜活的历史帮助大家理解了"贰"的含义和用法。

"哦，这下我们明白了晋、楚、郑之间的关系，也知道晋为什么要攻打郑了。不过，我们好像落下了一个……"还没等我说完，同学们的眼睛早就齐刷刷盯着黑板上剩下的孤零零的"秦"字大声念了出来。"对呀，秦为什么要参与对郑的战争呢？"按照备课时的规划，这个问题是放在分析烛之武说退秦师的巧妙策略时讨论的，现在它如此自然地提前诞生了。很多教师可能会在这时犹豫——顺着学生的言语思维活动，脱离了预设，教学环节会不会无序？教学内容会不会混乱？事实上，我们都知道，相较于教师的设问，自发的疑问更能产生探究的愿望。要想激发真正的学习，必须让学生自己的矛盾和困惑在课堂上真实而充分地展现，再由学生用自己的方式方法去解决建构。因此，大胆地舍弃预设，顺应教学时机适时点拨，方能为枯燥的文言文学习注入充盈的活力。

果然，同学们带着新发现的困惑，埋下头快速地向后面的文本进军了。他们在文字中寻求答案，有个学生敏锐地发现了文末晋侯撤军时的"因人之力而弊之"，赶忙分享了秦穆公助晋的历史，大家明白了秦晋两国友好的关系，也顺势积累了"因""弊"二字的含义和用法。但另一个学生马上质疑，他援引第三段中"朝济而夕设版焉"，用两国的宿怨来反驳。他阅读的细致赢得了大家的佩服，也让我们发现了《左传》篇幅虽短，但叙事结构严密，前呼后应的特点，但秦国参战的原因也因此再度陷入扑朔迷离之中……

感谢这个因朗读而提前到来、打乱了预设的疑惑，它驱动学生主动地阅读那些原本"面目可憎"的文字，积极热烈的研讨探究还激发了后面教学过程中对秦伯、晋侯形象的分析以及对"利义之辩"的讨论。

大道至简，朴素的朗读真实地呈现了学生的困惑，而真实的困惑又转化为深入阅读的强大驱动力。师生对话、生生对话，互助的情绪、跃动的思维消解了学生对文言文的畏惧和反感，迈开了自主阅读真实学习的第一步。

## 走进人物的内心世界

《左传》长于人物刻画，短短几百字的篇幅，烛之武、秦伯、晋侯、郑文公、佚之狐等人物形象跃然纸上，须眉毕现。可是，如何让学生沉浸文字之中，获得真切的阅读体会呢？

若是直接抛出鉴赏人物形象的问题，在题海中身经百战的他们，早已熟悉各种答题的套路，无需细致体验，不待深入思考，随口就能给出一个"手法＋内容＋作用"式的"标准化答案"来。可是，这还是语文吗？我们的母语，在她美丽的语言之中包涵了多少深刻的智慧和深厚的情怀。她是博大深邃的，是有温度的，而机械呆板的答题思维模式、冷冰冰的解题套路根本无法触及她的灵魂。史传文学用文字记录历史，只有真正走进语言文字中，才能走进古人的内心世界，体验他们的情感变化，领悟先贤的智慧和情怀。

那么，如何引导学生突破思维的桎梏，抛弃熟悉的套路而亲近文字呢？我想还是朗读吧。口诵心惟，每一种语调的变化、每一次停连的取舍、每一处轻重的选择都是和古老文字的亲密拥抱。于是，三人一组，分角色朗读的尝试开始了。

对佚之狐向郑伯推荐烛之武的语句，几位男生朗读时，无一例外地采用了笃定的语气："师必退！"我问他们为什么要这样处理呢？一个说，这是一份处乱不惊的沉着冷静。一个说，这不仅展现了佚之狐对烛之武的信任，也为接下来表现烛之武的卓越才干做了铺垫。有的同学点头赞同，但有一位同学提出了尖锐的质疑：既然如此深知信任，佚之狐为何不早推荐呢？于是再读再品，不同的声音，不同的见解，打开了发现之眼，独立思考的意识在苏醒。

对烛之武的回答该怎么朗读，也是很有争议的。这个说要读出年老力衰无奈的叹息"无能为也已——"。那个反驳说，这难道不是壮年不被任用、怀才不遇的愤慨吗？话音未落，又有学生质疑：面对国君郑伯，似乎"幽怨"比"愤慨"更为合情合理。尤其可爱的是，这位同学一边读，还一边弯腰作揖，模拟着烛之武拒绝时的神情和姿态。课堂上的气氛被点燃了，我借着这股热劲儿，又追问了一句："此时的烛之武内心中究竟想不想去呢？"问题一出，同学们又七嘴八舌地讨论起来。一番唇枪舌剑后，一位同学感叹道："唉！这番话哪里是简单的推辞啊！多年不受重用的忧愤与最后一搏不负此生的期待，个人得失的计较与国家兴亡的权衡，种种复杂的情感纠缠交织在一起，内心的撕扯真是复杂矛盾啊！"多么深刻的体悟啊！烛之武这个原本模糊的影像，抖落了历史的尘埃，一步步地变得清晰起来；而这位同学的一声叹息，又让我们刹那间触碰到了文字背后那颗深藏的跃动的心。

有了这么多情感的积蓄，再读郑伯的话，自然更有情味。一位男生合上课本，深情地朗诵道："吾不能早用子，是寡人之过也。然郑亡，子亦有不利焉。"他投入情感的朗读得到了大家的赞赏，却把"今急而求子"一句读漏了，难免可惜。错误和遗憾恰恰是宝贵的教学契机。我追问道："刚才你漏读了一句，可听起来仍然很顺畅，那么'今急而求子'这一句能删去吗？"出乎意料的问题引起一阵低声的讨论。最终，刚刚朗读的那位同学站了起来，他反思道："删去这一句，读着倒是顺畅，可情感却被削弱了。'不能早用子'是往日的遗憾，'今急而求子'是此时的尴尬，身为一国之君，能够直面自己过去的错误和现在的渴望，更见其诚恳。情愈真，辞愈切。先动之以情，继而晓之以理，才能有打动人的力量。"他合上书本，酝酿好感情，再次深情地朗读。这一次，因为理解得透彻，读得格外动人。

朗读，是用声音还原文字。通过对声音的辨析揣摩，渗透在字里行间的情感逐渐明晰起来，那模糊在历史尘埃中的一个个生命也因此鲜活起来。朗读，架起了沟通古今的桥梁，拉近了文字与读者的距离。

## 还原真实的历史情境

《烛之武退秦师》一文中，最精彩的当属烛之武的外交辞令。短短125字，却能从地理位置、历史事实和利害冲突等诸多方面，把秦晋之间的矛盾全部揭示出来，委婉曲折而逻辑严密，层层深入又步步紧逼，说辞简短却句句击中要害、字字打动人心。言语艺术之妙，令人叹服！如何指导学生赏析体会其语言艺术的奥妙呢？我采用了还原情境、朗读揣摩的方法。

外交辞令是一种在特定情境下的特殊的言语交际艺术。这一语言特质决定了它要充分考虑说话的对象和场合，使用恰当的措辞，采用严密的逻辑，拿捏好语气语调，同时要敏锐观察，根据对方的反应和周围环境的变化而灵活地进行调整。

《左传》的语言极其精炼，详略安排巧妙，第三段只记录了烛之武的话语，除了结尾一句"秦伯说，与郑人盟"外，对秦伯在整个过程中的反应不着一字。于是，我创设了"同桌合作探究，自主设计烛之武说秦伯的朗读脚本"的学习任务，并给出具体的学习策略：1.角色扮演，一位同学朗读烛之武的说辞，另一位扮作秦伯倾听并尝试还原秦伯的语言和表情；2.两人协作共商，以秦伯的心理活动来反观烛之武的说辞，理解说辞内容的关联变化，监测调控朗读的语气语调、语速节奏、停连轻重等。

这一学习任务大大激发了同学们的学习热情，他们两两一组，投入地朗读，热烈地讨论。

有的对第一句"秦、晋围郑，郑既知亡矣"反复揣摩：读得太果敢吧，不符合求和的目的以及双方的身份立场；读得太卑怯吧，显露出一副乞怜相，又与后文的循循善诱、娓娓说理相悖谬。几番尝试之后，他们终于将欲进先退、消除对方戒备的心理拿捏准，决定以柔中有刚、不卑不亢的语气来表现。

有的对句与句间的停连做了重点的探究。他们通过模拟对话，发现此段中烛之武的说辞共有十句，关系或承或转，语意或明或暗，停连的处理，若受限于课文的标点，则不能尽显其妙。例如："越国以鄙远，君知其难也。焉用亡郑以陪邻？邻之厚，君之薄也"，是陈述亡郑无益于秦的事实；而"若舍郑以为东道主，行李之往来，共其乏困，君亦无所害"，则是剖析存郑之利，一害一利，理出两端。有的同学认为，这两句应当连读，一气呵成，以造成句句令人内心悚动的强烈语势。有的同学却反对，认为两者比较，利害自见，不怕秦伯不入其彀中，连读显得过于急迫，反而削弱了诚意，倒不如两句之间稍作停顿，适当地留足时间，让秦伯自省自悟为妙。

如此这般，朗读与倾听，还原了历史的语境；研讨与设计，激发了探究的兴趣。经过这样的一组言语实践活动，学生逐步感知到贯穿在对话中的叙述激情、凸现于词锋间的政治理性以及凝聚在对话背后的人格力量，对烛之武高超的言语策略有了真切而深入的体悟，对古人的言语智慧更是充满敬慕之情。

看到学生因体验而快乐的表情，听到他们深入透辟的见解，我想，为什么过去他们认为文言文学习是痛苦的？那是因为真实的学习没有发生。一旦真实的学习发生，学生就会觉得苦中有乐，甚至甘之如饴。美国课程专家威廉·F.派纳说："学习需要的是'跳动的火焰'，而不是'实实在在的建筑物'。教学就是不停的历险事件。"回顾《烛之武退秦师》一课的教学，我舍弃了精致的教学设计，抛开了条分缕析的讲解，引导学生用一次次朗读，真诚地去发现，去体验，去思考。真实的困惑，真诚的体验，帮助师生找到了研读的起点，点燃了探究的热情，推进了学习的深入。在朗读和研讨的过程中，师生一道不断地"历险"，也接连地邂逅沿途美好的风景。

走进课堂，今天我们将得到什么？走出课堂，明天我们还会遇见什么？面对"不停的历险事件"，我们该如何应对和化解？这令人紧张又期待，快乐而充实。

# 抛开套路和模板，自主地阅读思考

——《荆轲刺秦王》课堂教学侧记

上午第一节课，高一（3）班继续学习《荆轲刺秦王》。

"'至陛下，秦武阳色变振恐'，表现了什么？"我不想让学生的思维在文本的表面滑行，就貌似随意地一问。

"反衬了荆轲……"话音刚落，全班54张嘴巴异口同声地回答。

"是这样吗？"

"反衬了秦王的……"54张嘴巴发出的声音依旧那么整齐。

"是反衬吗？"

54双眼睛，你看看我，我看看你。

静默……

半小时后，高一（8）班，同样的一幕居然再次上演！

同样的一个问题，两个班108个学生，为什么竟然会以完全相同的思维路径，给出了一个完全相同的答案呢？这也不能不让人感到"振恐"。

也许是我的质疑，引发了他们的好奇。同学们诧异地问："难道不是吗？答题不就是这个套路吗？以前的老师都是这么教的啊！"

是啊，很多老师的确就是这么教的。他们对如何应对考试颇有研究，整理出来一些所谓的独门秘籍，神神秘秘地传授给自己班的学生，无论答什么类型的题都有一定的公式、模板和套路。只要按照这些公式、模板和套路，学生根本不需要费力读题，就能够不假思索地答出来。如此教学语文，就能轻轻松松地取得相当不错的成绩，竟然还能够屡试不爽，这真是语文教育教学的悲哀。长期以来，这样的答题习惯束缚了学生的思维翅膀，扼杀了学生的创新能力，因为他们已经不再需要自主独立地思考了，只要按照老师训练的套路，就可以驾轻就熟地填空答题得高分了。刚刚接手一个月的两个班高一学生的大致情况就是这样。

这样的现状不能再继续下去了，必须尽快地有所改变。然而，怎样才能有效地引领学生突破原来习惯的答题思维桎梏，自主地进行真实地阅读，通过自己真切的感性认知来逐步形成科学理性的思维方法呢？

现在，同学们的诧异好奇就是最好的教学契机。于是我说："抛开那些所谓的答题套路吧，我们一起重新来读读这一句，用心去读！"

我在黑板上写下了"色变振恐"四个字："我们先来还原出它的主语，是谁'色变振恐'？""秦武阳！""那么大家想想，当我们说某个人脸色变了，首先表现的是……"我的话还没有说完，有一些同学就已经反应过来了："表现了秦武阳此刻心里极度地害怕恐惧。""对了！"我竖起大拇指，"别小看这个答案，这是我们迈向正确思维轨道的第一步！"我告诉同学们，阅读描写人物的语句，首先就是要还原人物内心的真实，还原生活情境的真实。

紧接着，我在黑板上写下了"内心"两个字，又在后面打了一个问号："有效的阅读方法就是要善于提问，并不断地追问，去和作者对话，和文中的人物对话。那么，了解此刻秦武阳的内心我们又能获得哪些信息呢？"同学们茫然的眼神告诉我，习惯了不用细读、不用思考直接套用答题模板的他们，一时还不清楚接下来继续探究的方向。我提示他们不妨回想一下秦武阳是什么人。

教室里又热闹起来了，他们争前恐后地读出了前面的文字："是荆轲的助手，'年十二，杀人，人不敢与忤视。'""好，我们把这些信息放到一起，再来思考刚才的问题，大家有了什么新的认识？"我指着"内心"两个字，再次提问。这一回，不再是沉默了，一位同学说："秦武阳真是个没出息、干不成大事的家伙！号称十二岁时就杀人不眨眼，现在遇到了大场面，在关键的时候却胆怯畏缩了。""他其实是外强中干，色厉内荏，说白了，就是除了样子凶狠，内里没什么本事。派这样的人出使，太子丹真是倒霉！"一位同学不无惋惜地说。"太子丹才不是倒霉呢，他是不识人，不会任用人。"听了他的感叹，另一位男同学立刻反驳道。听到有了争议，同学们都兴奋地抬起头盯着他看，我也用眼神鼓励他继续说下去。"'日以尽矣，荆卿岂无意哉？丹请先遣秦武阳!'，对忠心耿耿有勇有谋的荆轲，他却疑心重重，毫不掩饰地发泄内心的不满，居然认为可以凭借秦武阳成就大事，由此可以看出太子丹是个缺少慧眼、昏聩无能的家伙。""是啊！正是因为他迫使荆轲仓促出行，才导致了失败灭亡的结局。""不过，话说回来，荆轲轻易就被太子丹的激将法激怒了，也实在太不应该了。大丈夫能屈能伸，他要是能够隐忍一时，再'留待'几日，'待吾客与俱'，就不会被秦武阳坏了大事，中国的历史可能就会是另一种走向了。"……

意外的辩论，不仅带来了课堂的高潮，更令人惊喜的是，在不知不觉中，同学们走进了文本，能够自己细细地品味语言文字，并且能够有理有据地表述自己的见解了。

"你们的理解都有一定的道理，看来，我们还是要学会用联系的观点看问题。一个动作，一句话，只能表明一时的情绪，可是，细读文本，这样把若干个这样的信息联系起来综合看，一个人物的形象渐渐地就凸显在我们面前了。"我郑重地在问号后板书了两个字——"形象"。

"那么'秦武阳色变振恐'这句话还有别的什么作用吗？"同学们的眼睛亮亮的，很显然，经过了前面的讨论，他们已经有了强烈的探究欲望。"我们再次还原一下当时的情境，秦武阳走到台阶下，突然脸色变了，害怕起来，为什么呢？"我及时地指示了思考的方向。

"秦武阳本来就是个胆怯的家伙，此时走到大殿下，看到了威严的秦王，更害怕了，内心的恐惧再也掩饰不住了。"一位学生回答道。多么真切的体会啊！这不是死板地套用答题模板，而是通过他们自己真实的阅读和体验，读出了历史人物的内心情感和现场情境的气氛，两千多年前的作品和今天的少年之间的距离已经不再遥远，是文字的神奇魔力消除了学生和作者、学生和历史人物之间的隔膜。

当学生真正进入了文本，获得了真切的阅读体验时，阅读文言文就不再会觉得枯燥乏味、面目可憎了，而是显得那么亲切自然、生动有趣。此时，根本不需要教师强行灌输那些所谓的答题技巧，同学们自然而然地就总结出了："虽然不着一字，但通过'秦武阳色变振恐'侧面表现了秦王的威严气势。"顺着他们的思考路径，我在黑板上写下了"秦王"二字。

我还没来得及提问，一位活跃的男生已经抢先一步说："还有呢！后面写道'群臣怪之，荆轲顾笑武阳，又前为谢曰……'，秦武阳是'色变振恐'，荆轲是'顾笑''前''谢'，一笑定心，上前担当，谢罪化解。所以呀，这一番对比，就让荆轲的沉着冷静、机智勇敢淋漓尽致地展现出来了。"

多么精彩的解读啊！"哗——"很多同学不由自主地鼓起掌来了。这才是真实而有效的阅读啊！如此阅读，方能如入宝山而有所得，不虚此行。

时常听到不少同行抱怨，现在的一些学生低分固然低能，即使高分也是低能，基础太差，学习习惯不好。作为教师，我们与其垂头丧气地怨天尤人，不如有所作为，行动起来，庶几能够有所改观。或者，我们还应该先从教师自身的角度去找找原因。其实，只要教师不要画地为牢，人为地去禁锢学生心灵的自由，而是大胆地打开学生思维的桎梏，引导他们细读文字，品味语言，还原生活的情境，走进人物的内心，并坦诚地互相分享交流，勇敢地进行思维批判和思想碰撞，同学们在语文学习上表现出来的学习主体的创造力一定会让人惊喜连连。

在课堂上，当同学们的身心都能够充分地舒展开来、思想都能够自由自在地放飞、才情都能够尽情施展的时候，作为教师，我们还用再为那些所谓的课堂气氛沉闷、学生兴趣不浓、教学效率不高等"老大难"问题而担忧吗？何愁学生的语文素养不能够很好地发展呢？

# 第三辑
## 文心觅道

　　魏文曹丕在《典论·论文》中说："盖文章，经国之大业，不朽之盛事。"面对茫无际涯的时间之海，中国古代文人在有涯之生发愤著书，以求生命价值之不朽。

　　20世纪80年代，未来学家约翰·奈斯比特在《大趋势》中预测：写作作为一种以语言文字为媒介的交流行为，必将越来越多地融入生活，我们比以往任何时候都更需要掌握读写的技巧。

　　而在《写作这回事》中，作家斯蒂芬·金给出了一个令人怦然心动的建议：虽然写作不是人生，但有时候它是一条重回人生的路径。在他看来，写作兼具哲学性和生命性，能够让生活变成一个更明亮、更愉快的所在。

　　那么，于我们而言，写作又是什么呢？

　　文者，贯道之器也。操觚为文，自当用心。我们愿携手前行，躬尝践履，在创造性的读写中开拓精神自由的空间，寻觅写作与生命的真意。

## ◎ 问道杏坛

## 关于过程写作教学的实践与思考*

　　写作教学是中学语文教学的半壁江山，其重要性毋庸置疑，有的专家甚至视之为"语文教学的终极追求"。然而，在研究和实践领域中，写作教学却呈现出一种矛盾的姿态：社会舆论予以高度的关注，教学研究中却乏人问津；教师们一边对传统的教学模式痛加挞伐，一边却又在实践中大行其道。究其原因，还是对写作和写作教学本身缺乏清晰的认识，只能在迷乱和困惑中重复低效甚至无效的劳动。

　　面对教师无法、学生无奈的写作教学困境，笔者借鉴西方过程写作教学研究成果，尝试更新写作教学理念，动态还原写作的过程，在"过程"中重建写作教学架构；以学情为出发点，精准定位，开发教学内容；在充分尊重个性的基础上，开展细化指导、诊断修改。通过一系列的研究和实验，略有收获，下面试结合案例，谈谈自己的一些实践和思考，以期获得方家的指导。

　　* 本文为国家级课题"过程写作教学法实验行动研究"阶段性成果，曾获2016年安徽省中小学教育教学论文一等奖。

# 一、当下写作和写作教学的境遇

写作是什么？写作教学是什么？这似乎不应该成为问题。可是，当我们面对诸如"如何区分生活情境和教学情境中的写作？""怎样才算是擅长写作？""怎样才能有效提升写作能力？"等问题时，却发现很难给出明晰的答案。而正是因为这些认识的模糊不清，导致写作教学也出现了种种怪象。

1.神秘化。

写作是多种能力因素的综合体，它不仅具有层次性，也具有异质性。写作过程中包含着丰富的心智活动、审美因素、情感内蕴等关键因素，难以简单地客观化、标准化和量化。基于此，一些人以写作过程难以捉摸，断定写作不是能够教会的，只能依赖于学生的读写积累、思想情感及个人天赋。

将写作神秘化的认识直接导致了"教师写作教学的集体无意识"（曹勇军语）。大多数教师感觉写作教学难以取得实质性的成效，因而长期以来普遍的教学模式就是教师给个题目，让学生完成写作，然后批改打分，简单评讲。每学期6至8篇作文，如此简单机械地重复无效的操作。"不会写的教了也学不会，会写的都不是教出来的"，这种共同 "心声"的背后其实是共同的困惑和无奈。

2.功利化。

写作在各类语文考试中占有极大的份额，其得分往往会直接影响考试的结果。于是，在激烈的社会竞争和沉重的升学压力的影响下，写作教学也被涂上了极其功利的色彩。教师不去研究写作的规律，只研究考试题型、命题意图和评分方式，"机智"地发现了"作文高分秘笈"，即评分首先考虑的是审题，其次是中心是否明确，最后是材料的使用情况等。找到了这样的所谓"秘笈"，写作教学的课堂从此沦为应试的训练场，假大空的主题，为文造情，根据需要随意编造论据，早已司空见惯。功利化的追求还催生了众多几招几式的高分模板，更有甚者，有的发明了宿构和套作的"备考策略"，要求学生在考前准备好几篇范文，背下来，考试时根据作文题稍加改装变化，套到自己的作文中即可。

原本丰富多彩的写作活动被单调功利的应试备考所取代，虚伪僵化的教学使得学生不再会用语言表达真实的情感和思想，在戕害学生心灵的同时，更消解了其发展自我写作能力的热情和愿望。

3. 肤浅化。

网络生态环境下，微博、微信、说说等新媒体改变着传统的交流方式。网络传播的独特交际语境中，故作高深、追求新异的"愤青"言论，貌似万能、全职安慰的"心灵鸡汤"，都会引来诸多关注和点赞。高中生这个年轻的群体，受其影响最多也最深。不少学生为其字面或深情、或调侃、或无厘头的感官刺激所陶醉，迷恋于这种碎片化的表达。但需要警惕的是，娱乐化的语境，容易将写作思维导向肤浅，碎片化的表达方式更无法呈现思维的深度，其背后隐藏的后果是辩证思维和综合表达能力的退化丧失。显而易见的是，生活中娱乐式肤浅化的文字表达，并不能等同于语文教学意义上的写作能力训练。然而一些教师却模糊了两者的界限，甚至主张以此为抓手，将之视为写作训练的有效途径，如此一来，科学规范的写作指导势必缺位。

4. 理想化。

如同坊间流行的"多读就能学好语文""只要多读，语文素养就高，自然就能考得好"的阅读教学观一样，时下，写作教学领域也有这样一种调门——"写作即生命成长""有愿望，有生活，何愁写作！"持此观点的人主张，还写作以纯自然的状态，只要给学生开放的空间，带领他们融入生活，认识生活，写作就能收到令人满意的效果。诚然，生活是写作的源泉，写作必须要贴近生活才有生命力。但是我们反对这种纯理想化的提法，因为这种主张无引导状态下的自然表达的观点，会直接导致写作教学无用论的错误认识。试想，如果只要有生活就能写出好作品，那岂不是人人都能成为优秀作家？

对写作的种种偏颇甚至是极端的认识，导致写作教学陷入混乱的状态。近年来，变革写作教学的呼声此起彼伏，然应者寥寥；或者说，能坚持在实践中尝试并探寻出系统的有价值的理论或策略的人实在太少。究其根本，一是缺乏科学的培训指导或优秀经验的支持；二是缺乏系统的教材、配套练习和科学的评价机制；三是一线教师工作繁重，实在难以在繁杂的教学任务和各类与教学无关的琐事中抽出身来，再加上自身职业追求的内在动力不足以及能力素养的局限，等等。如此，既没有自上而下的科学指导，也不能寄希望于自下而上的主动探求，难怪写作教学乱象丛生，低效无序。

## 二、理性认识，科学定义，聚焦过程

面对种种悖论和困境，我们必须认清写作的本质，还原写作的真实过程，获得清晰的认知，才能合理地界定写作教学的方向和内容，才能改变写作教学尴尬的现状。

1.认清写作活动的规律和特点。

任何一种神化或异化写作的言论，归根到底都是源于对写作活动的特点和规律缺乏理性的认识。皮亚杰和阿普尔比的研究揭示出一个优秀的写作者需要三种知识：语言知识、主题知识、读者知识。这三种知识是写作经验的核心要素，写作实际上就是利用这些知识建构篇章的加工过程。

基于这样的认识，我们确信写作是可教的，而且是需要通过教师的正确指导来获得提高的。写作教学中，教师需要做的是研究学生所需，及时提供相应的语言、主题和读者的知识，同时要认真研究写作的"加工过程"，合理地进行过程调控，搭建支架，渗透知识，科学引导，教而得法。

此外，我们还必须认识到，写作的"加工过程"是复杂而艰苦的，需要反复修改才能获得优秀的作品。美国作家莫里这样描述他感悟到的写作过程："写初稿时，不管好坏，先吐出来，捕捉住，放在那里，再不断地磨，慢慢扩展，多次调整，反复修改。"这样，只有不断地写，主动或被动地接受某种强制训练，发现问题，反复修改，才能提高和催生写作的能力。因此，写作不能仅仅依靠生活中的自然生长，"天才式的写作"毕竟是少数，不代表普遍的写作形态。多数人的写作是一种挣扎，开始写得很粗糙，然后一遍又一遍地修改，越改越好，最后才能成功。这才是写作的真实状态，我们需要尊重这种真实，并把它视作写作训练的基本内容和步骤。

教师要鼓励学生一直处在一种写作状态中，并让学生意识到，在科学的指导下，写作能力是可以提高的，即使暂时写不好，也不要气馁，只要掌握了修改的方法就能够逐步修改好。

2.界定"课堂教学情境下的写作教学"。

美国教育家华特·B·科勒斯涅克有句名言:"语文学习的外延与生活的外延相等。"写作也是生活的一部分,离不开生活。因此,课堂情境下的写作教学,必须关注生活,从学生的生活实际出发,选择切合生活的训练任务,指导他们通过写作干预生活,解决生活中的实际问题。

但同时,我们也要清晰地认识到中学生的写作是一种在课程标准规定的教学目标指导下的学习与训练。这就使它又与一般的社会写作有所不同,它是在教师指导下,为达成某种写作能力而进行的。因此,课堂教学情境下的写作教学,必须重视发挥教师的指导作用,有计划地系统地开展写作能力规范化的训练。

当然,需要重申的是,课堂情境下的写作教学是为了培养具有写作能力的现代公民,而不仅仅是为了提高考试分数。因此,规范的训练,要以尊重学生的个性为前提,不能只是为了应试而写作,也不能采取非此即彼的极端态度,盲目排斥应试的需要。

3.聚焦写作的过程,展开过程写作教学。

长期以来,我们的写作教学关注的重点是在最终的产品习作上,而对写作的"过程"关注不够,缺少"过程"指导。

黄厚江老师认为:写作教学存在的诸多问题之中,最为重要的是不能触及学生的写作过程。很多教师的写作教学或是告诉学生该怎么写,或评价学生写得怎么样,往往游离于学生的写作过程之外。空讲是学不会写的,学生写作过程的展开必须落实在写的过程中,教师的指导也必须贯彻在写的过程中。

近几年,广大学者和教师越来越关注学生写作的过程,但总体来看大多停留在"四环节"(或称四段式)的理解层面,即写作教学按命题、指导、批改和讲评四个阶段来展开。无论是写作教学的实践,还是各种版本的教材或教学资料,几乎都按照这四个环节来实施和阐述。然而,仔细分析所谓的"四环节",不难发现其存在以下两个方面的缺陷:

一是环节结构缺失。"四环节"中缺少了达成写作目的、形成有效教学的最重要的环节——修改。其实，习作不是写作教学的终点，而只是"中点"，甚至只是"起点"。笔者曾经遵照"四环节"的教学模式，鼓励学生天天练笔，自己也投入极大的精力认真批阅。但"剃头挑子一头热"，学生的写作能力并未因此提高，更可怕的是重复低效的写作，无法改善的苦恼，还慢慢消耗掉了他们先前的写作热情。仔细想来，根本原因出在盲目地追求训练的次数，却忽略了修改这一提升的重要途径，导致教学的低效、无效，甚至负效。

二是环节流程不合理。"四环节"的写作过程，是一个彼此独立、单向、线性、静态的过程。然而，重新研究写作教学的过程，我们发现，写作知识并不只是静态地呈单线状排列的，写作能力的提高更不只是单向或静态的，写作过程也不是简单的写作前、中、后三个阶段。写作指导、评价和修改，包括教学的内容，不能简单地割裂开来，而是在不断生成的变化中互相影响、互相制约。因此，写作过程应是一个彼此影响、互相制约、螺旋上升的动态变化的过程。

聚焦真实的写作过程，有助于我们真正地开展过程写作教学，将静态的写作知识、写作策略用于写作实践，将写作教学过程分解细化为可供学生具体操作的写作行为。

## 三、"过程"写作教学的实施要素

### （一）教学内容的确定

"教学内容的确定"这一提法并不新鲜，其重要意义在阅读教学中早已达成共识，王荣生教授和诸多专家对此进行了深入的阐释，广大的一线教师也在阅读教学中开展了大量的尝试和研究，取得了可喜的成效。但奇怪的是，在写作教学领域，"教学内容的确定"却没能引起人们应有的关注和重视。

"教学内容的确定"是开展有效教学的重要前提，但在实际的写作教学中，绝大多数教师却把这个重要而又复杂的教学前的准备工作，简单地等同于只是命制一道作文题罢了。作文题充其量只是提供了一个写作任务，怎么能是教学内容呢？难道写作教学就是一道作文题教学？为什么如此显而易见的错误，长期以来却能在实际教学中大行其道？问题的实质还是缺乏科学的写作教学理念，因而无法清晰地确定写作教学的内容。

那么，究竟如何来确定写作教学的内容呢？

阅读教学研究启示我们，教学内容的确定要基于学情，因为学习的主体是学生，教学的最终目标是促进学生的能力发展。因此，写作教学内容的确定也应当以对学情的分析为起点，设计符合学生需要的写作任务，设置合宜的写作教学目标，提供解决学生写作困难所需的知识和能力的支持，并且力求追踪学生在写作中的能力变化与发展的轨迹，依据学生写作状态的反馈来适时调整教学内容。

1. 关注学生的生活实际，设计合宜的写作任务。

如何设计写作任务？观察现有的教学，谨慎一些的教师往往是按照教材中写作专题训练的要求，在教材提供的作文题中挑选一个，布置给学生写作；随性一点的教师往往是大脑之中"灵光一闪"，一个作文题目就轻轻松松地产生了。前者依据教材，看似规范合理，却忽视了教材只是一个面对大众的样本，不加改造地照搬照抄，难以适应不同地区、不同学校学情的个性化需求；后者看似潇洒灵活，但如此无序化、随意性的教学带来的成效如何也是可想而知的。

笔者主张，科学而有效的写作教学，应该从设计一个合宜的写作任务开始。

杜威说："学校教育和学生个人经验之间有着必然的联系。"许多写作研究都发现这样一个重要规律：学生所具有的具体领域的知识是决定写作质量的关键因素。相对陌生的话题而言，对于熟悉的话题，学生一般能产生更多的想法。因此，好的写作任务设计要从学生的真实生活需要出发，实现与真实生活的"无缝对接"。因为只有那些来源于现实生活中的写作任务，贴近学生的生活经验、年龄心理、性格兴趣等，学生才能从中体会到写作的乐趣，意识到写作干预生活的作用，从而唤起写作冲动，愿意去写，才会有话可写，才有写好的可能。这也就对教师在设计写作任务时提出了三个方面的要求：

一是善于观察。

做教师要有一个本事，就是要能够通过观察了解学生的点点滴滴，包括很多内隐的可贵的东西。对学生生活经验的分析判断，不能仅凭感性而粗疏的印象，还要通过日常观察、访谈、座谈和问卷调查等科学的实证方法去获取。

高中生正处于青春期，这是一个心理、人格逐渐发展而又极其敏感的阶段，教师要及时准确地捕捉这个群体的共性特质。笔者曾在2014年安徽省优质课评比中，执教必修教材中的《人性光辉 写人要凸显个性》，面对合肥一中的这群陌生的孩子，如何设定写作教学任务呢？利用赛前见面的机会，笔者和他们展开"拉家常"式的交流，在聊到班级"灵魂人物"这个话题时，发现学生们共同的兴奋点是班里的"学霸"老F，每位同学说起这个"35个平行班里唯一冲进数学竞赛A班的男人"时，都精神亢奋，眼睛放光。于是，笔者果断放弃之前准备好的"写一写咱们的班主任"这个题目，趁着学生意犹未尽之时，抛出"写一写咱班的学霸"这个写作任务。正式上课时，学生们思考积极，讨论热烈，教学效果令人惊喜。我想，这得益于选择了一个能够满足学生心理需求的写作任务，而这样的选择正是源于课前的观察。

当然，观察的细致不仅体现在准确把握共性上，还要关注到那些非共性的特殊因素。在一次高三模拟考试中曾经遇到一个关于"微信朋友圈集赞换礼品"的材料，笔者在批阅时发现，有部分考生的文章根本不知所云。通过考后的分析座谈，笔者了解到这部分学生或是没有接触过"微信"这个通信软件，也自然不知道什么是"朋友圈"了，或是作为住校生根本不被允许使用手机，对有关话题所知甚少。命题者从成人的生活经验出发，关注"微信朋友圈"这一新鲜事物的利弊，确实紧贴现实生活，折射了某种社会心理，但是，却脱离了高中学生的生活实际，没有充分认识到群体的普遍生活经验，这就造成了在题目理解上的困难，也违背了考试的公平性原则。

二要精于设计。

准确地发现与学生的生活经验相契合的材料后，教师还需要精心地设计改造，使写作任务更加清晰准确，有利于开展有针对性的写作训练。

为了帮助学生明确写作对象的意识，笔者设计了一个关注"有偿献血"的写作任务：

近日，为应对天气寒冷导致血库库存短缺的困境，某市开展了"无偿献血校园行"活动。各高校出台了各种献血激励性政策，有的一次性补助800元，有的提供牛奶等营养品，有的出台献血换学分政策。有人质疑，这些奖励让自愿无偿献血变了味；有人肯定此举是一种提升献血动力的有效措施。

这是一则源于现实生活的新闻素材，学生对其有一种天然的亲近感，但这并不意味着这个素材可以直接拿来用于写作训练，因为它还缺乏清晰的交际语境。而交际语境直接制约着深层次的写作动机的孕育、内容的生成和表达方式的选择。因此，经过研讨，我们进行了精心的加工。第一步，去掉经济补助等干扰信息，将话题聚焦于献血换学分的政策，明确讨论对象，改为：

某高校实行无偿献血换2个学分的政策，不少同学为之点赞，认为很接地气，既可以奉献爱心，又收获了学分奖励，一举两得。有同学质疑献血出于爱心，不应有任何条件，奖励亵渎了慈善的人性美，让自愿无偿献血变了味。

第二步，添加具体的人名，同时添加"校方"这一角色，虚拟一个可能的交际情境，明确了写作对象，以激发写作动机和欲望：

某高校实行无偿献血换综合评价2个学分的政策，引起诸多讨论。

大一学生李超感到新奇："既奉献爱心，又收获了学分，一举两得。我想参加；不过，万一身体不适宜献血怎么办？"

而大三学生王东则质疑："无偿献血是一种自发的爱心活动，不应附加条件。如果献血能获得学分，那就不是无偿了。"

校方回应：并非强制要求献血，这项举措是为了鼓励和引导学生多参加社会公益活动，培养学生的社会责任感和公民意识，综合评价的2个学分还可以通过参加支教、普法宣传和志愿服务等活动来获得。

对此你怎么看？请你联系生活实际，谈谈自己的看法。

通过几次修改，精心设计后的作文题既关注现实生活，又具有明确具体的交际语境要素，即话题、角色、读者、任务，可以有效地激发学生的写作动机，引导学生对写作内容以及表达方式作出合理的选择。

三要敢于仰望。

曹文轩先生在《面对浅阅读时代——儿童文学应有的观察和体悟》中一针见血地指出："当下的中国儿童文学，大面积的文字只是停留在对儿童天性的呼应和顺从上，这种浅阅读最大的害处是以简单而轻松的快乐取代了一切具有深度的感受和思考。"E.B.怀特说："任何专门蹲下来为孩子写作的人都是在浪费时间……任何东西，孩子都可以拿来玩。如果他们正处在一个能够抓住他们注意力的语境中，他们会喜欢那些让他们费劲的文字的。"和阅读一样，写作教学如果只是顺其本性而不加引导，我们就不能指望学生有什么值得期待的高质量的写作未来。

笔者反对"蹲下来"俯就学生的教学观念，倡导以仰望的姿态进行写作教学。大量的实践经验告诉我们：学生的天性之一就是他们是可培养、可塑造的。在保证他们能够从写作中获得最基本的快乐的前提下，还要引领他们努力向趣味更高雅、思想更深刻的目标迈进。

学生的实际生活不仅包括他的家庭、学校这些个人的生活圈子，还包括他们所身处的社会、国家和世界。高中生即将走上社会，更应当具备一种开放的视野和理性的思维。时评家鄢烈山先生呼吁理性的"公民写作"，而我们面对的是一群有独立思维、即将走上社会承担社会使命的年轻人，因此，写作教学不能仅仅满足于指导学生为了升学的需要"应制"一篇高分作文，还要从培养公民表达素养的高度来确定教学内容和设计教学任务，引导学生以公民的姿态，就社会公共事务问题作出理性的表达。

笔者在高中三年的教学中，每天坚持开展课前"时事评议"活动，既积累了写作素材，也引导学生树立关注社会现实的意识，构建起一条通向更高的思维层次的通道，通过演讲、辩论等活动，让学生砥砺思想，在解决现实社会问题的写作任务驱动下，使学生能够自觉地迸发出强大的写作动力。

2.分析学生的写作能力，确定恰当的教学内容。

写作教学的理想境界是，教师的写作指导能切实地提高学生的写作水平，想要达到这样的目标，教师首先必须了解：学生的写作现状到底处于哪个层级？他们的写作在哪些方面已经达到标准？哪些方面亟待提高？哪些问题需要外部的支持才能解决？在遵循学生写作能力养成规律的前提下，只有重视对学生写作能力现状准确的评估，并据此设定合宜的教学目标，选择合宜的教学内容和策略，写作教学才具有其针对性。

（1）基于学生的起点能力，确定教学目标。

要确定教学目标，首先要找准教学的起点。写作教学的起点不是由教师所决定的，也不是由教科书所设定的，而是要取决于学生的实际情况。要从"学"的角度来设计和开发课程，以学生作文的现状作为起点，以解决学生存在的问题为目标。每一节写作课就应该是围绕解决某个具体的问题而展开的一个写作学习的过程。

写作起点能力的分析，可以从学生习作样本入手，通过批阅和分析，深入探测到学生群体真实的共性特征，进而找到切合学生实际的改进方法。

根据必修教材所呈现的写作序列知识，《人性光辉 写人要凸显个性》的训练目标是"写人要凸显个性"，但教材只能够提供课堂教学可能的起点，无法预先估计真实状态中具体的学生的水平和能力。因此，笔者在准备教学时，借助批阅学生课前完成的习作"写一写咱班的学霸"，探测到这个班的学生通过以往的阅读写作，已经积累了一定的写作知识，如借助事例展现人物以及人物描写的相关知识等。而普遍存在的共性问题是在实际运用中，事例不够典型，描写不够鲜活，语言空泛笼统。基于这样的分析，笔者将本次教学目标确定为"学会选择恰当的事例展开具体的描写，凸显人物个性"。

维果斯基的"最近发展区"理论告诉我们，只有根据学生的写作现状确定的教学目标，才不会随意地将目标定得太高，高到让学生难以企及不能完成任务，变成一种无效教学；也不会太低，低到让学生感觉是简单无聊的重复。恰当的教学目标，能够帮助学生理性地对待自己的写作现状，并获得足够的写作动力。

（2）以解决学生的问题症结为抓手，开发教学内容。

在清晰地了解学生的写作现状后，还需要对学生的习作展开进一步的分析，找准症结之所在，根据学生的实际需求开发具体的教学内容。

在设定好教学目标后，笔者再次研究学生的习作，发现学生产生写作困难的主要表现有：所选择的事例看似有用，其实尚不足以表现人物的个性特征；手法单调，描写空泛，缺少生动的细节，读来枯燥乏味。基于这样的认识，在教学中我为学生提供了一些必要的写作支架：

一是，首先组织学生进行思维碰撞，讨论班级中最有个性的人有哪些主要的特征，明确写人要借助具体恰当的事例来表现；接着进行习作分析，归纳学生习作中所用事例，在比较过程中，引导学生掌握精选事例的原则应当是"恰当""鲜活""细微"。在师生对话中敏锐捕捉学生的问题与困惑，及时作出分析与判断，据此调控课堂的方向和进程，促进本节课新的能力生长点的形成。

二是，引导学生回顾已知的描写手法，如肖像、语言、动作、心理描写等；提供一个比较有代表性的学生习作，通过组织讨论，诊断出本次写作中共同的问题，如空泛笼统、千人一面、手法单一等，寻找解决的方法。

三是，比较最能发现异同和高下，在学生讨论总结出细化描写的方法后，教师提供同一题材的优秀作文片段，让学生研究评价，明确其成功的原因在于恰当地运用了"细化""定格""延长"等描写方法，然后以方法引路，带领学生合作修改升格例文。

最后，要求学生运用本节课所掌握的写作方法，尝试去写运动场上一个人物的表现，凸显其个性。

当然，由于写作是一个动态生成的过程，所以，教师应当通过关注学生在课堂上遇到的实际困难来探查学生实际需要的写作经验，及时调整原有的教学内容，更加有针对性地为学生提供生成该写作经验的必要支架，使学生在共同探索写作技巧的过程中体会到"跳一跳摘到桃子"的快乐，从而不断接近并提升自己的写作"最近发展区"。

高中三年的教学是一个整体，若能根据学生学习能力的差异性，制定梯级发展的层级目标，以满足不同层次学生的学习需求，并且长期追踪其形成和发展的轨迹，及时获取反馈性评价并予以调适，以此来创建基于学情的写作教学体系。

（二）贯穿始终的指导

当前写作教学中教师"指导"的现状不容乐观，有的教师认为写作不可教，于是放弃指导，让写作教学成为一种放任自流的"无为而治"，学生写作能力的形成和提高主要"靠天收"；有的教师秉持着所谓"学生在构思中接受教师的指导违反了创造的规律"的观点，因担心影响学生自由的独立构思而否定教师指导的作用；而觉得可教的教师却又往往停留在经验型指导上，机械地讲解写作知识，生硬地植入写作技巧，还有相当部分的教师传授给学生的是人云亦云的写作模式和呆板的应试套路，这样的指导比不指导更糟糕——不但对提高学生写作能力毫无益处，反而泯灭了他们的个性和创造性。

对此，笔者认为，写作教学离不开方法的引导，写作实践中教师恰当的指导对学生的写作能起到切实的帮助。如果缺失了教师的指导，写作"教学"的意义安在？不能因为自己不会教或认为"不可教"，而逃避作为语文教师在写作教学上应尽的责任。

写作教学中教师的指导主要体现在有步骤、有计划地引导学生用好课程资源，打开思维闸门，把握写作技巧，调动相关积累，实现真实有效而又富有个性的表达。实践探索中，笔者认为，有效的指导需要遵从以下两个原则：

1.贯穿始终，动态跟踪。

写作是一个系统工程，很多学者对这一信息加工过程进行了实证研究，海斯和弗劳尔通过对写作过程的观察和记录分析，发现写作涉及三个不同的过程：计划、转化和检查。课堂教学情境下的写作"计划"，相当于写作训练前的构思准备；"转化"就是落笔成文；"检查"相当于修改。这一发现已成为人们探讨写作过程的共识，同时人们也认识到，写作的各个过程并非孤立存在，它们之间存在诸多的相互作用。写作指导就是要通过开展相应的活动和提供必要的策略支持，促进学生的写作经验在这三个过程中得到发展。因此，教师的指导应作用于学生具体的写作过程，并贯穿其全程。

写作前的指导，有助于教师掌握学生对写作任务理解的程度，发现疏漏和偏差，及时予以纠正；有助于增强学生写作的信心，避免写作的随意性，提高写作成功率。而所谓的"不干涉构思"，则往往会使写作过程在开始阶段，就处于无序甚至错误的状态，最后导致写作的低效、失败。

实践中，笔者发现，绝大多数学生真正的困难往往出现在由想到写，也就是落笔成文的阶段，他们能想到要表达什么，但是至于怎么组织、怎么表达却成了下笔过程中的障碍。因此，教师要关注学生的写作进展状况，适时地提供方法和信息源的支持，及时地帮助学生排除疑难，引发学生积极思考，进而使他们在创作过程中突破障碍，顺利写作。

写作教学中，每一个环节都需要教师发挥主导作用，进行正确的指导。一旦某个环节指导弱化或是缺位，教学的效果就会大打折扣甚至全无。

2.尊重个性，酌量控制。

傅丹灵教授说："再好的一个思想，再好的一个法则，如果规定每个人都这么做，那么这个思想或法则就死掉了。任何一个思想成为权威时就已经死掉了。"每个学生的个体差异决定了他的写作特点和接受程度。因此，教师的指导要有针对性，既要有对共性问题的普遍指导，也要有对个性问题的个别指导。

笔者在写作教学中，尝试通过问卷调查和诊断分析量表（下文有专门阐释）等方式来掌握学生的写作现状，了解他们不同的需求，以便提供有针对性的帮助。

此外，教师的指导还应注意酌量控制，既要解决问题，又不能越俎代庖。老子曰："少则得，多则惑。"过多的要求、规范、技法的指导，可能会形成干扰；指导太少，又起不到点拨引领的效用。究竟什么样的"量"是合宜的？写作教学是指导学生写作，因此"量"的多少应由学情的需要来决定。

笔者在执教议论文写作教学《立意恰切还求深，论证多术方有力》时，借助一篇范文的片段介绍了"让步论证法"，并让学生采用此法，当堂修改自己的习作。但在随后的交流环节中，笔者发现，大部分学生的修改只是在原文开头加上了"诚然""况且""虽然"等词语，再添加一句赞美对方观点的话，就算完成让步说理了，显然未能完全领会让步论证的实质。学生不能成功地完成修改，这说明教师对"让步论证"的指导还不到位。于是，笔者放弃了预设的下一个教学环节，现场下水，和学生一起来写，利用自己的文章还原"让步论证"的过程：先从对方角度让步，肯定对方观点的表面合理之处（脱离材料背景时）；再从己方角度让步，分析己方观点可能存在的错误（脱离材料背景时）；最后明确具体背景，揭示对方观点的错误本质和危害，确认己方观点的价值。展示自己的思维过程，师生共同讨论，修改措辞，如此一来，学生明白了，让步论证的核心是找到己方观点成立的具体背景。在学生遇到障碍难以突破瓶颈时，教师及时转变方式、强化指导，使学生的修改得以顺利进行下去，教学指导收效明显。

当然，从提供教师的写作经验到学生构建自己的写作认识之间，除了指导，还需要一座实践的桥梁。《孟子·尽心下》说："梓匠轮舆能与人规矩，不能使人巧。"写作也如同手工制作，能教给人一般的方法，却不能直接给予高明的技巧，因为法度可以教，技巧则必须在实践中领悟。这也是为什么不少教师困惑：我也卖力指导了，但学生的写作仍然没有多大的改善和提高啊。课堂教学中，用什么方式可以把指导自然地融入实践，帮助学生获得真切的体悟呢？笔者尝试了下面两种方法，初现成效。

一是提供样本，还原过程。

学生光听讲是不可能学会写作的，不触及写作过程的写作指导是无效的。因此，教师只有通过展示写作过程，创设写作情境，才能让学生体会到写作知识如何运用。

美国七年级教材《文学》中，关注了"作者的写作过程"的还原，按写作的流程介绍作者创作文章的过程，包括如何想到写这个故事，写作过程中碰到哪些困难，作者写作时有什么偏好，作品的修改过程，作者对这篇课文的感受，作者的强项、弱项，作者如何在写作过程中针对自己的特点扬长避短，从而写出生动、有趣的故事等。这部分内容以"写作前准备""写草稿""修改""发表"四个部分编排，与学生写作学习的实际流程保持一致。

我们可以借鉴此法，采用提供学生写作过程样本的方式，还原"学生的写作过程"，来开展写作教学指导。精选案例，展示同一个学生在写作的各个阶段作文的进展情况，让学生在参与研讨这位同学完成该类型作文的全过程中，领会教师的指导，感受同伴写作经验的启发。

例如，笔者在指导学生完成任务驱动型材料作文"蜀南竹海刻字林"的训练中，挑选了童宇、姚佳、费丹三位同学的作文本，在写作各阶段指导中，均插入了这三位同学写作的样例，分别展示了他们从思考判断、审题立意，到选择素材、组织材料，再到罗列提纲、形成段落，直到最后形成文章的全过程。学生对这三个样本写作过程的讨论评价，能激发他们在参照对比中反思自己的写作过程，而教师对样本的修改指导，也自然迁移到每个学生的习作自我修改中。这样，展示指导修改三篇样本文章的形成过程，既直观地展示了三位同学的一次写作经验形成的完整过程，也有效地促进了全体学生的写作经验形成和发展。

此外，用于辅助指导的"样本"，不仅可以是学生的习作，还可以是教师的修改示范。笔者曾在高三作文升格训练中，采用在"圣陶杯"全国中学生作文竞赛中获奖的葛岩松和王岚两位同学的文章作样本，展示其原稿、修改稿以及经过笔者修改后的定稿，将修改的全过程还原呈现出来，让其他同学也能够借助具体直观的案例，在比较的过程中对如何修改文章形成真切的认识。

二是专项训练，细化指导。

学生写作过程的展开不是靠教师笼统地讲一些"注意事项"或专业知识就能够实现的，而是需要在科学的策略驱动下自我领悟之后才得以推进的。因此，笔者化整为零，打破整篇写作训练的模式，拟定专项训练计划，并且配合每个专项训练的目标，遵循学生思维的真实流程，提供细致的"导引单"来指导学生构思写作。

例如，笔者在指导学生学习任务驱动型材料作文的审题立意训练中，第一步，利用《构思导引单》（见表13），展开构思指导。第二步，围绕"蜀南竹海刻字林"的材料，通过"我知道什么？"的提问，鼓励学生自由地展开头脑风暴，把自己能够想到的零散的看法和理由罗列出来；然后引导学生思考"我如何进行观点分类？"，通过对比，找出差异，合并同类项，筛除缺乏写作价值的信息。第三步，提示学生明确一个对话交流的对象，"我写给谁？"，强化读者意识，考虑到要对他陈述什么，为什么陈述，由此提炼出文章的主题。

表 13　构思导引单

```
■ 我知道什么?（头脑风暴）
1._____；2._____；
3._____；4._____；
5._____；6._____；
7._____；8._____；
■ 我如何进行观点分类?（对比项目,找出差异,合并同类项）
1._____；
2._____；
■ 我写给谁?（读者意识）
_____
■ 我为什么要写篇文章?
_____
■ 得出主题:
_____
```

这张《构思导引单》目的在于帮助学生生成观点、进行初步的构思。在学生确定好立意后,笔者再借助《材料组织导引单》（见表 14）,进一步指导学生组织材料,阐述观点,形成一个完整的提纲。

表 14　材料组织导引单

```
■ 我要表达的观点是?
_____
■ 我将如何组织观点?
_____对比,解决_____
_____解释,解决_____
_____其他,解决_____
■ 我能够联系到哪些领域?
_____
■ 我将运用哪些材料来佐证自己的观点?
_____
_____
```

"导引单"旨在促使学生在写作过程中进行一些重要的认知活动,而这些活动往往都是容易被学生忽略的。通过填写《构思导引单》,学生构思的过程得以清晰地展现，教师可以根据其呈现出来的已有写作经验和暴露出来的思维问题有针对性地及时加以引导。

"导引单"的运用能为学生的写作提供充分而又细致的指导，不失为一项有效的"过程化展开"策略。

（三）多元多次的评改

说到评价和修改，传统的做法是教师评改为主、学生自评互评为辅，评价之后修改一次甚至不作修改。这种做法既表现了对学习主体的不够尊重，也违背了写作教学的规律。笔者认为，评改的有效性需建立在落实以下三个原则的基础上。

1.变结果评价为过程诊断，制定细化的诊断量表。

绝大多数的写作评价是以评语的方式呈现的，有教师评语、学生自评或互评的评语。而且，很多教师习惯于用高考的评分标准，也就是从内容、语言和结构三个维度来评价学生的作文或指导学生开展自评互评。

笔者无意于咬文嚼字，但从操作的实际效果看，似乎改"评价"为"诊断"更为合适。因为"评价"属于静态的结论式，是从写作产品的角度来呈现问题，而"诊断"则更能够清晰地指向写作动态过程中的问题。

至于诊断的依据，笔者认为不能直接照搬冷冰冰的高考评分标准，而要选择更人性化更科学细致的诊断方式。须知高考阅卷前，也是要组织专家根据学生作文的具体情况，来制定具体的评分细则的。也就是说，三个维度的高考评价标准还是不够具体细致的，也难以精确地厘清诸多实际的问题。如果在教学评价中，教师不能根据实际情况来修改或细化评价标准，那么对学生习作的诊断就很难落到实处、收到实效。而且，过于笼统的评价标准，也容易忽视学生的个性特点和写作水平的变化。

基于此，笔者依据美国教育实验室提出的"6+1"写作评分标准，制定了与不同类型的教学内容相配套的学生自我诊断评价量表，从总体和专项两个角度来对学生的习作进行细致地诊断评价。（量表见下文示例）

2.以学生自我诊断评价为主，辅以教师诊断评价。

在多年的教学实践中，笔者深感，很多学生的写作能力难以提高的原因就在于其根本不知道自己的问题出在哪里。虽然不少老师会在学生的习作上辛辛苦苦地写上大段的评语，但是，这样的评价来自外部，并非学生的自我认知，因而缺乏真切的感悟，也难以唤起修改的冲动。

因此，较之于教师的诊断评价，提高学生写作能力更为关键的一步，是要教会学生正确地诊断评价自己的习作，能自主地发现问题之所在。只有学生自己意识到问题了，才能激发其修改完善的意愿，从而进行恰当的修改。如此，写作能力的提高，才不是一句空话。

此外，多元智能理论告诉我们，人的智能发展不可能完全同步，班级内部学生的写作水平和学习能力存在差异是无法回避的事实。因此，在尊重学生个体之间的差异前提下，自我诊断评价发挥了学生个体的优势，既能用于修改前的定位，帮助学生有的放矢地进行修改，也可用于阶段性写作学习结束后的自我评估，测评自己的写作进步了多少，为下一阶段的个性化写作提升确定方向、设定目标。

3.实行多次评改，先评后改，改后再评，评后再改。

"好文章是改出来的"，这早已成为写作的共识，诊断评价的结果必须落实在学生的修改之中。因此，指导学生对自己的习作反复多次地进行修改才能达成写作能力的提高。

但在实际教学中，绝大多数教师忽略了修改这一环节，更不用说反复修改了。究其原因，一是反复修改需要教学时间的保障，而现实中，必修和选修的阅读教学任务极其繁重，留给写作教学的时间极少，备战高考更是严重挤压了写作教学的训练时间；二是大多数教师即使认识到修改的重要性，但缺少科学的策略，因此修改活动往往只能局限于一次，不能将修改进行到底，难以有效地提高学生的写作能力。笔者经过反复摸索，多次尝试，略有所得：一是不盲目追求写作的次数，而是精心设计写作任务，把更多的教学时间和教学的重点放在指导学生反复多次地修改上；二是依据各类诊断评价量表，对学生修改后的习作进行再诊断、再评估，以此建立合宜的引导路径，促进学生写作能力的发展；三是指导学生建立自己的"作品修改过程档案"，留存自己写作训练的初稿、第一次自我评估、一次修改稿、再评估、二次修改稿……直至最后的定稿。这样的写作档案属于形成性的评价成果，它既可以鼓励学生在不断修改中超越自我，激发写作的动力，又能在修改过程中对自己的写作产生理性的评估和认识。

下面试以一次高三任务驱动型材料作文教学实践为例来阐释之。

第一步，学生自诊，发现问题。

在高三任务驱动型材料作文训练中，完成了"认识任务，学会立意"的专题指导后，笔者组织学生围绕某高校食堂开展"文明用语特价菜"活动展开讨论，并设计了一项写作任务：

近日，某高校食堂开展"文明用语特价菜"活动，学生只要对打菜的师傅说"您好""辛苦啦""谢谢"，就可以享受打对折的特价菜肴。食堂负责人表示：高校食堂也要发挥育人的作用，比起一本正经的说教，这样的活动效果更好，更具有影响力。

有人认为活动倡导学生养成以礼待人的良好习惯，很有意义；有人认为，有的学生仅仅是为了买到特价菜才使用文明用语的，这样会助长其功利心；也有人说，大学生还要补习幼儿园的课，岂不可悲？

对此，你怎么看？请综合上述材料的内容，写一篇文章，表明你的态度，阐述你的看法。

学生完成了初稿后，先让他们比照总体诊断类的《学生作文评价诊断修改量表（说理类）》（见表15）进行自我诊断。

表15　学生作文评价诊断修改量表（说理类）

| 序号 | 项目 | 等级 | 诊断修改 |
|---|---|---|---|
| 1 | 立意 | | |
| 2 | 标题 | | |
| 3 | 观点 | | |
| 4 | 材料 | | |
| 5 | 结构 | | |
| 6 | 说理 | | |
| 7 | 开头 | | |

| 8 | 结尾 | |
|---|---|---|
| 9 | 语言 | |
| 10 | 卷面 | |

| [诊断导引] |
|---|
| 1.文章的立意是什么？是否妥当？ |
| 2.文章的标题好不好？为什么？ |
| 3.文章的主要观点是什么？是否鲜明正确？ |
| 4.文中运用了哪些材料？效果如何？有更好的材料可以替换吗？ |
| 5.行文的顺序是怎样的？是否合理？怎样调整会更好？ |
| 6.文章在说理论证上运用了哪些方法？还可以怎样改进？ |
| 7.文章是怎样开头的？效果如何？怎样修改会更好？ |
| 8.文章的结尾如何？还可以怎么完善？ |
| 9.文章在语言运用上有哪些亮点和不足之处？ |
| 10.文章的卷面书写给人的印象如何？ |
| （注：评价等级分为A、B、C、D、E五个等级。） |

教师统计学生的诊断数据，如图5：

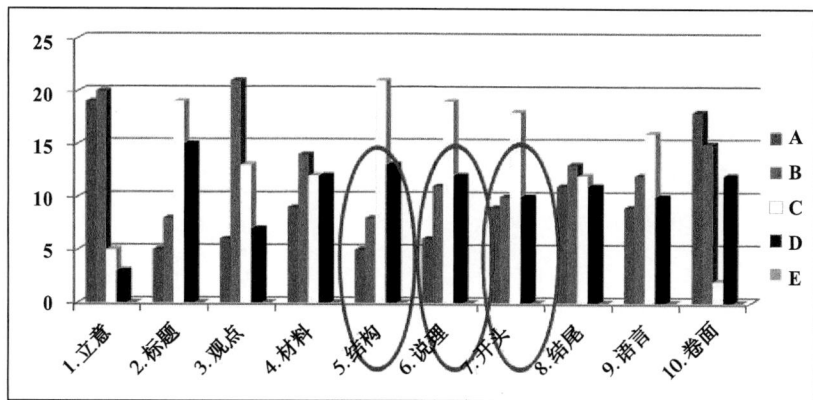

图5 《学生作文评价诊断修改量表（说理类）》情况统计图

统计显示，学生自我诊断出的问题集中在结构、说理和开头三个方面，与教师的评阅感受基本一致，由此，确定本次写作教学的内容为：学会理清文序、让步论证和巧引材料。

第二步，个案分析，点面结合。

基于学生和教师的双重诊断评价，找到了本次写作共性的问题，开设题为"明序·巧让·妙引——任务驱动型材料作文升格训练"的习作修改指导课。但是作文教学应该是面向个体的，因为每一个学生从立意到思路，从篇章结构到遣词造句，所显示的才情，所面临的问题，各不相同，即使都是在结构方面存在问题，其具体表现和成因也是有差异的。德国哲学家莱布尼茨说"世界上没有两片相同的树叶"，写作亦然。如果只分析普遍共性的问题，就只能止步于"树叶"的共性，对于某一片"树叶"的特殊机理和缺陷，是难以涉及的。所以写作教学中教师的评价不能只是泛泛地指出共性问题，而要更多地针对特殊的个案，可以取一篇、数篇作文作细致的分析，组织全班学生一起来讨论修改。

在指导修改"巧引材料"的教学环节中，笔者从学生习作中精选了四个案例。

以礼待人是中华民族几千年来传承的优秀传统美德。从小，父母就告诉我们：遇到亲友时要大方地打招呼，交谈时要使用礼貌用语……然而近些天网上流传的一则关于礼貌用语的新闻，却令人诧异，让我们一起来看一看。

近日，某高校食堂开展"文明用语特价菜"活动，学生只要对打菜师傅说"您好""辛苦啦"等话，菜价就可以打对折。这种本应在幼儿园就该养成的习惯却专门作为一项活动出现在大学的校园里，于是这件事迅速引起了网友的热议，人们对此褒贬不一。

——S同学《礼貌的氛围》

近日，某高校推出了"文明用语特价菜"。在我看来，菜品可以因你的文明用语特价，但文明不能特价。

——F同学《文明不特价》

最近某高校食堂发起了"文明用语特价菜"活动，倡导学生在用餐时使用文明用语。这一举措表明教育离生活越来越近，教室不再是文明教育的唯一场所，从这个角度看，这种尝试显然是一种教育的进步。

——T同学《身边的教育》

"阿姨您好！""阿姨您辛苦啦！""谢谢阿姨！"某高校食堂取餐处，一位位年轻学子正热情洋溢地对着窗口打菜的阿姨道谢。不明真相的人们连连赞叹："我们的教育着实成功啊！年轻人的素质与文明已经上升到很高的水平了！"然而细细一打听，方才知道这是该校推行的一项新政——"打饭时使用文明用语，可享受半价优惠"。

——D同学《如此"文明"》

引导学生对比分析个案的优点和存在的问题，指导学生展开讨论，借助定向剪裁、暗示褒贬、亮明观点等方法修改这些例文，进而要求每位同学课后修改自己的习作。

通过批阅全班修改后的作品，笔者发现，对特殊个案的分析，不仅让四篇例文的作者有了明显的进步，其他同学也获益匪浅，因为特殊中包含着普遍，学生在修改他人作品的过程中，领悟了巧妙地引入材料的方法，构建了自己的写作知识系统，互鉴互照，迁移内化成自己的修改策略。因此，个案分析是群体写作能力有效提升的利器，以点带面，点面结合，越是细致地分析个案，越是对群体有益。

第三步，个性定制，专项修改。

指导课后，学生完成第一次修改，文章普遍有了明显的改善。但我们永远不能奢望一次修改就能彻底解决习作中的所有问题，写作能力的真正提高还需要反复多次的修改。而且，由于学生的学习能力和自身写作能力的差异，导致修改任务完成的情况也存在很大的差异。部分学生完成得较好，可以进入语言润色修改阶段，而不少学生在组织结构和呈现方式上还是不能令人满意，仍需对此再作修改。

面对修改后的习作，若再以通用的总体诊断量表来考量，就难以作出有针对性的科学评价。因此，针对学生写作水平的差异性，笔者确定了两个不同的再修改任务，提供两份呈上升梯度的诊断评价量表。

一是提供专项诊断类的《文章结构诊断评价量表》（表16）给大部分仍然存在文章结构不够合理问题的学生，让他们参照量表，自我诊断评价第一次的修改稿，帮助他们进一步明确问题。由于专项诊断量表是针对专项问题设计的，因此，项目设置比较细致，便于学生开展自我诊断，每个学生可以比较容易地找准自己存在的问题，根据自身的实际情况，专攻弱项，并完成进一步的修改。

表16　文章结构诊断评价量表

| 项目＼等级 | A | B | C | D |
|---|---|---|---|---|
| 1.文章的标题能体现主题和独创性吗？ | | | | |
| 2.文章结构适合写作的目的，便于读者理解吗？ | | | | |
| 3.开头对读者有吸引力吗？ | | | | |
| 4.结尾让读者感觉到问题得到很好地解决了吗？ | | | | |
| 5.分段合理吗？ | | | | |
| 6.段落之间的衔接自然恰当吗？ | | | | |
| 7.事例的选择有足够的说服力吗？ | | | | |
| 8.行文节奏张弛有致吗？能够根据需要或集中力量细致描述或一笔带过进行概述吗？ | | | | |

二是提供《文章语言诊断评价量表》（表17）给写作能力较好的学生，帮助他们向更高的写作目标迈进，以期获得进一步的提升。

表17　文章语言诊断评价量表

| 项目＼等级 | A | B | C | D |
|---|---|---|---|---|
| 1.用词是否准确、具体？能使读者清晰地理解你所要表达的意思吗？ | | | | |
| 2.有能够增加文章活力的动词吗？ | | | | |

| 项目 ＼ 等级 | A | B | C | D |
|---|---|---|---|---|
| 3.有能够增加文章意蕴的名词和修饰语吗？ | | | | |
| 4.有值得回味、令人印象深刻的句子吗？ | | | | |
| 5.句式的选择适合论证的需要吗？ | | | | |
| 6.有精彩的引用或化用吗？ | | | | |
| 7.有富于创造性的开头和结尾吗？ | | | | |
| 8.有自己行文的风格吗？ | | | | |

经过多次修改后，几位热爱写作的学生取得了明显的进步，不但出色地完成了修改任务，而且凭借此文获得"圣陶杯"全国中学生作文大赛的嘉奖。通过个性化定制修改任务，学生个体的差异得到了应有的尊重，每个学生可以发现自己的问题，有效地解决自己存在的问题。深者得其深，浅者得其浅，写作教学也因此得以满足不同学生的个性化的需求。

多次的尝试后，笔者发现，这种多元多次的诊断评价修改，不仅有利于教师对"教"作出合理的定位，对学生的"学"更是善莫大焉。在这样多次反复的诊断修改过程中，学生学到的知识是主动探究而获得的，并且将之运用于解决实际问题中，知识从而内化成了能力。此举，不但有效地促进了学生写作能力的快速提高，更让学生在收获自信中亲近了写作，激励其作出适合自己的写作发展规划。

冰冻三尺，非一日之寒。获得理想的写作教学的成效也不是一蹴而就的，我们只有参透写作教学自身的规律，不断提高自己的理论水平和教学素养，关注学生语文素养的发展，聚焦写作的真实过程，确定合宜的教学目标和内容，回归写作教学的本质，才能让学生在写作的过程中学会写作，收获精神的喜悦和生命的成长。

**参考文献：**

［1］陈隆升：《语文课堂"学情视角"重构》，上海教育出版社2012年版。

［2］洪宗礼等：《母语教材研究7：外国语文教材译介》，江苏教育出版社2007年版。

［3］章熊：《中国当代写作与阅读测试》，四川教育出版社2000年版。

［4］周国强，梁肇栋：《写作教学须找准支撑点，抓住增长点》，《语文月刊》2016年第4期。

［5］张承明：《重新审视四环节作文教学模式》，《云南师范大学学报》2000年第2期。

# ◎ 课堂映像

## 细化定格，筛选凸显
—— 《人性光辉 写人要凸显个性》教学设计*

写人重在写出人物的特点，使之成为独有的"这一个"。中小学的阅读和写作教学介绍了不少相关的写作知识，如借助典型事例展现人物特点、人物描写的多种手法等，然而观察学生的习作，人物描写仍旧呈现出类型化、脸谱化的倾向。究其原因，还是缺少自觉地运用写作知识的意识和能力。如何才能有效实现写作知识向写作能力的转化呢？2014年12月10日，在安徽省高中语文优质课大赛中，我与合肥一中高一（18）班的同学们开展了一场关于"写人要凸显个性"的对话。

秉持过程写作教学的理念，我设计了"咱班最有个性的同学"的话题，通过写身边熟悉的人唤起他们写作和研讨的热情；诊断学生的习作，了解他们普遍存在的思维障碍和写作困难，确定教学的内容；筛选习作样本，引导学生跳出自我的盲目，学会客观地分析评价，发现写作的共同病因，并适时地引入他

---

* 本文为2014年安徽省高中语文优质课评选一等奖课例。

人的成功经验；三度集体修改样本作文，在不断修改的过程中实现"知识"向"能力"的迁移转化，最后观人察己，鼓励学生相互交流，共同修改自己的习作。教学中，同伴互助、朗读分享、互评互改激发起学生自我诊断和提升的强烈愿望；习作评析、名作示例、反复修改的过程，既完善了学生的知识结构，也潜移默化地形成了灵活运用写作技巧彰显美好人性的能力。具体教学过程如下。

## 一、创设情境，凸显"个性"

同学们，早上好！我想请大家用自己的方式和现场听课的老师们打个招呼，好吗？

谢谢大家的热情问候！60张不同的面孔，60声不同的问候，60个不同的你；一句话，一个动作，一种表情，不经意间展露了每个人所特有的个性。其实，写作也是如此，只有当人物的个性特点被充分地表现出来，成为独特的"这一个"，人物形象才算是被写活了。

## 二、品鉴例文，学会精选素材

昨天同学们写了小练笔——"咱班最有个性的同学"，大家猜猜看最受关注的人是哪一位？老师统计了一下，全班共有34位同学都写了咱班的学霸"老F"。

1.例文品鉴。

我们来看看一位同学的习作，课件呈现：

老F同学真是一个很厉害的大学霸！每次考试都能考全班第一，并且都能超过第二名很多分。他的学霸地位无人能撼动！每到上课，总能看见他坐直了身子认真听讲；每到课间，总能看见他在桌前努力学习的身影。

同学们，这篇习作写出了你心中的老F了吗？

各抒己见，学生达成共识：此文只有92个字，内容单薄，虽然写了他考试分数优秀，提到了他课上和课间努力学习的姿态，但是这些内容缺乏个性，只是对"学霸"这一群体的最庸常的描写，整段文字看不出老F同学的个性特点。如此大众化、脸谱化的写作，不能展现个人特质，自然缺少打动人心的效果。

因此，写好人物的第一步，还是要精选出丰富而精当的、最能突出人物个性特点的素材。

2.素材比较。

那么，哪些素材是恰当的呢？老师归纳了同学们习作中所用的事例，请大家比较分析，看看哪些事例能够凸显作为学霸的老F的特点？为什么？

课件呈现习作素材：

（1）从早到晚坐在座位上看书、刷题。

（2）每个清晨，总是留给我们尚有余温的空铺。

（3）每次考试总是能考出令人惊叹的好成绩。

（4）平行班里唯一冲进数学竞赛A班的男生。

（5）经常帮助同学解题，总不忘说一句"这道题我一眼就看出来了"。

（6）玩魔方的水平一流，看一眼马上就可以拼好。

（7）跑50米只用6秒，一口气能做10个引体向上。

讨论分析，1、3属于笼统的概括的信息，是学霸这一群体的基本特质，仅仅写这些，不够生动具体，还只是脸谱化的写作。与之相比较，2比1，4、5比3则是具体细微的事实，抓住"尚有余温的空铺"和一句颇为自负的个性化口头禅，以小见大，却于细微处见精神，于举手投足之间把人物刻苦、坚持的品质彰显出来，咱们学霸的身上也就闪现出来智慧勤奋的光辉。而6、7这样的外围事例则更带有个性化的色彩，能将人物的个性特点凸显出来，也将人物与一般的学霸区别开来，更显生动。

通过诊断讨论，同学们对于如何选择事例有了如下认识：并不是所有有关这个人的事例都可以随便拿来写，而是要精心选择，而选择的原则是——恰当，切合人物的特点；鲜活，避免雷同重复；细微，能够彰显人物的精神。根据这样的原则精选事例，就好比拥有了最新鲜的上乘食材，只要我们适当地烹饪加工，就能奉献出一道珍馐美味了。

## 三、借鉴修改，学会细化描摹

1.多一些具体描摹，少一点概括评价。

写老F的习作例文中使用了修饰性词语"总""很""每""认真""努力"，能否凸显学霸勤奋刻苦、成绩优异的特点呢？借助关于孔乙己的描写材料，通过对比理解描写人物的方法。

课件呈现描写示例：

孔乙己炫耀地拿出九文大钱。　　　　‖孔乙己排出九文大钱。

孔乙己从破衣袋里拿出可怜的几文大钱。‖孔乙己从破衣袋里摸出几文大钱。

小组讨论后认为：同样是付酒钱，作者生动传神地写出了前者的摆阔炫耀，后者的穷愁潦倒。鲁迅先生不是用两个修饰性的词语来表现这两种不同的情态，而是用一个"排"字、一个"摸"字，这两个看似简单寻常的动词，却生动地刻画出人物的经济状态和心理的迥异。具体描摹动作的词取代了经过提炼概括的修饰语，反而让人过目不忘，回味再三。

我们常常误以为修饰性的词语越多，文章越优美越生动，因而搜肠刮肚、绞尽脑汁地去找修饰词。殊不知，这些概括评价性的词语往往都具有概念化的特点，因而过于笼统和主观，这样一来，文章就会失去生动感和鲜活气，读者就不容易产生审美体验感，难以引起共鸣。

2.想象还原，细化描摹。

（1）拆解过程，定格特写。如何细致描摹呢？给大家推荐我班一位同学的一篇习作《我能行》，文章展现了一个孩子由胆怯自卑到自信乐观的成长变化过程。课件呈现习作第四稿与第一稿的片段：

### 我能行（第四稿）

不畏风雨，我想成为这样的人。——题记

又一次从梦中惊醒。熟悉的梦境，熟悉的压抑感袭上心头……

教室里，老师提出了一个问题，堂下一片鸦雀无声。我飞快地思考。啊！这道题我会！心跳得飞快，心底一遍又一遍重复着的答案搔得我面红耳赤，偷偷抬起眼观察周围的形势，依旧是一片沉寂……右手在剧烈地颤抖，举，还是不举？耳根越烧越烫，胸腔抑制不住地上下起伏……"好！×××，请你来回答。"同桌举手了。后背一阵涔涔冷汗，凉意透过衬衣，顺着脊椎传递到脖颈，脑袋无力地低垂下来……

记不清，这样的梦重复过多少次了。

从小学到初中，整整九年的时间里，"举不举手"的纠结一直折磨着我。我知道不过是回答一个问题而已，又不是多大的难事；我也知道只需要举起手，就是一次尝试。但是，心灵深处缺位的那份自信让我一次次和机会擦肩而过。"万事俱备，只欠东风"，可是这举手的"东风"从未降临，我也从没有勇敢地站起来。

就这样，我，一个无名小卒，安静地蜷缩在自己的角落里，看着别人光风霁月。渐渐的，我不再犹豫不决，不再如坐针毡。终于有一天，我心安理得地沉默了，因为麻木早已蔓延开来。青山依然，细水长流，反正这堂课又不会因为我而缺少些什么！不是有人说"我缄默不语时，反而听到了全世界"吗？

可是，真的如此吗？……

## 我能行（第一稿）

诗歌《不畏风雨》中写道："不畏风雨，我想成为这样的人！"

人生的航船由每个人自己掌舵，但当遇到一些波澜起伏时，总会变得不受控制，左右摇摆不定。

记得我上初中的时候，老师常常上公开课。当时我既不是班干部又不是课代表，坐在课堂中，就像一个无名小卒般不起眼。但说句实话，那时真是矛盾，既为自己不用总是害怕老师会突然喊我起来回答问题而感到自由，又为自己总是默默无闻而伤感难过。我在心中一遍又一遍地重复着自己早已想好的答案，时不时还偷偷抬起头观察周围的形势，可我就是不敢举手，勇敢地站起来。就这样，我一次又一次错过了锻炼自己能力的机会，虽是有些后悔，但最后总会牵强敷衍地安慰自己："我缄默不语时，反而听到了全世界。"可真的是这样吗？……

对比第四稿和第一稿，显然，第四稿采用了细化的方法，将人物心理刻画得细致入微、生动逼真。同学们在以往的阅读写作中已经积累了肖像、语言、动作、心理、正面描写以及侧面描写等多种写作知识，但是自己在写作时却没有灵活恰当地运用这些知识的意识。其实，只要我们认真体验，调动各种感官去感知人物的心理、情绪，还原他的动作、神态、语言，并对其中某些内容进行定格特写，这样就能成功地做到细化描写。

请同学们尝试回忆自己平日里观察到的老 F 同学学习的镜头，先拆分，再定格，小组讨论，修改习作例文。完成修改后，请推选出代表来朗读分享，同学们交流互评。

（2）拆解场景，多角度描写。除了细化过程，还有什么方法能够用来细化描写吗？我们借助一个例子来打开思路。课件呈现汉乐府民歌《陌上桑》：

> 行者见罗敷，下担捋髭须。
> 少年见罗敷，脱帽着帩头。
> 耕者忘其犁，锄者忘其锄。
> 来归相怨怒，但坐观罗敷。

讨论分析后发现，诗歌通过侧面描写烘托秦罗敷的美貌，无论是行者还是少年，无论是耕者还是锄者，都倾慕她的美丽，激起读者的想象。这就启发我们：需要放开眼光，想象还原时不能只考虑写作对象本身，还要善于发掘场景中潜在的人、事、物，并揣摩他们会有什么特别的举止动作和神情态度。因此，细化描写还应还原场景，另辟视角，寻找新的描写对象，实现对主要人物的映衬烘托。

请同学们思考：在老 F 学习这个场景中还有谁在场？他们目睹了老 F 的勤学钻研，会有什么样的动作、神态和心理？尝试再次修改这篇习作例文，增强对人物个性的表现力。

杜甫诗云："陶冶性灵存底物，新诗改罢自长吟。"请同学带着感情朗读分享修改后的文字，对比原文，体会修改前后的变化和效果。

## 四、对比反思，学会筛选凸显

通过细化、定格，我们的描写由枯燥空泛逐步走向具体细致。现在请同学们转换身份，评判一篇某作文杂志上刊登的描写"学霸"的作文，看看这篇文章是否写出了人物的个性。课件呈现作文：

她身穿一件深蓝色羽绒服外套，一条黑色牛仔裤，一双灰红色的旅游鞋，充满了活力。她身材苗条，站在那里，就像一棵亭亭玉立的小树。略有点黄的黑头发，用裹着黄色绒布的橡皮筋扎成了马尾辫，跑起路来马尾辫很有节奏地摆动，头顶上两根带淡黄色五角星的发夹成"一"字形点缀其间。白净略带微黄的纺锤形脸上五官匀称，真可谓眉清目秀，微笑中蕴藏着自信，沉着里体现出矜持。特别引人注目的是她那镶嵌在眼睛和脑际之间的浓浓的卧蚕眉，越往眉梢处越窄，比化过妆的还要清新。她的眼睛像夜空的星星那么晶莹，又像山间小溪般清澈透明，流露出她非凡的智慧和顽强的毅力。有人说她营养不良，每当我看到她专心致志、刻苦学习的时候，才知道她是真正进入了大学者王国维说的那种"为伊消得人憔悴"的境界了。

同学们讨论发现，文章共有323个字，虽然有意识地运用了多种手法，对人物的肖像展开特别细腻的描写，但是读完后并没有让人对文中的"学霸"留下深刻的印象。盲目地堆砌、面面俱到地描写并未使人物的形象变得清晰，反而将人物的个性淹没了，甚至根本看不出是在写一位"学霸"。所以，过犹不及！不加筛选，什么都写，有时候等于什么都没写。

我们学习了不少写人记事的文章，如《记念刘和珍君》《记梁任公先生的一次演讲》《烛之武退秦师》《鸿门宴》《荆轲刺秦王》等，这些经典作品塑造了一个个鲜活的人物形象，他们各有特色，各具个性，给我们留下了深刻而鲜明的印象。请同学回忆其中的哪些描写令你过目不忘、始终记忆犹新？

比如刘和珍君始终微笑、和蔼的态度；梁任公说"启超没有什么学问——，"眼睛向上一翻，轻轻点一下头："可是也有一点喽！"《故乡》里"凸颧骨、薄嘴唇"的杨二嫂俨然"细脚伶仃的圆规";紫色圆脸的少年闰土，戴着明晃晃的银项圈在月下刺猹……

鲁迅先生说："要极俭省地画出一个人的特点，最好是画出他的眼睛。"这些人物之所以鲜活，永久地镌刻在我们脑海中，往往仅仅缘于他的一句话、一个眼神、一个动作。因此，我们在描写人物时，应当有所选择，筛选出最能突出人物个性的内容，以凸显其神采和鲜明的个性。

有了这样的启示，请大家第三次修改例文，尝试给文章"瘦身"，以俭省恰当的笔墨传神地写出老 F 同学的神采。

## 五、总结与拓展

今天，我们借助同学的习作例文，共同研讨修改，得出了"精选素材，细化定格，筛选传神"的写作经验。请大家以例文为鉴，课后修改自己的作文，相信在细致推敲的过程中，你能够逐渐摸索并积累写出人物个性的经验，从而书写出自己独特的心灵智慧和别样的心路风情。

**附：板书设计**

### 写人要凸显个性

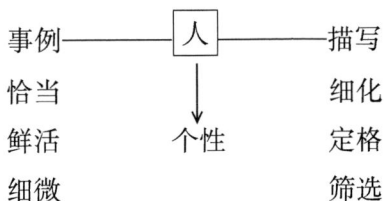

```
事例————  人  ————描写

恰当            细化

鲜活    个性    定格

细微            筛选
```

# 写事要有倾诉对象

——和高一年级同学谈写作

很多学生在聊起自己的经历和体验时常常兴奋难抑、滔滔不绝，但一旦进入写作状态就思维阻滞，不知从何下笔。从写作心理机制的角度看，这是因为没有明确的对话对象，缺少具体的交流情境。纯粹为了写而写，自然没有写的欲望和动力，写作活动也就沦为一种痛苦的折磨。因此，写作教学首先要引导学生树立对话意识，通过假定一个说话对象、创设一种交际情境，激发倾诉的心理需求，或分享经历、交流感悟，或质疑问难、激情辩论……当写作如同一场对话时，自然情动于中，辞发于外。那么，如何帮助学生走出自说自话的封闭状态，体会写作的快乐呢？我结合高一学生普遍感兴趣的军训话题，和同学们展开了下面一场关于写作的交流。

同学们好！

首先祝贺你们顺利完成了军训任务，也上好了高中生涯的"第一课"。从大家挺拔的坐姿和饱满的精神里，我看到了你们的成长。的确，军训是高中生活中一段非常独特的体验，也是一段难以忘却的记忆。我观察到一个有意思的现象：说起这段经历和体验时，同学们常常是兴奋难抑，眉飞色舞，滔滔不绝。可是，一旦老师布置了写作任务，要求写写军训生活和感受时，大家立刻愁容满面，哀号一片。不少同学向我抱怨，参加军训时很开心，可一想到之后还要写作文，真是痛苦不堪！

同学们，写作真的就那么艰难吗？你们有没有仔细想过这个问题：明明已经有了丰富的经历和体验，而且和别人闲聊时也能说得头头是道，状极愉快，为什么一提笔进入写作状态，就会思维阻滞，无从下笔，无话可说呢？我想，这还是因为你们没有弄明白写作的意义，只是为写而写，因而把自己置于一个错误的写作状态——没有对象的自说自话。

我来问大家一个问题：你的作文是写给谁的？

很多同学恐怕都会不假思索地回答：这还用问？当然是写给语文老师的。瞧，一旦你是这么想的，那就表明你在写作上还存在严重的思维局限！请注意：语文老师只是你作文的评阅者，却未必非得是你写作的对象。这话乍听起来有点玄乎，别着急，下面我们就来好好聊一聊这个"写作对象"的问题。

我先给大家讲一个"两封道歉信"的故事。

我家的小朋友大鹏在三年级暑假时，因为一个偶然的原因，读到了一本"哈利·波特"，于是一发而不可收，着迷地想看"哈利·波特"全系列图书。我在朋友圈里发布了一条求书信息，令我们感动的是，当晚十点多钟，我十几年前教的学生小汤把她自己珍藏已久的"哈利·波特"全系列珍藏版打车送到了我家。我们非常感激，大鹏也保证一定好好爱惜图书，不辜负小汤阿姨分享的盛情。然而在阅读的过程中，小朋友还是很粗心，把与图书配套的一张书签弄坏了。我知道后非常生气，责令他给小汤阿姨和我分别写一封道歉信。

下面是他写的两封道歉信：

亲爱的汤汤阿姨：

　　您好！

　　昨天我无意中把您借给我的《哈利·波特与凤凰社》里的一张书签弄坏了。我感到非常惭愧和抱歉。请您原谅我！

　　我用我的歉意向您保证，不会再让您的书受到任何伤害！

大鹏
2017 年 8 月 13 日

亲爱的小晋：

　　你好！

　　昨天我无意中把汤汤阿姨借给我的《哈利·波特与凤凰社》里的一张书签弄坏了。我知道自己做错了，感到非常惭愧和抱歉。

我向你保证，一定做一个谨而信的人，再也不会犯同样的错误了！请你原谅我！

大鹏

2017 年 8 月 13 日

同学们，你们看，除了称呼不同，个别语言和顺序有所调整之外，两封信几乎如出一辙！

其实，大鹏也真的很苦恼，犯了一个错误，怎么能够写出两封不同的道歉信呢？更痛苦的是，虽然他努力地使用了"非常惭愧和抱歉"之类的话，但是为什么读起来还是让人觉得严重缺乏诚意呢？

问题的关键在于他忽略了写作对象的差异。于是，我俩展开下面两段对话：

小晋：对于这件事，目前，汤汤阿姨和小晋了解的情况一样多吗？她们此刻的心情一样吗？

大鹏：不一样！汤汤阿姨还不知道我弄坏了书签，小晋已经知道了全过程，正在伤心呢。

小晋：对啊！写作对象知情程度不同，写信的内容也应该不同啊！

根据这段对话，大鹏认识到：对不知情的汤汤阿姨，要告知她发生了什么事，而且过程说得越具体，坦白的诚意就越大；而对已知事件全程的小晋，则无须赘述事情的原委，可直接反省自己的过错、安抚对方的情绪。回到真实的生活情境中，设身处地体会不同的写作对象的状态，两份书信自然会情感真切而又风貌各异。

小晋：这件事中，汤汤阿姨和小晋难过的原因是一样的吗？

大鹏：当然不！汤汤阿姨难过的原因可能有：一、这套书意义很特殊，是她初中时最喜爱的书，珍藏了十几年，却被我损坏了；二、她诚心诚意地借出图书，却没有得到我的珍惜和爱护。小晋伤心是因为我说话不算话，多次破坏图书，还有犯了错误却逃避责任。

小晋：对呀！难过的原因不同，致歉的重点就要不同啊！

根据这段对话，大鹏认识到：对汤汤阿姨，重在承认毁坏书签的错误、忏悔自己伤害了阿姨借书的热心；对小晋则应该重在反思自己的言行和态度。于是，大鹏又重新写了两封道歉信。

亲爱的汤汤阿姨：

您好！

我要向您承认一个错误。昨天，我打开您借给我的《哈利·波特与凤凰社》这本书，发现里面夹了两张长方形的纸片，一张印着订阅广告，另一张上面有J.K.罗琳写给读者的话。妈妈说这可能是书签，叮嘱我不要弄坏了。

但是，我在看书的时候却忘记了，无意中多次拨弄那张书签，结果弄坏了书签角……

晚上，妈妈发现了，她把我斥责了一顿。我想起一星期前，您听说我想看"哈利·波特"，就把您珍藏了十几年的第一版的全套书找出来借给我，而且是当天晚上十点打车送到我家来的。当我拿到书的时候，我是多么开心和感动啊。我曾发誓，一定好好珍惜爱护它们，可我还是违背了自己的承诺。现在，我感到非常惭愧和抱歉。请您原谅我！

我用我的歉意，向您保证，不会再让您的书受到任何伤害！

大鹏

2017年8月13日

亲爱的小晋：

我知道这一次你真的很伤心，因为我多次弄坏了书，一年级的语文书、二年级的英语书……这次，我曾经答应过绝不破坏，但我却言而无信，还是没做到。错误发生后，我又像以前一样用"不知道"三个字来逃避。其实，我知道，我一次又一次地触犯了小晋的底线。

怎么才能让你不伤心呢？我想，不要整天承诺，却不守信用，要做一个严谨而守信的人；不要乱做小动作，要管好自己的手；不要逃避责任、害怕改过，而要自己的错误自己想办法弥补。

小晋，你能不能原谅我呢？

大鹏

2017 年 8 月 13 日

大鹏写道歉信的故事讲完了，同学们，你们从中受到了什么启发呢？

我们看到，有了明确的写作对象，写作就像是面对面地交流，没有那么多的拘束感和艰涩感；更重要的是，设身处地考虑倾诉对象的感受，能够让我们明确写作的目的，进而确定写作的内容。相反，缺少写作对象意识，缺少了交流的具体情境，找不到写作的意义和价值，纯粹为了写而写，自然没有写的欲望和动力，写作活动也就沦为一种痛苦的折磨。

因此，我有一个建议：同学们在写作中，不妨也借书信的格式，设定一个具体的倾诉对象，来帮助自己构思文章主旨和具体内容。

下面，让我们回到"写写军训生活和感受"这个写作任务上来。阅读同学们写的军训生活体会，大都是如记流水账一般，从第一天到第五天，拉拉杂杂，难以写出独特的令人眼前一亮的感悟。

现在，让我们试着嵌入书信的格式。

首先，还是这个问题：你的这篇关于军训的作文准备写给谁？

这次，你还想回答"当然是写给语文老师"吗？当然，写给语文老师不是不可以，我们很愿意成为你倾诉的对象。但是大家可以打开思路想一想，除了老师还可以写给谁呢？是的，同学、父母、亲友，乃至自己都可以成为写作的对象。

当然，仅仅有一个倾诉对象还不够，还不能激发出写作的强大动力。接下来，最重要的一步，是要明确写作倾诉对象的具体情况，找到他（她）与"我"的关系，以及与"我这次军训"的关联。我们试着做如下的几种假设：

第一种，对象是老师。很多同学都默认作文是写给老师的，却没有认真思考究竟写给哪位老师。同学们写的军训生活，多是叙述从第一天早晨几点出发，去的路上做了什么，到了国防学校有哪些安排，然后就絮絮叨叨、一天天挨个儿交代，一直写到第五天会操表演军训结束。请同学们想一想，如果这位老师陪同你们一起参加了军训，你还需要向他介绍这些内容吗？答案当然是否定的。那么，可以写些什么呢？我想可以分享老师不知道的同学们间的小趣事儿，或是倾诉自己在军训中的内心感受等。相反，如果这位老师并没有参与军训，那么首先要考虑他与你、与这次军训的关联，比如老师曾和你谈起过军训，或者老师对你的成长期待等。确定了为什么要写，才能明确写作的具体内容。

第二种，对象是同学。这又可以分成若干种假设，比如是不是本班同学？是不是和你一起参加了军训？如果他就是你的同班好友，甚至军训时就和你住一个寝室，上下铺，每天形影不离，你要对他说什么？如果是一些因为特殊原因没能参加军训的同学，面对他们的渴望和羡慕，你将分享哪些军训内容？你会一味地诉说快乐、得意地炫耀吗？面对外班或者外校的同学，如果他已经参加过军训并且曾和你做过某些分享，作为酬答，你会回应地写哪些感受？如果他还没开始军训，你是否可以为他量身定制一本军训生活指南？告诉他要做的准备工作和注意事项、分享军训心得等，我相信这本指南一定会受到大家的欢迎……"同学"是最亲密的伙伴，大家可以根据自己的实际情况，做出多姿多彩的设定。

第三种，对象是父母或亲友。在给他们的信中，如果也写军训生活指南合适吗？对这个问题，同学们都能迅速做出"不合适"的判断。那么写军训趣事行吗？比如教官特别帅气、紧急集合的混乱、熄灯后的夜谈会、胜利大会操等。不少同学犹豫了，因为这些内容都是你们最激动最难舍的，一旦说起根本停不下来。但是，同学们想过吗，当你去参加军训时，父母最想知道的是什么？这或许是你第一次离开家独自生活，让我们设身处地地想象他们的感受：你在外面安全吗？吃住的条件怎么样？高强度的训练吃得消吗？……我想，这些内容可能是作为父母的他们最关心的。这让我联想到不少同学向我吐槽，放学回家父母总是问这问那"今天在学校的表现怎么样？""和同学相处得怎么样？"……对此，很多同学感觉很不耐烦，抱怨爸爸妈妈怎么变得越来越唠叨，越来越不懂自己。可是，让我们换位思考一下，当我们在埋怨父母不理解我们的时候，我们又是否理解他们呢？有了这样的认识之后，当你把这封关于军训生活的书信写给父母时，你会在信中写些什么呢？

最后，写信的对象是自己。这个构思比较独特，不过照例可以分为很多不同的假设，是写给过去的自己？还是正在参加军训的自己？抑或是未来的自己？相信不同的时段，会有不同的倾诉目的。而且，还可以设想得再具体一点，是写给哪个年龄段的自己。以未来的自己为例，写给两年后、三年后和三十年后的自己，书信的内容会是一样的吗？如果是写给两年后的自己，这时正在备战高考，那么回忆入学时的军训有什么用意？而三年后，那时你应该已经在新的学校、新的世界中开始一段崭新的生活了，甚至有可能正在参加大学的军训，两段军训时光的交错会碰撞出什么样的感悟呢？如果是写给三十年后的自己，那个时候的你已经人到中年，那么与中年的自己回忆这段青春的记忆时，你又会说些什么呢？是关于"走出半生，归来仍是少年"的期许吗？

同学们，通过对以上几种写作对象的细致假设和分析，可以发现，假定一个倾诉的对象，有了交流的语言环境和心理需求，我们的思维很容易被激活，下笔也就顺畅了。这样一来，同是一篇关于军训的作文，自然就能够写得千姿百态，多彩丰富，情感也会迥乎不同。

美国学者威廉·W.韦斯特的《提高写作技能》一书中，曾统计过一个普通美国人杰克·奥布赖恩两周内的写作：撰写了两份广告，填了一张保险估价单、一张所得税表，写了两份理由说明、一封抗议信、一封收款信、一封家信、一封申请书。根据统计结果，作者得出结论：我们的生活始终被"写作"包围着。

是啊，写作并不仅仅是一种纯文学的创作活动，它也是一种生活"工具"，写作的首要功能应当是为了有效地交流。当我们用这样的眼光来打量写作时，它就不再是一种空泛的训练形式，而是成了我们生活的需要和生活的内容。当我们有了这样的意识时，写作智慧的火花自然就很容易被激发出来了。更美妙的是，在轻松的写作中，在体验到成功的快乐中，我们就会慢慢地不惧写作，爱上表达。

# 明序·巧让·妙引

## ——任务驱动型材料作文升格训练

徐贲先生在《明亮的对话》一书中说："说理是一种教养，是平等、尊重地对待他人。"然而，在任务驱动型材料作文练习中，我发现学生普遍存在说理层次紊乱、思辨论证不足、材料引述不当等问题。2016年5月17日，在国家级课题"过程写作教学法实验行动研究"中期报告会上，我针对这种现象，与学生共话写作，帮助学生改善思维品质，提升说理写作能力。我借助评价量表，指导学生开展自我诊断，发现自身的写作症结；再通过对习作样本的研讨，对症下药，树立"对话"意识，领会并掌握明序、巧让、妙引三种表达策略。

## 一、自我诊断，靶向定位

现代生活中，我们常常会使用一些打折卡或折扣券来获得购物时的价格优惠。但是当"您好""谢谢""您辛苦了"成为折扣券，只要使用这类文明用语就可以享受半价菜肴时，我们会做怎样的选择？又会有哪些思考？请看下面的一道作文题。

近日，某高校食堂开展"文明用语特价菜"活动，学生只要对打菜的师傅说"您好""辛苦啦""谢谢"，就可以享受打对折的特价菜肴。食堂负责人表示：高校食堂也要发挥育人的作用，比起一本正经的说教，这样的活动效果更好，更具有影响力。

有人认为活动倡导学生养成以礼待人的良好习惯，很有意义；有人认为，有的学生仅仅是为了买到特价菜才使用文明用语的，这样会助长其功利心；也有人说，大学生还要补习幼儿园的课，岂不可悲？

对此，你怎么看？请综合上述材料的内容，写一篇文章，表明你的态度，阐述你的看法。

昨天同学们围绕这个话题进行了书面写作，从态度鲜明、理由丰富两个角度看，本次习作有了很大的进步，但也暴露出一些新的问题，今天，就让我们继续研讨，将思考和表达训练进行到底。

请同学们比照《学生作文评价诊断修改量表（说理类）》进行自我诊断，小组汇总诊断结果，找出突出的问题。

## 二、升格训练一：明序

先从同学们普遍感觉最棘手的结构问题入手，希望通过升格训练，我们能够更清晰更透辟地表达出自己的观点。

解决文章的结构问题，首先要理清"文序"。我挑选了 D 同学的习作，请大家阅读讨论，帮助他诊断调整文章的结构。（例文略）

第一步，提取出每段的关键词句，找出文章结构上存在的问题。文章如果缺少清晰的结构顺序，就会让人们在阅读时眼花缭乱，自然会影响说理的力度。

第二步，两人一组，尝试通过调整句段顺序、删除枝蔓。分享修改方案，有的采用并列结构，按材料中涉及的各方（学生、食堂、高校）的顺序，讨论利弊价值；有的采用层递结构，从在点滴中感受文明礼仪的重要性，到教育方式的更新，再到互利共荣、美美与共，逐步深入。同学们的修改方案虽有不同，但是共同优点是理清了文序。

第三步，回顾修改过程，总结提升策略：通过提取关键词，发现文章的顺序；借助调整、删除等手段，使文章的论证思路更加明确。考场作文，时间紧，任务重，同学们在行文落笔之前，不妨围绕中心论点先确立几个关键词，调整好顺序之后再展开论述，从而做到言之有序、条理清晰。

## 三、升格训练二：巧让

同学们完成了第一轮的升格后，不要停下前进的脚步。请同学们继续关注 D 同学文章的二、四、六自然段，分析这三段的写作意图和表达效果。

这三段分别以"诚然""况且""虽然"开头，很明显，是想通过承认对方观点的某些合理处，也就是让步说理，以达到全面思考、辩证分析的目的。不少同学都采用了这种论证方法，能够从对话的双方展开辩证思考，这是值得肯定的。但是，和D同学相似的是，同学们的辩证思维在落实到具体的论证时，效果却常常不尽如人意。如何改善提升，将这种科学的辩证思维转化为入情入理的让步论证呢？让我们先来看一个故事。

### 维克多的袜子

维克多五六岁时总爱反着穿袜子，父亲有时帮他把袜子好好地穿上，他还要自己脱下来，再翻个面穿上去。有一次父亲生气地问他："袜子应该正面穿，大家都这么做，你反着穿，线头露在外面，多难看！"没想到他竟理直气壮地说："袜子是我在穿，不是穿给别人看的，线头在里面，会使我的脚不舒服。"父亲哑然。

维克多执意将袜子反着穿，只求脚的感受而不在意他人的评价；父亲依照经验习惯抑或是顾及他人的眼光，要求孩子袜子要正着穿。究竟怎么穿袜子？父子双方似乎都有道理。面对维克多与父亲的冲突，有一位作者表态说："我要为维克多的父亲点赞，这并不是说明我支持那种家长式的专制，也不是要求人们成为经验主义的木偶，而是担心孩子由此养成另类行为，进而与环境格格不入，最终陷于孤僻与自卑。"

那么，围绕"拒绝任性另类，理性适应环境"这个论点，这位作者是如何展开让步论证的呢？

①诚然，袜子反着穿本属于个人行为，本无伤大雅，顾及线头对脚感的影响更是理所当然，甚至做事情本就应该根据具体情况灵活变通。

②若行事总是沿袭经验习惯，固然有违创新精神；同时，行为举止刻意迎合他人的评判标准，更是有媚俗之嫌。

③但是，袜子都是按照正着穿设计的，撇开极个别产品质量不过关的袜子的确会对脚产生伤害不说，绝大部分的袜子正着穿其线头对脚的影响是极小

的。五六岁的维克多不是在特殊情况下反穿袜子，而是"总爱反着穿"，也就是说这并不是袜子正穿反穿的问题了，而是孩子因生活中所遇到的一点点不适，就完全置约定俗成的行为准则与他人的感受于不顾，甚至对父亲的教育也"理直气壮"，这已经是一种任性式的叛逆。这种行为极易使心智不成熟的孩子养成另一种形式的固定思维，那就是：我的感受是最重要的，所谓行为准则、他人感受与我何关？

这是一段成功的论述，请同学们梳理讨论作者的论证思路：

第①段肯定袜子反着穿有合理之处，从对方角度让步；第②段否定袜子正着穿可能存在错误，从己方角度让步；第③段分析对方观点的本质和危害。

借助例文，总结让步说理的策略：

任务型材料作文一般呈现价值多元化的特点，鼓励我们尊重多元价值观；而众所周知，任何真理只适合于一定的事理背景，因此，论证说理须基于这个背景展开。由此，我们得出认识：在主张自己观点时，应充分考虑观点存在的背景。让步说理的具体操作步骤有三：第一，先让步，肯定对方观点的表面合理之处（脱离材料语境时）；第二，从造成矛盾产生的根本原因入手，分析对方错误的本质与危害，达到否定的目的；第三，还可以继续尝试分析自己的观点可能存在的不充分的或错误的理由（脱离材料语境时）。

充分的让步，实际上是以退为进，为了更加严密、更加透辟地说理。方法已经在手，同学们也牛刀小试一回吧，请大家在D同学文章的基础上，修改完善，合理地展开让步论证。

同学们，理性不仅是明晓事理、明辨是非，更要有对象意识，能够尊重对方的立场，倾听对方的合理之言，用恰当的理由、明亮的对话、巧妙的让步，入情入理地说服对方。

## 四、升格训练三：妙引

任务型材料作文要紧紧围绕材料中的任务展开，因而，如何引出材料格外重要。请同学们阅读四位同学作文的开头部分，在对比中发现问题，引以为戒，欣赏优点，汲取经验。

以礼待人是中华民族几千年来传承的优秀传统美德。从小，父母就告诉我们：遇到亲友时要大方地打招呼，交谈时要使用礼貌用语……然而近些天网上流传的一则关于礼貌用语的新闻，却令人诧异，让我们一起来看一看。

近日，某高校食堂开展"文明用语特价菜"活动，学生只要对打菜师傅说"您好""辛苦啦"等话，菜价就可以打对折。这种本应在幼儿园就该养成的习惯却专门作为一项活动出现在大学的校园里，于是这件事迅速引起了网友的热议，人们对此褒贬不一。

——S同学《礼貌的氛围》

近日，某高校推出了"文明用语特价菜"。在我看来，菜品可以因你的文明用语特价，但文明不能特价。

——F同学《文明不特价》

最近某高校食堂发起了"文明用语特价菜"活动，倡导学生在用餐时使用文明用语。这一举措表明教育离生活越来越近，教室不再是文明教育的唯一场所，从这个角度看，这种尝试显然是一种教育的进步。

——T同学《身边的教育》

"阿姨您好！""阿姨您辛苦啦！""谢谢阿姨！"某高校食堂取餐处，一位位年轻学子正热情洋溢地对着窗口打菜的阿姨道谢。不明真相的人们连连赞叹："我们的教育着实成功啊！年轻人的素质与文明已经上升到很高的水平了！"然而细细一打听，方才知道这是该校推行的一项新政——"打饭时使用文明用语，可享受半价优惠"。

——D同学《如此"文明"》

学生讨论对比，分析习作存在的问题和可供借鉴的经验，总结引述材料的策略：

一是定向剪裁。不能将题目所给材料原文照搬，而是根据自己立论的指向剪裁材料。引述材料一要有针对性，即所引的材料一定要符合题旨的需要，能为中心（论点）服务，同时根据中心（论点）的需要，恰当地处理好所引材料的详略；二要高度概括，即对所引用的材料，根据中心（论点）的需要，以最为浓缩精要的语言对它进行高度地概述，省去不必要的过程和细节描写。

二是观点鲜明。应有"我在"意识，即引述材料时应亮明自己的观点，情感态度褒贬分明，不必含糊隐约，遮遮掩掩。因为说理要立场明确、态度鲜明，同时考场作文还要考虑到阅卷的特点，能在有限的篇幅中以最鲜明的方式迅速呈现文章的立场和观点。

## 五、运用所学，升格习作

同学们，一道"文明用语特价菜"，引发了我们诸多的思考；同伴的习作给我们带来启发，掌握了明序、巧让、妙引三种说理表达策略。课后请大家运用所学的方法和策略，修改自己的作文，实现提升。菜品可以打折，说理的精彩不能打折哦！

# 2018，什么在感动你我

## ——当代文化参与、思辨性阅读与表达训练

《普通高中语文课程标准（2017年版）》的必修课程中设计了"当代文化参与"和"思辨性阅读与表达"两个学习任务群，旨在"引导学生关注和参与当代文化生活，学习剖析、评价文化现象，积极参与中国特色社会主义先进文化的传播和交流，增强文化自信"，"学习思辨性阅读和表达，发展实证、推理、批判与发现的能力，增强思维的逻辑性和深刻性，认清事物的本质，辨别是非、善恶、美丑，提高理性思维水平"。根据课标的要求，结合学生写作存在的内容单调、语言枯燥、思维狭窄等问题，笔者以《感动中国2018年度人物颁奖盛典》为契机，开展了"2018，什么在感动你我"专题阅读与写作活动，引导学生关注现实生活，学会搜集、加工写作素材，增强树立社会主义核心价值观、弘扬中华文化精神的自觉性；指导学生品鉴范文，丰富语言积累，在模仿借鉴中建构自己的写作经验；聚焦社会文化现象，通过专题研讨，学会提炼问题、多角度思考、剖析阐释见解，积极参与先进文化建设，培养思辨能力和说理能力。教学过程如下。

## 一、寻找中国的脊梁

"我们从古以来，就有埋头苦干的人，有拼命硬干的人，有为民请命的人，有舍身求法的人，……虽是等于为帝王将相作家谱的所谓'正史'，也往往掩不住他们的光耀，这就是中国的脊梁。"（鲁迅《中国人失掉自信力了吗》）凝视这些融入历史年轮的人，忙乱的时候，我们从他们身上感受到了从容；彷徨的时候，我们从他身上看到了坚定；怀疑的时候，我们从他们身上获得了信仰。

时代在变，感动不变，人们对善的向往不变，对美好的渴望不变。回望2018年，哪些人物让我们久久凝视？哪些人物令我们深深感动？

## 二、致敬崇高，礼赞英雄

2019年2月18日，《感动中国2018年度人物颁奖盛典》如约而至，十位年度获奖者用点滴行动书写生命的芳华，用真情大爱谱写时代的华章，他们感动着中国，也温暖着我们。让我们来了解其中的两位杰出人物，让我们致敬崇高、礼赞英雄。

1.学生自读钟扬和杜富国的人物事迹材料，以"中国的脊梁"为话题写两个事例片段。

（1）钟扬，复旦大学研究生院院长，生命科学学院教授、博导，长期致力于生物多样性研究和保护，为西部少数民族地区的人才培养、学科建设和科学研究作出了重要贡献，2017年9月25日不幸遭遇车祸逝世。

"一个基因可以拯救一个国家，一粒种子可以造福万千苍生。"钟扬总把这句话挂在嘴边。

2000万年前，在亚欧板块和印度洋板块的巨大碰撞下，隆起了世界上最年轻的高原——青藏高原。这里是广袤壮阔的圣地，却是植物探索的禁区。高寒缺氧，氧气含量不足内地的50%，昼夜温差高达45摄氏度，鲜有植物学家敢于涉足。

2011年7月，珠穆朗玛峰一号大本营，海拔5327米。下午2时刚过，狂风开始肆虐，抽打在人脸上，呼吸都困难。"钟老师，您留守大本营，我们去！"学生拉琼看到老师嘴唇发乌，气喘得像拉风箱，不由暗暗心惊。

"你们能上，我也能上！你们能爬，我也能爬！"

逆风而上，向珠穆朗玛峰北坡挺进，上不来气的钟扬嘴唇乌紫，脸都肿了，每走一步都是那样艰难。"找到了！"学生扎西次仁激动大喊，一处冰川退化后裸露的岩石缝里，一株仅4厘米高、浑身长满白色细绒毛的"鼠曲雪兔子"跃然眼前，骄傲地绽放着紫色的小花，它是高山雪莲的近亲，看着不起眼，但在植物研究者眼中比什么都美丽动人。

这里是海拔6200米的珠峰，这是一株目前人类发现的海拔最高的种子植物，这是中国植物学家采样的最高点！

他们追踪整整10年，在海拔4150米处发现了"植物界小白鼠"拟南芥的崭新生态型；他们采集的高原香柏种子里，已提取出抗癌成分；他们花了整整3年，将全世界仅存的3万多棵国家一级保护植物——西藏巨柏逐一登记在册；他们揭示了红景天、独一味、藏波罗花、垫状点地梅、西藏沙棘、山岭麻黄、纳木错鱼腥藻等青藏高原特有植物对环境的分子适应机制……

16年来，钟扬和学生们走过了青藏高原的山山水水，艰苦跋涉50多万公里，累计收集了上千种植物的4000多万颗种子，近西藏植物的1/5。

（2）2018年10月11日下午，南部战区陆军云南扫雷大队四队在云南省麻栗坡县某雷场进行扫雷作业，作业组长杜富国带战士艾岩在一个爆炸物密集的阵地雷场搜排时，发现一个少部分露出地表的弹体，初步判断是一颗当量大、危险性高的加重手榴弹，且下面可能埋着一个雷窝。杜富国马上向分队长报告。

接到"查明有无诡计设置"的指令后，他命令艾岩："你退后，让我来！"艾岩后退了几步。正当杜富国按照作业规程，小心翼翼清除弹体周围的浮土时，突然"轰"的一声巨响，弹体发生爆炸，他下意识地倒向艾岩一侧。飞来的弹片伴随着强烈的冲击波，把杜富国的防护服炸成了棉花状，也把他炸成了一个血人，杜富国因此失去了双手和双眼。正是由于杜富国这舍生忘死的刹那一挡，两三米之外的艾岩仅受了皮外伤。

"如果不是坚强的意志、强健的体魄，他可能熬不过这一关。"一位医疗专家说，从伤员杜富国身上，他看到了一位新时代军人的钢铁意志。正在逐步恢复的杜富国，对未来有很多设想：做播音员、学盲文、写扫雷队每个人的故事……

2.交流评价，找出习作问题。研读《感动中国》颁奖词，分析其创作特点、体会提炼素材、加工题材的方法；学习炼字炼句，恰当表达情感。

（1）钟扬——

超越海拔六千米

抵达植物生长的最高极限

跋涉十六年

把论文写满高原

倒下的时候

双肩包里藏着你的初心、誓言和未了的心愿

你热爱的藏波罗花不求雕梁画栋

只绽放在高山砾石之间

分析发现，给钟扬的颁奖词有两大特点：

一是使用数量词，从攀越的高度和时间的长度，一纵一横，一经一纬，将钟扬勤奋钻研、不辞劳苦的奋斗者形象立于天地间。

二是在钟扬收集的上千种植物中，选择藏波罗花作为其人格的象征，以花喻人的手法很常见，但"藏波罗花"的名称最鲜明地契合了钟扬的主要事迹——"援藏"。

（2）杜富国——

你退后　让我来

六个字铁骨铮铮

以血肉挡住危险

哪怕自己坠入深渊

无法还给妈妈一个拥抱

无法再见妻子明媚的笑脸

战友们拉着手蹚过雷场

你听　那嘹亮的军歌

是对英雄的礼赞

研读给杜富国的颁奖词，发现其特点有三：

一是以一句"你退后，让我来！"彰显英雄铮铮铁骨和舍己救人的崇高精神。

二是以"无法还给妈妈一个拥抱，无法再见妻子明媚的笑脸"含蓄地表现杜富国失去双眼双手的残酷现实，英雄的平凡亲情更具有震撼人心的力量。

三是由个体到群体，描述扫雷战士们手拉手高唱军歌蹚过雷场，表达对英雄群体的礼赞。

3.修改自己的作品，交流分享。借鉴课内学习的经验，研读其他八位年度人物的事迹，尝试为他们创作颁奖词。

## 三、立心天地，铸时代精魂

从2002年到2018年，《感动中国》走过了十七个年头，成为一道独特的社会文化风景。回溯过去，思考当下，放眼未来，我们一起来研讨《感动中国》的社会价值和现实意义。

1.围绕以下问题，小组讨论，分析质疑，记录研讨观点，独立撰写作文。

（1）你从《感动中国》中收获了什么？对于社会与时代来说，《感动中国》的走红意味着什么？

（2）感动，真的有用吗？

（3）搜集十七年来《感动中国》的颁奖材料，研究其传播的核心价值观和体现的审美追求。

2.精选六篇关于《感动中国》的时评文章，以前两篇为例，梳理文章脉络，把握作者的观点、态度和语言特点，理解作者阐述观点的方法和逻辑。

例文1：

### 让"感动中国"化为"行动中国"

吕京笏

2月18日，《感动中国》如约而至。钟扬、杜富国、王继才王仕花夫妇、程开甲等十一人获颁"年度人物"。

这是一群以血肉之躯书写不朽伟业的人。超越海拔六千米，跋涉高原十六年，复旦大学生命科学学院钟扬教授率领团队在青藏高原采集了数千万颗植物种子，弥补了国家种质库的空白；面对爆炸的地雷，杜富国对战友喊出"你退后，让我来"，英勇负伤，用实际行动书写了新时代革命军人的使命与担当；

退伍军人吕保民见义而勇，不惜身受重伤，制服持刀行凶的歹徒；退休老人马旭与丈夫毕生节俭清贫，将全部积蓄捐给贫困的家乡；"英雄机长"刘长健临危不乱，在万米高空挽救了119名乘客的生命；王继才、王仕花夫妇，守护海岛32年；张玉滚支教17年，用窄窄的扁担挑起山村孩子的未来……

这些平凡又伟大的普通人，无愧于殊荣。他们用善意、勇敢、毅力、使命，升华了自身，也标注了新时代的价值坐标，又汇聚成温情的海洋，让人动容，催人奋进。他们是我们这个时代里，从国家到个体都引以为傲的精神丰碑。

从他们身上，有人读出了文明的传承。一个文明的民族，不仅要有经济的进步发展，也要有精神的高度和厚度，我们要做的不只是给文明以岁月，还要还岁月以文明。如此，便离不开对一个个心动瞬间的记录，对生活中温暖与感动的铭记与传承，在漫长的历史中始终回应着时代的价值渴求与信念坚守。学会铭记才有文明，有文明才有希望，精神的力量翻滚升腾，环抱着每个人的一举一动，便会传递出心灵的方向感与归属感。

从他们身上，有人读出了感动的力量。2018年的感动中国年度人物里，有"90后"，也有耄耋老人；有卖鸡蛋的大爷，也有两院院士。他们生逢不同的年代，守护着不同的岗位，坚守着不同的初心，却在"奉献"的精神世界中相遇，共同向我们传递着"利他"的价值观。他们拒绝诱惑，甘守清贫，付出了青春乃至宝贵的生命。这种力量，怎不让人泪流满面？

感动中国是一扇窗口。十七年来，上百位年度人物用伟岸的身姿，奠定了精神丰碑最坚实的底座。更多的人则从感动中汲取力量，用精神之光点亮自己前行的路。公交车上让座的年轻人，为清洁工免费提供热水的热心店长，春晚小品中那个春节不回家，在车站为大家排忧解难的铁路警察……他们也许永远登不上"感动中国"的舞台，却在"行动中国"的大舞台上，用热心，用担当，用奉献，温暖了每一个平凡的瞬间。

一朵朵浪花汇成了时代的巨浪。获奖者终究有限，但精神的奖杯在所有观众手中传递。十三亿中国人，人人心里都燃着一团烈火，这团烈火越烧越旺，化作无穷无尽的力量，这是咱们的靠山，这是咱们永远幸福的保证！

例文2：

## 捍卫高尚　传承价值

刘昶

一年一度的《感动中国》节目，创办至今已十年，广受海内外观众好评，早已成为属于中央电视台的著名品牌。社会各界的喜爱不仅是对节目的肯定，还引发了中国电视学界、业界对节目成功原因的探究。

若对节目进行一些学理性分析，不难看出，《感动中国》的成功首先在于其内容的本体诠释，即节目对符号的表征意义之传播。

《感动中国》是天下华人的年度约会，十年来节目100余位当选人物，无论是不同职业、不同阶层的普通百姓，或是星光闪耀的名流，其人其事不但是今日社会"真善美的最大公约数"，更是当代中国鲜明价值观追求的真实再现，从而成为一部又一部的年度英雄史诗。

伟大来自平凡，感动推进和谐。十年《感动中国》，十年感动你我。引导公众价值取向，是公营电视媒体义不容辞的使命。《感动中国》十年个体或群体的人格魅力，对公众既是启迪与示范，也是教化与激励。一方面，以央视为代表的中国电视人通过盘点年度人和事，体现了自己的社会责任和历史担当，另一方面收看节目的观众也完成了具有现实意义的自我救赎，因而，《感动中国》人物的普及化或将为社会和谐提供推力。

时代需要高尚，理想寓意希望。《感动中国》百余位当选人物身上，浓缩和建树的是时代的高尚品格，在市场经济时代，更需要捍卫而不是躲避高尚。如果说，感动是一种力量，那这种力量的内涵正是人们所向往的社会核心价值观之一的高尚，因为高尚意味着健康心灵和浩然正气，高尚宣示理想，寓意希望，诚如鲁迅先生所言，"希望是附丽于存在的，有存在，便有希望，有希望，便是光明"。

《感动中国》的成功同时也在于电视语言完成了本体诠释对概念化的精确书写。

节目十年见证央视人探索形式创新和去芜存菁的可贵努力，《感动中国》

充分借助电视媒体强烈的视觉效果，用颁奖的形式再现年度个人或群体的感人事迹，电视呈现的庄重的仪式感将"好人"们的义举提炼升华；《感动中国》十年来一如既往的主持形式，非但昭示节目策划不变的追求，而且暗喻央视的人文坚持；朴实而庄严的叙事传递着笃定和淡然的人生理念；简约而大器的舞台设计乃至深沉婉转的主题旋律，亦无不感性而细腻地引发各界公众的情感共鸣，从而使得内容符号的传播效果达到最佳。

2011年度《感动中国》候选人、著名作家史铁生曾在其遗作中感叹："乐观若是一种鼓励，困苦必属常态；坚强若是一种赞誉，好运必定稀缺……"在此，笔者却唯愿《感动中国》节目中作为鼓励的乐观，成为中国社会的常态；让坚强与高尚不仅是一种赞誉，还是实实在在的人文价值观。

指导学生用横线画出文中表达观点的语句，梳理其议论思路；用彩笔加色，找出精彩句型，体会其利用字词和句式来表达起承转合的思维逻辑。

3.根据课堂学习经验，课后自读《三联生活周刊》主笔孟静的《平凡人的巨大支撑》、作家王墨的《感于中，动于国》、中央电视台特约评论员杨禹的《〈感动中国〉是提前探路的"走转改"》、中央电视台《感动中国》制片人朱波的《感动——不仅仅是流泪》等四篇文章，整理不同作者的不同观点和思路，总结其表达方式和遣词造句的特色。反思自己的习作，找出存在的问题和不足，加以修改完善。

4.组织学生课堂演讲，交流分享习作。

# ◎ 研精覃思

## 从言语到思维：读与写的良性转化
### ——以《感动中国》阅读与表达训练为例

　　积累素材和摘抄词句是写作教学的常用策略，教师往往希望借助这样的方式提高学生写作素材的占有量，丰富词汇的存储，改善内容单调、语言枯燥的写作通病；同时试图通过对优秀写作范例的借鉴模仿，帮助学生形成自己的写作经验。的确，广泛的阅读和深厚的积累是写作的基础，古今中外诸多学者的治学经验也证明了多读多记是行之有效的写作训练之道。然而观察当下的教学实践，积累和摘抄的效果却难以差强人意。很多学生花了大量的时间和精力抄录和记忆素材，但轮到自己表达时却无法自如地运用，只能生硬植入所谓的模式套路，语无伦次，胡编乱造。有的学生甚至根本想不起来要化用平素的积累；至于摘抄的词句，则更是难以融入自己的语言系统，写作时极少使用，即便偶尔用之，也因与自己的语言风格相去甚远，吃力不讨好。高投入低产出的现实，渐渐消磨了学生阅读和写作的热情，也让不少一线教师陷入尴尬和困惑之中：花费大力气开展的教学活动仍然难以奏效，阅读经验如何才能有效地转化为写作能力？

笔者经过观察和试验发现，导致这一问题的根本原因在于：教师对学生的写作过程缺少完整细致地观察和研究，忽视了学生在积累素材和摘抄文句过程中存在的思维瓶颈；同时，对发生写作行为的规律认识不清，忽略了言语发展与思维提升之间的深层次联系，认知的误区和指导的缺位直接影响了摘抄和积累的实效。现以《感动中国》阅读与表达训练为例，谈谈自己的一些尝试和思考。

## 一、积累不只是占有"素材"，还要研究"题材"加工的过程

众所周知，精当的素材是行文的有力支撑。因此，很多教师都把积累故事（或事实）材料视为写作训练的重要内容，有的教师为便于学生快速提取并牢记素材，还采用了填写记叙要素表格、绘制事件思维导图等形式来整理关键信息。固然，这些做法有助于学生树立积累素材的意识，养成积累素材的习惯，集腋成裘，有利于解决学生因视野和生活经历的局限而造成素材缺乏的现实困难。

但是，仅仅是积累一些故事材料，记住有关信息就可以写好文章了吗？

《感动中国》是中央电视台制作的一档弘扬主旋律的经典栏目，近二十年来，每年从各行各业中评选杰出人物，通过致敬崇高、礼赞英雄来彰显时代精神、铸就民族灵魂，被誉为"中国人的年度精神史诗"。崇高的价值导向和典雅的语言风格，有助于营造积极雅正的社会文化风尚，也为写作教学提供了宝贵的资源，很多教师都会借此机会，鼓励学生记录获奖人物的事迹，积累写作素材。基于此，笔者开展了一项相关的教学试验，将《感动中国2018年度人物颁奖盛典》中提供的钟扬和杜富国的事迹材料稍加提炼，整理成每人约六百字的资料印发给学生自读，然后要求学生借用二人的事例，以"中国的脊梁"为话题写两个事例片段。然而，通过分析学生的习作，笔者发现，即使直接提供了素材，这次习作的质量并没有得到明显的改观。相反，很多学生受材料的影响，陷入讲故事的泥淖，絮絮叨叨、漫无边际地铺叙人物经历；还有一些学生虽然言语简洁，但只是笼统地概括人物经历，缺少动人心魂的细节描述，文章的感染力不足。可见，即使把事件始末记得一清二楚，但如果不知道如何加

工处理，学生在写作时也很难从素材中挖掘出有用的信息，只能生吞活剥地搬用甚至完全放弃不用。

这一次写作教学试验让笔者意识到，学生在写作过程中的真正障碍，不仅仅是素材占有的问题，更重要的是如何对素材进行加工处理，使之成为构成艺术形象、体现主题思想的有效资源。这提示我们，要引导学生分辨清楚"素材"和"题材"两个概念的不同。所谓"素材"，指的是作者从现实生活中搜集到的、未经整理加工的、感性的、分散的原始材料。需要注意的是，这些材料并不能直接写入文章中，而是要经过作者的取舍、集中、提炼、改造，然后才能写进作品中，而这个过程就是对"题材"进行加工。反观当下的写作教学现状，多数教师忽略了学生写作过程中的真实困难，模糊了写作思维层递发展的客观规律，却认为积累是个慢过程，在短时间内是不能显著改善作文面貌的，唯有坚持才能提升写作能力，从而一味地强调"积累素材"，却缺少有效的"题材"加工指导，如此偏狭的认知局限导致了教学的低效。苏轼在《稼说送张琥》一文中主张："博观而约取，厚积而薄发。"于此，我们还要明白：写作之道，不能仅盯着"博观"与"厚积"，更要着力于"约取"和"薄发"的思维训练。

那么，如何才能有效地实现由"素材"向"题材"的转化呢？笔者以为，可以借助优秀范例，分析其题材加工之道，指导学生树立科学的写作意识，从模仿借鉴到独立思辨，逐步培养高品质的写作思维和良好的写作习惯。比如，《感动中国》中的颁奖词历来备受称道，寥寥数语，高度凝练地呈现了获奖者的感人事迹，彰显其精神品质，具有打动人心的力量。因此，笔者在学生了解钟扬和杜富国二人的事迹后，指导学生研读组委会撰写的颁奖词，通过对比、仿写等活动，分析其提取信息、加工素材的方法。例如钟扬的颁奖词是：

超越海拔六千米，抵达植物生长的最高极限；跋涉十六年，把论文写满高原。倒下的时候，双肩包里藏着你的初心、誓言和未了的心愿。你热爱的藏波罗花不求雕梁画栋，只绽放在高山砾石之间。

事迹材料中，用六百字左右的篇幅，介绍了钟扬教授求学、科研、教学、援藏、牺牲等经历，以及他取得的一系列重要学术成果。时间跨度五十多年，事例呈散点状分布。因此学生在面对该素材时，往往感觉茫然，无从下手。而通过对比事迹材料、颁奖词和自己的习作，学生发现颁奖词在取材上有两大特点：一是不具体谈论某个事件，而是从钟扬教授植物学研究活动的特点出发，以攀越的高度和时间的长度两个方面高度概括钟扬的人生经历，一纵一横、一经一纬，将人物勤奋钻研、不辞劳苦的伟岸形象立于广阔的天地之间；二是精选典型物象，在钟扬收集的上千种植物中选择"藏波罗花"作为其人格象征，既点出了钟扬"援藏"的感人事迹，又以形象化方式展示人物精神风貌。点与面的选择、现实与象征的巧妙结合使得人物的事迹和精神得到高度彰显。

再来看杜富国的颁奖词：

"你退后，让我来！"六个字铁骨铮铮，以血肉挡住危险，哪怕自己坠入深渊。无法还给妈妈一个拥抱，无法再见妻子明媚的笑脸。战友们拉着手蹚过雷场，你听，那嘹亮的军歌，是对英雄的礼赞！

与钟扬不同的是，作为南部战区陆军云南扫雷大队中士，杜富国的事迹材料主要集中在以往的扫雷经历和2018年10月11日下午的那场爆炸。对比研读中，学生发现颁奖词舍弃排雷现场的详细描述，而是精选人物言语——"你退后，让我来！"，彰显英雄铮铮铁骨和舍己救人的崇高精神；同时回避了杜富国失去双眼双手的惨痛画面，而以"无法还给妈妈一个拥抱，无法再见妻子明媚的笑脸"隐约暗示，既是对英雄的尊重，更借助亲情唤起震撼人心的感动；此外，由个体到群体，叙写扫雷战士们手拉手高唱军歌蹚过雷场，既是杜富国英勇壮举的回响，更表达了对英雄群体的礼赞。

通过对比分析，学生体会到巧妙取材的艺术效果，形成了要深入研究提取信息和加工素材的意识。笔者鼓励他们在此基础上，继续研读其他八位获奖年度人物的事迹，尝试自己创作颁奖词，再比对原文，进一步形成关于取材加工的写作经验。由纯粹的"素材"积累到深研"题材"加工的转变，帮助学生解决深层次的写作障碍和思维困难，真正实现了积累素材之于写作的价值最大化。

## 二、摘抄词句不是简单地抄录，更要研究"摘取"之道

"胸藏万汇凭吞吐，笔有千钧任翕张。"郭沫若先生的这句话道出了语言积累与写作表达的关系。那么，如何丰富自己的语言积累呢？常见的做法便是做摘抄。在语文学习中，摘抄有着悠久的传统。唐代韩愈在《进学解》中说："记事者必提其要，纂言者必钩其玄。"梁启超在《治国学杂话》中也表示："若问读书方法，我想向诸君上一个条陈，这方法是极陈旧、极笨、极麻烦的，然而实在是必要的。什么方法呢？是抄录或笔记。"著名的历史学家吴晗更是强调说："多读多抄，这二者是必须保证的。"摘抄在巩固理解、积累词汇和句式上确有很大的益处。但是，教学实践中，学生提到摘抄的作业时往往十分反感，即使不得不抄录也只是敷衍塞责，究其抵触的根本原因还是抄得再多也没有什么用，辛辛苦苦的付出却难以获得一点可怜的回报。

为什么这么一个良好的写作传统在教学实践中却无法发挥应有的效用呢？

"摘抄"顾名思义，是由"摘"和"抄"两个步骤组成的。《广雅》中说："摘，取也。"《说文》释为"拓果树实也"。"抄"是誊写、照原文写的意思。即要先能够拨开"枝叶"摘取"果实"，然后才是照样誊写。观察教学实践，教师关注的重点大多都在"抄"上，要求学生抄字词、抄句子，并且规定了摘抄的数量，而对如何"摘"却鲜有涉及，似乎只要抄录了大量的词汇和句子，下笔时就能辞精义畅，奔驰放达，任凭吞吐。那么学生的摘抄实际又是怎样的呢？通过查阅学生的摘抄本，笔者发现有两个特点：一是所摘字词大都是带有修饰性的或是生僻的字词；二是只是照抄而不加点评。如此，缺少科学的鉴赏理念，不懂语言欣赏之道，摘抄什么和如何摘抄已是盲目，写作训练自然低效。

优美的修饰语的确能为文章增色不少，然而它们并不是让语言活起来的主要因素，更多时候反倒是一些看似寻常的字词却能够发挥一字千钧的作用。为了帮助学生树立正确的鉴赏意识，笔者以《感动中国》中的前两则颁奖词为例，要求学生再次阅读并做摘抄。果然，学生大多数抄录的是"初心""雕梁画栋""高山砾石""铁骨铮铮"等词汇。对此，笔者采用替换比较的方法，引

导学生发现例句优美的深层原因。例如，两则颁奖词中为什么三次采用数量词？试着换掉它，如"超越海拔六千米"改为"攀登高峰"，"跋涉十六年"改为"跋涉多年"，"'你退后，让我来！'六个字铁骨铮铮"改为"'你退后，让我来！'一句铁骨铮铮的话"，体会它们表达效果的不同……通过替换对比，学生发现看似寻常的数量词却在表情达意上发挥了重要的作用，"六千"和"十六"，具体的数据更加直观地展示了钟扬教授长期艰苦的付出；"六个字"突出其简短有力，更能展现杜富国在危急关头的毅然和坚定。

动词是用来描摹动作或行为的词汇，恰当的动词运用往往是句子表达成功的关键。人们津津乐道的王安石的"春风又绿江南岸"中的"绿"字，历来被视为炼字的典范。因此，引导学生关注并品析动词，也是摘抄指导的重要内容。《感动中国》的颁奖词中，"抵达植物生长的最高极限""绽放在高山砾石之间""坠入深渊""蹚过雷场"等短语中的动词，都是值得反复咀嚼品味的典范。

此外，句式也是影响表达效果的重要因素。因此，笔者要求学生细读颁奖词，找出其句式的特点。很快，有学生发现"超越海拔六千米，抵达植物生长的最高极限；跋涉十六年，把论文写满高原""无法还给妈妈一个拥抱，无法再见妻子明媚的笑脸"，都采用了对称的句式，于工整中表达不同的内容，于层叠中能够将情感推向高潮。

英国文学家柯尔律治谈及读书时说，有的人"像滤豆浆的布袋，豆浆都流了，留下的是豆渣"，有的人"像是计时的沙漏，注进水，流出来，到头来一点疤痕也没留下"，有的人"像海绵什么都吸收，挤一挤，流出来的东西原封不动，甚至还弄脏了些"，还的人"像是宝石矿床的苦工，把矿渣甩在一边，只捡纯净宝石"，这些比喻用来形容摘抄的现状非常贴切。不懂"摘取"之道，或如"布袋"，取粗去精；或如"沙漏"，不留痕迹；或如"海绵"，不加分析而一概吸收。如此摘抄，其效果不佳可想而知。

"抄录"不过是誊写动作，它本身很难对写作起到直接的作用。因此，我们要指导学生摘抄不应只是简单地抄录，而应当像宝石矿的工人那样，明辨玉石，摒弃"矿渣"，只取宝石。借助对语言范例的研究发现其成功之道，再通过仿写来体验和巩固认知。一旦学生树立了正确的摘抄观，养成了鉴赏语言并借鉴模仿的好习惯，那么他在阅读中就会不自觉地进行"转化"，把优美的词句内化到自己的语言系统中去，自然就能灵活自如地运用了。

## 三、从言语模仿到思维提升

积累素材和摘抄词句如同建造粮仓，为写作做好充足的储备，但是语言与思维是相生相伴的，语言是思维的外化，写作的最佳状态是言语与思维的契合。因此，写作教学必须将素材积累、语言锤炼与思维建构联系起来，方能真正实现读写的良性转化。

笔者在组织学生借鉴《感动中国》学习写作的时候，恰逢高考模拟考试，作文题列举了关于港珠澳大桥总设计师林鸣、军事测绘员张民等人的六个触动心灵的故事，要求考生书写自己阅读故事后的感触和思考，并以其中的两三例为基础，确定立意写一篇文章。这个考题与我们正在训练的《感动中国》专项练习密切相关，人物的故事、主旨情感也高度近似，本以为学生一定会驾轻就熟，能够高水平地发挥。但是，测试的结果令人惊讶，虽然经过训练，但是学生的作文成绩还是平平，并无多大的起色。仔细研究学生的答卷，我认识到，只有丰富的词汇和华丽的语句，并不能拯救思想的平庸。

鉴于此，笔者继续将《感动中国》专题写作训练引向深入，以"探究《感动中国》的社会价值和现实意义"为话题，引导学生思辨以下三个问题：我们从《感动中国》中收获了什么？对于今天这个社会与时代来说，《感动中国》的走红意味着什么？感动，真的有用吗？

围绕上述研讨题目，开展了三个层次的写作实践活动。

首先是提炼例文观点，寻找发现思维的多元路径。思维的训练同样可以从模仿开始。笔者将中央电视台发展研究中心组织的"中央电视台《感动中国》活动十周年讨论会"的有关材料印发给学生，鼓励学生阅读梳理材料中国家广电总局发展研究中心哲学博士庞井君、中央电视台发展研究中心主任李舒东、《光明日报》总编室主任沈卫星、十届感动中国年度人物推选委员陆小华、中国作家协会张胜友、中国视协《当代电视》杂志主编张德祥以及中央党校党建部教授张希贤等七位专家的观点，研究他们各自独特的观察视角，于同中寻异，于异中觅同，整理探究思辨的多种路径。

其次是鉴赏例文语言，体验言语形式的积极效用。笔者从报刊上精选了《澎湃评论》吕京笏的《让"感动中国"化为"行动中国"》、《三联生活周刊》主笔孟静的《平凡人的巨大支撑》、作家王墨的《感于中，动于国》、中央电视台特约评论员杨禹的《〈感动中国〉是提前探路的"走转改"》、中央电视台《感动中国》制片人朱波的《感动——不仅仅是流泪》等五篇时评文论，指导学生分析作者的写作思路，总结其表达方式和遣词造句的特色，对比反思自己的习作，找出存在的问题和不足，研讨修改加以完善。

最后，自主尝试进行独立的价值判断并予以阐发，训练语言与思维的融合表达。小组讨论思考其社会影响和意义、感动中国与感动世界的关系等，在思维的碰撞中建构自己的价值判断，独立撰写成文，分享交流。

综上，从素材积累加工，到语言鉴赏摘抄，再到思维训练提升，通过这样一系列的学习活动，架起从阅读到写作的桥梁。指导学生发现素材对写作的价值，通过对阅读素材的细致品鉴，获得了写作的技巧，并在模仿中积累写作经验，体会写作水平提升的快乐，获得学习的成就感，进而更积极主动地去阅读研讨，自觉地搜集积累写作素材，在有意识地学习借鉴和模仿运用的过程中不断地发展自己的写作能力。

# 跨媒介学习：言语经验生成的新路径

## ——以《流浪地球》教学活动为例

  网络信息时代，读写方式在发生着急剧的改变，除了传统的纸质媒介外，电子媒体、图片视频等也在不断地丰富着阅读和表达的样态。新课标高度关注这一变化，专门设置了"跨媒介阅读与交流"学习任务群，旨在引导学生面向时代，开阔视野，在跨媒介、跨文化的宽广空间里发展语文素养，提升思维品质。

  影视与文学有着天然的血缘关系，不少影视作品就是由文学母本改编而成的，因此影视与文学相结合的跨媒介学习，自然成为最常见的教学形态。然而，观察此类教学活动，多存在盲目性和浅表化的弊病，或偏离中学语文教学的本体和重心，演变为对专业的影像知识、影视欣赏和媒介信息论的讲解；或仅停留在阅读交流不同媒介信息的层面，缺少深度研讨，不能充分发挥跨媒介学习的价值与功用。

  那么，作为中学语文教学视域下的跨媒介学习究竟该如何定位呢？顾之川先生认为："一个'跨'字，架设了语言文字符号与不同媒介盘旋贯通的'立交桥'，而'语言文字运用'则始终应是这一学习任务群的明显'地标'。"笔者赞同这一观点，不同媒介形式特点各异，教学中应紧扣语文核心素养培养这一主旨，聚焦跨媒介资源的结合点——不同媒介语言运用的现象，有效利用多媒介提供的丰富资源开展言语实践活动，引导学生正确理解和熟练运用祖国语言文字，在言语实践中形成价值判断和文化心理。从这个角度来看文学与影视，会发现两者虽媒介不同，但都是通过讲述故事反映或再现现实生活，表达对世界的理解与认知。柯恩认为："叙事性是连结小说和电影最有力的环节，是文字语言和视觉语言最具渗透性的特征"。因此，不妨将文学和相关影视作品视作一个整体的故事世界和互文叙事体系，借助跨媒介的学习平台和形式，研究叙事的规律，在比较与融合中丰富叙事经验。

基于此，笔者从高中学生喜闻乐见的科幻文化着手，创设综合学习环境，推荐学生欣赏刘慈欣中篇科幻小说《流浪地球》及由小说改编的同名电影，围绕叙事方式的转换、媒介语言的特点和科幻叙事的意义三个方面，开展转化对比、迁移互补、整合思辨等言语实践活动，以期充分挖掘跨媒介学习资源的价值，探索言语经验生成的新路径。

## 一、转化对比，在跨媒介故事世界中发现叙事规律

从文学到电影，意味着从一种媒介转换为另一种媒介。媒介的异质性，决定了这种转换不是叙事方式和内容的简单移植，而是结合媒介属性（呈现方式、传播特质和受众对象等），对原著进行解构与重构，在母本故事基本架构上重新展开叙事，最终衍化出一个新故事，呈现一个与母本有联系但又相对独立的叙事文本。亨利·詹金斯说："一个跨媒体故事横跨多种媒体平台展现出来，其中每一个新文本都对整个故事做出了独特而有价值的贡献。"新媒介下的文本与原著文本构筑起一个开放的故事世界，形成了互文的叙事体系。引导学生研读、对比跨媒介的多重叙事文本，能够突破以往教学中单一叙事文本的局限，在丰富多样的叙事体验中，加深对叙事结构、叙事话语的理解，积累相关的写作经验。

《流浪地球》讲述了人类为避免被急速膨胀的太阳吞噬，借助推进器将地球推出太阳系，在茫茫宇宙中流浪，寻找新家园的故事。阅读原著和观看电影后，学生纷纷表示，同题同源的故事带来的感受却迥乎不同：小说节奏慢，没有惊心动魄的情节，然而读完掩卷，内心却充满着压抑、恐惧和隐约的不安；电影节奏快，但在紧张刺激中却获得了感动、温暖和明媚的希望。这种审美感受的差异，正是开展叙事研究的契机，笔者顺势引导，鼓励学生从"故事讲述的方式"这一角度进行思考，深入叙事作品的内部寻找答案。

这个环节分为两步。第一步，语言转换——小组合作，把电影画面转写为电影文本。跨媒介学习的前提是不同媒介语言间的相互转换，将影像语言转化

为文字，既是对学生观察能力和表达能力的训练，也是引导他们梳理、发现电影叙事特点的重要步骤。第二步，互文研读——将转写后的电影文本与小说原著对比，辨析两者在叙事结构和叙事话语等方面的差异，归纳共通的叙事规律，从而学会选择恰当的方式（叙事技巧、媒介类型）讲好故事。

经过积极的写作实践和对比研读，学生对叙事过程中情节架构、人物设定以及叙事视角的选择等有了清晰的认识。

在"流浪地球"的故事设定中，这场逃离太阳系、寻找新家园的计划需经历漫长的五个时代，持续2500年。面对如此宏大的故事框架，仅有2.3万字篇幅的小说，选择了以主人公"我"的口吻，讲述"我"这一生所经历的"刹车时代"和"逃逸时代"中的若干重要事件。小说没有核心情节，单一的线性叙事结构，使得作品呈现出清冷淡漠的风貌；没有着意刻画人物，"我"，"我"的爷爷、父母、妻子，小星老师，灵儿……每个角色都是卑微渺小的，宛如时代中的一粒尘埃，微不足道的个体生命与人类终极绝境的背景构成巨大反差，传达出悲凉无助的浩劫之殇。

反观电影，虽沿用了末日流浪的故事框架，但在叙事结构上作了很大调整，聚焦于原著文本中只是一笔带过的"逃离木星引力"这一内容展开叙述。高度集中、跌宕紧凑的情节，既是为了适应电影叙事时空的限制，也制造出强烈的感官刺激和生死时速的紧张感。重新设计了人物角色——一个家庭三代人（一对兄妹、两对父子）和联合政府的军人们，采用双线交织的叙事结构，在有限的时间内极大地扩展了叙事空间；同时，性格鲜明的人物形象以及他们之间的情感矛盾、生死抉择，也为电影注入了亲情、希望、坚持、团结等元素，展现了守望家园的故土情结、牺牲小我的英雄主义、和衷共济的大爱情怀等永恒的精神母题。而在叙事视角的选择上，电影采用镜头视点的形式，有时是全知叙述，便于全景式呈现这场全人类的巨大浩劫，以及灵活地展开多线叙述；有时让镜头焦点跟随人物自由移动，比如，以主人公——青年人刘启和韩朵朵的限知视角叙述，既加剧了人物间的矛盾冲突，成功制造出灾难片悬疑紧张的效果，又借助他们的见闻和心理活动，展现青年人的成长困惑与觉醒，为作品增添了一笔亮色。

通过对比，学生领悟到叙事形式与故事意义间的微妙联系，笔者鼓励学生深入文本细节，围绕两句台词，从微观层面继续探索叙事规律，积累叙事经验。

首先是"让人类永远保持理智确实是一个奢求"这句话。电影中，这句台词诞生于一个经典场面——航天员刘培强提出用驾驶空间站撞击引爆木星的方案拯救地球，而对于依靠科学运算寻求最优方案的主控电脑莫斯来说，这是一种无法理解的冲动；熊熊的火光中，刘培强摧毁了电脑，用壮烈的自我牺牲换来了地球的安全，也回应了莫斯的质疑。然而，原著文本的叙事却截然不同——摆脱了木星的引力，地球向太阳系边缘飞去，长达四个世纪的死亡恐惧终于得到了缓解，可人类没有庆祝狂欢，反而爆发了叛乱，因为人们突然发现，太阳并没有像此前科学家预言的那样衰变。"逃逸计划是个骗局"的阴谋论迅速散布开来，无数"有良知的地球公民"愤怒地拿起武器，将联合政府的五千名官员和科学家赶出了地球发动机控制中心，把他们丢在大海的冰面上，让零下百度的严寒慢慢夺去他们的生命。然而，正当成功夺回地球控制权的人群高唱《我的太阳》，准备把地球开回原轨道时，太阳氦闪爆发了，水星、火星和金星这三颗地球的伙伴行星在上亿度的辐射中化为了一缕轻烟。太阳死了，人类和地球侥幸活了下来，在宇宙中继续流浪。"永远保持理智确实是一个奢求"，这是被驱逐者留给疯狂的地球公民们最后的话。

同样的台词，前者带来温暖和力量，后者却是寒冷和沉重。经过深入研讨，学生发现造成差异的原因在于叙事形式的隐喻性。电影中，这句台词以莫斯和刘培强的争论为背景，寓意着机器与人性、理智与情感的对立，而地球最终化险为夷则是在热烈地宣告"人"的胜利。有学生感叹："诚然，与机器的理智相比，情感是人性的弱点。但正是人类的情感冲动，才造就了宇宙的无限可能。我思故我在，我在故我思。我想，电影正是以这种形式在致敬人性的美好、温暖和崇高吧！"然而，小说中，冲突的双方都是人类，他们的矛盾隐喻着人性的复杂多面。与电影不同的是，这场对立没有胜利者，意外而悲怆的结局既是对群体愚昧的讽刺，也启示读者借助科幻和灾难理智冷静地反思人性、正视现实。

研讨的另一对象是电影中反复出现的"希望"一词。影片伊始，暗无天日的地下城内，老师和学生间围绕"希望"展开了一场对话；情节高潮处，韩朵朵在广播中呐喊"希望，是这个时代像钻石一样珍贵的东西"，鼓舞众人齐心协力共渡难关；空间站里，刘培强动情地畅想"我们的孩子，我们孩子的孩子，终有一天能见证贝加尔湖的冰重新化成水……无论最终结果将人类历史导向何处，我们选择希望"。如此富有亮色的语言，穿插在三个重要场景中反复出现，一唱三叹，为电影奏响了积极高昂的主旋律。而对比原著，"希望"一词仅在"我"父亲与母亲对话中出现过："你听着亲爱的，我们必须抱有希望，这并不是因为希望真的存在，而是因为我们要做高贵的人。在前太阳时代，做一个高贵的人必须拥有金钱、权力或才能，而在今天只要拥有希望，希望是这个时代的黄金和宝石，不管活多长，我们都要拥有它！明天把这话告诉孩子。"虽然小说也表达了相似的语义，但并未达成与电影一样提亮色调的效果。学生由此认识到，当某些细节被反复叙述时，往往具有意象的特点，能产生某种意义指向。循着这一认知，他们梳理出小说中类似的叙事手段——一则关于"死亡"的谜语——"你在平原上走着走着，突然迎面遇到一堵墙，这墙向上无限高，向下无限深，向左无限远，向右无限远"，这则出自哲学老师之口的谜语如同一个古老的魔咒，在小说中多次重复，为整部作品笼上了浓重的悲观色彩，呈现出深沉的末日美学基调。

多重叙事文本，极大地丰富了言语学习的资源；跨媒介的文本转化，促进了阅读与表达的深度融合；经过对比研读，学生在两种媒介叙事的互鉴互证中，辨明了不同媒介呈现与表达的差异，也绘制出叙事经验的新图谱。

## 二、迁移互补，在跨媒介语言转换中学习语言运用

不同媒介有不同的语言。文学的语言是一个个抽象的文字符号，它不提供直接的形象，而是需要读者自主调动情感体验，通过创造性的联想、想象，在自己的头脑中把文字符号转化为艺术形象。形象的间接性对读者的阅读能力提出了较高的要求，但也因此赋予了作品丰富的"言外之意"，为自由的、个性化的解读提供了空间。而电影是视听的艺术，它依靠镜头叙事，把画面与声音

等具体鲜明的形象直接诉诸观众的感官。与文学语言相比，镜头语言更加直观、感性，因此也更容易理解；同时，镜头展现的立体真实的画面形象，也让电影成为更具感染力的传播媒介。笔者以为，从艺术形象的产生机制来看，文字语言和镜头语言奇妙地构成了某种互补关系，教学中应创造性地开展跨媒介语言转换活动，引导学生将两种语言的运用体验跨界融合，迁移互补，以此帮助学生建构和提升读写经验。

围绕这一目标，笔者为《流浪地球》跨媒介学习设计了两项言语实践活动。

第一，培养镜头意识，学会细致描摹。观察学生的写作，发现他们大多缺乏细致描摹的意识和能力。导致这一现状的重要原因是囫囵吞枣，只求内容概貌，不顾细节的阅读习惯。针对这一问题，可以引导学生把欣赏影视画面时的感官体验迁移到阅读和写作中，通过分析和模仿镜头语言，建构语言表达的经验。

作为一部灾难片，电影《流浪地球》中有不少令人震撼的场景，特别是木星引力下被冰封的上海城。笔者节选了这段影片，慢速播放，让学生将之分解成一个个镜头，指导他们细致观察镜头语言描述的每一个对象；再从连贯、呼应等角度，分析画面与声音、画面与色彩、声音与声音、近景与远景、全景与特写等镜头间的组合技巧。通过分解记录，学生意识到观影时强烈的内心震撼缘于镜头的细腻表达：陆上冰层翘起，滔天巨浪席卷了昔日繁华的魔都，海水还没来得及退去就被冻住了；地表断裂坍塌，地标建筑上海中心大厦从冰幕中露出残损的轮廓，东方明珠塔挂着巨大的冰凌柱；碧海蓝天失去了颜色，只余下漫天飞雪和无际的冰原，一片死寂……镜头呈现的每一个细节都是动人的言语，诉说着末日时代对黄金时代的遥想，倾吐出浓浓的家园故土之思。在这样的过程中，他们真切地认识到除了激烈的情节冲突外，用恰当的手法细致描摹，也能产生动人心魂的力量。

笔者相机鼓励学生大胆尝试，现场写作。我们选择了小说的一个情节片段——"我"参加奥运会机动冰橇拉力赛，在茫茫的太平洋冰原上，遇到了日本女孩加代子——请学生设计五个镜头，来表现两人相遇时冰天雪地的背景，然后将之连贯组合，写成一段文字。通过这一写作训练，引导学生将镜头意识融入自己的写作中，学会精心选择典型细节，以细腻生动的语言多角度描绘画面，表达深刻而丰富的意蕴。

如果说第一项活动是做加法，引导学生学会多角度细致描摹；那么，第二项活动则正好相反——做减法，领悟语言表达的节制性。文学是想象的艺术，优秀的文学作品常是言有尽而意无穷的；同样，电影中，虽然每个镜头强调视听影像的密集叠加，但镜头间的组合、蒙太奇的剪辑，都使电影在很大程度上拥有和文学一样的表现自如性和无限延展性。那么，如何引导学生体会"有限"与"无穷"的关系呢？笔者采用"补写+对比"的方法，紧承上一项活动，继续研读"我"与加代子见面的场景，想象、还原"我"的心情，补写"我"的心理活动。

学生的补写千姿百态。有的关注"我发现那是一个姑娘，正站在她的雪橇旁，她的长发在冰原上的寒风中飘动着"这一细节，侧重描写茫茫雪原上，突然见到加代子时的惊艳；有的从加代子的语言"这是一场体现人类精神的比赛"和动作"她挥动着小拳头，以日本人特有的执着说这句话"，写"我"被加代子的精神鼓舞，内心充满感动；有的依据文段中两次出现的"太阳"一词——"就像看到太阳升起一样呢""在被那个小小的太阳照亮的无际冰原上"，写末日爱情给予"我"的温暖和力量。

也有同学持相反意见，他们在文本的前后观照中寻找答案。有的由"在我眼中，世界就是由广阔的星空和向四面无限延伸的冰原组成的，这冰原似乎一直延伸到宇宙的尽头，或者它本身就是宇宙的尽头"联想到那则关于死亡的哲学谜语，他们紧扣"无限""尽头"，描写茫茫冰原中雪崩般的孤独感，并将之视为末日流浪中的人类内心世界的真实写照。有的联想起小说中父亲爱上了黎星，要离开家人时的一段细节："妈妈很平静，'那你去吧。'妈妈说。'过一阵我肯定会厌倦，那时我就回来，你看呢？''你要愿意当然行。'妈妈的声音像冰冻的海面一样平稳，但很快激动起来，'啊，这一颗真漂亮，里面一定有全息散射体！'她指着刚在空中开放的一朵焰火，真诚地赞美着。……过了两个月，爸爸真从小星老师那儿回来了，妈妈没有高兴，也没有不高兴。"父亲早就知道自己"肯定会厌倦","妈妈没有高兴，也没有不高兴"，这些毫无情绪波澜的对话，揭示了令人毛骨悚然的事实——死亡的威胁从本质上改变了人类的心理状态和精神生活，人性在发生着可怕的异化。在生存或死亡的终极命题下，婚姻、爱情都变得微不足道，结为夫妻不过是为了摆脱孤独、互相取暖罢了。

异彩纷呈的表达，呈现了学生细细咀嚼文字后获得的多样丰富的感受。他们坦言，初读此段时一目十行就跳了过去，通过补写才发现简约的文字竟有如此丰富的意蕴。"那么，作者为什么不将这些内容直接写出来呢？"笔者趁势追问。这个问题引导学生逆向思考，用补写的习作对比原著，他们发现如果把所有感受都完整呈现出来，会造成情节的冗长枯燥，更重要的是，"确定"的答案会限制读者的想象和多元化的解读。

可见，作为叙事艺术，电影和文学两种媒介语言的运用经验可以融会贯通。教学中还可以适当介绍镜头剪辑的知识，以加深对电影叙事语言特点的认识，并将这种语言经验正向迁移到文学语言的学习中，提高学生运用语言的能力。

### 三、整合思辨，在跨媒介文化辨析中提升思维品质

言语经验的养成，除了外部技巧的习得外，更重要的是思维品质的培养。因此，跨媒介学习不能停留在分析叙事方式、媒介语言转化等可见因素的技术层面，还要引导学生以整合的视角，探讨跨媒介叙事背后的思维方式，辨析评判不同媒介的传播立场，分析审视其思想内涵；同时，辩证分析跨媒介文化传播的现象，思考跨媒介文化实践与社会生活发展间的联系，形成正确的价值判断，培养学生的思辨能力。

过去，很多人狭隘地以为科幻只是属于未成年人世界的"小儿科"，然而梳理科幻文化的发展历程发现，从1818年玛丽·雪莱写作《弗兰肯斯坦》开始，科幻叙事就具有了与现代社会进程同步展开的历史。时至今日，科幻叙事已从最初的小说形式，衍生扩展到诗歌、电影、电视剧、漫画等多个领域，并逐渐发展成为一种新的社会文化现象。那么，科幻叙事的价值和意义究竟是什

么？学生借助《流浪地球》跨媒介叙事表达出的审美理念和意识形态，展开分组讨论。

有的小组认为"流浪地球"的叙事，打破了科幻界惯常的末日想象，不是逃离地球，而是带着地球去流浪，这种思维背后体现的是中国传统的守土思想和故园价值观念。他们由此判断，科幻是借对人类未来的畅想与探讨来阐述现实世界中的某种价值观念。

有的小组针锋相对，认为《流浪地球》的叙事改变了对未来惯常的直线思维方式。在很多人心中，地球是人类的摇篮，是永恒不变的家园，总体稳定的社会生活让我们误以为人类的发展将一直是直线型的、平滑的、可预测的，因而很少认真思考地球的危机和人类的未来。刘慈欣曾表示："预测未来重大意外事件是十分困难的，在这方面，科幻小说提供了一个有用的思维方式"。科幻叙事通过故事创造性地完成极端状况下的推演，把未来残酷的一面、把人性的孤寂、压抑、麻木、猜疑等等以写实的方式展示给今天的人。一位同学列举了小说开篇处，老师庄严地宣布要带领孩子们去看日出时的情节："没有人动，我们目光呆滞，像突然冻住一样僵在那儿。小星老师又催了几次，还是没人动地方。"在老师的鼓励下，迫于考试的得分压力，"孩子们终于一个个站了起来，朝着舱门挪动脚步……我和灵儿紧紧拉着手，和其他孩子一起战战兢兢地朝甲板走去，去面对我们人生中的第一次日出……终于，我们看到了那令人胆寒的火焰……我感到自己的喉咙被什么东西掐住了，恐惧使我窒息"。他感叹道：阅读之初我对小说的描写感到十分不解，因为看日出在今天的我们看来，是一件充满诗意的浪漫的事。如今细想，人类对太阳既畏惧又怀念，这种对反常人性的描写恰恰是科幻叙事的价值所在——不仅对一个在科学上存在可能性的未来做了大胆的设定，并且完成了对符合这个未来世界的生活细节、价值观念和伦理秩序的想象创造。由此可见，科幻是一种认知世界的方式，而并非单纯只是一种写作的手法。

有的小组借用《三体》中的名句"给岁月以文明，而不是给文明以岁月"，提出了自己的思考：万物有始必有终，无论是人类文明，还是三体文明，最终都逃不过灭亡的命运，科幻叙事直面对生命的哲学思辨，面对必然到来的危机，我们应当秉持什么样的生活态度？是未来重要还是当下重要？是生存重要还是保持人性重要？有的小组在此基础上补充：科幻作品帮助我们跳出了自身狭小的视野，为我们提供了一个空间无限广阔、时间无限久远的尺度，让我们重新审视人类的自大、傲慢、不满、焦虑等种种表现，使人真正意识到，地球不过是茫茫宇宙中的一个暗淡的小蓝点，人类曾经引以为豪的、自以为是的意识形态是那么狭隘，道德和人性是那么脆弱、经不起考验。科幻把世界的终极推到我们面前，迫使我们直面死亡，重新思考活着的意义……从这个角度看，科幻叙事的意义不只是预测未来，更是当头棒喝、教人猛醒；不只是阐发科学，还是发蒙启智、重建伦理。

聚焦科幻叙事这一话题，学生从多个角度展开分析研讨，在多元观点的激烈碰撞中，不断发展认知和判断能力。在此基础上，笔者进一步提问：《流浪地球》电影的热映有力推动了科幻文化从小众走向大众，使之逐渐成为主流文化的组成部分，作为一种跨媒介传播的文化现象，我们又该如何看待它的社会价值和意义呢？这个问题旨在把思维由聚合导向发散，引导学生将思维的触角向更为广阔的空间延伸。同学们围绕国内科幻文化产业的发展、民族文化的自信、文化软实力等多个方面展开了广泛而热烈的讨论，开放多元的答案展现了跨媒介资源对于思维训练的巨大价值，而学生的言语表达能力也伴随着思维品质的发展不断提升。这些成果激励了我们以更大的信心和动力，进一步探索跨媒介背景下语文学习的有效路径。

**参考文献：**

[1] 顾之川：《跨媒介阅读与交流：教材、教学及评价》，《语文建设》2018第12期。

[2] 陈犀禾：《电影改编理论问题》，中国电影出版社1988年版。

[3] 亨利·詹金斯：《融合文化：新媒体和旧媒体的冲突地带》，杜永明译，商务印书馆2012年版。

# 同题再写：引导学生把作文修改落到实处

一般来说，中学语文教师的写作教学通常都是一学期写七八次大作文，每次的教学流程基本上都是"教师出题—学生写作—教师批改评讲"，这样的做法不能说是没有道理，但是，止于"教师批改评讲"的写作教学效率确实不高，早已是不争的事实。

这种作文教学流程看似完整，貌似科学，其实未必。教师在批改过程中发现了学生作文中存在的问题，虽然也在评讲过程中予以指出了，但是，学生只是听听而已，并没有进行修改矫正，也可能根本不知道应该如何修改矫正。这就好比医生诊断出了病情，也开了处方，却没有坚持让病人吃药治疗，更不用说进行康复训练了，结果呢，学生下次作文还是会旧病复发，学生的作文能力也只能停滞在原来的平台上，无法有效地提高。

他山之石，可以攻玉。我们可以借鉴美国的过程写作教学法解决写作教学中存在的一些难题。过程写作教学法是一种整合多种科学理论兼具交际教学、自主学习、合作学习的课堂特征的写作教学方法，其关注学生在整个写作过程中经历的五个阶段：预写作、打草稿、修改、校订和发表。在具体的实施中，我们也不必拘泥于整个写作过程的所有环节，而是可以进行本土化改造以使其更符合自己的学情，写作过程的五个阶段可以根据各自班级不同学情的需要而或简化、合并，或反复、强化。

众所周知，好文章往往不是一次就能写出来的，而是一步步地改出来的，倚马可待一挥而就的写作天才毕竟是寥寥无几，大部分人的写作能力还是在不断修改文章的过程中逐渐得到提升的。许多学科的作业如果学生做得不好，教师都会毫不客气要求重做，为什么写得不好的作文却不应该重写呢？鉴于此，我们认为一次作文训练不能简单地一评了之，那种浮光掠影的评讲只能隔靴搔痒，不能解决实际的问题，对学生并没有多少裨益，还是要针对批改过程中发现的具有普遍性的典型问题，组织学生展开"头脑风暴"式的讨论，会诊病因，引导学生找出具体的矫治方法，然后抓住契机，趁热打铁，进行修改，甚至推翻旧作，重新作文，以切实地实现矫正自己的毛病的目的。对此，笔者称之为"同题再写"或"二度写作"。

下面以一次"谈对微信朋友圈点赞看法"的材料作文为例，谈谈我们是如何通过"同题再写"引导学生把作文修改落到实处的。

## 和学生一起发现问题

美国新罕布什尔大学唐纳德·格雷弗斯教授的《写作：老师和孩子并肩战斗》（*Writing：Teachers and Children at Work*），书名就告诉我们，写作教学不是教师或学生单方面的事，而是教师和学生两个主体并肩战斗才能完成的大业。

在批改"谈对微信朋友圈点赞的看法"的材料作文时，笔者发现不少同学作文存在的主要问题：一是仅仅重复引述了作文材料中若干方面的观点，而自己的观点并没有明确地展现出来；二是不善于选取恰切的事例作为论据，所用的事例不能足以佐证自己的观点；三是没有自觉运用恰当的论证方法进行论证的意识，只知道"摆事实"举例子，不会"讲道理"作分析。这表明学生的思维方式和思维品质还是存在明显的问题，要引导学生学会辩证地看问题，不只是简单介绍唯物辩证法中的几个概念术语就行了，而是要在具体的情境中学会运用横向思维、逆向思维、多角度思维、批判思维等方法思考问题，敢于大胆地质疑否定，善于灵活地融会贯通，创新建树自己的观点。

为此，我首先让学生根据师生共同设计的《作文问题检查清单》和《作文评价诊断修改量表》的提示，自我诊断，发现问题；再挑选几篇问题突出而且具有典型性的例文，在课堂上让全班同学分组会商讨论：这几篇文章存在什么问题？怎么才能解决其存在的问题？

## 解决观点不明确、不恰切的问题

首先，要解决观点简单片面的问题。我们可以借鉴"创新思维之父"爱德华·德·波诺以不同颜色的"六顶思考帽"为喻的横向思维理论，引导学生从直觉、正面、反面、中立、创新、综合等不同角度去思考，然后进行比较、筛选，得出自己认为最恰切而且又有能力去分析论述的观点，从而避免简单化片面性。

其次，要想获得较为深刻而有价值的观点，还要解决认识肤浅的问题。我引导学生分小组，先把每个人最初的认识用一句话罗列出来，然后加以整理归纳。经过小组讨论，再进一步修改完善表述自己观点的措辞，初步确立自己的观点。各小组代表汇报本组的几种观点，全班集体讨论，归纳出若干种具有一定代表性的各方观点，彼此交换意见，学习对方的合理之处，集思广益，从而完善自己的论点，使自己对问题的认识更加全面、丰富和深入。

经过集体研讨，同学们认为，对微信朋友圈点赞的看法可以从社会文化心理方面谈，诸如从众随俗、违心敷衍、迷失自我、中国式人情观念、怕得罪人、贪图小利等；也可以从网络自媒体双刃剑方面谈，诸如众筹互助、制造网红、商业炒作、时尚品位引领、网络文化建设、虚拟世界的道德约束和法律监管等。

高考新材料作文一般不会拒考生于读懂材料的大门之外，因而审题的难度不会太大，学生基本上不会写跑题。这样一来，立意的高下优劣就是作文成败的关键因素了。写作的立意是一个动态的思维过程，它不仅要求作者在构思阶段要拥有清醒的立意自觉，而且在写作过程之中也要有持续深化认知的意识。一篇文章的主旨往往是在写作的进程中逐步明确的，作者对问题的思考认识也有一个逐步深入的过程。要想写得清楚，首先就要想得明白。为此，我训练学生学会运用连缀关键词法进行构思和写作，围绕自己的中心观点，把自己想到的几个或几组关键词连缀起来，扩写成句段乃至全文，以促进思维的明晰和连贯，进而保障行文的流畅和有序。

## 解决说理存在的问题

小组讨论：怎样论证说理才会更有力度？有的同学总是翻来覆去地说一些"车轱辘话"，没有什么层次感，更缺少递进性。还有的同学说话非常武断，容易犯片面化、绝对化的毛病，这就是所谓的学生腔、幼稚病，说理不够充分，自然难以让人信服。

刘勰在《文心雕龙·论说》中指出："原夫论之为体，所以辨正然否；穷于有数，追于无形，迹坚求通，钩深取极；乃百虑之筌蹄，万事之权衡也。故其义贵圆通，辞忌枝碎；必使心与理合，弥缝莫见其隙；辞共心密，敌人不知所乘：斯其要也。是以论如析薪，贵能破理。"刘勰强调了"论"要周密深入，方能有力，不能有漏洞而给人以可乘之机。虽然"论"与"说"有其共同之处，都是阐明某种道理或主张，总称为"论说文"，但两种文体还是有区别的："论"是论理，重在用严密的理论来判辨是非，大多是论证抽象的道理；"说"是使人悦服，古代除了常用口头上的陈说外，多是针对紧迫的现实问题，用具体的利害关系或生动形象的比喻来说服对方。今天我们所说的论说文，基本上是两种文体共同特点的融合发展。

说理需要双方或多方协商讨论，要在平等的前提下心平气和地交流，在表述自己的观点时切不可武断或绝对，更不能盛气凌人、固执己见而不容他说。因此，我们引导学生在说理时要自觉地确立一个交流的对象，建立起一种对话意识，在头脑中还原现实的交际场景，设想自己在跟对方进行沟通交流，或者是平静地谈话，甚至是激烈地辩论。在表达己方观点与理由时，要充分考虑对方的态度和立场，充分地尊重对方，要表现出高尚的道德水平和良好的人格修养，努力做到入情入理地和对方对话，才能有效地增强论辩的说服力。有理并不在声高，理直也未必就要"气壮"，绵里藏针，柔中有刚，有时委婉一些反而更有力量。

笔者选取一篇范文的片段作为样本，介绍了"让步论证法"，给学生提供一种可资借鉴的范例，并让学生采用此法，当堂修改自己的习作。但在随后的交流环节中，笔者发现，大部分学生的修改只是在原文的开头添加了"诚然""况且""虽然"之类的词语，再添加一句赞美对方观点的话，就算完成让步说理了，显然并未能完全领会让步论证的实质。学生不能成功地完成修改，这说明教师对"让步论证"的指导还不到位。于是，笔者放弃了预设的下一个教学环节，现场下水和学生一起来写，利用自己的文章还原"让步论证"的过程：

先从对方角度让步，肯定对方观点表面的合理之处（脱离材料背景时）；再从己方角度让步，分析己方观点可能存在的不足之处（脱离材料背景时）；最后明确具体的背景，揭示对方观点的错误本质和危害，确认己方观点的价值。并且展示自己的思维过程，师生共同讨论，修改措辞，应充分尊重对方的观点，首先承认其在一定条件和背景下是有一定的合理性的，然后，再分析其条件和背景的局限性，进而论证其观点的不正确。如此一来，让学生真正领悟让步论证的核心是找到己方观点存在的具体背景。引导学生学会让步说理，以退为进，步步紧逼，从而增强自己的说服力。这样，在学生遇到理解的困难时，及时转变方式、强化指导，使学生的修改得以顺利进行下去，教学指导的收效明显。

此外，还要指导学生有意识地自觉地运用多种论证方法进行说理，比如举例论证、引用论证、对比论证、比喻论证等。

## 解决论据存在的问题

批改时，我发现有的学生虽然也举了一些事例，但是不够贴切，不能够很好地证明自己的观点。对此，分小组讨论：例文中有哪些事例？所用事例是否恰当？为什么？我们还可以选用哪些事例作为论据？还可以运用哪些比喻和引语？还可以拓展联系哪些方面？学生记录整理讨论的过程和结果，剔除那些不够恰当的事例论据，筛选出恰当的论证素材，各组讨论甄选，分别展示一个有力度的正、反事例。

正面的事例，比如，最近兄弟学校的一位高三学生不幸患了白血病，亲友通过微信"朋友圈"在很短的时间里就获得六十多万元捐款，解了燃眉之急。反面的事例，比如网上沸沸扬扬的"罗尔救女事件"，引发的网友"同情—震惊—理解—愤怒—漠然"一系列情节大逆转的风波。

为了突出文章的观点，让自己的立场更加鲜明，我提醒学生在一开篇引述所给材料时，不能全盘照抄，而是要有态度，有取舍，有鲜明的倾向性，要明确地体现出自己的观点来。不少同学在表述事例论据时，自己的倾向不够鲜明。对此，引导学生可以适当地加入一些分析和阐释，也就是常说的既要摆事实，同时还要讲道理。而且在摆事实和讲道理时，还可以融入自己的主观情感，在晓之以理的同时动之以情。表明自己的态度和观点的句子就是要旗帜鲜明，才能给人以深刻的印象，决不能闪烁其词，模棱两可，态度暧昧。

## 实施"同题再写"

教师适时地对同学们的讨论予以引导、点拨和总结，指导学生要力求立意恰切、认识深刻，事例丰富、论据恰当，论证多术、说理有力。引导学生抓住作文进阶升格的几个关键点，把作文修改落到实处，布置学生"同题再写"：要求重新确立自己的观点，借鉴集体讨论提供的论证素材，学习运用让步说理或者至少运用对比论证、比喻论证等两种以上的论证方法，以增强说理论证的效果。

"同题再写"之后，教师还是要进行及时地批阅并反馈，看看所存在的问题是否真正得到了解决，如果效果不是很理想，还要制定新的教学策略，考虑采取下一步的解决方案。

实施"同题再写"，虽然会多花费不少时间，但是的确很值得。经过集体会商诊治和"自我康复训练"，学生能够及时地解决自己存在的问题，再也不会像童话故事中的熊瞎子掰玉米棒子那样掰一个丢一个了，而是每写一篇都有改进、有收益，从而切实有效地提升自己的写作能力。

当然，也不必每次作文都要集体"同题再写"，如果那样机械呆板的话，同样是不科学的。如果这次作文全班同学普遍很成功，作文中没有什么需要矫正的共性问题，再耗时费力地组织集体"同题再写"岂不是蛇足之举吗？个别同学的问题，则可以由教师一对一地面批指导，有关的同学或订正或重做，无需一人生病集体吃药。至于有的同学作文很出色，没有问题，当然也无需"同题再写"，而是可以让他现身说法，向同学们传授一些自己创作成功的"心经"，在其他同学"同题再写"时，则可以让他吃点小灶，按照自己的兴趣自由地写作。这也是课程标准所要求的写作教学要满足学生个性化需求的题中应有之义。

第四辑
相期津逮

教育是心灵与心灵的沟通，是情感与情感的交流。

绵延千年的大成文脉，典雅清正的儒林文化，滋养了美丽的校园。在这里，我与学生亲密对话。我们谈经论典，探访先哲，寻找精神成长的起点，铸炼高雅的情趣和高尚的品格；我们共话高考，畅想未来，以丰厚的积累自我充实，以丰富的历练自我赋能，树立强大的文化自信，热情拥抱新的时代。

文化是语文的根脉，语文是文化的表现。守望着母语的精神家园，我与同仁们切磋论道，修炼提升，领略文化的迷人风采，体悟语文教育之道；我们细作深耕，用点滴的教育实践，擦亮生命的底色，激活文化的因子。

《周易》曰："观乎天文，以察时变；观乎人文，以化成天下。"殷切期待儒林蔚然深秀，愿与诸君共谱芬芳华章。

# ◎师生共话

## 今天，我们如何读国学经典？*

今天，我们如何读国学经典？做书摘，写评注，细细咀嚼；或是一盏清茶，一本好书，默默阅读，这是我们最熟悉的两种阅读方式。但文字诞生之初，阅读并非是以这样的方式来进行的。

加拿大作家阿尔维托·曼古埃尔在《阅读史》中告诉我们，从公元前4世纪生活在美索不达米亚的苏美尔人发明楔形文字开始，阅读的方式就是大声地诵读。由于书写工具和印刷条件的局限，作者往往更注重借助诵读的方式将自己的心音传递给听众。更重要的是，作者坚信自己创作的文字符号隐含着一种特殊的魔力，唯有亲自诵读，才能将其传达给听众。在西方，高声诵读作为一种阅读规范，从文字诞生之初一直传承到今天，经久不衰，生生不息。

有趣的是，在遥远的东方，诵读也同样得到了应有的尊崇。

"读书！"

大家放开喉咙读一阵书，真是人声鼎沸。有念"仁远乎哉我欲仁斯仁至

---

* 本文为"儒林新韵"校本教材《国学经典诵读读本》导读序言。

矣"的，有念"笑人齿缺曰狗窦大开"的，有念"上九潜龙勿用"的，有念"厥土下上上错厥贡苞茅橘柚"的……先生自己也念书。后来，我们的声音便低下去，静下去了，只有他还大声朗读着："铁如意，指挥倜傥，一座皆惊呢～～；金叵罗，颠倒淋漓噫，千杯未醉嗬～～……"

我疑心这是极好的文章，因为读到这里，他总是微笑起来，而且将头仰起，摇着，向后面拗过去，拗过去。

大家知道，这是鲁迅先生在《从百草园到三味书屋》中为我们抓拍的诵读镜头。透过这组画面，我们看到中国古代私塾教育中最主要的学习方法就是诵读：先生范读，学生跟读，熟读成诵。寿镜吾先生在教学中时而共读，时而范读，时而自读；他使用了"呢""噫""嗬"等语气衬字，恰如其分地表达出作品或慷慨激昂、或舒缓感伤以及起承转合、抑扬顿挫的音韵变化；他微笑着，仰起头，"摇着，向后面拗过去，拗过去"，沉浸其中，陶醉不已。

时光流转，数十年弹指一挥间，昔日的书屋已经斑驳，旧时的同窗亦早星散，唯有寿先生忘我的诵读声，依旧萦绕耳畔，沉淀在作者的记忆深处。

这，便是诵读的魅力。

人类文明发展到今天，随着认知的不断发展，诵读这一传统的阅读方式也被赋予了越来越多的价值。科学研究告诉我们，诵读需要集中精力，大脑处于"排空"状态，有利于记忆材料；诵读者在用自己的声音对文字材料进行加工再创作的过程中丰富了形象思维，有利于右脑开发；性格内向者如能坚持大声诵读，将有助于改变自卑胆怯的心理，树立起强大的自信……而对于语文学习来说，诵读的意义和价值更是多方面的，善莫大焉。

语文学习是一个广泛汲取语言精华的语言理解和语言建构过程。诵读借助声音诉诸听觉，能够使脑神经处于高度兴奋状态，联合视觉，刺激记忆，可以帮助我们快速掌握文本中的生字、生词，在规范语音语调的同时，积累储存大量优美的词汇、精湛的句式和巧妙的修辞等。

在语文能力培养中，向来极受重视的而又十分神秘的，莫过于语言直觉了，即所谓的"语感"。人们在实际运用语言时，很少完全依据理性的语法规范，而是大多依靠自己的感觉和经验。而语感仅凭语法分析和逻辑训练是很难形成的。诵读是听说双向进行的活动，可以使人在看与听的瞬间顿悟语音、语调及语气所表示的含义，让人迅速地拥有直接感悟、领会语言文字内涵的能力。

阅读的主要目的在于理解，然而条分缕析又往往致使对文本的理解支离破碎，了无生意，语言的趣味也就荡然无存了。桐城派散文大家刘大魁说："行文之道，神为主，气辅之……至专以理为主者，则犹未尽其妙也。"如何才能不损神韵而尽得其妙呢？不若"因声求气"，因为"神气者，文之最精处也；音节者，文之稍粗处也；字句者，文之最粗处也。学者求神气而得之于音节，求音节而得之于字句，则思过半矣"（《论文偶记》）。可见，通过诵读字句、音节，用声音触摸文字，人们更容易将文本中的内容与理法化为自己的东西，这也是理解文本的最有效的一种方法。

诵读是将书面文字转化为有声语言的一种再创作活动。老舍先生写《龙须沟》是"出着声儿写的，以期把语言写活"；狄更斯曾专门练习诵读的风格和姿态，并将自己的作品编辑成"朗读书"，做上朗读提示的记号向听众诵读，他还将听众现场的反应记录下来，作为修改文章的依据；曾国藩推崇诵读古人佳篇，"使古人之声调拂拂然若与我之喉舌相习，则下笔时必有句调奔赴腕下，诗成自读之，亦自觉琅琅可诵，引出一种兴会来"。前人的这些经验告诉我们，诵读有助于加强书面语言和口头语言之间的关联，使它们互相汲取营养，互相促进发展，相得益彰。

不仅如此，面对浩如烟海而又博大精深的文化经典，诵读者以自己为中介，采用有声语言表情达意、言志传神，将作者与自己、听众与自己、作者与听众有机地联系起来，共同营造一种浓厚的审美氛围，用声音传播内心真实的感受，彰显自我情怀和人文底蕴，在声声诵读中领略多样的文化、深远的意趣和优美韵律的美感。

既然诵读具有如此神奇的魅力，我们还能拒绝它吗？

从现在起，让我们一起开启诵读体验之旅吧。在诵读体验的旅程中，请注意以下四个方面的诵读要领：

# 一、端庄的姿态和饱满的情绪

良好的诵读状态是诵读成功的前提。很多人因为在大庭广众之中，不好意思开口，或是因为担心读不好而紧张，结果心跳过速，气息不畅，大脑一片空白，诵读时声音苍白无力，断断续续，更谈不上调动情感了，这是缺乏自信，失去自如的状态。有些人则好似迫不得已而读，诵读时心不在焉，无精打采，声音干瘪枯燥，吐字松软，这种懈怠的状态比前者还要糟糕。

其实诵读并不神秘，只要反复地练习，细心地体会，人人都可学会，有口皆能诵读。而且在练习诵读的过程中，专注地投入会让你体会到运用声音创作带来的快乐，建立起说话表达从容不迫的自信。诵读是艺术，也是修养，诵读的过程就是修炼思想意志的过程。在诵读中要摒弃漫不经心、敷衍了事的态度，努力强化积极进取的责任感，提升自己的艺术审美品位，树立自强不息的人生信念。

所以，请你抖擞精神，鼓足勇气，积极热情地投入到诵读之中吧。端正好姿态，直立身体，舒展四肢，激发口腔、鼻腔、颅腔、胸腔、腹腔五腔共鸣；调整好呼吸，两肋打开，吸气深沉，呼气稳劲持久，保持发声的动力；集中精神，全神贯注，细看慢读，动脑动心，把你的感受理解，诉诸自如的声音和充沛的情感，使之达于听者。

# 二、吐字归音和语流音变

先让我们带着良好的诵读状态，试着读几遍吧。这时，你可能会遇到一些障碍：生僻的字词，陌生的语音，模糊的语义……不要担心，借助注释和工具书，查清字音语义，并且将它们反复大声地诵读，因为视觉与听觉的协同作用能产生更加清晰而深刻的记忆。

诵读时，请注意规范你的语音语调，处理好语流音变。口腔动作要积极，发音动程要完整，唇舌过渡要自然。可以借鉴我国传统说唱艺术中的"吐字归音"法来训练口腔控制。可以把每一个汉字的吐字发声过程，想象为一个枣核形状，两头尖中间鼓。例如"电"（dian）字，d~i~a~n，字头声母 d 为一端，韵尾n为一端，韵腹ɑ为核心。字头出字，蓄气充足、弹发有力；字腹立字，拉开立起，丰满响亮；字尾归音，弱收到位，干净利索。通过对三个阶段的控制，可以使整个音节的发音清晰饱满，字正腔圆。

此外，人们在说话时，不是孤立地发出一个个音节的，而是把音节组成一连串的自然的"语流"。因发音器官的制约和发音方便的需要，音位与音位接续时会发生一定的变化，例如"前不见古人，后不见来者"中的"不"字由第四声变为第二声的变调，"喇叭，唢呐，曲儿小腔儿大"中的儿化韵等，就是语流音变。因此，读准每个音节的同时，还要注意处理好相邻音节间的关系，保持诵读语音的连贯自然。

## 三、恰当的情感和适宜的技巧

法国著名文艺理论家丹纳说："人的喜怒哀乐，一切骚扰不宁、起伏不定的情绪，连最微妙的波动、最隐蔽的心情，都能由声音直接表达出来。"（《艺术哲学》）诵读不是单纯的见字出声，而是传情达意的再创作。我们在面对文学作品时，要"入乎其内"，以真诚的态度与作品倾情对话，以真挚的感情，深入体验字里行间的丰富情韵和内涵，并用自己的声音将之传达出来。

如何准确地把握和表现作品的情感呢？

曾国藩在《家训·字谕纪泽》中告诫子弟："非高声朗诵则不能得其雄伟之概，非密咏恬吟则不能探其深远之韵。"我们不妨借鉴此法，先之以高声朗读，以昌其气，把握文章的整体内容，确定诵读的情感基调，理清文章的脉络层次，运用重音、停连等方法读出逻辑关系。继之以密咏恬吟，以玩其味，揣摩字句，运用高低、强弱、快慢、虚实等不同的语气，以及抑扬顿挫、轻重缓急的回环往复的节奏等技巧，呈现文本语言的精妙。

这个过程需要我们打破固定的腔调，反复诵读体会，便可渐入佳境。

## 四、文本特质和诵读差异

不同体裁的作品有不同的文本特质，诵读也应随之而具体地灵活变化。

就国学经典的内容来说，古典诗词格式明确，富有韵律感，语言凝练，意境深远。诵读时，一要体会诗词的格律特点，读出韵律感和音乐美。找准韵脚，不要仓促快速地见字出声，宜放缓语速，用吐字归音的方法将韵字读得饱满圆润，体现绵长悠远、回味无穷的韵味；划分节拍，古诗词基本的节奏单位一般是由两个字组成，例如五言诗，常常是两顿，三个节拍，划分好语言节拍，方能使韵律回环往复，读出鲜明的节奏和悠扬的韵味；熟悉四声平仄，处理好抑扬顿挫，还原作品的音乐美。二要调动形象思维，读出诗歌的意境和内涵。诗词是用形象思维来传情达意的，诵读时应在内心勾勒想象诗词中的画面，形成立体鲜明的视觉形象，用声音渲染氛围，才能将含蓄的风格、深远的意境表现出来。

国学经典中还包含了从先秦诸子、两汉辞赋到唐宋古文、明清散文等文言文。古代散文凝练优美，但其字少意深、音单韵广、句法古奥的特点，以及时代的隔膜、语汇的差异，都构成了诵读的障碍。因此，诵读文言文，首先应打好文言文基础知识的底子，了解生僻字、通假字、古音字、破读字等语音现象，读准字音。其次，要根据文言文句群的特点，理清句读，正确地处理停顿。此外，由于文言文具有语言高度凝练、句式骈散自由、讲究合辙押韵等特点，诵读中，宜采用平稳舒缓和起而复归的语调，来展现其悠远深长的意蕴和铿锵有力的音韵之美。

从人类文明的源头开始，几千年来，诵读这种最古老的阅读方法历经了时间的考验，历久弥新。今天，在欧美各国，作家亲自诵读自己作品的传统依旧是最隆重的文化礼仪，在中国，《朗读者》《为你读诗》《诗书中华》等文化类节目也频频引发全民诵读的热潮。朋友们！让我们一起放声诵读吧，用你发自内心的真诚声音，与文学经典、与社会人生亲密对话；以你勃发着青春朝气的诵读姿态，做一名自信而快乐的书香校园"领读者"。


**参考文献：**

张颂:《朗读学》,中国传媒大学出版社2010年版。

# 少年正是读书时*

同学们好!

有人说:一个人的精神发育史就是他的阅读史。要想获得精神的丰盈和生命的成长,最好的方法就是阅读。少年正是读书时,十二三岁,正是阅读能力发展的黄金时期。那么,在即将到来的寒假中,怎样才能读有所得学有所获呢?今天,我就围绕这个问题和大家交流。

## 读什么?

选择一本优秀的书,是阅读的开始。

值得注意的是,并不是所有的书都值得阅读,有的是精华,有的是糟粕,也有的是兼而有之。此外,不同的人、不同的年龄段,甚至不同的情境下,阅读的需求也有所不同。那么,面对浩如烟海的图书,我们该如何为自己选择适合的读本呢?这里,给同学们提供两个简便易行的方法。

首先,可以选择与教材相关的作品。

我们的语文教材,汇聚了古今中外的优秀作品,它们类型丰富、文质兼美,更重要的是,它们是根据同学们的年龄特点、思维特点和基本的阅读状况选编而成的。

由于篇幅和教学时间的限制,教材中的很多内容只能是原作的节选片段。但是,缺憾有时恰恰也是一种成全,它给我们的阅读选择打开了一扇窗户,同学们沿着教材的方向,就能够找到很多宝贵的资源,去阅读那些未能完全呈现的经典原著,或是根据教材的提示,选择与之相关的作品。

下面,我们就依据七年级上册语文教材的目录,给同学们举几个例子。

比如第一单元集中学习写景的诗文,其中收录了老舍先生的散文名篇《济

---

* 本文为2020年元月芜湖市智慧教育平台七年级阳光云课讲稿。

南的冬天》。在这篇文章里，老舍先生把冬天的古城济南，写得典雅、精致、动人，富有诗意。同学们学习过这篇课文，已经了解了它的创作背景，我们一起来回忆一下。1930年初，老舍结束了英国伦敦大学东方学院的教职后，返回祖国，当年7月，接受山东齐鲁大学的聘书，任国学研究所文学主任兼文学院教授。在济南趵突泉南门斜对面的胡同里，有个看似寻常的院落——南新街58号，在这里他度过了四载有余的济南生活。老舍享年67岁，他先后在北京度过了42年，剩下的25年是：英国5年，新加坡1年，山东7年（济南4年半、青岛2年半），汉口半年，重庆7年半，美国4年。然而，在老舍一生的散文里，除了写一点留英回忆外，几乎没有写过伦敦、新加坡；写汉口、重庆、成都的也极少，写青岛的有两三篇，就是写北京的也并不多；唯独济南，他不但写了，而且一写就是一个长长的系列。

老舍写济南，首先推出的一组散文共七篇，总题叫"一些印象"。除了教材里的《济南的冬天》外，还有《济南的秋天》；然后又在《春风》中写了济南的春天；此外，他还写了济南的胜景《趵突泉的欣赏》和《大明湖之春》，写了一篇介绍齐鲁大学的《非正式的公园》，离开济南后又写过《吊济南》《三个月来的济南》，等等。因此，我建议同学们去阅读这些相关的文章或者读一读《老舍散文全集》，通过这些饱蘸情感的文字，你能够体味到老舍对济南的情有独钟，感受到一位现代著名作家与一座历史文化名城的奇情奇缘。

用这种联系的眼光来规划阅读，我们便可以从教材出发，根据自己的兴趣灵活地选择读本。比如：

喜爱散文的同学，在学完了课内精选的几篇散文后，可以进一步阅读《朱自清散文全集》、史铁生的《我与地坛》、鲁迅的《朝花夕拾》、海伦·凯勒的《假如给我三天光明》等。

对小动物感兴趣的同学，不妨以《动物笑谈》为起点，读一读奥地利动物行为学家康拉德·劳伦兹的《所罗门王的指环》。这是一部优秀的科普著作，作者以博大的胸怀、深厚的情感、生花的妙笔为我们描述了一个趣味盎然而又神奇美妙的动物世界，是同学们课外自主阅读的上佳之选。在这本书里，除了能继续读到淘气的黄冠大鹦鹉可可做的一桩桩的"坏事"外，我们还能了解一只名叫玛蒂娜的可爱的小雁鹅、一只名叫歌罗蒂亚的调皮捣蛋的猴子、一群穴鸟以及很多其他动物的有趣的故事。仔细阅读这本书，一定能够满足大家对动物世界的好奇心。

喜欢听故事的同学，可以继续阅读整本的《世说新语》和《聊斋志异》。这两本文言小说，语言浅近，阅读难度不大。《聊斋志异》故事性强，自不用说；《世说新语》里魏晋名士的风雅轶事短小生动，脍炙人口的佳言名句俯拾皆是。

安徒生的童话享誉世界，同学们小的时候肯定都听过、读过，但是，随着年龄的增长，尤其是在课内学习了《皇帝的新装》后，相信你们对童话的理解会有所不同。漫画家几米说："我总是在最深的绝望里，看见最美的风景。"被誉为"世界儿童文学的太阳"的丹麦童话作家汉斯·克里斯汀·安徒生，一生贫穷艰辛，而且十分自卑。他的童话，何尝不是在最深的绝望里，去写童话世界里的风景？这背后包含了多少成年人世界的艰难和苦痛啊！所以，我建议大家重读叶君健先生或者石琴娥女士翻译的《安徒生童话选》，让我们试着以更加冷静和理性的眼光，去重新审视童话背后复杂而深刻的隐喻。

此外，喜爱诗歌的同学，也可以以本册教材中选录的诗人为线索，按图索骥，拓展延伸，读一读相关的诗歌作品。

总之，教材中蕴藏着丰富的宝藏，如果大家能够利用好寒假的时间，好好挖掘，不但能借此打开阅读视野，还能通过拓展阅读，加深对已学课文的理解和领悟，可谓一举多得。

其次，不妨从实际生活出发，根据寒假生活的具体内容，灵活自由地随时开发阅读的资源。比如，如果你的假期安排了外出旅行，那么，在出发前你可以上网搜集关于这个地方的历史人文信息和与此地相关的文学作品；在旅行中，多多关注当地的文化，一路前行，一路阅读，行万里路，读万卷书。

有的同学可能没有机会去旅行，那么，看一场电影如何？我记得去年这个时候，《流浪地球》这部国产科幻电影大热，看完电影后，你不妨读一读刘慈欣的原著，这部小说就两万多字，一个小时左右就能读完。读了原著，再回味电影，你的领会自然就更加丰富更加深刻了。

有的同学说，电影也难得去看哦。那么，寒假我们总会有一项重要的生活内容——过春节吧。春节历史悠久，由上古时代岁首祈年祭祀演变而来。它的起源蕴含着深厚的历史文化，在传承发展中又融入了丰富的时代元素。搜集整理有关节日的民情风俗、诗词歌赋，也是一项有趣的语文阅读实践活动。

汉语，是我们的母语。对于我们来说，语文学习不仅是语言的学习和文化的传承，其本身就是我们的生活方式和生命体验。所以，在生活中，只要你细致体察，点滴阅读，相信你肯定能收获满满，并且拥有一个充满情趣、别有情调的假期。

## 怎么读？

了解读什么之后，我们来谈谈怎么读。

曾经有不少同学苦恼地向我抱怨，说自己平时常常阅读，也读了不少书，但是总感觉收获寥寥，阅读和写作的能力也未见有明显的改善，语文学习进步并不大，甚至开始怀疑阅读的价值。对于这种情况，我的回答是：不是阅读无用，而是你阅读的理念不够正确，阅读的方法不够科学，才导致阅读的效果不够明显。

那么，寒假里，我们在自主阅读时，要注意些什么呢？

先要树立一个理念——深度阅读。同学们应该都知道"浅阅读"这个概念吧？它指的是：阅读时不积极思考，仅采取跳跃式的阅读方法，只是追求暂时的视觉快感和心理愉悦，所谓囫囵吞枣、一目十行、不求甚解是也。如此阅读，浅尝辄止、走马观花，当然不能收到良好的效果。唯有深度阅读，深入思考，阅读才能彰显价值、产生效果。

不少同学在没有老师指导的情况下，只能粗浅地阅读，而不知从何入手开展深入思考。那么，要想从一名"一般的读者"转型为"专业的读者"，我们还要掌握两种方法——关注语言和专题研读。

一是关注语言。很多同学阅读时，往往最好奇的是故事情节，读书时跳着读，甚至专门找情节急剧变化的热闹处读，却忽略了对语言的学习。

南京大学教授王彬彬认为：欣赏文学就是欣赏语言。他把小说欣赏分为三个层次，即欣赏故事、欣赏思想、欣赏语言。欣赏故事的层次，是最低的层次。故事情节的欣赏者，甚至完全不必受过学校教育，他可以是一个目不识丁者，只要有正常的情智即可，比如中国古代的说书和戏曲表演，欣赏者往往是一些文盲或文化程度不高的人。他们欣赏的，就是话本和剧本所讲的故事，他们只被故事的惊险、离奇所吸引，其兴趣始于故事，也止于故事。欣赏思想的层次，高于欣赏故事的层次。这个层次的欣赏者，兴趣不仅仅停留在故事情节的层面。在欣赏故事的同时或之后，还要品味一番故事情节的思想内涵，还要寻思一下故事情节表达了怎样的价值观念。而最高的层次，是对语言的欣赏。止于欣赏故事者，不会在意语言；能够上升到品味、寻思思想内涵、价值观念者，往往也不会再进一步，上升到对语言的品味和寻思；而最高层次的欣赏者，目光则始终专注于语言。他咀嚼着作品的一字一句的表达，品味着作品的遣词造句的方式，寻思着作品中的各种修辞手段。他欣赏着、研究着作品的语言，也依据语言来评价作品。

歌德有一句名言："内容人人看得见，涵义只有有心人得之，而形式对于大多数人是一个秘密。"一个普通的读者阅读文本往往只关注到文章的内容和涵义，而不会关注到结构和语言，而语言恰恰是语文课程的本体所在，语文课程本身独立的价值就在它的言语性。

我们以课文《动物笑谈》中的一段为例："那个星期天，当我带着那群小鸭子在我们园里青青的草上又蹲又爬又叫地走着，而心中正为它们的服从而暗自得意的时候，猛一抬头，却看见园子的栏杆边排着一排人，他们全都脸色煞白。"比较阅读同一译本的《所罗门王的指环》原著，却是"栏杆上排了一排死白的脸"。显然，编辑在课文编写时作了改动。原文与修改之后哪个表达效果更好呢？同学们可以加以比较。可能有人认为还是课文里的句子好，栏杆边上一排人，"全都脸色煞白"，真是太有现场感了！用语雅致，也突出了观光客惊讶的程度。也可能你觉得"排了一排脸"比"排着一排人"，更具有惊悚的效果。作者是在草地上"又蹲又爬又叫"时猛地抬头看，"栏杆上排了一排脸"是从特殊的视角所看到的结果，更符合真实的情境。"死白"虽不如"煞白"文雅，但能更夸张地展现旁观者惊讶的程度，生活化的语言也更见风趣。你看，"栏杆边"与"栏杆上"，"排着一排人"与"排了一排脸"，"煞白"与"死白"，只是在位置描述、句式和修饰语上稍做改动，就形成了截然不同的表达效果。

另外，不同译本的比较阅读也是一件有趣的事，同学们不妨再读一读中信出版社刘志良翻译的《所罗门王的指环》，在对比中体会语言鉴赏之乐。

同学们，阅读的乐趣不仅是了解故事情节，更在于对语言的揣摩品味。大家在课外阅读时，要多留心语言细节，可以把生动有趣的文字圈画下来，读一读，品一品；或和同学亲友们分享讨论。

二是专题研读。同学们，要想阅读能够取得更大的成效，你们还可以针对一些具体的问题，试着开展专题研究。比如，以《济南的冬天》《济南的秋天》为起点，开展老舍散文专题阅读；把《明朝那些事儿》和《朱明王朝》《朱元璋传》《万历十五年》等进行联系阅读；把电视剧《西游记》和原著、电影《流浪地球》和原著等进行比较阅读。这样的广泛阅读，深入思考，必定有助于我们打开视野，能够让我们看到一个更加丰富而多元的世界。

同学们，寒假已然来临。莎士比亚说：抛弃时间的人，时间也会抛弃他。你只有认真面对自己的时间，把握住今天，怀揣着希冀和憧憬，走好每一步，才能收获灿烂的明天。所以，请珍惜宝贵的假期时间，与文交友，与书结伴，希望当这段假期结束时，你们每个人收获的是充实的快乐，是精神的丰盈，是生命的成长。

# 执简以御繁

## ——提取关键信息，巧解高考题*

同学们，我们知道一张高考语文试卷上一般多达九千多字，这么多的文字材料，在短短的150分钟内，要读懂、思考、答题，实非易事。从这个角度看，高考首先考查的就是我们的阅读效率。那么，如何才能提高阅读的效率呢？

要知道，高考试题，无论是词语、句子，还是语段，无论是现代文，还是古代诗文，题干和试题所选用的材料，都是将重要信息和次要信息交织在一起呈现的。苏辙在《上皇帝书》中说："主大计者，必执简以御繁。"高效的阅读也是如此，我们要在有限的考试时间内，把注意力高度"聚焦"在重要信息上，迅速提取关键信息，以便正确答题。

下面我们从几道高考试题来看一看，究竟该怎么做呢？

例1.填入下面横线处的几句话，与上文衔接最恰当的一项是（　　）

国务院早就要求沿淮企业必须限期停止向淮河排放污水，可这个工厂的领导却一直置若罔闻、拖延推诿，_____。

A.既不传达上级指示，也不购置污水处理设备，以致污染问题越来越严重，环保工作没人管

B.既不购置污水处理设备，也不传达上级指示，以致污染问题越来越严重，环保工作没人管

C.既不传达上级指示，也不购置污水处理设备，以致环保工作没人管，污染问题越来越严重

* 本文原载于《教学考试》2016年第11期，为2016年全国微课一等奖课例，被收入中央电教馆示范课程，收入本书时有修改。

D.既不购置污水处理设备，也不传达上级指示，以致环保工作没人管，污染问题越来越严重

这是一道考查语言连贯的题目，要求从四个选项中选出与上下文衔接最恰当的句子，题目本身就有230多个字，让人眼花缭乱。让我们试试用提取关键信息的方法来解答吧。

首先，提取题干中的关键信息。"可"表示转折，提示我们关注的重点应该是后半句，衔接处最关键的信息是"领导"的态度，"置若罔闻、拖延推诿"。

再来提取四个选项中的关键信息。我们试着比较选项，找出异同点，根据题干的关键信息"置若罔闻、拖延推诿"，对应的是"不传达"和"不购置"，很容易地就能排除掉B和D两项，在剩下的A和C中，则可以依据简单的逻辑推理，"没人管"就必然会导致更"严重"，从而轻松地选出正确答案C。

下面，来看考查"语言表达简明连贯"的另一种题型——排序题。

例2.给下面的语句排序，最恰当的语序是（　）
①第一流的文学作品也基于伟大的宗教热情。
②文学艺术是实现"美"的。
③文艺从它的右邻"哲学"获得深隽的人生智慧、宇宙观念，使它能执行"人生批评"和"人生启示"的任务。
④世界最伟大的建筑雕塑和音乐多是宗教的。
⑤宗教求善，哲学求真，介乎二者之间表达我们情绪中的深境和实现人格的谐和的是"美"。
⑥文艺从它左邻"宗教"获得深厚热情的灌溉，文学艺术和宗教携手了数千年。

很多考生在做排序题时，喜欢采用代入法，也就是依照每个选项，都试着默读一遍，结果呢，往往会更加迷惑，选择更加纠结。

让我们用提取关键信息的方法来试一试。首先，把每个句子的关键信息圈

画出来。通过提取出来的信息，我们分明可以看到：①④⑥三句都是围绕"宗教"的，第⑤句总括性地提到了"宗教""哲学"和"美"。而"美"这个字又将第⑤句和第②句联系在了一起。如此一来，大致的顺序就排好了。接下来，我们根据"也""左邻""右邻"等关键信息来微调顺序，得出⑤②⑥④①③的结论，就可以做出正确的选择了。

让我们看看除了语言表达简明连贯的题目外，提取关键信息还可以在哪儿大显身手？

例3.依次填入下列各句横线处的成语，最恰当的一项是（　　）

①父母是孩子的启蒙老师，也是孩子成长的终身老师。如何维持老师身份的新鲜感，大家_____，互不相让，这使得年轻的父母们无所适从。

②对于什么是企业人才，与会者_____，但有一点得到公认：引领未来企业发展的人才必须具备领导才能、谈判能力和全球思维三大条件。

③蒙娜丽莎的神秘微笑为什么是最美的？500多年来，人们一直对此_____，即使是同一个观者，在不同的时间去看，感受似乎都有所不同。

A．莫衷一是　　　各抒己见　　　各执一词
B．各执一词　　　各抒己见　　　莫衷一是
C．莫衷一是　　　各执一词　　　各抒己见
D．各抒己见　　　莫衷一是　　　各执一词

这是一道近义成语辨析题，所给的三个词有一定的迷惑性。我们先对题干进行关键信息提取，可以明确：第①句"互不相让"，第②句"但有一点得到公认"，第③句"感受似乎都有所不同"。这样，我们很快就能排除掉与第①句中"互不相让"强调的争执不相匹配的D选项。第②句中"但有一点得到公认"，强调同中有异，相匹配的只能是"各抒己见"。而第③句中"感受似乎都有所不同"，没有那么强烈的排他性，所以与之相匹配的只能是"莫衷一是"，正确答案显然就非B莫属了。

同学们，通过刚才的训练，你感受到了采用提取关键信息法来解题的妙处了吧？那么，我们如何训练自己提取关键信息的能力呢？

"压缩语段"这种题型你一定不陌生，它要求把一段话的主要内容用极其简要的文字准确地概括出来。这种题型考查的就是提取关键信息的能力，因此，我们可以借助这样的练习来训练。

例4.概括下面材料的主要内容，不超过48个字。

钛合金强度大，重量轻，耐热性能好，适用于船只、汽车、航空航天工业，被人们视为未来材料。新型波音777客机采用了约9%的钛合金材料。然而，钛合金的加工难度极大，如加工一个钛合金船用涡轮压缩机轮需要50个小时，而加工一个铝合金的同样部件仅需5个小时。德国布伦瑞克大学的科学家采用了一种专门热处理方法，将氢原子渗入材料，掺氢的钛合金相对软化。对软化的钛合金进行切削加工，加工设备所承受的机械和热负载明显降低，切削力仅需过去的50%，大大降低了加工成本。加工完毕后，再经专门的热处理工序，材料的特性则回到原先状态。科学家称，该方法非常适用于大批量的钛合金铸件加工。

这是一道典型的压缩语段题。面对这样充斥着很多专业术语的复杂的文字材料，该怎么办呢？我们可以一切割，二提取，三调整。

第一步，切割。很多句子簇拥在一起，扑面而来，难免令人眼花缭乱。因此，我们先要把阅读材料切分开来，分为独立的句子，各个击破。这样，我们就把一个长长的语段变成了七个句子。

第二步，提取。首先从7句中提取关键句子。第①句是说钛合金的优点；第②句是在为第①句举例，可以删除；第③句谈钛合金的缺点；第④句说解决缺点的方法；第⑤句是方法带来的效果；第⑥、⑦句则是方法的余波，可以删掉。

接着是句内提取，第①句钛合金被人们视为未来材料（其余都是原因）；第③句钛合金的加工难度极大（"如"字之后都是举例）；第④句德国科学家采用了一种专门热处理方法（其余都是专业解说）；第⑤句机械和热负载明显降低……降低了加工成本（其余也都是专业解说）。这样，就提取出了整个文段的关键信息了。

第三步，调整。把一些重复的信息合并，调整语序，就完成了压缩任务。

我们还可以把难度加大，进一步训练，把刚刚压缩后的48字材料，用不超过34字来概括为：钛合金的加工难度大，德国科学家采用专门热处理方法降低其加工难度及成本。

还可以再压缩到26个字以内：德国科学家采用专门热处理方法降低钛合金加工难度及成本。

继续挑战自我，尝试压缩到12字：新方法降低钛合金加工难度。

再去掉两个字：改善钛合金加工新方法。

挑战无极限，再去掉三个字：钛合金加工新法。

确实是有效果吧？我们通过切割——提取——调整，把一段两百余字的材料经过六次提取关键信息，最后，压缩成为7个字！

相信经过这样的训练，同学们很快就能够掌握提取关键信息的方法，培养出迅速提取关键信息的能力。我们还可以把这种提取关键信息的能力，迁移运用到其他的试题中，诸如，修改病句，阅读一般论述文、文学类文本、实用类文本和作文的审题。

临近高考的语文复习，最重要的，就是学会如何把我们已有的知识和能力得以最有效地运用和展现，使之能够成功地转化为高考得分。通过对提取关键信息能力的训练，相信你在面对高考考卷时，会少一些迷雾和假象的干扰，多一份胜券在握的从容和自信。

# 成竹在胸，金针在手

## ——关于语文高考复习的建议与方法[*]

2015年高考尚未尘埃落定，2016年备考号角早已吹响。

在备考过程中，我们首先要端正学习语文的态度，摒弃一些不正确的观念。有的同学认为，语文学不学都一样，反正考分也拉不开距离。错！高考语文有130分以上的，也有不及格的，而低于120分要想进名校那就很难了。

有的同学认为，学语文难以在短时间内见成效，还不如把时间花在那些见效快的学科上。这种想法也是不对的！把时间花在有的学科上也许能够迅速提高成绩，但是你在那个学科提高的空间是有限的，也即所谓的玻璃天花板效应。在多一分就能够超过千人的高考中，腾出一些时间用在学语文上，就是新的增长点啊！语文也决不会辜负你，一定会给你一份大惊喜！其实，语文天生很重要，语文是基础，是工具，学好语文，更有助于其他学科学习成绩的提高。

还有的同学认为语文要学的东西太多，范围太广，急于求成，却又苦于无从下手。尤其是我们2016届考生将面对的是阔别了十年之久的全国卷，不要说考生没有什么头绪，就连一些教师心里也没有底。因而，我们更要调整好心态，不要乱了方寸盲动乱抓，而贻误时机。

首先，要明确目标，认清方向，把握全国卷的特点，特别是其与我们所熟悉的安徽卷的不同之处。相对于安徽卷来说，2015年全国卷主要有以下几点不同：

1.现代文大阅读要选做。25分的现代文大阅读分为文学类文本阅读《马兰花》和实用类文本阅读《朱东润自传》，两题选做其一；4个小题中，有一道5

---

[*] 本文原载于《青苹果》2015年第7期，收入本书时有修改。

选2的客观题。而选做题难度"不等值"的问题一直没有解决，今年还是如此。从整体上看，实用类文本阅读以筛选信息为主，难度要小于文学类文本阅读。从这个角度讲，选择实用类文本阅读更易得分。

当然，选做哪一题，也不能一概而论，要根据我们个人自身的兴趣爱好、阅读习惯和文化积淀的情况来决定，选做自己最擅长的、最有感觉的。在平时训练中，要有侧重点地突破，从而找到做某一类题的感觉，积累经验，不能等到了考场上再纠结、再犹豫，因为，届时只能大略扫一眼就要果断选定。

2.名篇名句为理解性默写。6分的名篇名句默写，侧重于考查考生对诗词内容的理解，题目给出了语境，要求考生结合自己对诗词内容的理解来填空，难度有所加大。在平时的训练中，我们要尽快地适应这种形式的命题。其实，这种题型我们并不陌生，不少地区的中考就是如此考法。

2015年所考查的"亦余心之所善兮，虽九死其尤未悔""大漠孤烟直，长河落日圆""江山如画，一时多少豪杰"，应该说难度都不大。从内容看，也还是近几年高中2题初中1题的类型，都在《考试大纲》要求背诵的64篇范围内。

近两年的名句名篇默写的语境考查注重理解记忆，旨在告诉我们：名句背诵默写并不是简单机械的死记硬背，而是要建立在理解文本含义基础上的识记，要能够融会贯通。这种形式的考查，有利于引导语文教学把对古典诗词素养的培育落到实处，让中华古典诗词文化的美学精神真正在学生的心灵深处生根发芽。

3.文言文阅读变化最大。第4题考查断句，断句传统上称为"句读"，明辨句读，是最基本的古文阅读能力。这是一种很好的命题形式，题型并不鲜见，在其他省份的高考卷中也时有出现。这种变化，有助于切实提高学生的文言文阅读能力，回归了文言文阅读的本能需要——习其句读，也体现了文言文本色阅读的基本特点。

第5题考查了文化常识这一多年未曾谋面的内容——"登进士第""兵部""庙号""太子"——这种20世纪90年代常见的题目，此次重出江湖，意味深长：一方面，强调传统文化常识的积累是阅读古文所必需的，我们高中生的语文知识结构要系统完整；另一方面，这也是命题组专家对近年来高层重视国学传统教育的强力回应。

尽管试题在形式上有诸多不同之处，但是"考试大纲"规定的基本范围还是一样的，试题考查的语文素养和语文能力也没有什么不同，毕竟都是考语文。

其次，我们还要掌握科学合理的学习语文的方法。

1.识记知识，夯实基础。不能忽视复习中对基础知识的记忆，因为基础知识的积累正是能力形成的重要前提。字音、字形、词语的辨析、成语的运用、名篇名句以及文学文化常识等，都离不开下苦功夫的识记性积累。要科学合理地记忆，才能实现高效复习。著名的艾宾浩斯遗忘曲线揭示了一条"先快后慢"的遗忘规律：遗忘进程不是均衡的，在识记的最初阶段遗忘很快，后来便逐渐缓慢，而一段时间后几乎就不再遗忘了。因此，我们应抢在遗忘之前赶紧复习，及时巩固识记成果，在感到记忆开始模糊时紧接着进行二次复习，如此这般经过三五次复习，就能牢固地掌握经久不忘了，何愁应对考试？

2015年全国卷第8题诗歌鉴赏"与《白雪歌送武判官归京》相比，本诗描写塞外景物的角度有何不同？请简要分析"，此题警示我们：在高考复习过程中课本是不能束之高阁的，重点课文还是一定要熟悉的！

2.全面备考，不留盲点。根据考纲要求进行分考点复习时，要全面系统，不能遗漏，并且及时检测复习效果。如复习成语后，应及时检测，获得反馈信息，及时调整复习进程，合理安排复习时间，这样才能提高复习效率。通过因人而异、形式不拘的考点检测，我们能够及时发现自己的错误和问题，从知识掌握、能力水平、思维方法、解题技巧等方面找出原因，进而调整好复习的方向和步骤。还可以将那些典型性的错误整理分类，分析出错误的性质和原因，装订成"错题集"，并时时反思，引以为戒，必定会获益匪浅。

在复习中，小型的考点检测应经常进行，大型的综合性考试则是对考生能力信息的全面反馈，考后教师定量、定性的分析评讲，对学生极具指导价值。只有这样，复习效率才会大大提高。然而，有的学生个性张扬，喜欢特立独行，不听老师的安排，只按自己的意愿行事，效果往往都是很不好的。老师毕竟是专业人士，富有经验。跟着老师走，会少走弯路，提高复习效率。当然，在不折不扣地完成了老师布置的任务的前提下，也可以有针对性地在自己的弱项上做一些弥补性的学习和强化性的训练。在复习中，我们要注意处理好集体与自我、共性与个性、课内与课外的关系。

3.注重理解，突破模式。在复习训练中，一些老师总结出了不少所谓的答题模式，这些模式在刚开始时也许会有一些指导作用，但要想取得高分仅靠所谓的答题模式还是远远不够的。语文是人文学科，是没有公式的，语文学习重在培养自我的感知能力、鉴赏能力和写作能力。回顾近几年的高考题，在设问方式上往往更加侧重于考查考生的阅读感知和情感体验，旨在让考生真正走入文本。如2015年全国卷第12题的第（2）题："朱东润的传记文学观是如何形成的？请结合材料简要分析。"这就是说，我们还是要真正读懂阅读材料，反复揣摩题干的内涵，弄清楚了题目的意图和方向，针对题目所问，把自己通过阅读文本所理解的内容明晰地规范地表达出来，才能够在考试中得分，这才是语文学习的正道。

4.保持激情，主动学习。人是一根会思想的芦苇，在高三阶段更加脆弱，在长达几个月的复习备考过程中，我们难免会有倦怠的心理。在备考复习中，不少同学觉得成绩提高持续了一段时间后，就不再进步了，甚至到二轮、三轮复习时，还会觉得自己在退步，考前更易焦躁不安，学习低效。要克服这种心理学上所谓的"高原现象"，就要激发并维持良好的学习动机，消除因反复训练而产生的对知识点认知的麻木感和疲劳感，保持对知识认知的新鲜感。我们要把每做对一道题、每写好一篇作文、每掌握一个知识点都看成是一次成功的体验，在付出努力之后获得心理上的满足，从而肯定自我。

根据"学习金字塔"理论，被动听讲的学习效率很低，而合作学习、主动学习的效率很高。如果我们把学到的知识立即应用或转教他人，这样学以致用的效果最好，因为转教他人，不仅需要对内容相当熟悉，还必须通过自己的语言，将内容转化为让他人能够听懂的表达方式，这有助于我们对知识的融会贯通。"独学而无友，则孤陋寡闻。"因此，在高三阶段，我们更要主动地学习，积极参与合作探究，勇于展示自我，乐于助人，在助人的过程中不断地成就自我，完善自我。

5.关注社会，关注生活。全国卷侧重于对学生语文素养和语文能力的考查，因而，要有大语文的学习理念和广阔的学习视野，不能"两耳不闻窗外事，一心只读教科书"。不做试题是不行的，但是只做试题也是万万不行的。我们还要关注社会，关注生活，广泛地借助阅读感受生活，结合对现实人生的思考来学习语文，努力使自己具备一种敏锐的眼光和独到的思维，切实增强自己的语文素养，提升自己的语文能力。不论是国际政治风云的变幻、国内经济大潮的起伏，还是本地民生工程的进退、周边社区生活的喜忧，都应该引起我们足够的关注，引发我们深入的思考。星移斗转、阴晴风雨、物候变化、鸟鸣花开、传统的民俗、流行的时尚、发髻上的装饰、舌尖上的美味、旅游景点的楹联、街头路边的广告以及手机微信、电视节目、报纸杂志等，都是我们随时随地学习语文、获取信息的渠道，都能够给我们丰富的营养和有益的启示。

生命之美不仅在于结果，更在于其绽放的整个过程，正如司汤达的墓志铭所写的："活过了，写过了，爱过了。"奋斗进取的高三一年，激情澎湃，风景旖旎，也是我们人生旅途中最美的一段时光，必将成为我们无价的精神收藏。让我们珍惜高三时光、享受奋斗的岁月吧，奋斗的青春自是无悔，奋斗的人生也必定无憾。

## ◎ 同道切磋

## 回归语文本质，激发课堂活力
—— 对高三复习教学的一些思考*

高三复习课该怎么上？讨论这个问题前，先来看看不久前的一次大型联考，十几万考生的答卷中，有两道题目的得分率低得惊人。

### 秋夜投止山家

[清] 严遂成

山当面立路疑穷，转过弯来四望通。

凉月满楼人在水，远烟着地树浮空。

熊罴之状乃奇石，鹳鹤有声如老翁。

清福此间殊不乏，可容招隐桂花丛。

这首诗本身不算艰涩难懂，试题要求简要赏析颔联中"在""浮"两个字

---

* 本文原载于《学语文》2016年第3期，为2015年3月在芜湖市高考语文复习研讨会上做的报告，收入本书时有修改。

的妙处。这是一道典型的"炼字"类鉴赏题，题目出得也并不刁钻，可是考生普遍只得了一到两分。让我们来看看学生是怎么答的：

1.运用对比的手法，表现景物的优美；运用动静结合的手法，表现凉月、满楼、树木的动态美；使句子更加生动形象，读起来更有趣味。

2.以动写静、生动形象地写出月光下景色的优美，抒发了作者内心的苦闷和无奈之情。

3."在"是坐落的意思，"浮"是漂浮的意思，用了夸张的手法，表达了作者对远方家乡的思念、对自己报国无门的愁怨、对侵略者的痛恨和对统治者的惋惜之情。

显而易见，学生都在很努力地运用老师教过的语文知识和解题思路来作答，但是，他们的努力并不成功。

再来看小说阅读。第14题考查的是希腊作家安东尼斯·萨马拉基斯的小说《界河》结尾情节安排的用意。大多数考生答"呼唤和平，反对战争"，还有的答"没有把握住机会，错失良机""对敌人仁慈，就是对自己残忍""主人公太懦弱无能，人不能感情用事"。这些令人啼笑皆非的答案，完全偏离了小说对人性思考的主题。惊讶之余，更让我们痛心：学生在阅读的道路上行走得是如此艰难！

一份份令人心情沉重的答卷，其背后是师生两百多天语文复习备考的努力。两百多天的辛苦耕耘，我们收获到了什么呢？的确，学生是知道了一些语文知识，记住了一些专业术语，还拥有了各式各样的答题套路和模板。可是，手中握着这么多把"金钥匙"，他们却打不开阅读鉴赏的大门，只能在阅读理解的岔路口徘徊迷惘。

问题究竟是出在哪里呢？我想，根本原因还是我们没有把复习课当成语文课来上，我们没有把教会学生阅读、教会学生写作作为教学的目标，而是只想着走捷径、多得分。我们对一篇篇文质兼美的文章，亮出解剖刀，分析背景、结构、技巧、出题意图、考点分值，我们狂妄地告诉学生：文章看不懂也不要紧，只要有技巧和方法，题目照样能做！于是乎，孩子们虔诚地跟着我们，抄着一个个专业术语，背着"几步几法"的答题宝典，机械地重复着一次次毫无意义的训练。结果呢？欲速则不达。正是这些错误的教学定位、盲目的能力训练、呆板的教学策略，让我们把孩子们引到了一条错误的道路上，让他们越来越不懂语文，越来越不喜欢语文。而那些被奉为信条的知识、技巧，既不能助他们解答试卷中的难题，也不能帮他们解决读写中的困惑，最后只能让他们越来越不相信语文老师，越来越疏离、厌弃语文。

怎样才能走出教学的误区，改变这种高耗低效的教学现状，给学生以正确的指引呢？我认为，我们必须要回归到语文教学的本质上来，按照学习心理发展规律及语文学科特点来开展复习教学。

## 一、教学定位须准确

虽然关于语文教学本质的认识还在不断深入，但是我们能够达成共识的是：语文是相当感性的学科，它的内核是语言文字，外延是生活。因而学习语文最重要的、最根本的方法就是通过对作品的细致阅读，触摸语言文字，发展思维，从而获得感性的认识和深刻的情感体验，而不宜用灌输专业术语或纯理性的条分缕析的方法对待。语文复习教学也要立足于这个认识，将教学定位为教会学生通过细读文本，获得真实的阅读体验。

再来看这道让众多学生栽了跟头的诗歌鉴赏题，让我们抛开那些功利的专业术语和答题套路，引导学生一字一句地阅读诗歌，用自己的语言来还原诗的内容和情境吧。

在还原内容的过程中，学生不难发现："凉月"不能说是冰凉的月亮，而是月光洒落在人的身上，人感觉如在水中一般清凉，这是人的触觉；山间烟雾缭绕从地面升腾而起，远远望去，树也好似浮在了空中，这是人的视觉错位；那么诗人写"人在水""树浮空"，其实是借触觉和视觉错位来表现月之清凉和雾之迷蒙。

古人说"以意逆志"，孙绍振先生主张"还原情境"。只要学生一字一字地细细阅读，真正地理解了诗意，进入诗歌的情境中，这道题也就迎刃而解了。

再来看看小说《界河》结尾部分的文字，也就是试题所指向的区域：

对方开始向河对岸快速游去，他也分秒必争，使尽全力游向自己的岸边。他先上了岸，奔到那棵树下，一把抓起枪。还好，那边的人刚刚爬出水面，正朝自己搁枪的地方跑去。

他举起枪，开始瞄准。对他来说，要打中对方的脑袋实在是再简单不过的了，他赤裸着身子，在约20米的地方奔跑，是很容易击中的活靶子。

不，他没有扣动扳机。那人就在对岸，赤条条的，像刚从娘胎里出来时一样。而自己端枪站在岸的这边，也赤裸着身子。

他无论如何开不了枪。两个人都赤裸着，没名没姓，没有国籍，没有穿卡其布的军装的自己。

他实在无法扣动扳机，他觉得此刻这条河没能把他们隔开；相反，却把他们联接在一起了……

对岸的枪声响起时，他只是瞥见鸟群被惊起。他倒下了，先是颓然跪下，随后整个身子直挺挺地扑倒在地上。

通过调查，我们发现不少考生在做题时是按照老师所讲的，采用跳读法，只读了画线的部分，只读出了情节概貌，难怪读不透文意。而那些所谓的几步几法的答题模板，在复杂深刻的文本面前必然会捉襟见肘，无法应对。

我们还是要教给学生一些必要的现代叙事学知识，比如，现代小说的叙事节奏、速度控制。再看小说的结尾，他举起枪，生死时速啊，这个现实中一两秒间的事，作者却采用了延时停顿的写法，在主人公迟迟不扣动扳机的瞬间停滞了下来，写了很多，使文本时间远远大于故事时间。如此特意放大的部分肯定是作者的良苦用心所在，怎么能不细细地去品读呢？

当学生有了这样的认识后，再来仔细阅读画线以外的文字，他们就有了很多的发现。比如：有的学生发现了一个高频词"赤裸"，有的学生发现了"活靶子"这个称呼，有的学生发现了"没有穿卡其布的军装的自己"这个复杂的表述。有了这些发现，学生还能不知道怎么去探究小说的主题而偏离探究的方向吗？

所以，准确的教学定位，才能引导学生回到正确的阅读道路上来。

## 二、训练内容要合理

当然，提倡真实地阅读，并不意味着完全排斥应试能力的训练，毕竟我们需要面对的是高考选拔的严峻现实。但是，究竟什么样的训练内容才是合理有效的呢？

语文的基本能力是听说读写。高考语文考什么？就书面答卷而言，能够检测出来的能力主要表现在读和写两个方面。

高考语文试卷本身就有九千多字，这么多的阅读材料，只有两个半小时的考试时间，这就对学生的阅读效率——快速提取信息的准确性提出了很高的要求。高考试题所采用的文字材料，无论是字词、句子还是语段，无论是现代文还是古代诗文，都是将重要信息和次要信息交织在一起的。要想顺利地解题，前提就是将二者区分开来，将注意力聚焦于重要信息上。因此，我们把提取关键信息的能力训练作为重点，开展了一系列的活动。

首先，我们把压缩语段作为训练的第一步，通过生动的例子帮助学生掌握提取关键信息的能力。比如一道关于钛合金加工的压缩语段题，要求将原文压缩至48字以内。笔者指导学生通过切割、筛选、合并三个步骤后完成了任务。但是我们没有就此止步，而是把压缩的难度提高到34字，进而是26字、12字、10字，直到最后的7个字。把一个两百余字的文段逐步地压缩到了7个字，学生在一步步推进的过程中慢慢学会如何提取关键信息。类似这样多次的训练后，学生逐渐就能够形成排除干扰信息、提取关键信息的能力。

接下来，我们还可以把在压缩语段专项训练中培养的能力，迁移运用到其他的试题解答中，诸如表达连贯题、排序题、修改病句、一般论述文阅读、文学类文本阅读、实用类文本阅读和作文的审题。通过此类的能力训练，学生在面对考卷时自然就能够快速提取关键信息，多了几分自信和从容。

## 三、教学策略应科学

准确的教学定位、正确的训练内容需要在课堂教学中得到落实，但是观察现有的高三复习课，我们发现以下这些情况很普遍：

1.语文教师大多把课堂教学的主动权牢牢地攥在自己手中，生怕浪费一分一秒，分析例题、指导方法、总结规律，事无巨细，自己尽量地多讲，唯恐有所遗漏；学生除了埋头做记录就是刷题，根本没有对话、讨论之类的主动学习。但是，根据"学习金字塔"理论，最有效的学习往往是在讨论和应用中实现的。

2.复习课的教学流程也大体相似：高考真题引入—考点解析—命题趋势分析—题型归类—知识点讲解—总结解题思路、答题技巧—当堂练习。可是日复一日，终年如此，我们很难想象这样枯燥无趣、死气沉沉的课堂能够有良好的收效。

3.教师课堂教学的重点一般都集中在分析如何得出正确的答案，却忽略了对学生错误答案的分析和归因。其实，学生的错误答案也是宝贵的教学资源，同样具有教学价值。

鉴于此，我们尝试着改变教学流程，引入错题资源，让学生展开讨论，找出症结所在和解决办法，共同修改完善。自己或身边同学的错误，往往更能激发学生思考讨论的热情；分析错误的原因更能暴露学生认识的局限和困惑，发现其理解上的思维偏差。绝知此事要躬行，在对错误的或不完整的答案修改完善的过程中，学生自己总结而得出的解题策略和技巧，远比老师直接传授的印象更深，运用起来也会更加自如。

在写作教学中，我们也引入这样的教学策略，分专题当堂讨论、修改几篇典型的问题作文：有的针对文章的立意，有的针对文章的结构，有的针对论述的过程，有的针对标题的拟定，有的针对语言的表达。在当堂讨论修改中，学生的思维过程和写作过程得以真实地展示，因而更加有利于教师发现问题和有针对性地解决问题。

学生主体积极参与，打破了以往高考语文复习课堂的沉闷，激发了课堂教学的活力。教学内容看似减少了，实则丰厚而不单薄；教学节奏看似放慢了，实则收效显著，学生获得的实际收益大大增多了。

# 高效阅读教学策略随谈*

各位老师，下午好！今天我们讨论的话题是"高效阅读教学策略"。阅读教学是语文教学的核心，但是，什么样的阅读是高效的呢？下面我们一起深入探讨。

## 一、曾经的认识，曾经的课堂

很久以来，我理解的"高效阅读教学"就是教师课上得好，学生考得好，又因为上得好，考得好，所以就会慢慢地喜欢上阅读，进而爱上写作。至于如何实现"课上得好"，从教后的很长一段时间里，我的做法就是——用好教参和教材。那时候，我觉得教参太重要了，备课可一点儿离不开它。抱着教参，从单元说明到课文解析，从整体感知到问题研讨，从课后练习到课外链接，都要认真研读，以此来确定教学的内容，设计教学的方案。此外，为了帮助学生加深对课文的理解，每教授一篇课文前，我都会翻阅文学史和有关理论著作，在网络上搜索专家名师的各种解读，准备厚厚一大撂资料。我还特别喜欢做课件，每一次都力求容量丰富、音画俱备、形式精美。

在如此精心的准备下，我的每一堂阅读课都好像是"百家讲坛"，作者介绍、背景解密、主题探讨、名家解读、艺术手法……堂堂课都讲得口若悬河、眉飞色舞，学生也听得津津有味、意犹未尽。我记得那时候，一首《石壕吏》要上三四节课，一篇《孔乙己》要讲上一个多星期。所以，我总是感到教学时间不够用，总是想着法子挤占其他的时间，为孩子们尽量地多讲一点。

此外，我还注重引导学生做好课外阅读。从孩子们进校开始，我每周五上一次课外阅读课。除了介绍教材中"名著导读"推荐的那几部作品外，我还自

---

* 本文为2015年7月在北京师范大学南方教师培训中心芜湖市初中语文骨干教师培训班上做的报告。

己准备了一系列的讲座：初一上学期讲古希腊神话，初一下学期讲中国古代诗歌，初二讲西方和中国小说，初三讲中外戏剧。每到周五的阅读课，孩子们那真是兴奋异常，我也是备受鼓舞。最让我激动的是：班上有个小男孩，成绩不够理想，平日里也很贪玩儿，但是一次体育课自由活动时，我发现他竟然坐在小花坛旁边专心地读书，走近一看，是一本《呼啸山庄》。原来是因为上周五的阅读课上，我为他们讲了《呼啸山庄》里的一部分内容，那些故事吸引了他。看着连原先不爱学习的孩子也能主动阅读了，作为语文教师，我感到了莫大的自豪和幸福。那几年，仗着年轻、精力旺盛，为了能够"上好课"，为了学生能够喜欢我的语文课，我真的投入了很多很多。

可是，结果如何呢？一段时间下来，我发现孩子们是喜欢我上语文课，但并不是真正地喜欢语文，更没有像我预想的那样真正爱上阅读。为什么这么说呢？还是缘于刚刚提到的那个小男孩。他曾经让我自豪自信，可后来，在一次和他家长的交谈中，我提到他曾经有过读书的热情。哪知道他父亲告诉我，他买了好多本名著，但都是只翻了几页就丢到一边了。我很诧异，找来那个孩子询问，他的回答却令我尴尬、备受打击。他说："老师，我都看了，可那些书里写的一点儿也不好玩，看了就想打瞌睡。我觉得还是你讲的好。"

没有想到我精心准备的阅读引导课，最终却沦为了"故事大会"，我也成了可笑的"故事大王"，孩子们更愿意做的是听我讲故事，而不是亲近文学、亲近阅读。我只是"剃头挑子一头热"啊！

从理想的云端重重地跌落下来，我清醒地回到现实里，那么，"考得好"这个功利的目的又实现得如何呢？我所教授的两个平行班的语文成绩也只是一般。取得的考试成绩与教学的投入严重地不成正比，如此的高投入却低产出，问题究竟出在哪里呢？我感到莫大的压力和困惑，感到迷惘甚至害怕。教了几年书，我却越来越不知道教什么，不知道怎么教了。

## 二、我的求解之路

这样的状态，困扰了我很久。后来，我尝试通过这样一些途径寻求解决之道。

1.观摩优质课，聆听专家评点，纠正认识上的偏差。

借助于学校领导的大力支持，我有机会观摩了很多各级各类的比赛课、示范课，确实很受启发。观课的时候，我总是把自己对文本问题和教学手段的理解与授课教师的处理、专家的评点进行比照，看看哪些地方相同或者相似，哪些地方存在差异和分歧，找出自己对语文课堂教学认识上存在的偏差，及时予以反思矫正。

2.多上研讨课，和同行们深入交流探讨，在磨砺中成长。

虽然我很怕上公开课，但是不得不承认，上公开课、研讨课，确实是教师专业成长最快捷的途径之一。为了准备一堂课，我必须反复试讲，反复修改。这个准备的过程是痛苦的，然而也是甜蜜的，因为你会感受到点点滴滴的成长和进步。很多老师都觉得自己缺乏理论，搞不了教研。其实不然，一个教师的成长，固然需要教育教学理论的指导，但是从一节节自己精心准备的研讨课的实践过程中，自己学到的东西可能远比泛泛地读几本理论专著更有实效。

3.阅读教研文章，浏览博客微信，随时随地吸收新知。

固然，教育的经典理论著作我们要细细研读，课程改革的精神实质我们要深入领会，但是我觉得那些富有实践经验和个性特色的一线教学名师的文章对我们也能够起到有针对性的帮助。除了几大核心期刊外，我经常浏览许多名师的博客和微信公众号，如：全国中语界名师余映潮的语文潮教研网、徽派名师郭惠宇的博客和微信公众号、吉林名师王鹏伟的博客、浙江名师王崧舟工作室的网页……这些名师名家的博客以及他们的微信公众号里都有许多值得一看的、能够给人启示的好东西。利用一些零碎时间，浏览欣赏，驻足思考，虽是碎片化的阅读，但令我受益匪浅。

## 三、反思阅读教学存在的问题

有了这样一些认识之后，我开始反思自己，反思我们的阅读教学。我们的课堂最缺少的是什么呢？是缺少知识吗？许多老师在滔滔不绝地传道授业。是缺少方法吗？许多老师也是声情并茂地循循善诱。是缺少责任吗？许多老师已经是尽心尽力地用尽浑身解数。然而，真正的问题出在哪儿呢？我觉得有以下几个方面的原因。

（一）漠视学生的真正需求，误判文本的教学价值

1.反复唠叨学生已知、无需理解探究的知识。

不注重研究学情，对学生的"前理解"没有关注，甚至是完全忽视，没有考虑学生最需要老师做的是什么。例如，知人论世是解读文本的常用方法，但很多教师舍本逐末，略略提一提文本就将其搁置一边，转而进入漫无边际的作者介绍、背景材料之中，甚至在非语文的资料中拓展延伸。一堂课下来，看似热闹丰富，却并没能让学生用心体会到文本语言的魅力，只是在文本的空中飞翔，专门在文本的外围打游击。不该讲的，讲得太多；该讲的，却又偏偏不讲。如此课堂教学，当然收效甚微。

2.是在教"课文"，而不是教"语文"。

很多教师习惯于对课文逐字逐句地分析，不厌其烦地讲解，把课文讲"肿"。缺乏设计的"碎碎问"将学生问累问烦，更可怕的是什么都讲，其实等于什么都没讲！在肤浅空泛的问答过程中，对文本的解读只能在文本的表面滑行，无法真正地进行深入探究。这样的课堂让人想起了1983年高考作文材料中那幅漫画——《挖井》，挖井人一路挖过来，身后留下了四五个深深浅浅的土坑，嘴里还是喊着："下面没有水，再换个地方挖！"其实哪里是真的没有水啊？土层下面，一泓泓清澈的甘泉正在汩汩地流淌。

叶圣陶先生认为"逐句讲解对学生是一种刑罚"。老师太爱讲了，往往使学生对老师有了过度的依赖。教师面面俱到、清清楚楚地讲，其实是剥夺了学生独立思考的机会，也限制了学生自主创造的可能性。

3.一味追求学术品位，掉书袋式地炫示学问。

当下的阅读教学，提倡学生个性思考、多元解读。但是课堂上的文本解读，究竟怎样为宜？曾经观摩的一堂公开课，研讨的内容是李密的《陈情表》。教师是这样设计教学的：组织学生从历史背景、李密的心理两个角度讨论"晋武帝为什么非要让李密做官不可？李密为什么不愿出来做官？"于是乎，师生纵论文史知识、公关策略、阴谋权术，课堂讨论热火朝天。最后得到的结论是：李密心念旧朝，心思缜密，巧舌如簧，以子之矛攻子之盾，打感情牌，等

等；总而言之一句话，李密这小子不厚道，很会玩心术。结课时，教师引用了苏轼的经典评论"读陈情表，不下泪者，其人必不孝"，还幽默地补了一刀："苏轼是在给李密做广告。"就在这样充满谐谑与调侃的氛围之中，同学们乐不可支地完成了对经典名篇《陈情表》的"个性化解读"。

《陈情表》之所以成为"悲恻动人"的千古至情之文，使人读之下泪，正是缘于文中发自肺腑的"至性之言"。李密把自己在尽忠君主和尽孝祖母之间的左右为难、难以抉择的情状，真诚地作了描述，文字形象生动，人物呼之欲出，极易触发学生"抉择两难"的生命体验，这就是语文的魅力、情感的教育呀！读《陈情表》，怎么能不读出其中"悲恻动人"的精华呢？立德树人就是要落实到每一节课的每一个教学环节啊，我们语文教师任重而道远。

有些教师自身颇有才气，古文积淀也较为深厚，自己对文本的解读也算是较为深刻、独到。但是，不能忽略了我们面对的教学文本的教育价值和教学对象的道德情感需要，不能不考虑教育教学的主导倾向。如果一味地讲究课堂教学的厚度、深度和广度，追求"深度解读""个性解读"，一味追求学术品位，标新立异，远离了文本的内涵，偏离了情感的导向，除了炫示学问、误导学生之外，怕是也没有别的意义了。就是追求"多元解读"，也不能随心所欲地标新立异，还必须"多元而有界"啊！

（二）以考定教，题海战术

春节期间，亲戚家一个读初三的孩子来拜年，他说现在到了初三，教材里的课文老师早就不教了，"因为中考不会考"，代替现代文阅读教学的就是"刷"各种各样的中考模拟题。这样的现象是很普遍的。

在考试这根指挥棒下，长期以来"贴标签式"的阅读教学、"考案式"教学，剥夺了学生自主阅读获得情感体验的机会。有些语文课变成了政治的说教、哲学的图解和试题的"解剖室"。在教学实践中，我们似乎太热衷于给原本复杂微妙的事物作出简单清晰的定论。品赏人物，你就得用一个词概括人物性格；解读内涵，你就必须用一句话准确揭示。而学生说出的这个词或者这句话，是不是他们自己的阅读体验呢？教学参考书上的"标准"答案、贴标签式的阅读教学，消解了文本本身的丰富意蕴与独特个性，剥夺了他们与文本亲密接触的机会，劫持了孩子们的心灵，学生自然也就无法获得真正意义上的情感熏陶。

背诵着"几步几法"的答题宝典，重复"刷"着无穷无尽的模拟试卷，正是这些错误的教学定位、盲目的能力训练、呆板的教学策略成了学生接触文本、亲近阅读的一道道屏障，把孩子们引到一条远离语言和语文的错误道路上去了。

（三）违背语文教学规律，致使教学效率低下

1.自主合作探究学习虚化低效。

课改提倡自主合作探究学习，于是我们看到很多展示课上教师满堂问，学生到处跑，笑声哄堂，掌声四起，热热闹闹，忙乱不堪，却美其名曰"学习主体在活动"。而活动的目标并不明确，活动的方法也不清楚，活动的步骤缺乏设计，活动的效果又怎么能够好呢？这样的自主探究，有名无实，放任自流，其实是教师失职和不作为。

就是这样的自主合作探究学习，似乎也只是公开课的宠儿，一到了常态的教学中，往往就被弃之不用。即便偶一为之，也大多是流于形式，高耗低效。

我们评价好课的标准往往是教师不断地提问，学生能对答如流，课堂上一问一答热热闹闹，始终顺顺当当的。我们往往生怕课堂上会出现冷场和静默，其实，课堂上适当的静默时间是很宝贵的，也是很有价值的，因为那正是学生在思考，恰恰是我们期待的真实的学习发生了。对静默时间的数据统计也应该是课堂教学评价的有效工具之一。评价一堂课，中国传统的评价标准往往是学生学到了多少知识，而西方的评价标准则是学生提出了多少有价值的问题，差异如此大的中外评价标准值得我们深思。

2.课外阅读情况堪忧。

我们一线教师都非常清楚中学生的阅读现状：课外阅读量小、面窄，而且品位不高，以动漫、绘本、口袋书为主。导致这种现象的根源还是急功近利的教育观在作祟，一切为了应试。中考、高考不考的，就不会被重视。不少家长、班主任把课外书当作洪水猛兽，态度很明确，一律予以限制、严禁、收缴。他们认为读课外书会浪费时间，分散精力。中学生的课业负担确实很重，

题海无涯，似乎只能心无旁骛，一心只读"教科书"。而且，课外阅读的评价机制也不科学，学生往往无需真阅读，更不用深阅读，仅仅凭借"刷题"就能应付各种考试，而且还能够得高分。

3.过度依赖现代教育技术。

如今，很多教师没有多媒体就不敢上课了。往往滥用多媒体技术，课件豪华、庞大，制作精心，画面精美，似乎名曲伴奏、名家录音、百家讲坛、影剧视频什么的，一个也不能少。今年全市初中语文优质课评比初赛采用无生上课的形式，比赛篇目是《岳阳楼记》《小石潭记》《桃花源记》。一天的课听下来，我统计了一下，27位参赛教师中有18位进行了配乐朗读。难道朗读就一定要配乐吗？没有音乐就不能好好读书了吗？还是我们已经没有了素读的勇气？

《老子》曰："五色令人目盲，五音令人耳聋，五味令人口爽，驰骋畋猎，令人心发狂。"过度地使用多媒体，炫技作秀；用图片、视频剥夺了学生阅读文字和自由想象的机会。这样的课堂，花在文本上的时间还能够剩多少？用非语文化的手段，使得孩子们远离了对语言文字的涵泳、感悟，把语文课变成了音乐课、美术课、影视课、科普课。

## 四、审视各种教学理念

面对阅读教学的诸多弊病，该怎么做？如何变革？怎样才能走出教学的误区，改变这种高耗低效的教学现状，给孩子们以正确的指引呢？

（一）对一些流行的教学理念加以审视

1.有效教学。20世纪以前，在西方教育理论中占主导地位的教学观是"教学是艺术"。但20世纪以来，受实用主义哲学的影响，人们意识到教学也是科学，教学不仅有科学的基础，而且还可以用科学的方法来研究。于是，有效教学就是在这一背景下被提出来的。

有效教学的"有效"，主要是指教师在一种先进教学理念指导下，经过一段时间的教学之后，使学生获得具体的进步或发展。其策略主要包括三个方面：一是引发学生的学习意向、兴趣；二是明确教学目标，教师要让学生知道"学什么"和"学到什么程度"；三是采用学生易于理解和接受的教学方式。有效教学带给我们重要的思考：是不是教得越多就越"有效"呢？

2.高效课堂。基于有效教学的理念，学界又进一步提出了"高效课堂"的概念。课堂的教学效率有高有低、有正有负。而高效课堂，顾名思义是指教育教学效率或效果能够有相当高的目标达成度的课堂。高效课堂是以最小的教学和学习投入获得最大学习效益的课堂，其基本特征是"自主建构，互动激发，高效生成，愉悦共享"。可是，语文教学的高效又该如何科学地评价呢？

3.魅力课堂。与直接把知识学习的结果当作追求的目标不同，"魅力课堂"提出以尊重人的快乐、积极的情感体验为出发点，为学生的学习注入动力，从而激发学习活力，达到学习高效的目标。"魅力课堂"的构建是基于尊重学生的美好天性，激发学习的内在动力，从而推动学生自主学习与创造的一系列举措。在大班额教学中又该怎样让学生全员最大化地展示自己的魅力呢？

4.多彩语文。近年来，语文教坛百花齐放，出现了各种新鲜的提法。"真语文""本色语文""青春语文""正道语文""诗意语文""生态语文"，还有"绿色语文""生本语文""草根语文""文化语文"……说实话，这么多的新理念、这么多姿多彩的语文，看得人眼花缭乱。我有时也疑惑：是不是一加上这样或那样的形容词修饰语，你的语文就与别人的语文不一样了？为什么本来很简单、很清晰的问题，非要弄得"不明觉厉"呢？

（二）我的观点

我并不完全赞同一味追求高效的提法，因为教育像农业，人和庄稼的生长都是有自身规律的，需要一定的时节，还要具备适合的环境条件才行，不是你想快就能够快的，你再心急，总不能揠苗助长吧。我认为，语文教学是教人学语文。语文学习是一个潜移默化的过程，需要"慢"功夫。学生语文素养的培育需要的是用"滚雪球"的方式来慢慢积累和丰富的。

面对当前功利浮躁的教育生态，我们能做的就是像凌宗伟先生说的那样：沉静下来，冷静地反思和辨别。虽然上述理念的提法各不相同，具体的措施也有差别，甚至还有针锋相对之处，但我们看到，他们有共性的地方，共同的关注、共同的追求就是：引导学生自主学习。

教学要以人为本，要满足学生的需要，满足学生发展的需要。学生的发展需要教师教什么，教师就教什么，学生的需要就是合宜的教学内容。教师要点拨学生由已知探索未知，于无疑处生疑，于看似平常处见出深意、发现新意、产生创意。那么，怎么教学生才会感兴趣、有收获呢？要知道，我们不只是教语文这门课程，而是教"人"学语文，教这些活蹦乱跳、个性鲜明的十几岁的孩子学习语文啊。因此，当然要目中有人，心中有生。

教学要以学科为本，充分关注语文学科的本质。语文的本质是什么？虽然对此的认识还在不断发展完善中，但是我们能够达成共识的是：语文不是一般意义的科学，因而不宜用灌输专业术语或纯理性的条分缕析的方法对待；语文是相当感性的学科，它的内核是语言文字，外延是社会生活。雅思贝尔斯说："要成为人，须靠语言的传承方能达到，因为精神遗产只有通过语言才能传给我们。"因而，阅读教学，最重要、最根本的方法是真正进入文本的内部结构里，体味文本话语内部的、深层的、艺术的奥妙，通过对语言文字的用心细读，读出自己的审美体验、生命感悟，获得情感体验和理性的认识。

## 五、阅读教学的策略——生本和文本

基于以上的认识，我将阅读教学的策略定位为抓住"两本"——生本和文本。

（一）以生为本

1.关注学情。

一是从学生的阅读感受出发。学生与文本的对话是阅读教学的核心，学生在与文本的对话中会有怎样的阅读体验？有怎样的理解和思考？会遇到怎样的困难？这都需要教师在细读文本、精心备课时提前预设，需要教师站在学生的角度换位思考解读文本。笔者曾为八年级学生执教美国小说家欧·亨利的代表作《最后一片叶子》。由于翻译的缘故，文本比较艰涩。五千两百字的课文，笔者粗略阅读需要八分钟，落实到字句细读则用时更长。教师尚且如此，学生阅读的障碍可想而知。因此，结合八年级学生的年龄特点和阅读经验，我将巩固复述的能力、引导学生学会阅读长文确定为本课教学的重点。

二是从学生的阅读能力出发。语文教学主要是师生对话的过程，对话的目的是在教师的引导帮助下让学生进入自己之前没有进入的思维层面，提高理解能力和鉴赏水平，因此选择适宜的解读层面就成了教学成功的关键。

维果斯基的"最近发展区"理论告诉我们，教学应着眼于学生的"最近发展区"，才能调动学生的积极性，发挥其潜能。教学内容的选择既不要停留在学生已经能够抵达的层面，也不能过分高于学生的"最近发展区"，否则，教学内容的难度太大，学生不能完成学习任务，也是一种无效教学。

当然，既要坚持面向全体学生的发展，又要关注学生个体阅读能力的差异，设置有层次性的教学内容。《庖丁解牛》这一课，我在不同的学校给不同层次的孩子教授过，考虑到学生阅读能力的差异，我每一次都要修改教学设计，最终提出"你从庖丁回答文惠君'技盖至此'的答案中读到了什么？"这样一个看似简单的问题，引导学生从不同的层面来解读。果然有的孩子仅从技术、科学的角度回答，有些孩子能联系艺术和文化来思考，有的孩子还能够从哲学的层面来解读。这样课堂上，深者得其深，浅者得其浅，不同阅读能力的学生各有所得。

2.自主学习探究。

我们感觉到，很多学生的学习是基于外部力量的要求、推动和逼迫，在这种状态下，他们学习的兴趣和潜力都处于被抑制的状态，"学习"反而成为抑制学习的条件，因此学生学习很难有真正的爆发和突破。

17世纪捷克教育家夸美纽斯在《大教学论》中描述他理想的课堂："找出一种教育方法，使教师因此可以少教，但是学生可以多学；使学校可以因此少些喧嚣、厌恶和无益的劳苦，独具闲暇、快乐及坚实的进步。"

怎样才能引导学生的自主意识的爆发，实现理想的课堂呢？我们来看一些学校的实践经验：江苏洋思实行"4+36"模式，每堂课40分钟，教师只讲4分钟；山东杜郎口实施"三三六"自主学习模式。这些探索尝试未必一定是科学的，但是他们的共同点是：学生在语文综合实践中学语文、用语文，学生的主体作用得以充分发挥，学生动起来了，课堂就活起来了，教学效果也就好起来了。

在阅读教学中，我主张采用"四归还"的做法：①把课堂的空间还给学生，让学生真正地成为课堂的主人。②把课堂的时间还给学生。一般情况下，课堂教学中我的讲授不超过15分钟，这是怎么计算出来的呢？还得得益于参加无生上课的比赛。一般的无生上课比赛不超过20分钟。有的老师可能认为这个时间无所谓，评委并没有要求上一节完整的课。其实不然，这个时间是有一定的科学性的，超过了这个时间，学生的活动时间就会被挤占了。③把课堂质疑问难的权力还给学生。④把探究性学习的权力还给学生。

讲到这里，让我想到两个"人"。

一个是"金陵人"。第一届教初中，上《湖心亭看雪》，突然有个孩子发问："这个金陵人是谁啊？"这一问，可问出麻烦来了，教参和注释里都没有啊。我赞同"遇物则诲，相机而教"的教育主张，于是，顺势而为："是啊，酒逢知己千杯少啊，可是，老师也有一疑问：饮酒之前不问姓氏，饮酒之后才问；问却避而不答姓氏，只说'是金陵人，客此'，这段奇遇，是不是张岱处理得太草率了呢？"这样，一下子就激发起了学生去思考探究的热情。

另一个是"浑身黑色的人"。一次教学鲁迅的小说《药》，我正在引导学生品味下面的一段文字中的细节描写："喂！一手交钱，一手交货！"一个浑身黑色的人，站在老栓面前，眼光正像两把刀，刺得老栓缩小了一半。突然一个孩子举手发问："老师，这个浑身黑色的人就是康大叔吗？"准备不足的我，一下子给问得愣住了。这篇小说我不知读过多少遍，也听过不少前辈和教授讲析《药》，可是，从来没有哪位老师讲过这个"浑身黑色的人"是不是康大叔啊！我并不能够明确地回答"是"还是"不是"，只好把问题抛给了同学们："你们觉得呢？"没想到，这个预设之外的不起眼的问题竟然引爆了全班同学的兴奋点，他们七嘴八舌地争论开了，有的说是，有的说不是。我提示他们，仔细阅读课文，从中找出令人信服的根据。结果更让我惊喜，孩子们梳理出很详细的线索，说不是的理由有三条，说是的理由也有三个方面。下课铃响了，同学们意犹未尽，他们把眼光都投向了我。我没有简单地给出一个明确的答案，而是肯定了同学们大胆质疑、小心求证的精神。

是啊！教师一定要给出权威的标准答案吗？记住一个所谓权威的标准答案对学生又有什么用呢？除了限制其思维方向，弱化其思维能力之外！其实，并不一定要在课堂上解决所有的问题，那也是不可能的，让学生带着问题走出课堂，继续思考探究，不是更有意义吗？在课堂教学中能够激发学生的问题意识，进一步鼓励学生深入研读课文，自主合作探究，这种问题意识的培养和合作探究的过程，比得出非黑即白的结论不是更有价值吗？

3.改变教学方式。

一堂成功的课是什么样的？多数老师的标准是，我讲的学生都会了，都记住了。所以下课时，老师常问的一个问题是："课上讲的，都会了吧？没有问题了吧？"如果"没问题"了，授课教师就会觉得踏实了，有成就感了。这就是"没问题教育"。而教育的真谛不是让学生"没问题"，恰恰应该是让学生能够提出新的问题来，然后激发他不断地学习探索，只有这样的教育才会让学生有所发展。

陈寅恪先生奉行"三不讲"主义——"书上有的不讲，别人讲过的不讲，自己讲过的也不讲"，因此被称为"三不讲"教授。我则主张"四不讲"：①学生自己能学会的，不讲；②学生能自己思考实践后弄明白的，不讲；③能采用小组合作学习解决的，不讲；④讲了学生也不会的，不讲。

不讲，是为了解放学生的头脑，使他们充分思考；解放学生的手脚，使他们主动探究；解放学生的时间，使他们从容学习。这样，学生的主体地位才能更加凸显。

讲到"小组合作学习"，建议老师们慎用全班讨论。课堂上的"齐步走"会导致问题解决虚假化。全班大讨论，可能只是几个活跃的学生主宰着整个课堂，其他同学的思维很可能处于消极的休眠状态，只会是被动地看热闹，无法融进班级整体的讨论中，严重影响着整体教学质量的提高。建议采用小组讨论，每组人数以4人为宜，一般不超过6人；小组内分工要明确、具体；要以适合开展合作、交流而安排座位，在讨论过程中教师要巡查各组进行指导，并适时地介入到小组讨论之中，才能收到实效。

此外，不要害怕学生犯错，学生的认知错误本身就是极为宝贵的教学资源。我尝试在高三复习教学中，引入错题资源，让学生展开讨论，共同修改。身边同学的错误，激发了他们讨论思考的热情；分析错误的原因更能暴露学生认识的疑惑，发现理解上的偏差；在对错误答案一次次地修改完善过程中得出的解题技巧，远比老师直接传授产生的印象更深，运用得更加自如。

新的教学策略的尝试，打破了课堂的沉闷，激发课堂的活力。看似内容减少，实则丰厚而不单薄；看似时间铺张浪费，实则收效显著。今年4月份，黄山市几所中学的高三教师到我们学校交流高三教学经验。我上了一节诗歌鉴赏的复习课。课后，老师们研讨了两个多小时，觉得这样的上法很新鲜，他们完全没想到高三复习课也可以充满生机，充满讨论的声音。关键是，他们认为确有实效。高考复习如此，中考复习何尝不是这样呢？只有学生动起来了，主动学了，我们的教学才会有高效。

（二）紧扣文本

1.基于文体的教学内容确定。

王荣生教授批评当下扭曲的语文教学现状：着眼于教学方法，而较少考虑教学内容的正确、合宜，往往从"我要怎么教"入手，习惯于从教法来考虑教学开始怎么教，是多媒体，是朗读，还是活动导入？而最后，却往往是受困于教学内容。为此，他提出了首先要关注文体特质，基于文体确定教学内容和形式。

的确如此。我们教学散文，就要关注散文的文体特性——我在性、求真性、离散性、抒情性、语言的诗性与智性等。教学诗歌，就要考虑诗歌最适宜朗读，其音乐美、节奏美、语言美、意象美、意境美、情感美、构思美，无不深深打动着读者的心，应该多吟诵多体验，少分析少讲解。教学小说，就要注重品味细节、语言，研讨人物形象塑造以及叙事手法和故事结构等。教学戏剧，人物对白、个性化语言则是重中之重。总之，要针对不同的文本体式，合理地确定教学内容，选用相应的合宜的教学方法。

比如全市初中优质课评比中的一节《端午的鸭蛋》。教师对文本分析得较透彻、驾驭课堂的能力也很好，可就是很少听到学生的读书声，一节课四十分钟，读书的时间还不到5分钟，在这样的课堂中，学生只能当看客或听众，其语文素养如何能够得到应有的发展？

散文教学需要朗读，诗歌教学就更要引导学生反复诵读。教师要指导学生在具体的诵读实践中理解诗歌的意象，感受诗歌的意境，体会诗歌中的情感。语文教师要敢于范读，读出自己体悟到的情感，读出个性来，而不是动辄就播放所谓名家大师的录音。

再如文言文教学，也要从诵读着手培养语感，引导学生在诵读中体悟文章内在流动的气韵，感受文言辞章的雅洁之美，进而理解文章的思想内容，学习其写作的技法。若止于把典雅简洁的文言翻译成粗俗啰唆的大白话，纯属暴珍天物，大类煮鹤焚琴，则只能令人无语徒叹惋惜了。

2.独立自主地解读文本。

文本细读是20世纪40年代英美新批评派理论家克林斯·布鲁斯提出的文学批评术语。在文学批评语境下，文本细读作为一种作品的研究方法，指的是运用语义学方法对作品言语、结构和细节进行"细腻、深入、真切的感知、阐释和分析"。

而在语文课堂教学语境下的文本细读与文学批评语境下的文本细读既有关联又有不同。"细读"需要仔细地阅读，要读出字词背后的意蕴和味道，注重对细节的解读和结构的分析，通过细致和反复的阅读，对文本所蕴含的深厚意蕴做出"丰沛的阐释"。文本细读的过程应该是对言语的感悟过程中一种灵魂与灵魂的碰撞，情感与情感的互动过程。我认为教师要尊重文本，深入钻研文本，细读文本，并能够从文本出发，通过细致、反复的阅读，注重细节的解读和结构的分析，对文本所蕴含的深厚意蕴作出丰富的阐释。这就要求教师要具备"独立解读文本的能力"。

很多教师已经习惯了依赖教参进行教学设计，选择教学方法，喜欢照搬教参现成的"教材分析"，对教参的熟悉程度甚至超过了文本。此外，在现代网络技术条件下，课文解析、教学设计、课堂实录、教学课件，网络上一应俱全。靠着上网查阅、复制粘贴的方式寻找答案，只需点击下载，稍加改动皆可为我所用。如同一些医生过度依赖现代医疗仪器一般，很多教师越来越缺少静静地琢磨文本的耐心和独立面对文本的底气。

文本是教师教学的凭借和依据。对一个专业的语文教师来说，具备独立解读文本的能力的重要性毋庸置疑。没有对文本的触摸，没有对文字的咀嚼，长此以往，解读教材的功夫和能力就会丧失殆尽。试想，作为教学的引导者尚且如此，还怎么奢望能够指导学生亲近文本、走进文本？因此，教师要静下心来，勇于"裸读"——把所有的备课参考搁置一边，什么外部的手段都不凭借，潜心细读文本，独立解读文本。叶圣陶先生说："字字未宜忽，语语悟其神。"我们在细读时，不要忽视每一个字、每一个词，要读出字词后面的意蕴和味道，将文本的每一个角落都理解透彻，精确把握文本的重点、难点，充分挖掘文本的教学价值。

今年某市教师选调，考的是《湖心亭看雪》这篇课文。很多教师教授这篇课文的时候，都把讲析的重点落在赏析文章清新淡雅的语言，感受西湖美景和作者高雅的情趣上。这样的理解是对的吗？好像没有什么问题，因为教材上明明白白地写着呢。可是真的是这样吗？我们还是一起来细读文本吧，文中有很多奇特之处，不容忽视。

首先是作者的行为奇特。"是夜更定"，他居然在凌晨的时候去看雪；明明和舟子一起，却还自称是"独往"；他不是在一个普通的冬天凌晨出门，而是在"大雪三日，西湖人鸟声俱绝"之际去的。

其次，西湖雪景也很奇特。"天与云与山与水，上下一白。湖上影子，惟长堤一痕、湖心亭一点、与余舟一芥、舟中人两三粒而已。"好像作者要把自己融进这苍茫的宇宙中，人不过是这沧海之一粟罢了，在苍茫天地中，他们都似有似无，俨然天人合一了。

最后，文中人物的经历更是奇特。"到亭上，有两人铺毡对坐，一童子烧酒炉正沸。见余，大喜曰：'湖中焉得更有此人？'拉余同饮。余强饮三大白而别。问其姓氏，是金陵人，客此。"世上居然有如此痴人，完全置世俗世界于不顾。

张岱笔下的自然世界如此清冷，如此浩大，如此孤独，这其中会不会有更深层次的原因呢？怎么看待张岱的行为？他的追求？他的人生状态？他不愿和人深交，只生活在自己的内心世界中，只想融入自然中和自然为友，而不愿进入世俗的生活。这样，只有真正走进文本之中，才能用自己的情感去触碰、唤醒那一颗颗稚嫩纯真的心灵。

文本细读的主体不仅仅是教师，更应该是学生，只有学生深入细读文本，读出自己的感悟与理解，获得丰富的体验，甚至富有创意地建构文本的意义，才是语文教学的目的所在。

《老王》是杨绛先生的一篇回忆性散文，人教版置于八年级下册，而苏教版则放在了高中。《老王》这篇文章，我教过，但是教偏过。听过很多的公开课，有深情派的，读得声泪俱下，可这文章有那么大的情感起伏吗？有考据派的，把当时国民的月工资数据拿来进行佐证，可这文章有那样的现实功利吗？我始终觉得，这些教学都没有触及作品的核心和灵魂。

就像钱瑗对父亲钱锺书先生所说的那样：爸爸的文章和妈妈的文章不一样。爸爸的文章像咖啡加烈酒，很浓烈，很刺激，但是呢，喝过就过了。妈妈的文章则不然。妈妈的文章像清茶，一道一道加水，喝到后面越喝越有味儿。

《老王》叙述了作者与老王的交往过程，表达了作者的反思与救赎的情感。2015年7月17号，是杨绛先生104岁生日，历尽沧桑后的她温润平和，安之若素，淡然处之。杨绛先生像是一种见证，一种人性的力量与光辉的见证，就像很多报纸题头写的那样：百年的岁月风尘难掩她的风华。

建议老师们读一读《十位名师教老王》这本书，书中精选了余映潮、黄玉峰、秦晓华、郑朝晖、黄厚江、曹勇军、董旭午、刘金玉、程翔、王君这十位国内知名语文名师同上经典课文《老王》的案例，并配以江苏师范大学文学院教授魏本亚等高校学者及国内知名语文特级教师的观察点评，以"解剖麻雀"的方式，探讨语文教学艺术，或许对我们会有启发。

3.注重巧妙的教学设计。

著名的杂文家、特级教师吴非老师在《课堂上究竟发生了什么》中写道：教育不能仅仅凭借爱心，更需要智慧。仅有对教育的热爱，未必能胜任教学任务。曾和一位心脏外科专家交流，说起爱心与智慧的话题，他说："我不太同意社会上的一般看法，我认为智慧比爱心更重要，医术高超，病人的痛苦就少。以儿童心脏手术来说，胸腔打开的时间越短越好；仅仅有爱心，可能不行。"行医与教学未必是一回事，但他的话也令我深思。行医是救命，千钧一发耽误不得，而教育将长久地影响人的一生，要提高生命的质量，点点滴滴，滋润人的心灵。对一名富有爱心的教师而言，他可能更得有智慧。

因此，要想切实提高语文阅读教学的效率，需要我们运用自己的教育教学智慧去巧妙地设计教学。

①精选教学内容。

古希腊哲学家苏格拉底说："千鸟在林，不如一鸟在手。"语文教学的因素太多，内容繁杂，而课堂教学时间又是相当有限的，因而文本细读切忌主次不分、面面俱到。教师要将文本细读后获得的丰富的信息，删繁就简，去掉非语文的，减去不必要的，以突出教学重点。

《陈情表》是一篇经典课文，对它的阐释林林总总，有的从文化层面解析，有的从说辩心理角度探究，有的从公文写作的技巧来解构，有的从谈判学视角解读。如果把它作为课外阅读材料，教师在确定教学内容时就有很大的选择余地，因为就一篇经典而言，可教的东西、值得教的东西的确很多很多。但是当我们在课堂内对它进行探讨时，就需要教师有所甄别地选择教学内容，做到有所为，有所不为。在多元解读文本的基础上，笔者的教学设计先后四易其稿，最终根据学生的阅读需求，只取一瓢饮，将教学内容定位为细读文中的"至性之言"，体会作品"悲恻动人"的情感。

罗丹说：什么是雕塑？那就是在石料上去掉那些不必要的东西。从实际情况看，课堂教学中还有大量的低效环节，甚至还有一些无效环节，因此，再造教学流程，删除无效的教学环节，提升课堂的教学魅力与教学效率，就成为课堂教学改革的攻坚战。

②一线贯穿。

张志公先生说："语文教学的关键在于一个'活'字。"成功的教师之所以成功，是因为他把课教活了。怎样才能把课教活？这就要求教师在教学设计时，找准切入点，抓住教学的主线，把诸多教学内容巧妙地组织起来，从全局出发，把各个局部加以自然巧妙地组合，实现一线贯穿式的教学，达到牵一发而动全身的效果。带着这样的愿景，笔者尝试以"庖丁的'艺术人生'"来统领《庖丁解牛》的教学；以"解读李密的两难处境"来推动对《陈情表》的探究；以"痴"字贯穿《湖心亭看雪》的教学过程，来解读痴人之"痴行、痴景、痴心"。在教学实践中，确实收到了很好的效果。

③改造替换。

细读文本，就是要引导学生从无疑处去发现问题，于看似寻常的地方发现别样的美好。在《湖心亭看雪》教学中，我提出这样的问题："天与云与山与水"多拖沓烦冗啊，古人不是说要惜墨如金吗？却一连用了四个"与"字，能不能删掉呢？通过删与不删的对比朗读，学生会感受到这四个"与"字并不多余，它让"天、云、山、水"四个景物融合在了一起；如果去掉，好像它们之间有界线似的。四个"与"字就造成了一种天地苍茫浑然一体的混沌气象，有了这四个"与"字，后文的"上下一白"才显得更有浩大的气势。

"湖上影子，惟长堤一痕、湖心亭一点、与余舟一芥、舟中人两三粒而已。"文中的量词用得好像不对啊，能不能替换成"惟长堤一条、湖心亭一座、与余舟一艘、湖中人两三个而已"呢？学生通过比较会发现：替换之后的效果并不好，显得很大很笨重，也很生硬，景物的原先那种飘然出世、纤尘不染的感觉就丧失了。

不仅是文中的量词值得琢磨，其顺序的排列也值得推敲。能不能这样安排"湖上影子，惟舟中人两三个、余舟一艘、湖心亭一座、长堤一条"呢？这样由近及远、由小到大，是不是显得越来越清晰，更符合人的心理感受呢？反复揣摩比较过后，学生得出的结论是：不好，改过之后，原文中的那种好像要把自己融进苍茫宇宙的味道完全没有了。

综上，当我们充分关注生本、关注文本时，我们的阅读教学就有了足够的温度和效度。只有回归到语文的本真，参透语文教学的真谛，不断提高自身的专业水平，才能切实有效地促进学生语文素养的发展。

# 教出"语文味"*

各位老师，各位同学，上午好！很荣幸能够重返母校，参加"语文素质教育沙龙"活动。

这几天，我在读一本小书——《教育的目的》。这是英国教育家艾尔弗雷德·诺斯·怀特海先生在88年前写的一本小册子，也是阐释教育目的的经典之作。怀特海先生说："学生是有血有肉的人，教育的目的是为了激发和引导他们的自我发展之路。"鉴于此，他提出一个观点：作为老师的我们，更需要有"活跃的思想"。

再过20多天，我从教就整整15年了。15年来，我从一个新教师变成一个"老"教师，在摸索中一点点积累经验，但可怕的是，我也在不断地被自己的经验所束缚。所以，我很感谢今天这个机会，我希望把自己15年来的所思所想和诸位分享，也渴望借助你们活跃的思维，帮助我解放自己日益僵化的头脑。愿这样的交流和探索，能够让我们永葆"活跃的思想"。

前不久，有几位青年教师问我：怎么才能教出《荷塘月色》的语文味？他们感到这很困难。

什么叫"语文味"？网上搜索一下，有70多万条信息。我们从小学习母语，现在又专门学习研究如何教授母语，我想，在座的每位心中对"语文味"都有自己的认识和理解。

现在，我暂停30秒，请大家思考一下：《荷塘月色》这篇课文，如果是你，你会怎么教？回忆一下，你的中学老师，或者你曾经观摩过的《荷塘月色》公开课教出语文味了吗？

---

* 本文为2017年6月在安徽师范大学文学院语文素质教育沙龙上做的报告。

下面，我把自己过去的课堂教学以及观摩过的一些课堂教学的情况，和大家一起分享，看看这些语文课是不是教出了"语文味"，或者反思其"语文味"是怎么丧失的。

## 一、要加强文本细读的指导，不能迷信知人论世

很多教师教学《荷塘月色》，首先就是介绍有关朱自清的资料和写作背景，据此找出文眼，梳理作者情感变化的脉络，概括文章的段落大意和作品的中心思想，有的还使用图式来解析作者的情感变化轨迹。这样的教法大家熟悉吗？你们认为有语文味吗？对此，我是不赞同的。

我常常在想，每到开学，孩子们拿到新课本时，最先翻看的往往就是语文书，可一旦我们教过之后，他们对课文却不再感兴趣而是"深恶痛绝"了。为什么会是这样呢？只怕是我们把文章教变了味儿。我们常常抱怨学生不爱阅读，他们真的什么书都不爱读吗？不少学生读课外小说很是上瘾啊，不准他读，还要偷偷摸摸地读，而且废寝忘食。如果我们把那些他们爱读的网络小说、武侠言情小说，也拿来用背景、段落、主旨什么的分析概括一番，估计他们也会因倒尽胃口而弃之而去了吧。

为什么会这样呢？因为，我们的语文是相当感性的学科，任何一篇作品，不论是优美动人的散文、诗歌，还是有理有据的论说文、冷静客观的说明文，每一个字都饱含了作者充沛的激情和丰厚的思想。语文教师就是要引导学生亲近文本，细读文本，学习语言，咬文嚼字，感受语言的力量和文字的魔力，而不是靠政治的说教、哲学的图解、理性的分析。

然而，在长期的教学实践中，我们似乎太热衷于给原本复杂微妙的文本作出简单清晰的定论。品赏人物，你就得用一个词概括人物性格；解读意蕴，你就必须用一句话概括主旨。教辅书上的"标准"答案，劫持了孩子们的心灵。面对着一篇篇文质兼美的文章，我们习以为常地一次次亮出解剖刀，概括、抽象、分析，结构、脉络、主题，看似科学精准，却砍掉了文章中最丰盈的枝蔓，凋零了语言中最美丽的花朵，消解了语文自身的生动、丰富与独特。

其次，再来看知人论世。作为文本解读的视角之一，知人论世是阅读中常

用的一种方法。可是，在日常的阅读教学中，我们似乎对它太过于偏爱了，这让我感到深深的担忧。你看，教学《荷塘月色》，老师们不敢不一上来就介绍作品的背景信息，因为唯恐学生得不出教参上所说的"心里颇不宁静"是文眼，担心学生概括不出来作品的主题。老师的愿望很美好，这样的课听起来也显得内容充实，但这是在教语文吗？非但不是，而且有害语文，贻误学生！这样做往往带来两大恶果：一是舍本求末，不关注文本本身的价值，而只是在文本的外围打游击，导致课堂教学低效甚至无效。二是急功近利，不关注学生的自读体验，不尊重生活真实，致使学生陷入可怕的"贴标签"式阅读误区。

有的教师喜欢开篇就展示作品的背景信息；有的教师是浮光掠影地介绍作品梗概后就急忙补充；有的教师在细节品读中，句句不离写作背景，似乎离开了"背景"就不知道教什么好了。老师们为什么这么喜欢大讲特讲背景信息呢？因为讲了背景，就等于定好了一个基调，后面的回答就不会"出格"，就能很容易地得出所谓关于主旨的"正确答案"了。这样的教学思路，孕育了"最便捷高效"的"应试宝典"——"传记主义"解读法，即根据注释或文中的背景资料和作者信息，去推测人物性格、作品主题等。你看，一提起杜甫，头脑中立马出现一个瘦削干瘪、苦大仇深的瘦老头的形象，和那句挥之不去的"忧国忧民、兼济天下"的评价；一说到苏轼，就是"乐观旷达"之类的单线条、扁平化的标签式认识，就是明证。

这种"贴标签"式的阅读方法直接影响了学生的思维方式。请看2011年安徽语文高考试题：

琅琊溪

【宋】欧阳修

空山雪消溪水涨，游客渡溪横古槎。

不知溪源来远近，但见流出山中花。

［注］此诗写于作者被贬滁州（今安徽省境内）期间。琅琊溪在滁州狼牙山。

8.这首诗围绕溪水描绘了哪几幅画面？表达了作者怎样的情感？

很多考生一看到"被贬"两个字，就认定答案是什么"怀才不遇""内心忧愤"之类的，完全偏离了诗歌的内容和主题。满眼的雪消溪涨、山花烂漫的美景，学生怎么就会答出了"伤怀""悲愤"之类的匪夷所思的答案呢？

为什么知人论世的"宝典"在高考中会失灵？因为，这种"传记主义"解读仅仅基于一种最基本的假设，即作者在其人生的一段时期甚至终其一生，其思想感情是恒定不变或大致相同的。其实，人之所以为人，其复杂多变恰恰是常态，朝晖夕阴，花开云起，向之所欣，转瞬即逝，任何些微的内外因素的变化都会引发敏感的文人产生内心情感的剧烈变化。如此一来，仅仅依据作者大致的生平经历来解读其于一时一地的偶然之作，岂不难哉！我们也许会责怪学生不动脑筋。但是他们也很委屈，怎么动脑筋啊？平日里我们还没来得及自己主动地想一想呢，老师就给出了写作背景，早就画地为牢了。

纷繁复杂的作者介绍和背景材料占据了宝贵的课堂教学时间，甚至在漫无边际的非语文的资料中随意地拓展延伸。一堂课下来，看似丰富热闹，却偏离了"语文"教学的正确方向。语文，"文"是基础，阅读教学要重在咀嚼"文本"。毕竟阅人不能代替读文，作为语文教学，教师应该引导学生关注文本，通过阅读文本，读懂作者，读懂时代。著名的荷兰汉学家柯雷教授在《精神与金钱时代的中国诗歌》中指出："归根结底，一位诗人留下的诗歌就可以作为理解这位诗人的终极材料。"

## 二、要关注学生的"前理解"，引导阅读走向深入

当然，知人论世的方法并不是就不能用了，前提是只要不干扰学生的前理解。"前理解"是解释学中的一个概念，是伽德默尔在海德格尔观点的基础上提出来的。从教学角度来说，所谓"前理解"，就是在教学开始之前学生已有的某种观点、看法或信息。"前理解"对阅读教学具有重要的意义。教师要充分尊重学生的"前理解"，把握住激发学生阅读兴趣、引导学生走进文本的契机。而辨析学生"前理解"的正误，也是明确教学起点、确定教学内容的前提。

往往不该讲的，学生不需要的，我们讲得太多；该讲的，学生需要的，我们却又偏偏不讲。这就是没有分析、没有重视学生的前理解所导致的。学生已

知的、明确的，则无需教师再重复唠叨。教学的重点应该是针对他们前理解中的错误之处，以及看似已懂其实不懂的模糊之处。

在2013年安徽省语文教学法学术年会上，我为马鞍山外国语学校八年级的学生上《最后一片叶子》这一课，按照学术年会的要求，将教学内容定位为把握小说的主题。备课过程中，我和邻家的孩子分享了这篇经典作品。令人吃惊的是，这个七年级的孩子粗略地读完后，脱口而出的是"这种故事不就是写人与人之间的相互关爱，舍己为人嘛"。一个五千多字的文本，一个七年级的孩子，在如此仓促的阅读后就能给出答案，令我惊异，但是，孩子真的读懂了课文吗？作者对生命、对艺术、对人生的思考，难道仅仅用一句空洞的"舍己为人"就能概括吗？

有如登山，终点似乎一望即知，而风景却在沿途。文本解读也是如此，我们的语文教学就是要引导学生由浅表化的思考走向深入啊。在《最后一片叶子》的研讨课上，当孩子们异口同声地回答"老贝尔门舍己为人的无私的爱感动了自己"时，我们没有停下探究的脚步，而是在细读文中五次出现的"杰作"一词中，真正走进了老贝尔门的心灵，读出了一种平凡中的伟大。引导孩子们朗读描写琼西数飘零的落叶的那段文字，一个女孩动情地说："琼西是那么年轻，对艺术还有执着的追求。在她一片一片数落叶的过程中，我读出了她心底里对生命的眷恋。可是肺炎带给她的折磨使她逐渐泯灭了生的希望，把自己的生死维系在了最后一片叶子身上。读琼西，让我想起《红楼梦》里那个善感、细腻的黛玉，想起了她噙着泪水轻吟着'侬今葬花人笑痴，他年葬侬知是谁？'"如此，于平易之处细细品读，恰是语文课堂上最美的风景；"文火慢炖"，则语文味更浓。

引导学生获得合理的"前理解"，是实现个性化阅读的重要条件。读者对文本的接受过程，实质上是对作品的一种再创造过程。任何有效的阅读都必然加进读者自己的"前理解"。在教学中，教师指导学生阅读时，要充分发挥学生"前理解"的作用，不能以先入之见甚至传统偏见来约束限制学生。

因此，我们在阅读教学中要充分唤醒学生对文本的前理解，少一点抽象理性的概括分析，多一点对文本感性的触摸体验；大胆地舍弃背景资料这个拐杖，适时地清空，适度地留白，为自由思想创造机会。当我们抛弃了机械生硬的套板，学生就会进入真实的阅读，就会因某个字、某个词触动心弦，触发联想，生成自己真实而新鲜的见解。

## 三、要注重对言语的感悟，避免过多的分析讲解

如何才能做到认真关注文本、解读文本呢？我们来看第二类教学现象——教师花大气力赏析句子，分析修辞手法等技巧。这样做，莫非就能够有语文味了吗？

《荷塘月色》是一篇经典散文，朱自清先生的散文也向来以"贮满的诗意"而备受称道。赏析语言没有错，修辞也确实属于语文学科的范畴。但是，当年我们做学生时，老师把这些修辞讲清楚之后，我们就体会到散文之美了吗？这样的课堂虽然有了"语文"知识，却仍旧少了"语文味"。究其原因：一味地堆砌概念，兜售理论，条分缕析、逐字逐句地讲解削弱了"语文味"。

不幸的是，很多语文老师一直还都是乐此不疲。我曾在一次教学大赛中观摩了一节诗歌鉴赏课《杜甫诗三首》。这堂课上，在讲到"风急天高猿啸哀，渚清沙白鸟飞回"一句时，教师用一张图表列出了寓情于景、景中藏情、触景生情、因情造景、情景交融、以景衬情、以乐景写哀情、以哀景写乐情、以乐景写乐情、以哀景写哀情、缘景明情、以景结情等12个专业术语，来给学生讲解"借景抒情"这种诗歌中常见的表现手法。教师侃侃而谈，学生却如坠云雾之中。

难道文本鉴赏就是教给学生那些冷冰冰的语文专业术语吗？我常常想，我们的前人，比如"唐宋八大家"，他们知道"主谓宾定状补"吗？我们是先学会说话还是先学会语法？是不是我们掌握了语法，就一定会讲话？是不是我们学会了辨析修辞格，我们的表达就会很精彩？

不！语文，绝不等于语文术语！我们知道，语言与情感，语言与思想本就是一体的。其实，语言表达的形式只是露出海面的冰山一角，而水面下的巨大部分是它承载的某种思想和情感，但正是这些看不见的部分，才让语言具有了巨大的魅力。因而，理解语言之美绝不只是孤立地分析某个词语、某个句子、

某种修辞方式。

叶圣陶先生曾经一针见血地指出："逐句讲解对学生是一种刑罚。"把好好的文章讲"肿"了，把朦胧的美感讲没了，把学生心里对文学朴素的热爱讲熄灭了，难道不是为师的罪过吗？

教师碎碎问，问题来自外部，学生没有自己的质疑思考，没有真切的感性体验，完全是被迫回答，给出的答案又怎么会是真切自然的？这样的对话又怎么会有语文味？文本细读的过程应该是对言语感悟过程中的一种灵魂与灵魂的碰撞，情感与情感互动的过程。要想产生这种"情感互动的过程"，我有两个小方法：一是朗读；一是设计有生成力的问题。

如果说"语文"的"文"提示我们关注文本，那么"语"字就告诉了我们通向文本的最简单、最朴素的方法——朗读，用声音去触摸文本，感受文字的美好。

有什么教法比领着学生一起朗读，读好《荷塘月色》，更有语文味呢？那曲曲折折的荷塘风韵，那如流水般倾泻的月光，那轻轻浮起的一层薄雾，那热闹恼人的蝉鸣蛙叫，那记忆中欢快的江南采莲……师生们一起读一读，教师指导学生恰当地读，用不同的形式去读，读着，读着，字句里面隐藏的情味和深意就已不言自现了啊。

可惜的是，如今朗读的情况实在堪忧。一些学生朗读或见字出声，疙疙瘩瘩，读不成整句；或拿腔捏调，矫揉造作，千篇一律。一些教师的朗读指导更是不得其法，严重缺位。前些时候，观摩《再别康桥》同课异构，发现几节课上朗读都是虚晃一枪，就迅速转入对"意象"的分析中。最近担任初中优质课比赛评委，遗憾地看到选手们在《行路难》《茅屋为秋风所破歌》等诗歌教学中，朗读指导几乎空白，甚至连最简单的节奏也拿捏不准。诸位是语文学科教育专业的研究生，也是明日的语文教师。因此，我推荐大家读一读张颂的《朗读学》，掌握一些朗读学学理方面的知识，来提升自己的朗读能力和指导朗读的能力。

在一些语文课堂教学中，老师"满堂问"，而大量的未经设计的问题中充斥着伪问题、低层级的问题。老师问题一出，学生就能够不假思索地齐声作答。还有很多教师自己不钻研文本，只是抱着教参讲解，师生间的问答分析也只是在文本的表面上滑行，而缺少对文本的深入阅读。一堂课下来，泛泛而谈，索然无味，收效甚微。

要教好语文课，教师就要设计出有生成力的问题，才能够启发学生深入思考，思想活跃，思维发展。教师需要适时地补充适当的资料和研究经验，以此拓展学生的视野，打开他们的思路。这就要求教师要深入钻研文本，有独立解读文本的能力。

窦桂梅老师曾经打过这样一个生动的比方：教师解读文本能力的现状就如同"医生成了各种高科技医疗器械的附属品，而自身'望、闻、问、切'的本领却退化了"。的确，很多教师已经习惯了依赖教学参考书进行教学设计，确定教学方法，喜欢照搬教参现成的"教材分析"，对教参的熟悉程度甚至超过了文本。文本是教师教学的凭借和依据，对一个专业的语文教师来说，具备独立解读文本能力的重要性是毋庸置疑的。教师自己没有对文本的触摸，没有对文字的咀嚼，长此以往，解读教材的功夫和能力就会丧失殆尽。独立解读文本是一项功夫活、真本领，前提是需要大量的占有信息，需要多读书、多训练。我们教师要静下心来，勇于"裸读"，把所有的备课参考资料搁置一边，什么现代手段也不要凭借，专注地潜心细读文本，独立地解读文本。这样的备课过程，会让你深深体会到一种甜蜜的痛苦，但收效也很大。

最后，我想说，只要关注学生的发展需求，精心设计合宜的教学内容和教学方式，相信我们能和学生一起享受散发着醇厚馥郁的"语文味"的课堂教学，收获精神的喜悦和生命的成长。

# 大题小做，小题深做

## ——学校文化建设与教师专业发展浅谈*

各位老师，下午好！时下，校园文化建设热潮席卷了整个教育圈，"文化立校""文化兴校"的呼声不绝于耳。那么，"学校文化建设"这个大命题与我们普通教师之间有什么联系？我们又能做些什么呢？我对这个问题的认识，缘于一个偶然的事件。

### 教室外的"窃学者"

我有一张特殊的合影。

与我合影的是我校2015级高三年级的一名理科生。他不是我班的学生，我和他的相遇，缘于一场"惊吓"。

去年4月的一个下午，放学后，我带着班里20多个学生在学校的东阶梯教室排练朗诵，为我们的整本书阅读汇报活动做准备。孩子们分组练习，我穿梭其间指导。当我正和几个孩子讨论朗读的语气声调时，不经意的一瞥让我吓了一跳，忍不住尖叫起来——就在距离我们几步之遥的一扇窗户上，贴着一张脸。当时已经六点多，昏暗的天色衬得窗户上的那张脸格外恐怖。可能是被我的惊叫吓到了，窗外的人好像一脚踏了个空，滑了下去。

阶梯教室的窗台很高，我赶紧跑过去，对外面喊："不能爬窗台哦，危险！"没有应答，估计人已经溜走了。

第二天中午，教学楼的走廊上，一位高个子男孩迎面向我走来，红着脸，犹犹豫豫地喊了一声"老师好"。我笑着回应了。他又往前挪了半步，似乎很艰难地，怯生生地开口问我："老师，今晚……你们还有活动吗？""活动？"

---

* 本文为2018年6月在河南省嵩阳高中骨干教师培训会上做的报告。

"嗯，在东阶教……"哦，我这才醒悟过来，他就是昨天窗户上的那个男孩呀。

我好奇地问他："你昨天干吗爬那么高的窗台？多危险呀！"男孩的脸更红了，结结巴巴地说："对不起，老师，对不起！我，我就是喜欢你们的活动，就是想看看。"他的回答令我震惊，又感动，我原以为那不过是个路过的孩子偶然的调皮罢了。我告诉他昨天是我们最后一次排练，今天上午已经完成了汇报展演。"啊？都展演过了呀！"他的脸上写满了遗憾。我安慰他："学校每年都会举行类似的经典诵读比赛，你也可以参加呀！"他难过地说："我一点儿也不会朗诵，选不上的，而且马上就要高三了，我的时间也不够。"

在接下来的对话中，我了解到他叫杨齐，是高二（2）班的。从他朴素的话语中，我真切感受到眼前这个身高一米七几的羞涩的大男孩对诵读发自内心的热爱。于是，我去找他的班主任了解情况。班主任告诉我，他是一个腼腆、内向、学业中等、性格敏感的孩子，甚至还可能有点儿自卑。

学校的经典诵读活动每年只有一次，因为带有评比的性质，登台展示的机会实在太有限了，不是每一个学生都能参与的。"我就是好喜欢，能在旁边看看就好。"杨齐的这句话萦绕在耳畔，这是一份多么纯粹的热爱啊。教育工作者最大的幸福，就是发现我们努力做的正是孩子们热爱的。我能为这个孩子做点什么呢？一份沉甸甸的责任压在了心头。

## 发挥专业特长，编写校本教材

一个偶然事件，促使我开始重新思考自己的专业价值。

我们的校园中有很多像杨齐一样，对经典诵读有着朴素的热爱却又缺乏自信的孩子。作为母语教育的守望者，语文教师应当发挥专业特长，创设更加广阔的学习空间，呵护引导孩子的兴趣发展，为他们提供专业的指导，让语文真正融入孩子的生活。因此，我想，我们为什么不甄选一些优秀的国学经典作品，为孩子们编写一本属于他们的诵读读本呢？我们可以将这个读本融入学校的课程体系中，借助课堂教学，有计划有步骤地开展教学指导，让每个学生都有机会学习朗诵。这样，既能让学生在诵读经典中领会传统、感悟现代，激发他们对祖国文化的热爱，有利于其形成文化认同和文化自觉；又能让他们在诵读经典中对话先哲、思考未来，在优秀文化的浸润中铸炼品格、培育高雅的审美情趣，在点滴的实践和成功的快乐中充实自我，树立自信。

这个想法得到了同组老师的认同和学校的支持。2017年7月12日，"国学经典诵读读本"校本教材编写工作正式启动，承担编写工作的13位教师共同研讨，明确校本教材编写的意义和价值，确定教材编写的方案、整体规划、工作进度、编写体例、编写任务。书香习习，书声琅琅，憧憬着师生共读的美好愿景，在酷热难耐的暑假里，我们顾不上休息，沉浸在书山文海之中，查阅古籍，精挑细选，对比版本，反复精研，推敲注释，撰写诵读指导。多次审核，反复修改，数易其稿，日夜奋战，历时40多天，我们终于打造出芜湖十二中"儒林新韵"《国学经典诵读读本》。

在一个大课间，我和编写组的杨丽老师一起来到高三（2）班，郑重地把我们自主编写的《国学经典诵读读本》送给了杨齐同学。我在读本的扉页上写着：古有匡衡凿壁偷光，今有杨齐攀窗窃学。永葆初心，你一定会在阅读、吟诵中不断邂逅生命的美好！这个腼腆的男孩接过书，欣喜若狂，激动地贴在心口，连声道谢说："这是我收到的最珍贵的礼物！"接着，他诚恳地说："老师，还有两个月，我就要毕业了，但我会永远记得今天的惊喜！我有一个请求，我能和老师们合个影吗？"看到这个内向、敏感的大男孩脸上绽放出幸福的笑容时，这一刻，我们真正懂得了阅读的温暖、文化的力量和以德润心、以文化人的真谛。

回顾编写的过程，老师付出了很多的心血和汗水，但对于我们来说，这次编写经历既是一次艰苦的磨炼，更是一次难得的成长。教师的专业成长就是在不断阅读、不断思考的过程中实现的。与此同时，关注孩子们的真实需求，珍视教育教学中的偶然契机，我们用自己的专业特长，不知不觉中也为校园增添了一道独特的文化风景线。

由此，我认识到：打造丰盈雅正的文化，呵护一颗颗美丽的心灵，立德树人，这既是校园文化建设的初心，也是我们每一位教师应该肩负的使命。大题小做，我们在点滴中创造，在创造中成长。

# 开展专业研习，保障课程实施

校本教材的编写，实现了师生共同的心愿，而手捧着还散发墨香的教材，我们开始进一步思考：如何充分发挥这本教材的价值，真正带来教育教学的实效呢？

对于我们来说，这是一个全新的挑战，没有过往的实践经验可供参考，也没有现成的办法可以照搬照抄，但是教材编写的成功激励着我们继续前行。我们研读相关资料，召开专题研讨会，研究制定教材的使用方案。经过热烈的讨论和反复的论证，编写组的盛丽老师整理制定出了《校本课程之〈国学经典诵读读本〉课程实施方案》，明确了以课前"为你诵读"、课中巧妙植入、课后拓展联读等方式，实现校本课程与国家课程有机结合；充分利用寄宿制的优势，开展晨诵、午读、暮省等自主研修活动；校本课程的评价与学期学科评价相结合，采用朗读、背诵、默写、阶段性的汇报展示等考评方式，开展自评、互评、组评、师评相结合的综合评价；建立学生诵读档案，追踪学生研修状态，适时调整教学方案。有了整体的教学规划，教师们展开了积极的实践尝试：童强老师指导学生通过领读、对读等方式诵读经典，刘铁老师利用晚自习带领学生诵读、质疑、批注，盛丽老师为学生开设"悠悠千载话儒林——芜湖十二中赋"和"经典座右铭——大学之道"专题讲座，等等。

诵读是一门艺术，也是语文教师应当具备的看家本领。在课程实施过程中，我们深感自身诵读能力的不足和指导策略的缺乏，于是，我们自修《朗读学》等专业的图书，邀请诵读经验丰富的汪萍老师为全体语文教师做诵读指导专题培训。汪老师通过现场诵读示范、视频音频展示、教学案例分享等多种方式，提出"以情激情，真情诵读"的教学原则，引导教师掌握诵读的要领和诵读指导的策略。持续的探索有效地推进了课程实施，2017年11月28日下午，我们成功地举办了"芜湖十二中校本阅读课程展示交流研讨会"，芜湖市教育局副局长刘育红女士、安师大文学院副教授夏家顺老师亲临指导，来自市区和四县的一百多位语文教师到会观摩。

由编写一本教材到实施一门课程，小题深做，我们在不断前行中深入思考、学习成长。

## 植根学术研究，打造课程体系

"国学经典诵读"课程的成功开发，给了我们莫大的鼓舞和信心，带着对理想的语文教育和书香校园的美好憧憬，我们开始踏上了学术研究之路，着手打造更为丰富、立体的校本读写课程体系。

随着时代的进步，我们越来越意识到阅读关乎一个人终身的发展和生命的质量。然而，现实中学生的阅读习惯、阅读能力却着实堪忧。如何提高学生的阅读水平，创造良好的校园阅读氛围，给孩子们充分的精神滋养，培育未来发展需要的人才？为了答好这份时代的考卷，在校长室的支持下，语文组和学校其他部门合作共建，以"提升阅读品味、增强阅读能力、提高文化自信"为宗旨，集中力量开展校园文化建设专项研究，诊断析理定靶位，开出药方，对症下药。

作为校园文化建设的中坚力量，语文组负责开发"儒林新韵"校本阅读课程。我们组建研究团队，经过几年的探索尝试，初步建构了一个包括资源建设、课程设计、教学实施、评价调控四个向度的阅读课程教学系统：开发由课标教材、专题群文、经典名著组成的"三位一体"的开放型阅读课程，形成立体网状的阅读资源；编写"儒林新韵"系列校本教材，开发了"传统文化探究类""综合言语实践类""名著阅读体验类"三个门类十余种阅读系列课程，精心设计课程方案，使阅读教学课程化；设计灵活有趣的阅读课型，将课内课外、精读与泛读、正式与非正式学习融会贯通，构建"三位一体"混合式阅读教学模型，实现阅读自主化、个性化和深度化。

新课标强调，学生的"成就表现"才是真正的学业质量。学生的阅读不仅需要"输入"，更要"输出"。因此我们引进项目管理机制和成果倒逼机制，双轮驱动阅读进程，配合政教处、校团委等部门组织开展儒林新韵读书品牌系列活动，创设各种情境，为学生搭建"阅读成就表现"的广阔平台，以展示活动为杠杆撬动校园读书活动，促进阅读活动得以持续深入开展。定期开展以"传承中华文化，共筑精神家园"为主题的国学经典诵读比赛；指导繁星话剧社、儒林国学社、文学社等学生社团正常有效地开展活动；举办"儒林书市""儒林读书分享会"等多种读书交流活动；开展"图书馆日"活动，定期举办好书推介会、儒林读书沙龙等活动；多次成功举办阅读汇报展演，借助诵读、吟唱、表演、书画、诗词创作等丰富多彩的艺术形式和富有吸引力的活动，传递阅读智慧，激励学生养成良好的阅读习惯。此外，为鼓励学生自主创作，我们还举办"儒林杯"校园征文大赛、读书征文评比，组织参加"圣陶杯""中华杯""语文报杯"等全国作文大赛，编印《芜湖十二中学生创作作品集》，广泛动员学生参与到读书创作活动和校园文化建设中来。在语文教师的指导下，鼓励学生自主运营《儒林文苑》校刊，从组稿、编辑到排版、校对、发行，都由学生自主完成。

阅读课程的有效实施，营造了浓郁雅正的校园文化，促成了学生良好的阅读习惯，随着阅读量的增大和阅读面的拓宽，他们的阅读品位和阅读能力也在逐步提高，语文综合素养也获得了全面提升。而致力于此的我们，也在校园文化的创建过程中不断提升自身的专业素养和对教育教学的深度认知。

## 勉力文化研讨，促进专业成长

优秀的校园文化创建，也为教师的专业成长提供了机遇。为了打造一支专业化的优秀教师队伍，学校采用了"校园阅读教学师资队伍建设"和"校园读书教育课题研究"两手一起抓的策略，设立阅读活动导师制，成立课程开发研究团队，通过"走出去"观摩培训、"迎进来"接访交流、"推出去"宣讲经验等多种形式的活动，努力把教师培养成为优秀的"共读者"和"领读者"。

教研组内，我们凝心聚力，创建积极进取、合作共赢、活泼雅正的教研文化，克服多元价值观下的职业倦怠的消极影响。前辈教师对青年教师热心指导，亲自示范；同龄教师互相支持，合作共进。每位教师都根据自身特点制定了专业发展规划，找准专业发展的突破口。杨丽老师喜爱绘画和曲艺，多才多艺的她为校本教材绘制封面，以自己的专长开发诗词吟诵课程；盛丽老师爱好写作，对古代典籍颇有研究，于是开发实施了《论语》阅读课程。教研组打造了"语文教研沙龙"，邀请资深教师开设专题讲座，汪萍老师的《诵读指导》、姚欣老师的《语文之问》、陶绍美老师的《有效阅读》，都让同组教师受益良多。我们还以课题研究、课程建设为抓手，带动组内教师不断发现自我价值并提升自我能力，让每一位教师都能够施展自己的才华、实现自我价值，从而激励他们从优秀走向卓越，构建团结奋进的教研组文化。

两年多来，老师们共开设了省市级公开课26次，举办阅读展示活动7次，接待乌鲁木齐市、黄山市的骨干教师，安师大、浙师大、北师大国培班学员观摩取经，以及安师大研究生班来校听课；校本课程团队教师应邀为安师大、浙师大、北师大国培班，芜湖市中小学语文骨干教师，安徽省语文教学法年会、《学语文》杂志社、安徽省高中语文骨干教师新课程培训等开设阅读课程建设学术报告18次。初步建设成了卓越的高素质教师专业团队，语文教研组的同仁58人次获得国家、省、市级教科研奖，发表论文48篇。丰富多彩的校园读书创作活动，成为学校素质教育的新亮点、新平台，营造了独具特色的"儒林新韵"校园文化，促进了广大师生对传统文化的认知和传承。近两年来，先后有900多位教师来我校观摩学习校本课程建设经验，产生了良好而广泛的社会影响。得益于学校领导尽可能地为每位教师打造个人赋能和发展的平台的先进办学理念，2016年我被选派赴新西兰进行国际文化交流，交流教育教学经验，传播中国文化。

在学校的大力支持下，我们以整合的理念设计"三位一体，多向推进"的读写建设体系，做到丰盈而有章法。《礼记》曰："五色成文。"各种颜色都聚集在一块，多而不乱即为"文"。《周易》曰："观乎人文，以化成天下。"在芜湖十二中"儒林新韵"校园文化读书创建活动中，今日的儒林人有了更高的文化追求——让每一个学生在阅读写作中找到精神成长的起点，让儒林文化成为滋养学生终生的坐标，在丰富、有序、多样的阅读课程实施进程中，教师和学生在悄悄地成长，发生着可喜的变化。

虽然我只是一名普通的语文教师，但我和我的同事们通过发挥自己的专业特长，广泛深入地参与到校园文化的建设中，并在这个过程中不断地收获文化人的幸福感和自豪感。我也深深地认识到，我们每一位教育工作者都要珍视教育教学中的偶然事件，大题小做；抓住教育教学中的重要机遇，小题深做。期待与更多的志同道合者结成学习共同体，与时俱进，大力开展以文化人的校本课程建设，期待着在一届届青年学子心中树立起更多色彩鲜明的优秀中国传统文化的坐标。

# 和合之美，化育之道
——语文教学本真之探求*

各位老师，下午好！很高兴能够和大家相聚繁昌，探讨我们所共同热爱、不懈追求的语文教学话题。

这几天我们聆听了多位专家的报告，我们会发现"改革""变化"是关注的焦点，从过去的"双基"到后来的"三维"，再到现在的"四核"，语文教育的培养目标正在重新定位。同时，小学、初中将使用统编语文教材，还有我们自己亲身体验的新高考。在诸多变化中，我清晰地感受到语文教学的顶层设计，正在不断地从反思否定中调整吸纳，趋向融合。这让我想起了黑格尔的经典哲学论断：人类的思维活动就是在"正题—反题—合题"的过程中不断扬升、自我完善的。

这样的追求令人欣喜，但也带来了更大的责任和压力，因为语文教育理想国的实现不仅需要科学的顶层设计，更需要我们这些直接面对孩子、陪伴孩子成长的一线教师不断地学习，不断地思辨，不断地探索。

因此，今天，我是以一个行走在探求语文教学本真道路上的实践者的身份，和大家分享自己的一些得失与体会，也以对"和合之美，化育之道"的追求，与各位同仁共勉。

## 一、曾经的追求——丰富、生动

（一）从我的两节课说起

我是2002年开始踏上语文教学之路的，在从教的前十年，我对语文教学的理解和追求是丰富、生动。十年中有两节课，一直是我内心的隐痛，今天在

---

*本文为2017年8月在芜湖市名师工作室研修成员及骨干教师暑期培训班上做的报告。

座的有我的前辈、学长、学弟、学妹，我愿意打开痛苦记忆的伤疤，诚恳地请大家一起来进行诊断、批判。

第一节是2003年我参加芜湖市学科整合优质课评选的一节课《月亮上的足迹》。回顾备课过程，我花了很大气力，光是搜集资料、制作课件就用了一个月的时间，我使用了当时最流行的多媒体制作技术——FLASH，将课文的内容以动画的形式呈现；视频音乐样样齐全，图片文字美丽精致；还设计了游戏抢答、新闻播报等活动环节，力求教学内容丰富，活动形式有趣。上课的那天，课堂上一片欢声笑语，我也过足了教学展示的瘾。最终，我获得了市一等奖，在市区、县区多次进行展示，2005年还作为唯一的中学教师代表，受邀参加安徽省学科整合研讨会做经验介绍和展示。然而，如今想来，这样的课还是语文课吗？这节课真的能够算是"优质课"吗？

第二节是2013年我的一节校内公开课《奥斯维辛没有什么新闻》。同样，这节课也为我带来了赞誉，同事们评价说亮点多多：感染力很强，切入点巧妙，对人性主题的反思深刻，读写能力训练结合自然，等等。随即，学校决定为我录制这一课，参加芜湖市录像课评比。为了赛出好成绩，教研组的老师们齐心协力，热心地为我提出很多的建议：两个环节用力嫌平均，要考虑详略的变化；补充德国总理下跪或南京大屠杀的资料，以增强课文的现实意义……听着真诚的赞美，热心的建议，我的内心却是痛苦的：这些建议听起来都有道理，可实施起来太难了，45分钟根本上不完，学生也未必能动起来。于是有老师提议，不要有过分的"道德洁癖"，可以预先让学生做一点铺垫和准备嘛，但是我又不能认同让学生配合我来"演戏"。

然而更深层的痛苦，是纠缠了我十年之久的困惑：这个也好，那个也重要，既要分析课文，又要情感熏陶，还要培养思维、读写结合，等等，我想加入课堂教学的东西太多太多，但是一堂课的时间就是那么短短的45分钟，一学期也就那么多节课，怎么取舍呢？

我搜集资料，精心构思，为了备课竭心尽力，课堂上讲得声情并茂，滔滔不绝，学生也听得津津有味，气氛热烈。可到头来发现这么上课，教出来的孩子们的语文素养和能力没有明显的改善和提高啊！我所教的两个平行班的语文成绩也只是平平常常，并无多少过人之处。如此的高投入，得到的却是低产出，我投入的精力与教学效果严重地不成比例。

在从教十年后，我痛苦地发现：教了十年，却越来越不知道该教什么，不知道该怎么教。我甚至苦恼地怀疑自己所上的一堂堂看似精彩、丰富、生动的课，是不是在浪费孩子们的生命?!

老师们，当一个人发现自己深深热爱，并为之努力奋斗了十年的语文教学事业，自己竟然还从来没有真正地认识它，一直都还是在语文教学的大门之外徘徊而不得入内，这是多么深重的痛苦啊!

语文名师张祖庆说："疼痛是个好东西，它会随时提醒你身体的存在、心灵的存在。身体疼痛了，让你更加珍惜自己。灵魂被触痛，生长便开始。"

（二）痛苦的反思

以此为动力，我开始认真地反思，在疼痛处生长。大量的课堂教学观摩和广泛的阅读学习后，我拿起解剖刀，重新审视自己的课。我把两节课的教学流程简要地梳理一下，记录了教学的内容和时间的分配，并圈出了其中一些内容。

第一类是非语文的内容。名曲伴奏、登月剧场、图片视频、奥斯维辛的图文资料、南京大屠杀等，这些是语文吗？一堂课下来，音画声色全动员，看似热闹，欢声笑语，过足了瘾，可是这还是语文课吗？我们在自己的语文园地里种满了历史、政治、美术、音乐的"菜"。

诸如此类：在《小狗包弟》的教学中，充斥着漫无边际的背景材料、对政治历史的反思；在《竹影》的教学里，大讲美术欣赏之道、中西画技的不同。老师们，我们不能不反思：我们的本行是什么？语文教学的核心内容应该是什么？课堂上热闹之余，我们花在文本上的时间还能够剩多少呢？我们必须要高度警惕：我们的课堂教学不能迷失在非语文的空泛内容中，而丢掉了对语文本身的坚守。

第二类是在文本外围游荡。诗文补充、读写训练、演讲辩论、文化拓展，这些内容看似是语文的，但都不是"这一课"的教学对象——文本本身!

舍本求末，不去关注文本本身的价值，而是花费很多时间在文本的外围打游击，导致课堂教学低效甚至无效。我有十年的时间竟然如此茫然，现在回想起来很是痛心。语文，"文"是基础，进不了文本的语文课，还能够算是语文课吗！在语文课上，教师就是要带领学生去老老实实认认真真地阅读，重在咀嚼"文本"，语文教学也应重在解读"文本"。

（三）我的收获

我常常在想，每当开学孩子们拿到新课本时，最先翻看阅读的往往就是语文书，可为什么一旦我们教过之后，他们对课文却厌烦了呢？不是孩子们变心了，而是文章被我们教坏了。我们常常抱怨学生不爱阅读，但他们读课外小说有时却很投入啊，甚至禁而不止，还要偷偷摸摸地看。如果我们把那些网络小说、武侠言情小说，也拿来背景、段落、主旨、手法这么分析概括一番，他们估计也会望而却步，逃之夭夭吧？

长期的教学实践中，我们似乎太热衷于给原本复杂微妙的文本作出简单清晰的定论。品赏人物，你就得用一个词概括人物性格；解读意蕴，你就必须用一句话概括主旨。教辅书上的"标准"答案，劫持了我们的心灵。于是，对着一篇篇文质兼美的文章，我们一次次亮出解剖刀，概括、抽象、分析，结构、脉络、主题，看似科学精准，却砍掉了文章最丰盈的枝蔓，消解了语文本身的丰富与独特。

阅读的风景不仅在终点，更在沿途。于平易之处细细品读，恰是课堂最美的风景。老师们，解读文本时，我们能不能少一点概括、多一点体验？能不能少做政治说教、哲学图解，多引导孩子亲近文本？能不能与孩子们一起好好地细读文本，在细致的触摸玩味文字中收获学习语文的快乐和成长？

今年的教师考试中，有一道难倒了不少考生的试讲题：怎么才能教出《荷塘月色》的语文味？很多考生的做法都是：找出文眼，梳理作者情感变化的脉络，概括文段和作品的中心；接下来就是赏析描写荷塘、月色的语句，分析通感、比喻、动静等修辞和写作技巧。我们很多老师自己平时也就是这么教学的，课堂上司空见惯的解读文本的做法，也是分析词语、句子的含义和作用，分析修辞手法等语言技巧的表达效果。当然，赏析语言本来并没有错，修辞和写法也确实属于语文学科的范畴。但是，在分析这些技巧时，你真的觉得你的学生能够体会到散文之美了吗？如此解读文本，为什么却少了"语文味"呢？其实，还是因为我们教学的方式方法、教学的过程处理出了问题。

有的教师习惯的做法，往往就是只盯着语法、技巧，热衷于堆砌概念，兜售理论。教师侃侃而谈，学生却不得要领。如此教学，主次不明，疲劳轰炸，高耗低效。语文教学绝不等于就是教学有关语文的概念术语。我们知道，语言与情感、语言与思想本来就是一体的。语言表达的形式只是露出海面的冰山一角而已，而水面下的巨大部分也承载某种思想和情感，但正是这些看不见的部分，文本才有了丰厚的魅力。因而，理解语言不是孤立地分析某个句子、某个词语、某种修辞方式，还应该整体地去涵泳、去感受。

我们的语文是相当感性的学科，任何一篇作品，不论是优美动人的散文诗歌，还是冷静客观、有理有据的论说文，每一个字都饱含了作者充沛的激情和丰厚的思想。因此，情感互动、灵魂碰撞才是解读文本的不二法门，带领学生老老实实地读书、认认真真地品味语言才是正道。但在实际教学中，很多老师却忽略了这个重要的过程，不去想办法激发学生的情感，在孩子没有足够的情感准备的情况下，就生硬地提问。对孩子来说，这样的提问，只是考试、是训练。如果不注重唤起学生真切的感性体验，而是一味机械地条分缕析，学生没有真切的情感体验，又怎么能够真正进入文本、深入领会语言之美呢？

十年的困惑，十年的寻觅，在疼痛处反思、生长，我终于慢慢地走出了迷惘。我开始试着丢掉那些与语文无关的东西，关注文本，关注语言，放下概括主旨段意、剥皮抽筋的执念，放下条分缕析的刑具，试着用朗读打开学生的心门，用文本细读去触及作品内在深沉的美。

你看，不再去讲述那么多的背景材料，不再空喊着"人性自省"的光辉力量，而是让孩子们专注地朗读《小狗包弟》，哪怕是那一句看似无足轻重的、却在文中出现了三次的"您的小狗还好吗？"，指导孩子读一读，体会对比其语境的差异，这一句反复在耳畔回响的句子，其中饱含了巴金老人多少忏悔和熬煎啊！

我们再看《师说》。与其滔滔不绝地补充介绍魏晋延续到唐代的门阀制度、师道衰落人心不古的世风、贵族子弟耻学于师的社会背景，不如设计一个环节让学生自读，找出描述写作背景的句子；与其空谈韩愈文起八代之衰、倡导古文运动的史实，不如带着学生好好地朗读文本，在诵读中真切地体会其作品刚健俊朗的古朴美质。

虽然探索的过程中充满了艰辛，但我也深深体会到一种痛苦后的甜蜜。我把探索过程中的种种体会和收获，写进了论文《关于文本细读的几点思考》中，在2014年安徽省基础教育论文评比中获得了一等奖第二名。

## 二、曾经的课堂——精致、深刻

回归到文本和语言，我内心的困惑痛苦终于稍稍减弱了。可是还没来得及稍作放松，新的折磨、新的痛苦又占据了我的心灵。因为等待我的是一系列的展示课和大赛课，几乎每个月都有新的任务。高强度的公开教学的压力下，我对教学的追求转向了精致和深刻。

我对自己的要求是：教学设计要精巧、流程要精准；教师思想要深刻、语言要优美；课件制作要精致、风格要唯美。《林黛玉进贾府》《蜀道难》课件精美，从图片、色调、字体都精心设计，力求和文章风格一致。《边城》《陈情表》特别强调教学设计的特色，要与众不同，偏爱一线串珠的结构，如：紧扣"臣之进退，实为狼狈"，来解读李密的两难处境，推动学生对《陈情表》的探究。《边城》教学设计用五个"一"——"一曲清歌到湘西""一线串珠巧布局""一言一语总关情""一字千金探意旨""一抹剪影觅边城"，"一"以贯之，环节之间衔接自然。

课堂教学实施追求精准无误，如教学《最后一片叶子》，我尽量考虑到各种可能性和偶发因素，全部做好了充分的预案。我在很多场合，包括在给国培班的老师、师大研究生做报告时也曾沾沾自喜地分享这些经验。

这些精心打磨出来的课看起来也许很美，但这样的追求让我倍感疲惫。更痛苦的是，我越来越质疑自己的身份：像一个导演在排戏，像一个演员在表演；而不是语文教师，不是在进行语文课堂教学。为什么？我觉得那样的课堂教学丢失了其灵魂和主旨。我们的课堂教学是为了谁？不是为了获得执教者的荣誉和观课者的赞赏，而是为了学生的发展和成长。平日里，我们口口声声以生为本，但是，在课堂上面对着真实存在的几十名学生，心中却只想着自己的成功和精彩，只关注自己的教学设计能否顺利地推进、圆满地实施。

怀特海先生说："好的教育是学生觉得自己在真正地进行学习。"此语如醍醐灌顶，令我幡然悔悟，我认识到：好的语文课，是能够让学生获得成长的；唯有真正地以生为本的课堂教学，才是真正有价值的课堂教学。

新课标中也明确地界定了学生和教师的角色定位。"学生"是"学习者"，教师是"学习支持者"。有效的教学必须立足学生真实的学习需求，设计符合学生认知规律的学习活动。

（一）有效地进行学情调研

了解真实的学情是有效教学活动的前提，然而，在实际的教学中，我们往往又是如何做的呢？有的老师不做任何的学情分析，不同的班级，只要课文不变，教参不变，每一届就都是这么教。有的老师主观臆断或是凭借经验预估来做学情评价，不排除主观推测和经验有时也会有效，但是毕竟不是依靠科学调研的工具和方法得来的，难免会有失之偏颇的时候。

在一些全国的大赛课上，我们也经常看到老师还停留在干瘪无趣的字词句段分析中时，学生早已超越到了阅读经验的体悟、哲学思辨的境界了。维果斯基的"最近发展区"理论告诉我们，教学应着眼于学生的"最近发展区"，才能调动学生的积极性，发挥其潜能。教学内容的选择停留在学生已经能够抵达的层面，这就是低估了学情。

来看这样一节课，一位名师教授"古诗两首"（李白《独坐敬亭山》、柳宗元《江雪》）。仅我记录下来的就用了十首诗歌来"以诗解诗"，最后教师还雅兴甚浓地自己赋诗一首。一节40分钟的课，讲了十三首诗歌，讲解中还穿插引证了大量的古代文献。教师自身颇有才气，古典文学的素养也较为深厚，实施比较阅读固然是美好的教学构想，但是，不能忘了我们面对的教学对象，尚读初中的孩子们到底能接受多少？像这样远远高于学生"最近发展区"的教学，内容过多，难度太大，一节课下来，学生疲于奔命也不能完成学习任务，无论怎么努力起跳都无法摘到高空的桃子，获得的只能是一连串的挫败感。

看来学情调研的确很重要，还要讲究方法并灵活运用，才能奏效。我通常运用的方法有以下几种。

1.分析学生作业。

2014年12月，我参加安徽省优质课比赛，抽到的课题是《人性的光辉 写人要凸显个性》。拿到课题后，我抓紧时间，反复打磨设计出了一份自己比较满意的教学设计，也做好了课件。根据赛程规定，授课前一晚7：30，我被允许到合肥一中与明天授课班级的学生见面。利用这宝贵的半个小时，我请同学们对班级里最有个性的人物写一个小片段。短暂的对话后，发现孩子们的兴奋点不是我预先设计的班主任，也不是流行时尚，同学们最关注的对象是班级公认的一个学霸。统计了一下，有34位同学都在写他——"学霸老F，平行班里唯一冲进数学竞赛A班的男生"。学生真实的写作能力与我之前的预想也有很大的差距。看完50多份作业，已经是晚上9点多了，我又是第二天早上8点上第一节课的选手，时间如此紧张，我还是果断舍弃原来的教学设计，更换讨论的话题，重新确定教学的内容为：以"老F"同学的作文为样本，指导全班同学在修改的过程中，学习精选事例、细化、定格、凸显等描写方法。

2.对话交流。

与学生谈话交流，是简便易行的方法，有利于直接了解学生真实的学习情况和困惑。2015年全国教育艺术杯课堂教学大赛，我上《项脊轩志》这一课，虽然事先已经做了充分的准备，但心中还是有些忐忑不安，由于是在暑假期间，一直都见不到学生。在上课前的几分钟，我终于见到了正在候场的威海二中理科实验班的孩子们，一番对话后，才知道他们老师已经上过这一课了，做过了文言知识的梳理和文意分析。马上就上课了，我当机立断，放弃之前的新授课教学设计，现场改为"经典重读"，并将对话中了解到的孩子们的困惑——这篇这么简单的小文章为什么被誉为千古名篇——作为教学的切入点，和孩子们一起从细节入手，细读慢品，课堂上气氛活跃，同学们联系现实生活做出的精彩发言，博得了听课教师们的阵阵掌声。

3.设计书面调查表格。

有的时候，我还会课前让学生填写"质疑清单"或提交"问题条"，这也是一种颇为有效的方法，当然，其前提必须是要学生做好充分的预习。

（二）学情调研要贯穿全程

也许很多人认为学情调研就是在备课过程中、开始教学之前，其实不然。学生是人，是复杂多变的个体。因而，教师在课堂上更需要关注实时动态变化的学情，及时评估分析，拿出对策，以提高课堂教学的实效。

去年暑期，我在新西兰进行教育文化交流，每天观摩研究他们的课堂教学。有一位跪在地上和学生交流的女士引起了我的注意，她是奥克兰大学教育学院的翠西教授。当天是她每四周一次的学校调研指导、教师培训日。孩子们正在上一堂说理文写作课essay（"格式化随笔"或"应用随笔"）。主题为：I like summer or winter，because……。两个小组的孩子在小组研讨后开始了组间辩论，他们各自表达了己方观点，思维却遇到了阻滞。授课教师按照通常的做法，鼓励双方看看对方的合理因素，审视己方的不足之处。但孩子们仍然固执己见，思维僵化，对话艰难；显然，授课教师也推动乏术。这时候，翠西教授突然离开观察席，直接加入了学生的讨论组中，她迅速地将原来的两个组分成三个组，新分出的一组，主要负责向另外两个组提出自己的质疑。令人惊奇的是，很快思维凝滞的死水就被新投入的"鲇鱼"激活了，全体学生的思维欢快地奔流向更高的思辨之境。翠西教授的这一举措启发我们，教师要敏锐地把握动态变化的学情，并善于运用有效的策略及时地予以调控。

（三）让学生在课堂上真实地学习

以生为本，还有一个重要的要求就是，在教学中切实保障学生自主学习、充分思考的时间和空间。如果教师害怕冷场，希望课堂上总是热热闹闹的，不给学生充分的阅读思考时间，学生怎能获得真实的体验？没有真实的体验，又谈何思维的发展和能力的提升？

常见的课堂教学，有的教师喜欢开篇就介绍作品背景信息，有的教师在细节品读中，句句不离社会背景。老师们为什么这么喜欢借助背景信息呢？因为讲了背景，就等于定好了一个基调，后面的回答才不会"出格"，就能很容易地得出所谓的关于主旨的"正确答案"。这样的教学思路，孕育了"最便捷高效"的"应试宝典"——"传记主义"解读法，即根据注释或文中的背景资料和作者信息，推测人物性格、作品主题等。你看，一提杜甫，头脑中立马出现一个瘦削干瘪、苦大仇深的瘦老头的形象，和那挥之不去的诗句"穷年忧黎元，叹息肠内热"；一说到苏轼，就是"一蓑烟雨任平生"的乐观旷达。对原本丰富多面的诗圣、坡仙却固化为如此简单抽象的单线条、扁平化的认识，岂不可笑可悲？当然，也不是说知人论世的方法就不能用了，在知人论世的同时，我们更应该和学生一道认真地研读文本。

生命中总是难免会有一些巧合和奇遇。2015年在高级教师职称考评课时，我再次邂逅《奥斯维辛没有什么新闻》，让我有机会修改自己的错误。曾经用震撼的配乐精心打造的开场导入去掉了，取而代之的是通过简要回忆新闻的相关知识，来引出本篇特殊的新闻；曾经环环相扣的精心设计、句句唯美的华丽作秀，变成了真实的生生讨论、师生对话；曾经热闹的关于战争、写作话题的拓展延伸删掉了，把节省下来的十分钟用来带领学生朗读课文，细细地品鉴语言文字。

2016年为接待新疆乌鲁木齐市教师访学团，我第四次上《奥斯维辛没有什么新闻》公开课，并把自己一路走来的得失体会与远道而来的同行们一起分享。从2012年的校内公开课，2013年的芜湖市录像课，2015年的高级教师职称考评课，到这一次，几年来，我在不断的摸索中慢慢寻找到了真实的语文课堂：减掉非语文的东西，减掉旁生的枝蔓，减掉过多的预设；多一点课文朗读，多一点思考讨论，多一点文字品赏。当赘余和干扰被减掉之后，语文就变得纯粹起来；当文本成为关注的重点后，教学就变得清晰起来；当师生围绕文本细致品读的时候，课堂就变得真实起来。把课堂还给学生，关注学生的点滴感受，从孩子们真诚的对话中，我收获了生命的成长，我感到最幸福的是我与孩子们一起共同成长。

## 三、现在的课堂愿景——真实、朴素

（一）两节示范课带来的思考

"一语天然万古新，豪华落尽见真淳。"现在我没有因为舍弃而恐慌，反而觉得更加充实，我很享受这样真实、朴素的语文课堂教学。我想和大家分享两节特殊的示范课。按照我们学校的惯例，每学期教研组都要有高级教师上示范课。说他们特殊，是因他们是两位即将退休的普通老教师，他们很谦虚，说自己的课早已落伍了，也没有什么示范性，实在是没有什么值得观摩的。但就是这两节课，却给了我很大的触动和很多的启发。

一节课是"病句修改专题"教学。让我吃惊的是，这位老前辈用了出乎我意料的方法——板演。更令我吃惊的是，随着课堂教学的缓慢推进，我忽然发现，很多令我一直苦恼的问题都暴露出来了：孩子嘴上说的好，但一到考试，啥啥都不会，错得令人匪夷所思，表达思路混乱，等等。老前辈就是用这种我原以为是"高耗低效"的方法，却引导学生把最隐秘的问题都暴露出来并很好地解决了。我认识到：与其快速地滑行奔跑，漏洞百出，危机四伏，不如慢走细察，靶向治疗，不留死角。这才是真正的高效课堂啊！

后来，我把被我抛弃多年的板演重新捡拾起来，用于平时的教学，用在高考复习上。这不是浪漫的复古情怀，而是能够立竿见影、收到实效。更令人开心的是，师生时常共同板演，就连一直令人头疼的学生书写"脏乱差"的问题也得到了有效地解决。

一节课是《咬文嚼字》教学。老前辈逐段讲解，讲之前请一位同学朗读该段，然后分析，讲完一段就让大家朗读该段，如此反复多次，有时候学生读错了，老师就读上几句纠正，并示范指导。从今天的评课标准来看，这好像是低效、枯燥、没有什么现代技术含量的课。但是，我的内心满是震撼和感动，扪心自问：我有多久没让孩子们在课堂上充分地朗读了？我有多久没为我的学生认真地朗读了？

（二）认识朗读的魔力

不少教师认为朗读不在考试范围中，与其花大量时间来进行朗读教学，不如把时间用在对文章的分析和对试题的解读上。即使是在公开课上，朗读往往只是一种用来点缀的装饰。其实，朗读的作用太大了，甚至能够彻底改变一个人。性格内向者如果能坚持大声诵读，将有助于改变其自卑胆怯的心理，树立起强大的自信。诵读时需要集中精力，大脑处于"排空"状态，有利于记忆材料。我备课时，儿子就在旁边一边听，一边跟着念，从《凉州词》到《将进酒》，从《春江花月夜》到《琵琶行》，入学前他就都能够背得滚瓜烂熟，上一年级时经常去找他们的语文老师PK背诵诗歌。

语文学习是一个广泛汲取语言精华的过程。诵读借助声音诉诸听觉，能够使脑神经处于高度兴奋状态，联合视觉作用刺激记忆，可以帮助我们快速掌握文本中的生字、生词，在调整语音语调的同时，积累储存大量优美的词汇、精湛的句式和巧妙的修辞等。

在语文能力培养中，向来最重要的也是最神秘的，莫过于语言直觉，即所谓"语感"。人们在实际运用语言时，很少完全依据理性的语法规范，而是大多依靠自己的感觉和经验。而语感仅凭语法分析和逻辑训练是很难养成的。诵读是听说双向进行的活动，可以使人在看与听的瞬间顿悟语音、语调及语气所表示的含义，让人迅速地拥有直接感悟、领会语言文字内涵的能力。

阅读的主要目的在于理解，然而，条分缕析又往往致使对文本的理解支离破碎，了无生意，语言的趣味也就荡然无存了。桐城派散文大家刘大櫆说："行文之道，神为主，气辅之……至专以理为主者，则犹未尽其妙也。"如何才能不损神韵而尽得其妙呢？不若"因声求气"，因为"神气者，文之最精处也；音节者，文之稍粗处也；字句者，文之最粗处也。学者求神气而得之于音节，求音节而得之于字句，则思过半矣"。（《论文偶记》）叶圣陶先生也曾说："吟诵的时候，对于讨究所得的不仅理智地了解，而且亲切地体会，不知不觉之间，内容与理法化而为读者自己的东西了，这是最可贵的一种境界。学习语文学科，必须达到这种境界，才会终身受用不尽。"可见，通过诵读字句、音节，用声音触摸文字，人们更容易将文本中的内容与理法化为自己的东西，这也是理解文本的最有效的一种方法。

人们容易有一种认识上的偏差，以为只有诗歌、散文才适合朗读，其实朗读适用于各种文体的教学。《小狗包弟》中反复出现的"您的小狗怎么样了"，让学生朗读品味，有助于找到解读文本的钥匙。教学《烛之武退秦师》，通过朗读来判断学情，顺势而为，重新确定教学内容。教学《大学之道》《劝学》《孟子》这些经典名篇，朗读都是很好的教学切入点。

（三）朗读的形式和方法

朗读形式和方法应该是丰富多彩的，绝不能简单机械、僵化不变。有的老师可能是觉得自己的朗读水平不够，不知道是怯于还是懒于示范，只是播放名家的音频代替自己的朗读。也不是说网上下载的名家音频材料不好，其水平固然很高，但其大都是着重于艺术表演，往往缺乏教学的针对性，在课堂教学中使用，则难以和学生进行适时地互动交流，仅凭生硬、冰冷的技术设备，看似"高大上"的名家音频很难激起课堂上学生的感情共鸣。

有不少教师总是习惯于让班级里朗读水平最好的同学朗读。这样一来，课堂上经常能够有机会朗读的只是少数的几位"精英""贵族"。作为班级里朗读水平最高的他们，是永远的朗读者，而众多的同学则成了"伴学"，很难有机会在集体面前"现声"。黄蓓佳的小说《心声》中的李京京同学就是因为"声音不好听"，而失去当众朗读的机会。我们的朗读教学不应该小众化、精英化，而应该面向全体大众，还要"精准扶贫"，越是朗读能力差的同学，越是要给他们更多的锻炼机会啊。

为了节省时间，提高教学效率，很多教师往往采用默读、速读为主要阅读方式。即使偶尔会朗读，也大多是全班齐读。整齐划一的齐读，虽然能够营造貌似热烈的课堂气氛，起到一种热身暖场的效果，但往往会掩盖一些同学对文字、语言的错误认知和理解，更不利于学生个性化地创造性地理解文本的思想情感。因此，我建议齐读还是要慎用，更不能总是单一化地齐读。

很多学校的早读课上倒是有琅琅的读书声，但是往往还是收效甚微，因为那只是单纯地为了读而读。老师既不布置具体的任务，也没有什么明确的要求；即使有了任务和要求，老师对学生朗读过程中的情感把握与技巧运用也缺乏必要的指导；即使有朗读指导，也只是孤立地强调理解课文内容或留意声音技巧，朗读后也缺乏科学的评价与反馈；即使是有些评价，也非常空泛，缺乏明确的指向性。缺乏科学有效指导的朗读，当然算不上真正的朗读教学。

大道至简。总之，板演、朗读这些传统的朴素的教学方法，能够让语文课堂教学变得真实有效，有助于切实促进学生语文核心素养的发展与提升，也因此会让语文课堂教学获得充盈的生命力。

# 四、结束语

语文教育教学仅凭一节节的语文课还是远远不够的，因为我们母语教学肩负的使命重大，语文教育关乎每一个孩子的发展成长和终身幸福。

我们要充分关注学生语文学习的现实困难，目前多数学生的读写、思辨的能力和水平着实堪忧。为此，我们要认真诊断病因，针对具体的学情，制定切实可行的学生语文核心素养培育的发展规划，在新课标的指导下，研发自己的校本课程，重新整合国家课程和地方课程，以项目活动为学习方式，开展行之有效的语文读写实践，力求使语文课程更加丰富、生动，更加受到学生的热爱。为此，我们学校设计并实施了整本书阅读课程、群文阅读课程、过程写作教学课程等，编印了适合中学生特点的、有本校特色的国学经典诵读读本，指导学生成立文学社、国学社、话剧社等多个学生活动社团，组织开展丰富多彩的语文实践活动。

暑假即将结束，新的征程又要开始，相信在我们语文人不断地探求和共同地努力下，我们的语文教育教学会不断地趋向"和合之美"，拥有"化育之道"。